E. F. Engelhardt

COOLE PROJEKTE MIT Raspberry Pi

GPIO
Raspberry Pi Model B+ V1.2
© Raspberry Pi 2014
SAMSUNG
HDMI
4R7
4R7

NOCH MEHR

COOLE PROJEKTE MIT Raspberry Pi

E. F. Engelhardt

Bibliografische Information der Deutschen Bibliothek

Die Deutsche Bibliothek verzeichnet diese Publikation in der Deutschen Nationalbibliografie;
detaillierte Daten sind im Internet über http://dnb.ddb.de abrufbar.

Satz & Layout: DTP-Satz A. Kugge, München, Mathias Vietmeier
Programmleitung: Dr. Markus Stäuble
Bildnachweis: Seite 6, 10:
Lucasbosch
Lizenz: CC BY-SA 3.0 (http://creativecommons.org/licenses/by-sa/3.0/deed.de)
Abgeleitet von: Jonathan Rutheiser
Lizenz: CC BY-SA 3.0 (http://creativecommons.org/licenses/by-sa/3.0/deed.de)
art & design: www.ideehoch2.de
Druck: FIRMENGRUPPE APPL,
aprinta druck GmbH, Wemding

ISBN 978-3-645-**60353-9**

Nicht mal 34 Euro inklusive Lieferung frei Haus kostet ein Raspberry Pi – dafür bekommen Sie mit etwas Glück auf dem Flohmarkt ein über zehn Jahre altes Gebrauchtgerät, das noch allerhand Zusatzinvestitionen erfordert, damit es seinen Zweck erfüllt. Deutlich besser ist das Geld in einem Raspberry Pi angelegt, mit dem Sie beispielsweise nach Ersteinrichtung und Konfiguration sämtliche Mediendateien zu Hause zusammenführen und anschließend als HD-Mediaplayer im Wohnzimmer nutzen können. Insbesondere extern angeschlossene Festplatten und Netzteile beeinflussen die Lärmentwicklung im Wohnzimmer entscheidend. Wer nicht davon gestört werden möchte, greift auf Netzwerkfreigaben zurück und verfrachtet die Festplatten, NAS-Server etc. in Räumlichkeiten wie Keller, Dachboden oder das Arbeitszimmer. Oder Sie nutzen den scheckkartengroßen Computer als Steuerzentrale für sämtliche Netzwerkdienste – angefangen vom Datei- und Druckerzugriff bis hin zum drahtlosen AirPrint-Drucken lässt sich so ziemlich vieles mit dem Raspberry Pi anstellen.

Die Installation und Konfiguration des Raspberry Pi ist kein Hexenwerk, erfordert aber etwas Zeit und Geduld sowie den Willen, auftretende Probleme selbst zu lösen. Denn ein gut konfigurierter Raspberry Pi zeichnet sich dadurch aus, dass Sie aus den Arbeitsspeichermodulen die maximale Leistung herauskitzeln oder einfach nur nicht benötigte Programme und Dienste abschalten, um Ressourcen für das Betriebssystem freizugeben. Änderungen im grundsätzlichen Setup des Raspberry Pi sollten Sie grundsätzlich nur vornehmen, wenn Sie in Sachen Linux und Shell-Umgang wirklich fit sind – und das sind Sie, wenn Sie dieses Buch nutzen. Doch wenn eine Änderung nicht den gewünschten Effekt bringt oder ein Fehler die Konfiguration gründlich verdorben hat, bietet es sich an, die vorgenommenen Änderungen rückgängig zu machen und den Ursprungszustand wiederherzustellen. Mit diesem Buch werden Sie zum Raspberry Pi-Experten – dann bringt kein unzulässiger Eintrag in der Konfiguration ein passendes Betriebssystem zum Stillstand.

Passend bedeutet hier: Der Raspberry Pi nutzt einen ressourcenschonenden ARM-Prozessor, der auch in NAS-Systemen, Routern, Smartphones, Tablets und dergleichen zum Einsatz kommt und vor allem den Vorteil hat, wenig Strom zu verbrauchen. Gerade deshalb ist der Raspberry Pi sogar für den Dauerbetrieb nahezu perfekt. Für diesen besonderen Prozessortyp sind auch besondere Betriebssysteme notwendig, hier stehen angepasste Versionen von Arch Linux, Fedora oder Debian mit allerhand Erweiterungen zur Verfügung. Am häufigsten wird Debian eingesetzt, der Wechsel von Release 6 Squeeze zu Version 7 mit Raspbian Wheezy ist in der stetig wachsenden Community auch schon vollzogen. Zwar ist für Debian Squeeze für die Architekturen i386 und amd64 noch bis Februar 2016 ein Long-Term-Support zugesagt, in dem gewöhnliche Sicherheitsupdates bereitgestellt werden, für den normalen Support von Squeeze – auch für den Raspberry Pi – war am 31. Mai 2014 Schluss. Debian/Raspbian Wheezy gilt noch als das angesagte Betriebssystem für den Raspberry Pi – wer es auch ohne Raspberry Pi testen möchte, greift zum kostenlosen Raspberry Pi-Image, das Sie in einer virtuellen Maschine auf Ihrem Computer betreiben können.

> Voraussichtlich im Jahr 2015 wird der Wheezy-Nachfolger Jessie zur Verfügung stehen – doch keine Angst, die Grundlagen sowie die Installation des Basissystems über ein Image werden weitgehend, wie im Buch beschrieben, identisch sein.

Wir wünschen Ihnen viel Spaß mit und vor allem viel Nutzen von diesem Buch!

1 **Raspberry-Pi-Modelle** **11**
1.1 Die Geschichte des Raspberry Pi 12
1.2 Raspberry-Pi-Modelle im Überblick 14
1.3 Zubehör 26

2 **Raspberry Pi ohne Platine nutzen** **29**
2.1 Raspberry in VMware oder Virtualbox 30
2.2 Deutsche Tastatureinstellungen verwenden 30
2.3 Netzwerkkopplung: VMware und Raspberry Pi 31
2.4 Netzwerkverbindung eth0 wiederherstellen 31
2.5 Aktuell bleiben: Raspberry per Update frisch halten 32
2.6 Bequemer surfen und Browser nachrüsten 33

3 **Auspacken, installieren, loslegen** **35**
3.1 Image auswählen und auf SD-Card installieren 36
3.1.1 Via Mac OS X-Konsole: Raspberry-Image aufspielen 37
3.1.2 Windows: das USB Image Tool im Einsatz 38
3.2 Konsoleneinstellungen anpassen 40
3.3 SD-Karte checken und partitionieren 42
3.3.1 Kein Hexenwerk: fdisk im Einsatz 42
3.3.2 Partitionen löschen und anlegen 43
3.3.3 Partitionen sichern und aktivieren 44
3.3.4 Das Dateisystem wieder anpassen 45
3.4 Compute Module und IO-Board in Betrieb nehmen 45
3.4.1 Compute Module: Bootvarianten durchleuchtet 46
3.4.2 Remote-Installation über USB-Kabel 47
3.4.3 Betriebssystem auf eMMC-Speicher konfigurieren 49
3.5 Tuningmaßnahmen für den Raspberry Pi 52
3.5.1 Überblick über die Systemauslastung mit htop 52
3.5.2 Kommandozeilenfetischisten: GUI-Start unterbinden 53
3.5.3 Optimierung per Speichersplitting 54
3.5.4 Arbeitsspeicher unterstützen: Swapdatei anlegen 55
3.5.5 Swapdatei in fstab konfigurieren 56
3.6 Flying Circus auf dem Raspberry Pi 57
3.7 Raspberry Pi-Kamera einrichten und nutzen 58
3.7.1 Kameramodul mit Raspberry Pi koppeln 59
3.7.2 Compute Module: Anschluss am IO-Board 60
3.7.3 Inbetriebnahme per Software 61
3.7.4 raspistill – Fotografieren über die Kommandozeile 63
3.7.5 LED abschalten und heimlich fotografieren 64
3.7.6 Programmierung der Raspberry Pi-Kamera 65

Zusatzmaterial

Lange Quellcodepassagen werden in diesem Buch nicht abgedruckt, sondern Sie können sich den kompletten Quellcode unter www.buch.cd herunterladen. An den jweiligen Stellen im Buch steht neben dem Archivsymbol der Verzeichnis- und Dateiname.

4	**Netzwerk**	**71**
4.1	WLAN-Adapter nachrüsten: Achtung, Chipsatz!	73
4.1.1	Treiber herunterladen und installieren	74
4.1.2	Mit Sicherheit: Netzwerkeinstellungen festlegen	75
4.1.3	WLAN in Betrieb nehmen	75
4.2	Raspberry Pi über SSH steuern: PuTTY, Terminal & Co. im Einsatz	76
4.2.1	Praktisch und sicher: Zugriff über SSH	76
4.2.2	Debian Squeeze: SSH einschalten	77
4.2.3	DHCP: IP-Adresse gesucht	77
4.2.4	Keine Installation nötig: Windows-Zugriff über PuTTY	78
4.2.5	Mac OS X: SSH-Zugriff über die eingebaute Konsole	79
4.2.6	Ubuntu: SSH-Zugriff nachrüsten	80
4.3	Kein Bildschirm angeschlossen? – Bootprobleme beheben	80
4.4	Raspberry im Heimnetz	82
4.4.1	Zugriff auf das Raspberry Pi-Dateisystem im Heimnetz	82
4.4.2	Windows-Ordner für Raspberry Pi im Heimnetz freigeben	85
4.4.3	Windows zickt beim Samba-Zugriff: Freigabeprobleme lösen	86
4.4.4	Mac OS X mit Raspberry Pi via Samba koppeln	87
4.5	Raspberry Pi-Zugriff per dynamisches DNS	90
4.5.1	DNS: Namen statt Zahlen	91
4.5.2	Portweiterleitung für Raspberry im DSL/WLAN-Router freigeben	92

5	**Lötkolben raus**	**95**
5.1	Strom und Spannung – Schaltungen verstehen	96
5.2	fritzing – Freeware für das Schaltungsdesign	104

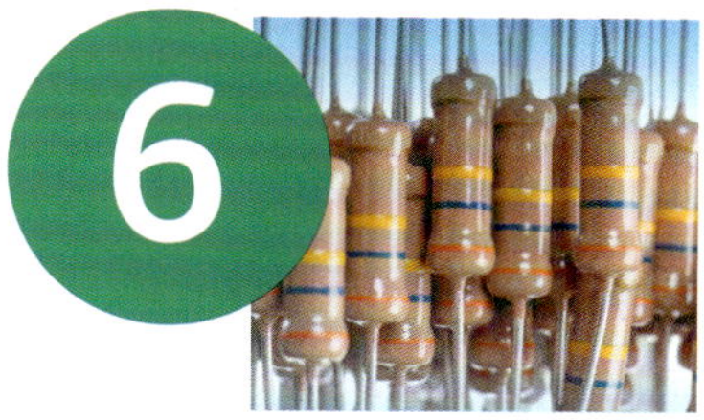

6	**Kontaktzur AuSSenwet**	**107**
6.1	Elektronik und GPIO – Experimentierkasten Raspberry Pi	108
6.2	GPIO verstehen	108
6.2.1	Raspberry Pi Revision B2: den zusätzlichen GPIO-Sockel nutzen	110
6.3	Gewusst wie – Zugriff auf die GPIO-Schnittstelle	114
6.3.1	Die erste Schaltung auf dem Steckboard	115
6.3.2	Raspberry Pi-GPIO mit Steckboard koppeln	116
6.4	Einsteigerprojekt: LED steuern per GPIO	116
6.5	Die erste Schaltung	117
6.6	GPIO-Steuerung über die Konsole und Python	119
6.7	LED-Steuerung mit Python	124
6.8	LCD-Minibildschirm über I^{2}C-Schnittstelle betreiben	128
6.9	LCD-Bildschirm mjkdz in Betrieb nehmen	132

7	**Druckserver**	**137**
7.1	Raspberry Pi als AirPrint-Server im Heimnetz	138
7.1.1	CUPS und AirPrint-Funktionen herunterladen und installieren	138
7.1.2	Admin-Webseite nutzen: Drucker mit CUPS koppeln	140
7.1.3	Drucker im Heimnetz zu CUPS hinzufügen und einrichten	142
7.1.4	Raspberry Pi-Printserver: Netzwerkdrucker für alle	144
7.1.5	Undokumentiert: AirPrint nachrüsten	146
7.1.6	Alle zu Hause? – Zugriff auf CUPS konfigurieren	150
7.1.7	Automatische AirPrint-Installation mit Python-Skript	151
7.1.8	iOS6 im Einsatz? – AirPrint auf Raspberry Pi nachrüsten	152

8	**Webcam**	**155**
8.1	Anwendungsmöglichkeiten: Webcam und Raspberry Pi	156
8.1.1	FFMpeg besorgen und kompilieren	156
8.1.2	FFMpeg einrichten und Konfigurationsdatei erstellen	159
8.1.3	Startskript für Webcam erzeugen	160
8.1.4	Los geht's: Live-Übertragung starten	160
8.2	Big Brother mit dem Raspberry Pi	162
8.2.1	Zoneminder installieren	162
8.2.2	Lokale Webcam für Zoneminder-Einsatz vorbereiten	165
8.2.3	Raspberry-Webcam in Zoneminder einbinden	166

9	**IP Kamera**	**173**
9.1	IP-Kamera mit Raspberry Pi koppeln	174
9.1.1	IP-Kamera in Betrieb nehmen	174
9.1.2	IP-Kamera mit Zoneminder koppeln	178
9.1.3	Elektronischer Wachhund auf dem Raspberry Pi	180
9.1.4	Raspberry Pi als Fernbedienung für die Webcam nutzen	182
9.1.5	Alles unter Kontrolle: IP-Kamera aus der Ferne steuern	186

10 Drahtloses Audio Streaming ... 189
10.1 AirPlay selbst gebaut: Musik im Badezimmer ... 190
10.1.1 Klinke als Standardausgabegerät für Audio ... 190
10.1.2 Shairport-Paket installieren ... 192
10.1.3 Shairport auf dem iPhone nutzen ... 195

11 Mediacenter ... 197
11.1 Wohnzimmer-PC 3.0: Smart-TV-Eigenbau ... 198
11.2 OpenELEC: laden oder kompilieren? ... 198
11.3 OpenELEC besorgen, kompilieren und installieren ... 200
11.3.1 Vorbereitungen zum Kompilieren ... 200
11.3.2 SD-Karte für OpenELEC vorbereiten ... 202
11.3.3 OpenELEC auf die SD-Karte übertragen ... 204
11.3.4 Größere Speicherkarte? – Image per GParted vergrößern ... 206
11.4 Kodi-Mediacenter einrichte ... 207
11.4.1 OpenELEC-Einstellungen anpassen und Freigaben einrichten ... 208
11.4.2 Administration über die Kommandozeile: SSH-Zugriff einschalten .. 210
11.4.3 Samba einrichten: bequemer Zugriff auf das Mediacenter ... 210
11.4.4 NFS konfigurieren: Zugriff auf Linux/NAS-Server ... 212
11.4.5 CIFS/Samba konfigurieren: Zugriff auf Windows-Freigaben ... 214
11.4.6 Praktisch: Kodi-Webserver einschalten ... 215
11.4.7 OpenELEC: hohe CPU-Auslastung reduzieren ... 216
11.4.8 Mehr Funktionen: Add-ons nachrüsten, einrichten und nutzen ... 218
11.4.9 Wettervorhersage mit dem Wetter-Plug-in ... 219
11.4.10 MPEG-2- und MPEG-1-Codec nachreichen ... 220

12 Raspberry StreetVieW Car ... 225
12.1 Basis für das RaspiRoboCAR-Projekt ... 226
12.2 Lenken und steuern über die Tastatur ... 228
12.3 Google-Streetview-RC-Car mit der Raspberry Pi-Kamera ... 231

13 Backofen und Grillthermometer ... 233
13.1 Analog/Digital-Wandler nachrüsten ... 234
13.2 Temperaturmessung mit Fleischthermometer und MCP3208 ... 244
13.3 Braten und Grillen mit dem Raspberry Pi ... 252

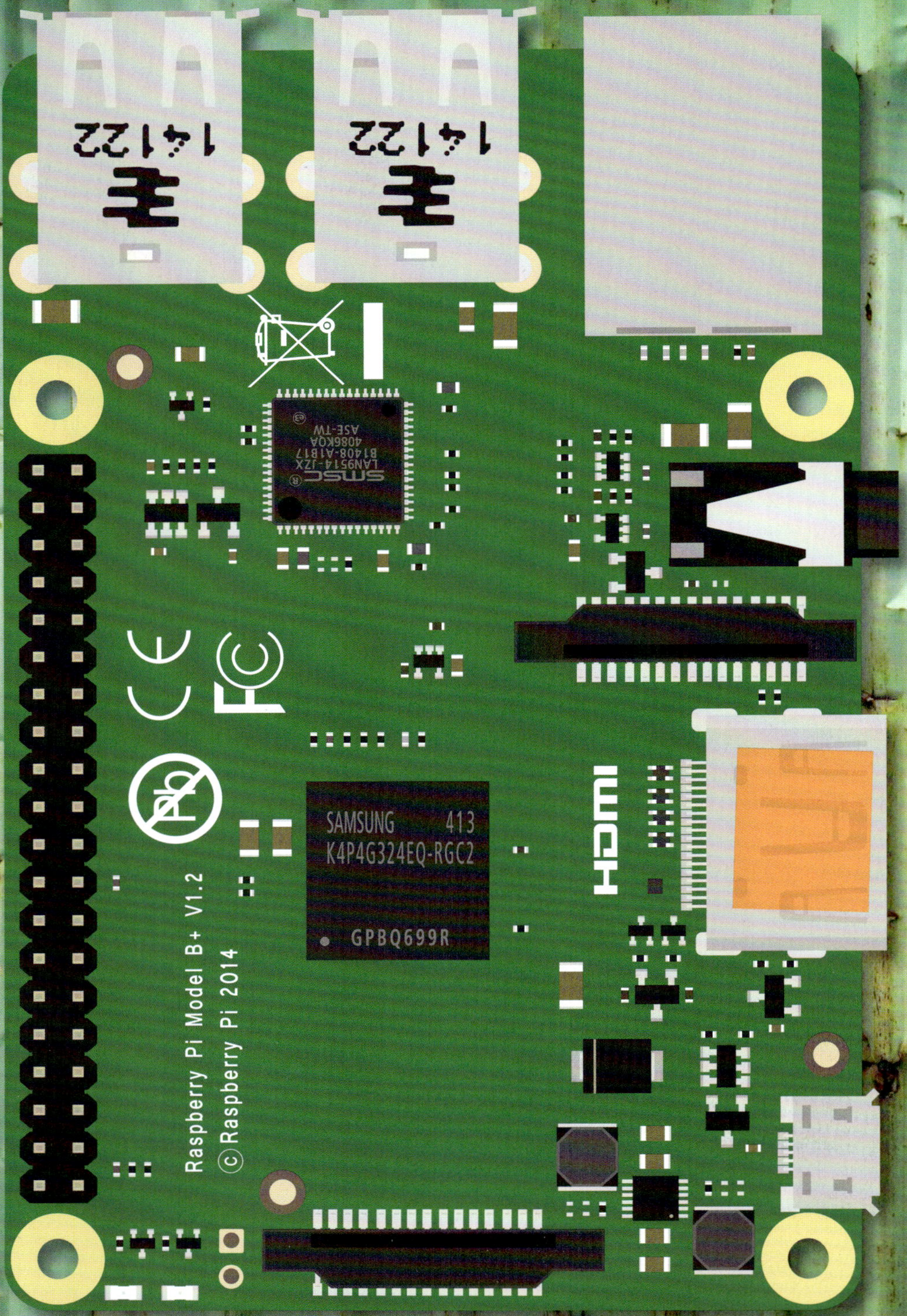
Raspberry Pi Model B+ V1.2
© Raspberry Pi 2014
SAMSUNG 413
K4P4G324EQ-RGC2
GPBQ699R
HDMI

KAPITEL 1

RASPBERRY-PI-MODELLE

1.1 Die Geschichte des Raspberry Pi 12
1.2 Raspberry-Pi-Modelle im Überblick 14
1.3 Zubehör 26

1.1 Die Geschichte des Raspberry Pi

2006:
Eben Upton erstellte den ersten Prototypen auf Basis des Atmel ATmega644, 22.1MHz, 512K SRAM

31.12.2011:
Die ersten zehn Modelle werden auf eBay versteigert. Sie tragen die Nummern #10 – #01

Zertifikat für ein ersteigertes Board

Das Gerät mit der Seriennummer #01

11.01.2012:
Die zehn Platinen (VK von 220 Pfund) erzielten in der Auktion über 16000 Pfund.

17.02.2012
Erstes offizielles Linux-Image für den Download verfügbar

29.02.2012
Model B1 Verkaufsstart

2006 | 2011 | 8 | 9 | 10 | 11 | 12 | 2012 | 2 | 3 | 4 | 5 | 6 | 7 | 8 | 9 | 10 | 11 | 12

AUGUST 2011
50 Alpha-Bords wurden hergestellt

DEZEMBER 2011
25 Model B wurden hergestellt

7.1.2012
Erstes versteigertes Modell

JANUAR 2012

ebay

eBay-Autktionsergebnisse:
Raspberry Pi, Model B beta board

Seriennummer	Datum	Preis in Pfund Sterling
#01	11. Jan. 2012	£ 3,500.00
#02	11. Jan. 2012	£ 2,150.00
#03	10. Jan. 2012	£ 2,257.00
#04	10. Jan. 2012	£ 1,550.00
#05	10. Jan. 2012	£ 1,040.00

28.02.2012
Veröffentlichung

15.09.2012
Model B2
Verkaufsstart

29.09.2012
Ebon Upton erhält den »Makey Award for Most Hackable Gadget to Raspberry Pi« der Zeitschrift MAKE

17.12.2012
Eröffnung Pi Store

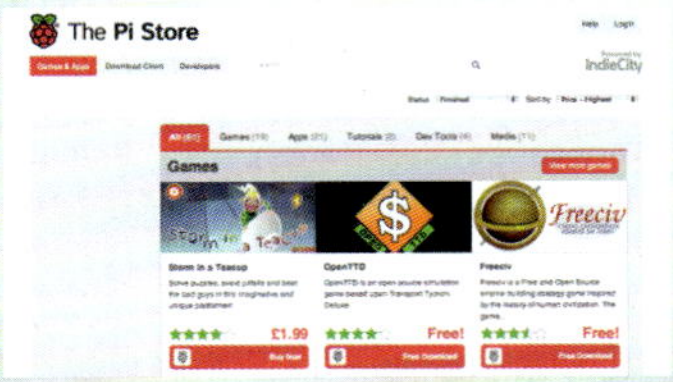

19.12.2012
Auktion der zwölft ersten Raspberry Pi (Model A)

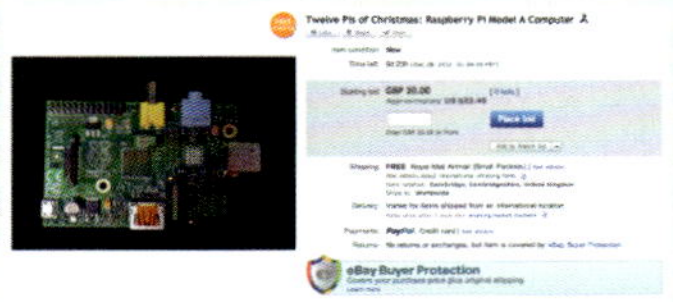

29.01.2013
Google spendet 15.000 Raspberry Pi, Model B für Schulkinder in UK

04.02.2013
Model A
Verkaufsstart

11.02.2013
Minecraft für Raspberry Pi ist verfügbar

07.04.2014
Compute Modul
Ankündigung

MAI 2014
3 Millionen verkaufte Platinen

14.07.2014
Model B+
Verkaufsstart

10.11.2014
Model A+
Verkaufsstart

2013 | 2 | 3 | 4 | 5 | 6 | 7 | 8 | 9 | 10 | 11 | 12 | 2014 | 2 | 3 | 4 | 5 | 6 | 7 | 8 | 9 | 10 | 11 | 12

1.2 Raspberry-Pi-Modelle im Überblick

Nicht wenige kennen ihren PC nur in einem Gehäuse. Beim Raspberry Pi bekommt man die Elektronik in Reinform, als Platine, präsentiert. Auch wenn man den Raspberry Pi nur als Mediacenter im Wohnzimmer einsetzen möchte, sind gewisse Grundkenntnisse des Minicomputers unumgänglich. Denn wer seinen Raspberry Pi erst einmal kennengelernt hat, wird ihn auch schnell für andere Projekte einsetzen wollen. Da ist es hilfreich, wenn man zumindest alle Anschlüsse kennt. Die anschauliche Infografik auf dieser Doppelseite zeigt, worauf es beim Raspberry Pi wirklich ankommt.

	A	A+	B
	 → Seite 18	 → Seite 24	 → Seite 16
	Broadcom BCM2835 (CPU + GPU + DSP + SDRAM)		
CPU	700 MHz ARM1176JZF-S core (ARM11)	700 MHz ARM1176JZF-S	700 MHz ARM1176JZF-S core (ARM11)
GPU	Broadcom VideoCore IV, OpenGL ES 2.0, 1080p30 h.264/MPEG-4 AVC Decoder	Broadcom VideoCore IV, OpenGL ES 2.0, 1080p30 h.264/MPEG-4 AVC Decoder	Broadcom VideoCore IV, OpenGL ES 2.0, 1080p30 h.264/MPEG-4 AVC Decoder
Speicher	256 MByte (geteilt mit GPU)	256 MB (geteilt mit GPU)	256 MByte (geteilt mit GPU)
USB-2.0-Anschlüsse	1	1	2 (eingebauter USB-Hub)
Videoausgang	Composite RCA (PAL & NTSC), HDMI (rev 1.3 & 1.4), HDMI-Auflösung von 640x350 bis 1920x1200 (PAL & NTSC)	HDMI (rev 1.3 & 1.4), HDMI Auflösung von 640x350 bis 1920x1200 (PAL & NTSC), Composite RCA-Signal über 3.5-mm-Klinke	Composite RCA (PAL & NTSC), HDMI (rev 1.3 & 1.4), HDMI-Auflösung von 640x350 bis 1920x1200 (PAL & NTSC)
Audioausgang	3,5-mm-Klinke, HDMI	3,5-mm-Klinke, HDMI	3,5-mm-Klinke, HDMI
Onboard-Steckplätze	SD/MMC/SDIO-Kartenslot	Micro SD/MMC/SDIO-Kartenslot	SD/MMC/SDIO-Kartenslot
Onboard-eMMCSpeicher	-	-	-
Onboard-Netzwerkanschluss	-	-	10/100 Ethernet
Low-Level-Anschlüsse	18 GPIO, UART, I2C-Bus, SPi-Bus, +3,3 V, +5 V, Masse	27 x GPIO, UART, I2C-Bus, SPi-Bus, +3.3 V, +5 V, Masse	18 GPIO, UART, I2C-Bus, SPi-Bus, +3,3 V, +5 V, Masse
Stromaufnahme	500 mA (2,5 W)	400 mA (3 W)	700 mA (3,5 W)
Größe in mm	85,60x53,98	65x56	85,60x53,98
Pins	26	40	26

	B2	B+	CMIO[1]

	→ Seite 16	→ Seite 20	→ Seite 22
	Broadcom BCM2835 (CPU + GPU + DSP + SDRAM)		
CPU	700 MHz ARM1176JZF-S	700 MHz ARM1176JZF-S	700 MHz ARM1176JZF-S
GPU	Broadcom VideoCore IV, OpenGL ES 2.0, 1080p30 h.264/ MPEG-4 AVC Decoder	Broadcom VideoCore IV, OpenGL ES 2.0, 1080p30 h.264/ MPEG-4 AVC Decoder	Broadcom VideoCore IV, OpenGL ES 2.0, 1080p30 h.264/ MPEG-4 AVC Decoder
Speicher	512 MByte (geteilt mit GPU)	512 MByte (geteilt mit GPU)	256 MByte (geteilt mit GPU)
USB-2.0-Anschlüsse	2 (eingebauter USB-Hub)	4 (eingebauter USB-Hub)	1
Videoausgang	Composite RCA (PAL & NTSC), HDMI (rev 1.3 & 1.4), HDMI-Auflösung von 640x350 bis 1920x1200 (PAL & NTSC)	HDMI (rev 1.3 & 1.4), HDMI-Auflösung von 640x350 bis 1920x1200 (PAL & NTSC), Composite RCA-Signal über 3,5-mm-Klinke	HDMI (rev 1.3 & 1.4), HDMI-Auflösung von 640x350 bis 1920x1200 (PAL & NTSC)
Audioausgang	3,5-mm-Klinke, HDMI	3,5-mm-Klinke, HDMI	HDMI
Onboard-Steckplätze	SD/MMC/SDIO-Kartenslot	Micro SD/MMC/ SDIO-Kartenslot	-
Onboard-eMMCSpeicher	-	-	4 GByte
Onboard-Netzwerkanschluss	10/100 Ethernet	10/100 Ethernet	-
Low-Level-Anschlüsse	18 GPIO, UART, I2C-Bus, SPi-Bus, +3,3 V, +5 V, Masse	27 x GPIO, UART, I2C-Bus, SPi-Bus, +3,3 V, +5 V, Masse	GPIO, UART, I2C-Bus, SPi-Bus, +3,3 V, +5 V, Masse
Stromaufnahme	700 mA (3,5 W)	600 mA (3 W)	500 mA (2,5 W)
Größe in mm	85,60x53,98	85x56	65x35 mm (So-DIMM-Platine)
Pins	26	40	120

1) Compute-Modul auf dem IO-Board

Modell B

Experten erfassen den Aufbau des Raspberry Pi schnell. Aber wie bei vielen Geräten entfaltet sich im Detail die Überraschung, so auch beim Raspberry Pi. Die Infografik zeigt etliche Information rund um den Minicomputer, die selbst Eingeweihte noch verblüffen.

Audio: 3,5mm

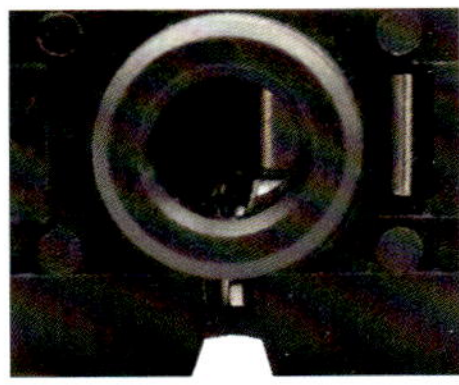

Prozessor
BCM 2835

GPIO
Frei programmierbare Schnittstelle für eigene Elektronikprojekte

P5
Zusätzliche GPIO-Pins für externe Erweiterungen

85,60 mm

53,98 mm

Höhe:
17 mm

Gewicht:
45 Gramm

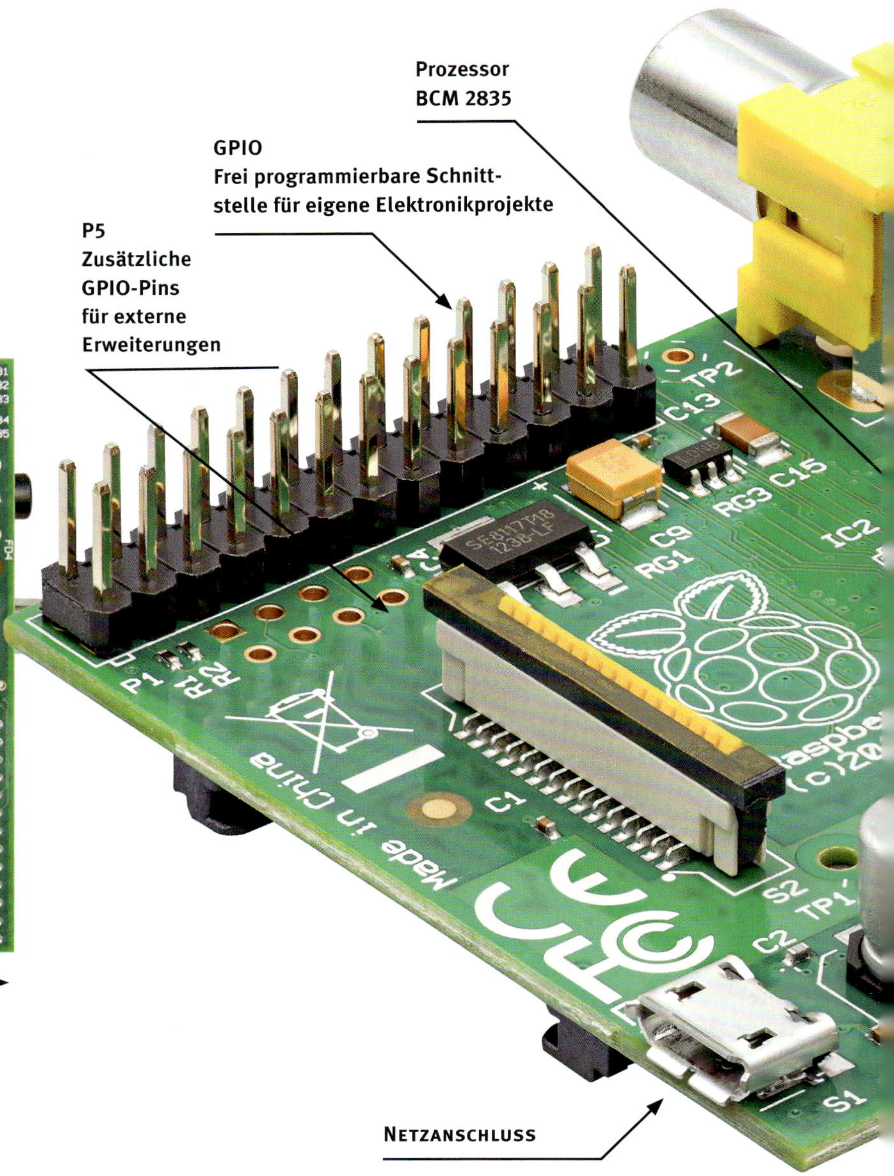

Netzanschluss

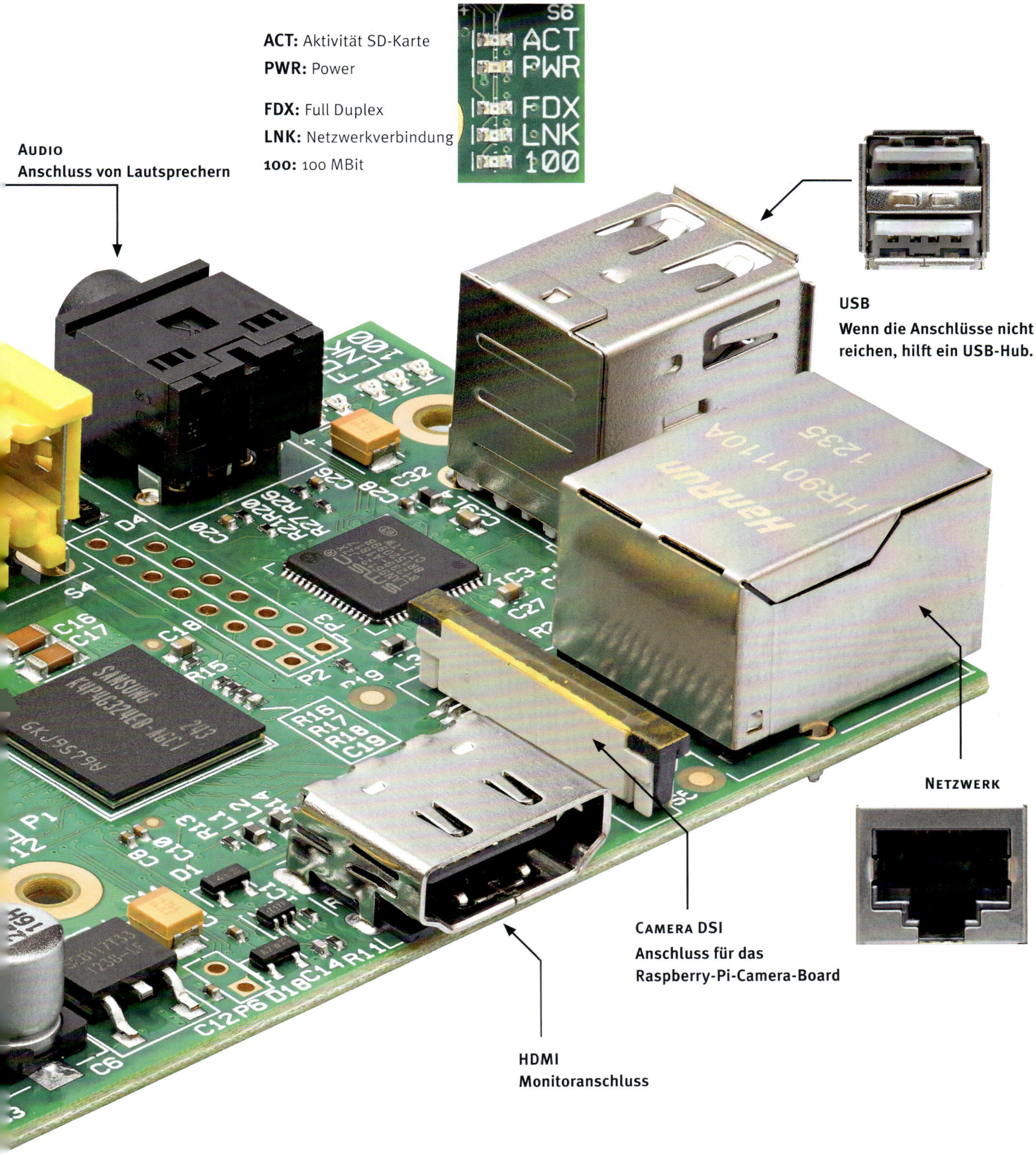
ACT: Aktivität SD-Karte
PWR: Power
FDX: Full Duplex
LNK: Netzwerkverbindung
100: 100 MBit
AUDIO
Anschluss von Lautsprechern
USB
Wenn die Anschlüsse nicht reichen, hilft ein USB-Hub.
NETZWERK
CAMERA DSI
Anschluss für das Raspberry-Pi-Camera-Board
HDMI
Monitoranschluss

Modell A

Knapp ein Jahr nach der Veröffentlichung des Modells B wurde das Modell A veröffentlicht. Sowohl die Ausstattung als auch der Preis wurden reduziert: 25$, statt 35$ – dafür aber nur noch eine USB-Schnittstelle, kein Netzwerkanschluss und 256 MB Hauptspeicher. Beim genauen Betrachten der Platine erkennt man, dass die gleiche Platine verwendet wurde, sie nur mit gewissen Bauteilen (LAN-Buchse) nicht bestückt wurde. GPIO sind bei diesem Modell auch 26-Pins.

Gewicht:
45 Gramm

Kein LAN-Chip
1x USB
Kein Netzwerkanschluss

Modell B+

Gutes geht immer noch ein Stück besser, so auch beim Raspberry Pi. Nicht nur an der Hardware, z.B. vier statt zwei USB-Anschlüsse, wurde gearbeitet, sondern auch an der Optik: Runde Ecken und die SD-Karte verschwindet nun auch komplett unter der Platine. Wie das geschafft wurde? Durch Ersetzung des SD-Karten-Slots durch einen Mikro-SD-Karten-Slot. Da der Raspberry Pi nach der Einführung schnell das Maker-Herz erobert hat, wurde auch an diese Zielgruppe gedacht: Die vorhandenen GPIO-Pins wurden von 26 (Modell A und B) auf stattliche 40 erhöht. Nachteil an den ganzen Änderungen: Gehäuse sind nicht mehr kompatibel.

Auf dem Bild ist ein Modell B+ des Raspberry Pi zu sehen.

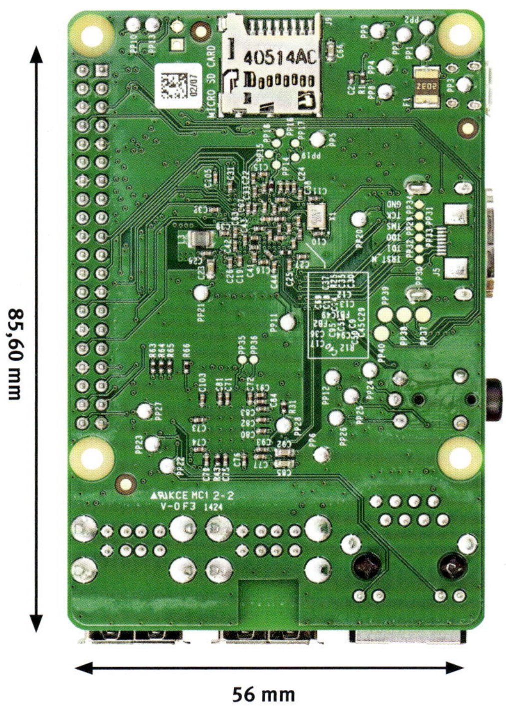

Gewicht:
45 Gramm

4x USB
Audio/Video
Netzanschluss

Computer Modul mit IO-Board

Die Raspberry Pi-Foundation setzt weiter auf Miniaturisierung: Das im April 2014 vorgestellte Compute Module ist mit dem BCM2835-Prozessor und 512 MByte RAM wie ein »alter« Raspberry Pi ausgestattet. Statt des Speicherkartenslots sind hier 4 GByte eMMc-Flashspeicher direkt verlötet. Das Compute Module sieht mit Abmessungen von 67,7 mm x 30 mm nicht nur aus wie ein Speichermodul, sondern nutzt auch dieselbe Anschlussleiste wie ein DDR2 SODIMM. Dennoch ist es selbstverständlich, den Raspberry Pi nicht in einen RAM-Steckplatz des Computers zu stecken, sondern dafür das sogenannte »Breakout-Board« zu verwenden, das die bisher bekannten Anschlüsse zur Verfügung stellt. Der Preis ist saftig: ca. 140 Euro (Stand Januar 2015).

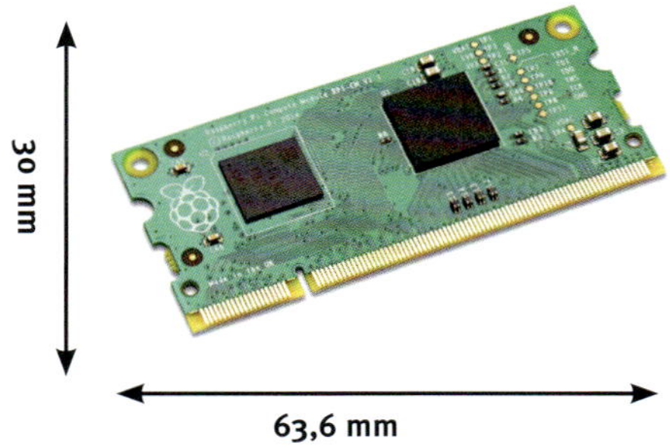

Gewicht:
7 Gramm

Kamera
Display

Modell A+

Richtig groß war der Raspberry Pi noch nie, längst tummeln sich auf dem Markt aber kleinere Platinen. Bei Projekten im Großformat ist die Größe der Platine nicht unbedingt ausschlaggebend, im Bereich der Wearables und dem Internet of Things ist die Größe durchaus wichtig. Mit dem Raspberry Pi A+ hat die Raspberry Pi Foundation darauf reagiert und legt einen – im Format – kleinere Platine vor. Die Platine ersetzt das Modell A.

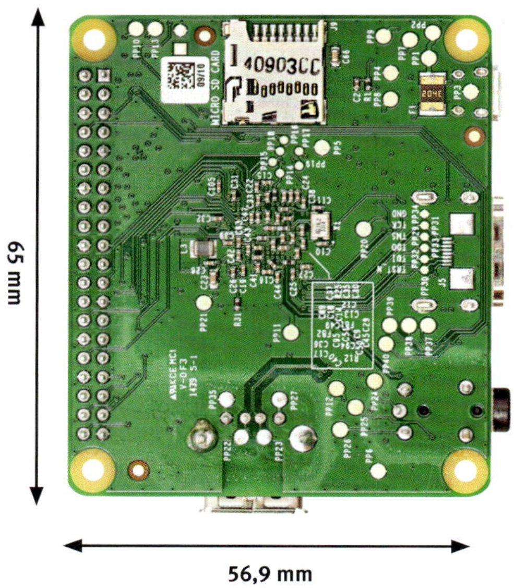

Gewicht:
23 Gramm

TP2
TP1
C21
R9
C34
TP3
R10
R13
C48
U5
C47
J10
C62
R19
R18
R62
R61
R49
R60
U11
USB
J3
FB3
HDMI
C56
R15
U9
R14
C54
R3
R8
R2
C6
R5
U4
HDMI
A/V

1.3 Zubehör

In der Zeit, in der Sie auf die Lieferung Ihres Raspberry Pi warten, können Sie sich schon mal einen Überblick über das vorhandene und notwendige Zubehör zur Inbetriebnahme des Geräts verschaffen. Je nach vorgesehenem Anwendungszweck ist dieses Zubehör höchst unterschiedlich, da der Raspberry Pi doch sehr flexibel ist.

So lässt sich beispielsweise der Raspberry mit Bildschirmausgabe über den vorhandenen HDMI-Ausgang oder über die FBAS-Buchse konfigurieren, aber auch der Betrieb ohne angeschlossenen Bildschirm ist möglich. Dies ist vor allem dann praktisch, wenn der Raspberry im Stillen und unbeobachtet seinen Dienst verrichten soll, beispielsweise als Steuerung für eine Überwachungskamera oder eine Türklingel.

Zwingend notwendig in jedem Fall ist die Stromversorgung, die über eine Micro-USB-Buchse auf der Raspberry Pi-Platine hergestellt wird.

Micro-USB-Kabel und Netzteil

Mini vs. Micro: Bei der schier unüberschaubaren Stecker- und Buchsenvielfalt des USB-Anschlusses ist für den Raspberry das verglichen mit dem Mini- etwas flachere Micro-USB-Kabel gefragt, das vorwiegend bei Mobilgeräten wie Smartphones und Navigationssystemen zum Einsatz kommt. In Sachen Netzteil ist für den stabilen Betrieb des Raspberry Pi ein 5-W-Netzteil (5 V, 1.000 mAh) das richtige. Hier haben wir das herumliegende Netzteil (5,4 V, 1.000 mAh) eines

Ein Netzteil für den Raspberry Pi

Garmin Nüvi 3790 T zweckentfremdet, da es in unserem Fall ohnehin nur im Auto zum Einsatz kommt.

Für den Kauf eines ähnlichen Netzteils können Sie so um die 5 Euro veranschlagen – am besten bei einem Elektronikhändler.

Bildschirm und Raspberry: HDMI, FBAS oder nichts

Für den Anschluss an einen Bildschirm bietet der Raspberry Pi einen HDMI-Anschluss und alternativ einen sogenannten FBAS-Anschluss. Je nach vorgesehenem Anwendungszweck ist auch der Betrieb ohne angeschlossenen Bildschirm möglich, etwa für die Steuerung einer Klingelanlage oder Videoüberwachung etc., wenn der Raspberry Pi ausschließlich Steuer- oder Kontrollaufgaben erledigen soll.

Der FBAS-Anschluss

Die Bildschirmkonfiguration nehmen Sie über die Konfigurationsdatei `config.txt`, die sich auf der FAT32-Partition der SD-Speicherkarte befindet, vor. Wie das funktioniert, lesen Sie im Abschnitt 4.3 »Kein Bildschirm angeschlossen? – Bootprobleme beheben«. Abgesehen vom Multimedia-Einsatz via OpenELEC, bei dem der Raspberry Pi direkt per HDMI-Anschluss am TV angeschlossen ist, ist der Raspberry Pi für Hintergrunddienste wie AirPrint, AirPlay etc. bestens geeignet und kommt hier ohne Bildschirm und Tastatur aus.

SD-Karten: der Unterschied zwischen schnell und langsam

Liest man im Internet in zahlreichen Foren zum Thema Raspberry Pi nach, hat man den Eindruck, dass die Auswahl der passenden SD-Karte heutzutage ein Glücksspiel ist: Hier ist die weitverbreitete Meinung, dass Sie das Risiko eines Fehlkaufs nur dann minimieren können, wenn Sie die schnelleren Karten, die in der Regel mehr als 16 GByte Kapazität aufweisen, meiden.

Neben den klassischen SD-Karten mit Kapazitäten von 8 MByte bis 2 GByte gibt es Karten, die entweder mit der SDHC-Technik (SD 2.0) mit Kapazitäten von 4 GByte bis 32 GByte oder der SDXC-Technik (SD 2.0) mit Kapazitäten zwischen 48 GByte und 2 TByte ausgestattet sind. Für den Raspberry Pi kommen vor allem die SDHC-Karten infrage – nicht zuletzt aus Kostengründen. Grundsätzlich werden SDHC-Karten in unterschiedliche Geschwindigkeitsklassen eingeteilt, die auf den Karten aufgedruckt sind. Das heißt, eine mit Class 6 gelabelte SD-Karte besitzt eine Schreibgeschwindigkeit von mindestens 6 MByte pro Sekunde. Dagegen lässt sich die Lesegeschwindigkeit nicht direkt aus der Geschwindigkeitsklasse ermitteln. Meist liegt sie deutlich über der angegebenen minimalen Schreibgeschwindigkeit, und höherklassige Modelle erzielen in der Regel auch höhere Lesegeschwindigkeiten als niedriger eingestufte SD-Karten.

Der Einsatz bzw. die Auswahl der richtigen SD-Karte hängt vornehmlich vom Einsatzzweck des Raspberry Pi ab: Wir haben für den Raspberry Pi im Zusammenhang mit dem OpenELEC-Projekt (Wohnzimmer-PC 3.0, siehe Seite 198) eine Class 10 Sandisk Extreme mit 16 GByte eingesetzt, die bereits seit drei Monaten im Dauerbetrieb ihren Dienst versieht. Auf einem anderen Raspberry Pi, der Netzwerkdienste im Heimnetz bereitstellt, ist hingegen eine langsamere 8-GByte-Class-4-Karte im Einsatz. Für den Einsatz des Raspberry Pi mit einer speicherplatzintensiven Zoneminder-Installation stellt eine 8-GByte-Karte das Minimum dar – haben Sie jedoch viele Verzeichnisse und Daten außerhalb der SD-Karte gespeichert, beispielsweise auf einem USB-Stick oder in Netzwerkfreigaben, können 8 GByte mehr als ausreichend sein.

Für den Raspberry Pi waren in der Vergangenheit vor allem aus Kostengründen die SDHC-Karten begehrt, doch das Kostenargument bröckelt immer weiter: In Sachen Geschwindigkeit stellt beispielsweise die Speicherkarte Transcend Extreme-Speed SDXC Class 10 zwar keine Rekorde auf, bringt aber mit dem 64- oder gar dem 128-GByte-Modell mehr als ausreichend Kapazität für einen Raspberry Pi-Betrieb mit.

Speicherkarte checken mit Crystal DiskMark

Wer seine alte Speicherkarte aus der Schreibtischschublade auf ihre Raspberry Pi-Tauglichkeit prüfen möchte, kann sich mit dem kleinen Benchmark-Programm CrystalDiskMark (*http://crystalmark.info/software/CrystalDiskMark/index-e.html*) behelfen. Damit lassen sich die konkreten Leistungswerte des angeschlossenen USB-Datenträgers ermitteln.

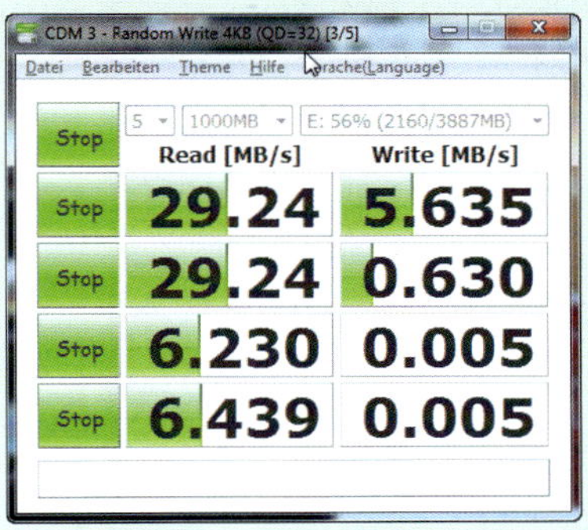

Wer ist der Schnellste? Um die tatsächliche Geschwindigkeit des Flashspeichers herauszufinden, nutzen Sie das kleine Benchmark-Programm.

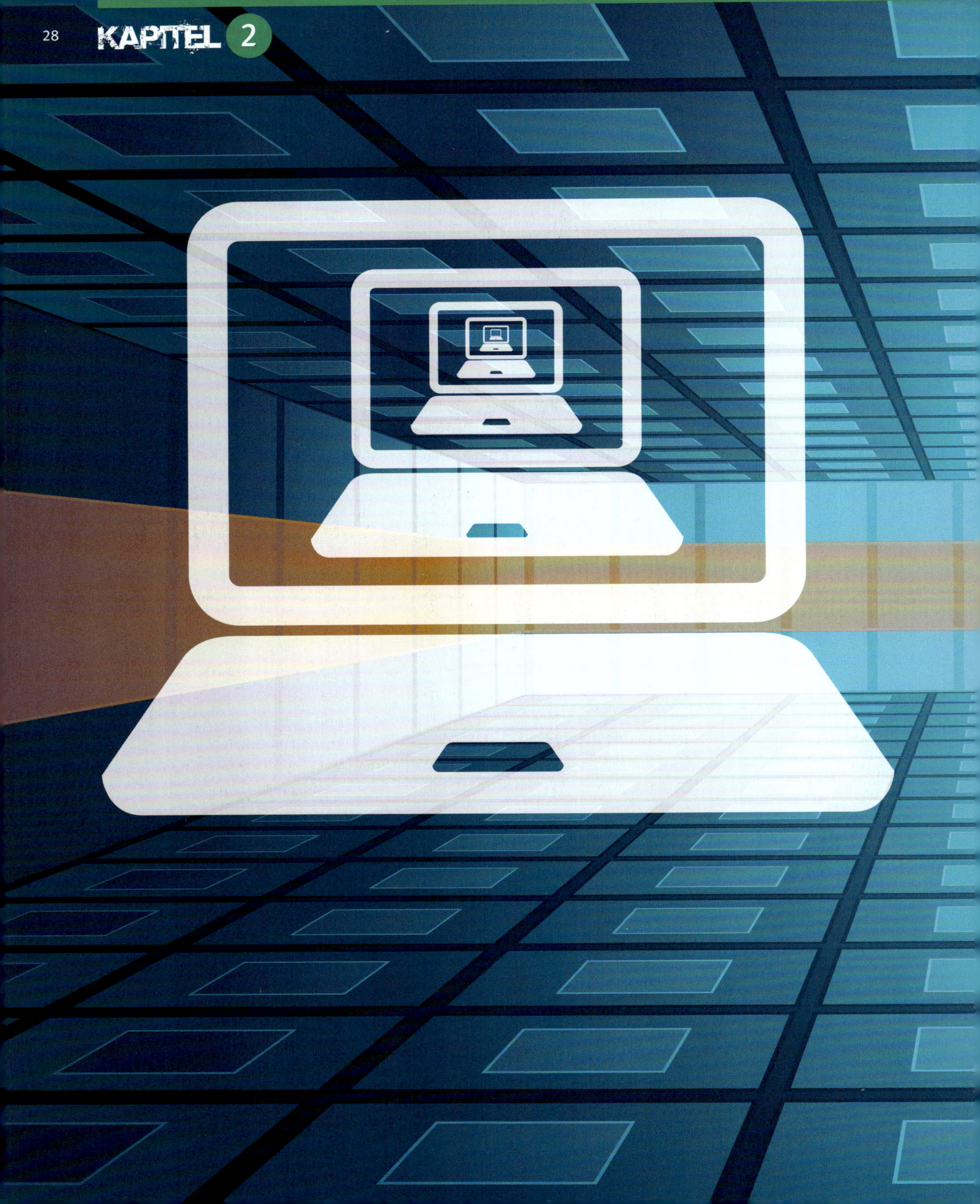

KAPITEL 2

RASPBERRY PI OHNE PLATINE NUTZEN

2.1 Raspberry in VMware oder Virtualbox 30
2.2 Deutsche Tastatureinstellungen verwenden 30
2.3 Netzwerkkopplung: VMware und Raspberry Pi 31
2.4 Netzwerkverbindung eth0 wiederherstellen 31
2.5 Aktuell bleiben: Raspberry per Update frisch halten 32
2.6 Bequemer surfen und Browser nachrüsten 33

2.1 Raspberry in VMware oder Virtualbox

Wer vor dem Kauf einen Blick auf die Möglichkeiten des Raspberry Pi werfen möchte, nutzt einfach eine passende Emulation auf dem Computer – konkret eine virtuelle Maschine, auf der das Betriebssystem des Raspberry Pi läuft. Hierfür benötigen Sie auf dem Computer lediglich das entsprechende Betriebssystem-Image des Raspberry Pi sowie eine Virtualisierungssoftware, die das Betriebssystem auf dem Computer als virtuelle Maschine zur Verfügung stellt. Für die gängigsten PC-Betriebssysteme wie Windows, Mac OS und Linux stehen verschiedene Lösungen zur Verfügung – die wichtigsten sind:

Oracle Virtualbox (**http://www.virtualbox.org/wiki/Downloads**) sowie VMware (**www.vmware.com/go/get-player-de**), die beliebig skalierbar sind.

512 MByte Arbeitsspeicher sowie 2 GByte an benötigter Festplattenkapazität auf dem Computer sollten Sie reservieren, damit sind Sie auf der sicheren Seite, wenn Sie möchten, dass Ihre Raspberry Pi-Emulation einigermaßen flott läuft und es zu keinen unnötigen Wartezeiten kommt.

Die erste Anlaufstelle für den Bezug des passenden Image ist natürlich die Webseite des Raspberry Pi-Projekts (*www.raspberrypi.org*) im Forum unter der Adresse *www.raspberrypi.org/forum/general-discussion/official-image-packaged-for-vmware-and-virtualbox-emulation*.

2.2 Deutsche Tastatureinstellungen verwenden

Wer in der Konsole des virtuellen Raspberry Pi den einen oder anderen Unix-Befehl genutzt hat, dem wird möglicherweise bei der Angabe von Parametern oder Optionen aufgefallen sein, dass das, was auf den Tasten steht, und das, was in der Konsole ankommt, ein klein wenig unterschiedlich ist – sprich, eine falsch konfigurierte Tastatureinstellung aktiv ist. Wer die deutsche Tastatureinstellung samt Nutzung der Umlaute in der Konsole verwenden möchte, der gibt in der Konsole zunächst den Befehl

```
sudo dpkg-reconfigure console-setup
sudo dpkg-reconfigure keyboard-configuration
```

ein, um die Konfiguration der Konsole zu starten.

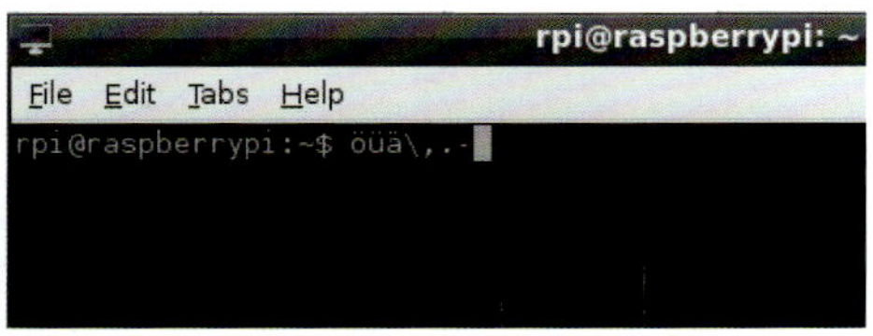

Erfolgreich: Nun funktionieren auch die deutschen Umlaute in der Konsole.

Anschließend fragt der Assistent verschiedene Dinge zur genutzten Tastatur sowie Sprache ab, die per Richtungstasten und [Tab]-Taste selektiert werden können.

Hier erwarten Sie zig Konfigurationsseiten, die allesamt auf `Deutsch/German` umgestellt werden. Wir haben sie aus Platzgründen hier nicht alle abgedruckt.

1 Nach dem Download entpacken Sie die Datei in einem eigenen Verzeichnis und starten entweder die entsprechende `RaspberryPi.vmx`-Datei (VMware) oder die `RaspberryPi.ova`-Datei (Oracle Virtualbox). In diesem Fall wird die Virtualisierungssoftware, die das gewählte Image in Betrieb nimmt, automatisch gestartet.

2 Hier hat der virtuelle Raspberry natürlich keine »echte«, sondern eine »virtuelle« Festplatte – auf dem Computer nichts anderes als eine Containerdatei, die von Virtualbox oder VMware eingerichtet wird, um dann als »Festplatte« für die virtuelle Maschine, in diesem Fall Raspberry, zu dienen.

Tipp

Das Ausschalten des Raspberry Pi über die Konsole erfolgt einfach über den Befehl `sudo init 0` oder über die grafische Benutzeroberfläche. In diesem Buch wird, falls nicht explizit darauf hingewiesen, für die Realisierung des Raspberry Pi in der virtuellen Maschine das VMware-Image verwendet.

3 Nach dem Start der Virtualisierungsumgebung loggen Sie sich erstmalig auf dem virtuellen Raspberry Pi ein. In der Regel lautet der entsprechende Benutzername `pi` – das dazugehörige Standardpasswort ist `raspberry` (alles kleingeschrieben).

2.3 Netzwerkkopplung: VMware und Raspberry Pi

Die am meisten genutzte Variante zur Netzkopplung ist der sogenannte Bridged-Mode, in dem die virtuelle Maschine vom DSL/WLAN-Router in Ihrem Heimnetz ihre eigene IP-Adresse zur Verfügung gestellt bekommt.

Auch der NAT-Mode (*Network Address Translation*), in dem sich die virtuelle Maschine und der physikalische Computer die IP-Adresse sozusagen teilen, ist zwar technisch möglich, hat das Problem aber auf dem umgekehrten Weg – sprich, wenn Sie eine Verbindung von außen oder einem anderen Computer im Heimnetz mit dem Gastsystem aufnehmen wollen, ist erst mal Fehlersuche angesagt, um herauszufinden, warum die Verbindung nicht auf Anhieb klappt. Deshalb: Nutzen Sie den Bridge-(Brücken-) Anschluss der Virtualisierungssoftware – egal ob Sie das Oracle- oder VMware-Produkt nutzen.

2.4 Netzwerkverbindung eth0 wiederherstellen

Um die benötigte Netzwerkschnittstelle `eth0` zu aktivieren, reicht unter VMware das Löschen des sogenannten Mac-Adress-Caches. Nutzen Sie diesen Befehl:

```
sudo rm /etc/udev/rules.d/70-persistent-net.rules
```

Nach dem Neustart des Raspberry Pi via

```
sudo reboot
```

steht die Netzwerkschnittstelle zur Verfügung, was per `ifconfig`-Befehl in der Konsole überprüft werden kann. Anschließend steht der Aktualisierung des Systems via `sudo apt-get update` nichts mehr im Wege.

2.5 Aktuell bleiben: Raspberry per Update frisch halten

Grundsätzlich wäre es ja egal, welche Version das Betriebssystem des Raspberry Pi im genutzten Image hat. Denn einen schnellen Breitbandinternetanschluss vorausgesetzt, ist das Betriebssystem in wenigen Minuten per Kommandozeile auf den aktuellen Stand gebracht. Hierfür geben Sie nach der Anmeldung auf dem Raspberry Pi folgende Befehle ein (das zweite Kommando holt zu den aktuell installierten Paketen die neuesten Informationen):

```
sudo apt-get install
sudo apt-get update
```

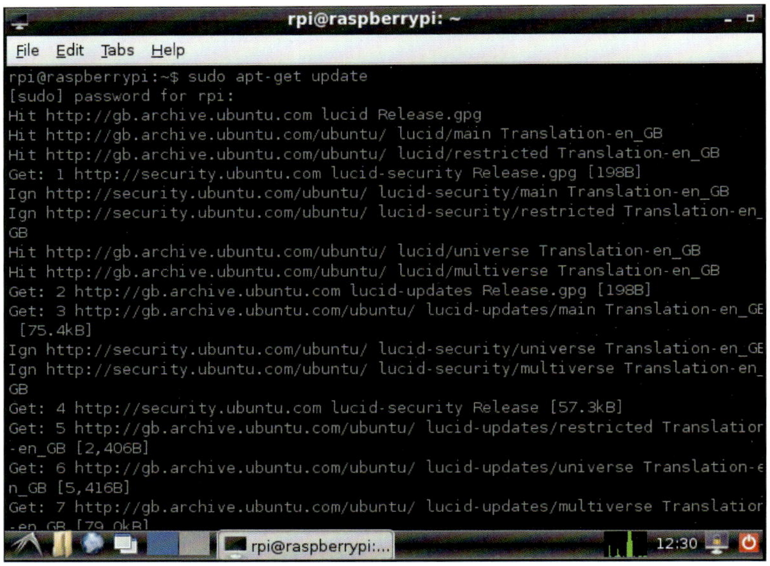

Mit dem Befehl

```
sudo apt-get upgrade
```

aktualisieren Sie das Betriebssystem und die installierten Anwendungen – theoretisch: Wer sich – wie der Autor – für die Nutzung des VMware-Image entschieden hat, wird nach dem ersten Start der virtuellen Maschine gleich auf die erste Hürde stoßen: Das Netzwerk für den Raspberry Pi ist nicht verfügbar.

Der Grund: Die benötigte etho-Netzwerkschnittstelle stand auf dem Raspberry Pi nicht zur Verfügung. Um diesen Fehler zu beheben, muss auf dem virtuellen Raspberry Pi manuell nachgebessert werden. Ist das geschehen, holen Sie die genannten Befehle nach, um den Raspberry Pi auf den aktuellen Stand zu bringen.

sudo für root-Zugriff

Grundsätzlich besitzt der standardmäßig angemeldete Benutzer *pi* nur eingeschränkte Linux-Benutzerrechte. Für erweiterte, administrative Arbeiten am Unix-System sind jedoch sogenannte *root*-, also Superuser-Rechte notwendig, die ein Benutzer mit dem vorangestellten sudo vor einem Linux-Kommando anfordern kann. Während bei Distributionen wie Ubuntu & Co. das administrative *root*-Passwort notwendig ist, ist es beim Raspberry Pi für den Superuser *root* nicht standardmäßig gesetzt.

Die Aktualisierung und Inbetriebnahme der Updates funktioniert natürlich nur dann, wenn auch die Netzwerkverbindung des virtuellen Raspberry Pi funktioniert.

2.6 Bequemer surfen und Browser nachrüsten

Je nach genutztem Raspberry Pi-Image in der virtuellen Maschine steht auch ein Internetbrowser zur Verfügung: Aufgrund der geringen Systemressourcen ist dies meist der Midori-Browser. Doch auch alte Bekannte wie Mozilla Firefox und Google Chrome (Chromium) lassen sich mit wenigen Handgriffen nachrüsten:

Dafür öffnen Sie bei gestartetem X-Windows ein Terminalfenster und geben den entsprechenden Installationsbefehl ein, der das Herunterladen des Firefox-Browsers startet:

```
sudo apt-get install firefox
```

Die Installation von Google Chrome stoßen Sie mit diesem Befehl an:

```
sudo apt-get install chromium-browser
```

Für die Installation von Mozilla Firefox nutzen Sie den Befehl

```
sudo apt-get install firefox
```

Egal welchen Browser Sie nutzen möchten: Weniger ist mehr, legen Sie sich aus Platzgründen am besten auf nur einen Browser fest.

Nach dem Herunterladen der Paketinformationen fragt der Installer erst nach, ob das Paket heruntergeladen werden soll, und liefert auch Informationen dazu, wie viel Platz das Paket in etwa auf dem Raspberry Pi beanspruchen wird.

Achtung: In einer virtuellen Maschine ist in der Regel Speicherplatz en masse vorhanden, auf einer SD-Karte oder auf dem Raspberry Pi jedoch nicht. Deswegen sollten Sie schon jetzt mit zusätzlichen Paketen ein wenig geizen und nur die Pakete herunterladen und installieren, die Sie wirklich benötigen. Sie bekommen so etwas mehr Fingerspitzengefühl und Übung mit den Programmen, die dann später zur Verfügung stehen.

Nach der Installation erscheint der installierte Webbrowser unter *Applications/Internet/Chromium Web Browser* in der grafischen Benutzeroberfläche.

Nach dem Start des Links erscheint der installierte Webbrowser auf der schicken Raspberry Pi-Oberfläche in der virtuellen Maschine.

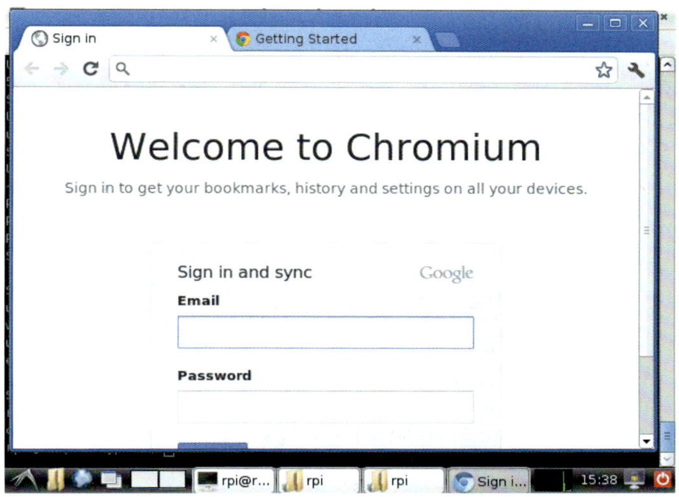

Google ist überall: Selbst für die kleinen Selbstbaurechner stellt Google eine angepasste Chrome-Version bereit.

KAPITEL 3

AUSPACKEN, INSTALLIEREN, LOSLEGEN

3.1 Image auswählen und auf SD-Card installieren 36
3.2 Konsoleneinstellungen anpassen.. 40
3.3 SD-Karte checken und partitionieren.. 42
3.4 Compute Module und IO-Board in Betrieb nehmen 45
3.5 Tuningmaßnahmen für den Raspberry Pi... 52
3.6 Flying Circus auf dem Raspberry Pi 57
3.7 Raspberry Pi-Kamera einrichten und nutzen.................................... 58

Micro-, SD-Karte oder eMMC

Die Modelle A und B haben einen Slot für eine SD-Karte, A+ und B+ inzwischen einen Slot für eine Micro-SD-Karte. Das Compute Modul benötigt keine externe Speicherkarte, denn es besitzt 4 GB eMMC-Flashspeicher.

Nach dem Zusammenbau des Raspberry Pi und dem Betanken der SD-Karte mit dem gewünschten Image für den neuen »Computer« erfolgt die Inbetriebnahme. Bevor Sie die SD-Karte in den Raspberry Pi einsetzen, sollten Sie zumindest die Konfigurationsparameter für den Raspberry Pi kennen, um damit den kleinen Minicomputer auf den Anwendungszweck zuzuschneiden. Die Konfigurationsparameter werden in der Textdatei `config.txt` festgelegt, die sich im Bootverzeichnis der jeweils genutzten Linux-Distribution befindet. Nach dem Einschalten des Raspberry Pi über das Netzkabel wird diese beim Systemstart gelesen und entsprechend interpretiert. Wird beispielsweise kein Bildschirm am Raspberry Pi genutzt, ist auch das in der `config.txt`-Datei entsprechend einzustellen.

3.1 Image auswählen und auf SD-Card installieren

Für die Auswahl und Installation des passenden Betriebssystems für den Raspberry Pi stellt die stetig wachsende Netzgemeinde passende Images zur Verfügung, die Sie kostenlos und unverbindlich ausprobieren können. Die Download-Adressen der verschiedenen Betriebssystem-Images für den Raspberry Pi sind in der nachstehenden Tabelle aufgeführt.

Betriebssystem	Quelle
Arch Linux	*downloads.raspberrypi.org/raspbian_latest*
Debian 7 Wheezy	*downloads.raspberrypi.org/raspbian_latest*
OpenELEC	*downloads.raspberrypi.org/openelec_latest und openelec.tv*
Pidora (Fedora)	*downloads.raspberrypi.org/pidora_latest*
Raspbian	*www.raspbian.org/RaspbianImages*
Raspbmc	*downloads.raspberrypi.org/raspbmc_latest*
RISC OS	*downloads.raspberrypi.org/riscos_latest*
XBian	*kodi.wiki/view/XBian*

Auf den ersten Blick erschließt sich für den Einsteiger nicht, was sich hinter der jeweiligen Distribution und Multimedia-Center-Zusammenstellung verbirgt. Selbst eingefleischte, fortgeschrittene Linux-Profis tun sich schwer, die Unterschiede gerade bei den Kodo/XBMC-Builds zu bewerten. Zudem hat jeder Anwender bekanntlich seine eigenen Vorlieben, doch mit dem Einsatz des Raspbian/Debian-Image auf Ihrem Raspberry Pi machen Sie zunächst nichts verkehrt: Es gehört zu den beliebtesten Betriebssystemen auf dem Raspberry Pi.

3.1.1 Via Mac OS X-Konsole: Raspberry-Image aufspielen

Ist die Speicherkarte am Mac-Computer eingesteckt, öffnen Sie ein Terminalfenster. Mit dem Befehl

```
df -h
```

prüfen Sie nicht nur die Speicherkapazität, sondern erfahren auch, welches Blockdevice für die SD-Speicherkarte zuständig ist. Im nachfolgenden Beispiel ist die eingelegte SD-Karte das Gerät an `/dev/disk6s1`. Passen Sie dieses bei den nachfolgenden Befehlen an Ihre Umgebung an. Nun können Sie die SD-Speicherkarte per Terminalkommando wieder aushängen:

```
sudo diskutil umount /dev/disk6s1
```

Merken Sie sich, dass es sich bei der Speicherkarte um `disk6s1` handelt.

Im nächsten Schritt entpacken Sie schon mal das heruntergeladene Debian-Wheezy-Image für den Raspberry Pi. In der Regel legt das Archivierungsprogramm im selben Verzeichnis, in dem sich die ZIP-Datei befindet, ein gleichnamiges Verzeichnis an, in dem Sie anschließend den Inhalt der Archivdatei finden.

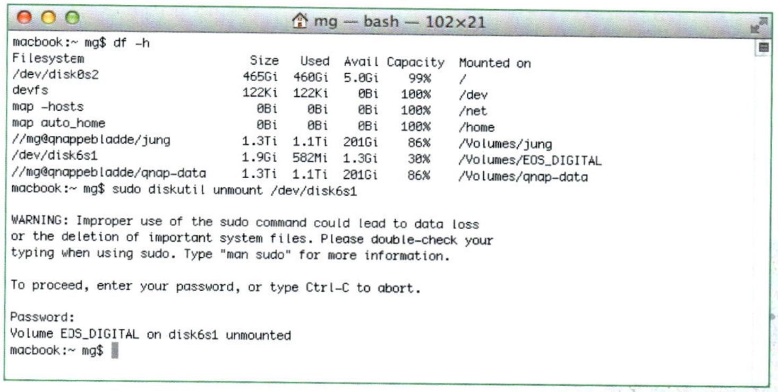

Nach dem Prüfen der SD-Speicherkarte werfen Sie die Karte per `umount`-Befehl aus der Liste der eingehängten Speicher heraus. Dafür fordert Mac OS zunächst das Administratorkennwort an.

Nach wenigen Augenblicken liegt die ZIP-Archivdatei in einem eigenen Verzeichnis entpackt zur weiteren Verwendung bereit.

In dem Verzeichnis liegt nun das komplette Speicherkarten-Image des Raspian-Systems und ist für eine Speicherkartengröße von 2 GByte vorgesehen. Auch wenn Sie eine größere Speicherkarte einsetzen, verwenden Sie zunächst diese Imagedatei. Das Anpassen des freien Speicherplatzes erfolgt erst, nachdem das Image per Kommandozeile auf die SD-Karte übertragen worden ist. Für das Kopieren der `img`-Datei verwenden Sie den `dd`-Befehl, für das Ziellaufwerk ist hier – wie oben festgestellt – `disk6` richtig.

Für den Raw-Zugriff nutzen Sie hier das Gerät `/dev/rdisk6`:

```
sudo dd bs=1m if=~/Downloads/2012--08-16-wheezy-raspian.img of=/dev/rdisk6
sudo diskutil umount /dev/disk6s1
```

Das Übertragen des Image auf die SD-Karte via `dd`-Befehl dauert einige Minuten.

Ist die Speicherkarte erfolgreich beschrieben und aus dem Mac entfernt, können Sie sie nun in den Speicherkartenslot einführen und den Raspberry Pi in Betrieb nehmen.

3.1.2 Windows: das USB Image Tool im Einsatz

Ein ähnlich bequemes Kommandozeilenwerkzeug wie `dd` aus der Unix-Welt ist für Windows leider nicht verfügbar. Um unter Windows die Imagedatei auf die SD-Karte zu übertragen, steht das USB Image Tool zur Verfügung. Es ist unter der URL *www.alexpage.de/usb-image-tool/download/* direkt beim Entwickler kostenlos erhältlich, der sich über jede Spende per *Donate*-Schaltfläche freut. Das Tool selbst benötigt unter Windows die *DotNet(.Net)*-Umgebung, die in der Regel auf einem zeitgemäßen Windows-System auch installiert sein sollte. Falls nicht, muss *.Net* zunächst bei Microsoft (*www.microsoft.com/downloads/details.aspx?FamilyID=ab99342f-5d1a-413d-8319-81da479ab0d7&displaylang=en*) heruntergeladen und installiert werden, damit das USB Image Tool in Betrieb gehen kann.

Backup mit dem USB Image Tool

Um beispielsweise ein Backup der kompletten SD-Karte unter Windows anzufertigen, legen Sie die SD-Karte in den SD-Kartenslot bzw. -Adapter und starten das USB Image Tool im Admin-Modus (Programmdatei suchen, rechte Maustaste und im Kontextmenü *Als Administrator ausführen* auswählen).

Image auf die SD-Card übertragen

Um beispielsweise das heruntergeladene Raspian-Image auf den eingelegten SD-Kartendatenträger zu schreiben, ist unter Windows der Admin-Modus notwendig. Falls noch nicht geschehen, starten Sie das USB Image Tool im Admin-Modus, indem Sie die Datei markieren und über das Kontextmenü der rechten Maustaste *Als Administrator ausführen* wählen. Anschließend wählen Sie das extrahierte Betriebssystem-Image des Raspian-Systems per Klick auf die *Restore*-Schaltfläche aus.

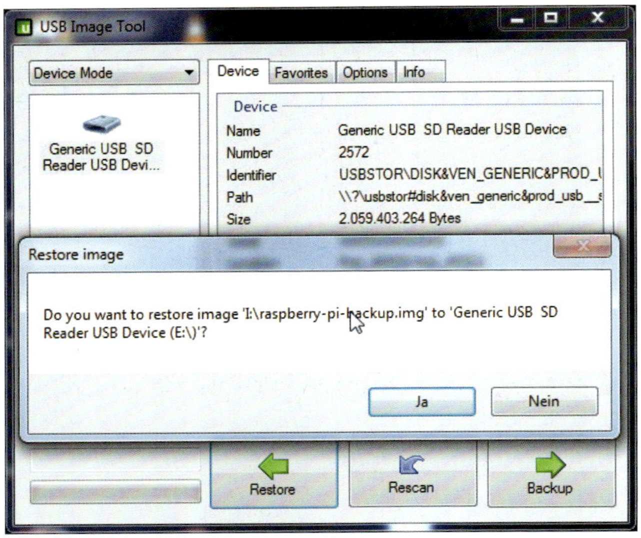

Nach wenigen Minuten ist das Speicherkarten-Image in der Größe von 2 GByte auf die eingelegte SD-Karte geschrieben.

Nach dem Schreiben der Imagedatei entfernen Sie die Speicherkarte noch nicht, zunächst beenden Sie das USB Image Tool und wählen anschließend in der Taskleiste das *Hardware sicher entfernen*-Symbol aus. Dort selektieren Sie den SD-Kartendatenträger bzw. das entsprechende Laufwerk und beenden per Klick auf die OK-Schaltfläche den Betrieb der SD-Karte.

Nach dem Start des Programms wählen Sie im linken Fensterbereich das USB-Laufwerk aus und klicken rechts unten auf die *Backup*-Schaltfläche. Beachten

Sie, dass die Speichergröße des Speicherkarten-Backups naturgemäß auch der Kapazität der eingelegten Karte entspricht. Dies kann bei Speicherkarten größer als 4 GByte womöglich Probleme bereiten, falls die Sicherung auf einem betagten Dateisystem abgelegt werden soll.

Tipp

Auch der umgekehrte Fall, das Schreiben einer Imagedatei auf die SD-Speicherkarte, erfordert nur ein paar Mausklicks und ist in wenigen Minuten erledigt.

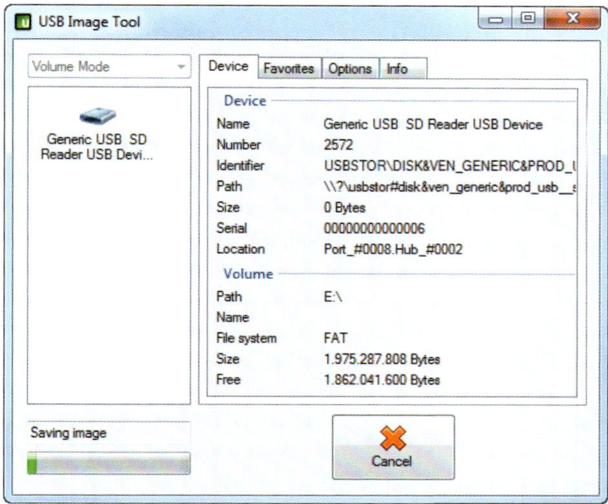

Das USB Image Tool sichert den kompletten Inhalt des USB-Sticks in eine Imagedatei auf der Festplatte.

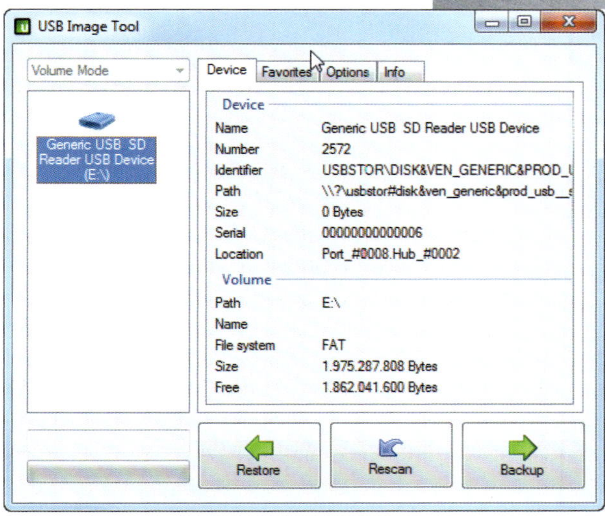

Nicht nur das Schreiben, sondern auch das Sichern ganzer Wechseldatenträger beherrscht das USB Image Tool. Ideal, wenn Sie einen Snapshot des Raspberry-Systems auf dem Computer sichern möchten.

Alle paar Wochen werden auf den einschlägigen Raspberry Pi-Seiten wie *www.raspberrypi.org* neue Versionen der Imagedateien veröffentlicht – in diesem Beispiel nutzten wir das Wheezy-Raspian-Paket mit Datum 07.01.2014. Dieses lässt sich später im laufenden Betrieb in wenigen Augenblicken aktualisieren – das Herunterladen und Installieren des Image auf die SD-Speicherkarte ist demnach eine einmalige Sache.

3.2 Konsoleneinstellungen anpassen

Falls der Raspberry Pi nach dem erstmaligen Start kein Konfigurationsmenü anzeigt, können Sie dies per Eingabe von

```
sudo raspi-config
```

manuell starten, um die Ersteinrichtung vorzunehmen. Haben Sie den amerikanischen Tastaturtreiber geladen, müssen Sie statt der Bindestrichtaste die Taste [ß] nutzen, da derzeit noch die falsche Tastatureinstellung aktiv ist. Nach dem Start von `raspi-config` navigieren Sie mit den Pfeiltasten und der [Tab]-Taste in der textbasierenden Benutzeroberfläche. Zunächst passen Sie die Konsoleneinstellungen an und stellen hier über den Menüpunkt `change_locale` die Standardeinstellungen der Lokalisierung auf Deutsch (`de_DE.UTF-8`, `de_DE.ISO-8859-1`, `de_DE.ISO-8859-15@euro`) um.

Ist das Terminal nun auf die deutsche Sprache und die UTF-8-Codierung umgestellt, prüfen Sie das eingestellte Tastaturlayout des Raspberry Pi. Hier wählen Sie im Hauptmenü von `raspi-config` den Punkt `configure_keyboard` aus. Verbinden Sie sich vorwiegend von Ihrem Computer über SSH mit dem Raspberry Pi, ist die Auswahl der Tastatur `Generic 105-key (Intl) PC` zu empfehlen.

Um das Keyboard-Layout auf QWERTZ umzustellen, wählen Sie im darauffolgenden Dialog den Eintrag `Other` aus, um zur Sprachauswahl zu gelangen. Dort navigieren Sie mit den Pfeiltasten zum Eintrag `German` und wählen mit der [Tab]-Taste den `OK`-Eintrag aus.

Im anschließenden Dialog wählen Sie abermals `German` aus, und nach der Bestätigung mit `OK` erscheint ein Dialog, in dem Sie die Funktion der [Alt Gr]-Taste der Tastatur festlegen können. Hier, wie auch bei der Konfiguration des sogenannten `ComposeKey`, behalten Sie die Standardeinstellungen bei.

Zu guter Letzt können Sie die Tastenfolge [Strg]+[Alt]+[Rück] noch als Tastenkombination für das Beenden des X-Servers festlegen. Das ist beim Raspberry Pi meist ohne Belang, wenn er ohne grafische GUI genutzt wird. Stellen Sie sicher, dass der Schalter `boot_behaviour start desktop on boot?` auf `No` eingestellt ist. Möchten Sie später einmal vom textbasierten Terminal die grafische X11-Oberfläche starten, verwenden Sie einfach den Befehl `startx` in der Konsole. Prüfen Sie noch den SSH-Servereintrag im Bereich ssh, der dort mit Enable eingeschaltet sein sollte, damit später der Netzwerkzugriff auf den Raspberry Pi möglich ist.

Damit die Änderungen aktiv werden können, beenden Sie das `raspi-config`-Menü per Auswahl von `Finish` und starten im darauffolgenden Dialog bei `Would you like to reboot now?` per Auswahl von `Yes` den Raspberry

Pi neu. Falls Sie später erneut einen Neustart vornehmen wollen, können Sie dies auch mit dem Kommando

```
sudo reboot
```

tun. Sollte nach dem Reboot wieder das US-Keyboard auf dem Raspberry aktiv sein, prüfen Sie die Einstellungen der konfigurierten Tastatur mit dem Befehl

```
sudo dpkg-reconfigure keyboard-configuration
```

Um nachträglich auf der Konsole Änderungen an der Lokalisierung und Zeitzone vorzunehmen, können Sie die Befehle

```
sudo dpkg-reconfigure tzdata
sudo dpkg-reconfigure console-setup
```

nutzen, um direkt die entsprechende Konfiguration zu starten. Erscheint beispielsweise beim Aktualisieren via `apt-get upgrade` des Betriebssystems die Meldung

```
Current default time zone: 'Europe/London'
Local time is now:  Sun Nov 30 18:27:42 GMT 2014.
Universal Time is now: Sun Nov 30 18:27:42 UTC 2014.
Run 'dpkg-reconfigure tzdata' if you wish to change it.
```

dann verlassen Sie umgehend die Insel und kehren nach der Neukonfiguration nach `'Europe/Berlin'` zurück.

Inbetriebnahme: root oder pi?

Ist das Betriebssystem frisch installiert und sind noch keine Tastatur- und Sprachanpassungen vorgenommen worden, erfolgt die Erstanmeldung mit dem Standardbenutzer und dem Standardkennwort, das je nach verwendetem Betriebssystem unterschiedlich ist.

Betriebssystem/Image	Standardbenutzer	Standardkennwort
Debian Squeeze	pi	raspberry
Debian Wheezy	pi	raspberry
Debian Jessie	pi	raspberry
Raspbian	root	raspbian
OpenELEC	root	openelec
Raspbmc	pi	raspberry
Arch Linux	root	root

Tipp
Egal welches Image bzw. Betriebssystem Sie einsetzen – nach dem erstmaligen Anmelden am Raspberry Pi ändern Sie das Kennwort des Benutzers mit dem *passwd*-Kommando, was für größere Sicherheit im Betrieb sorgt.

Ist beispielsweise der SSH-Server auf dem Raspberry Pi zunächst deaktiviert, ist auch eine direkte Anmeldung am Raspberry Pi möglich, sofern eine Tastatur und ein Bildschirm angeschlossen sind. Wegen der voreingestellten US-Tastatur liegt der Buchstabe »y« des Passworts *raspberry* auf der angeschlossenen deutschen Tastatur noch auf dem Buchstaben »z«. In diesem Fall nutzen Sie das Kennwort *raspberrz*.

3.3 SD-Karte checken und partitionieren

SD-Karten sind mittlerweile in zig unterschiedlichen Kapazitäts- und Geschwindigkeitsklassen verfügbar, auch gehören inzwischen eher 4- oder 8-GByte-SD-Karten zur sogenannten Standardausstattung. Aus Kompatibilitäts- und vor allem aus Speicherplatzgründen stellen die Raspberry-Macher das entsprechende Debian/Raspian-Image in der (ausgepackten) Größe von 2 GByte bereit, das sich wie oben beschrieben auch auf eine größere Speicherkarte mit 4, 8 oder 16 GByte übertragen lässt.

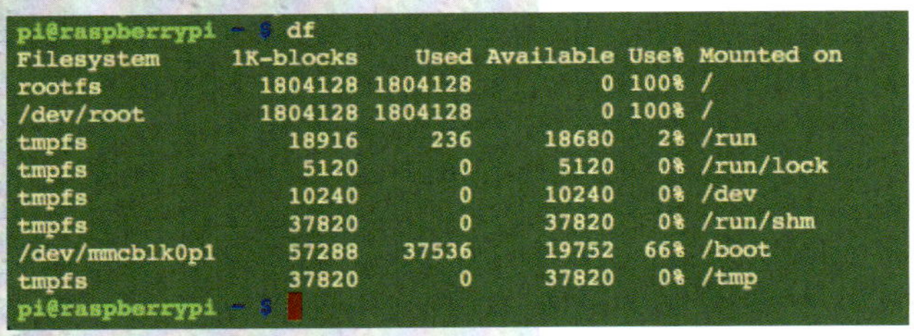

```
pi@raspberrypi ~ $ df
Filesystem     1K-blocks    Used Available Use% Mounted on
rootfs           1804128 1804128         0 100% /
/dev/root        1804128 1804128         0 100% /
tmpfs              18916     236     18680   2% /run
tmpfs               5120       0      5120   0% /run/lock
tmpfs              10240       0     10240   0% /dev
tmpfs              37820       0     37820   0% /run/shm
/dev/mmcblk0p1     57288   37536     19752  66% /boot
tmpfs              37820       0     37820   0% /tmp
pi@raspberrypi ~ $
```

Der `Disc free`-Befehl `df` zeigt die eingehängten Gerätedateien der eingelegten SD-Karte im Raspberry Pi an.

Legen Sie die SD-Karte in den Raspberry Pi ein und stellen Sie eine SSH-Verbindung von Ihrem Computer zum Raspberry Pi her. Wie das funktioniert und was Sie hierbei beachten müssen, lesen Sie im Kapitel 4.2 »Raspberry Pi über SSH steuern: PuTTY, Terminal & Co. im Einsatz« .

Einen Überblick über den genutzten und freien Speicherplatz auf dem Linux-System erhalten Sie in der Konsole mit

```
df -h
```

Hier listen Sie die verfügbaren Partitionen auf der Speicherkarte samt dem genutzten Speicherplatz auf. Da die erste Partition unabhängig von der Gesamtgröße der SD-Karte immer dieselbe Kapazität besitzt, brauchen Sie nur die zweite Partition, sprich die Datenpartition, entsprechend zu vergrößern. Das erledigen Sie mit dem guten alten `fdisk`-Werkzeug.

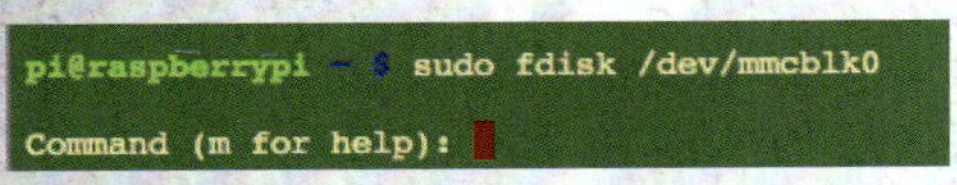

```
pi@raspberrypi ~ $ sudo fdisk /dev/mmcblk0

Command (m for help):
```

Im ersten Schritt aktivieren Sie mit dem Start von `fdisk` das gewünschte Blockdevice.

3.3.1 Kein Hexenwerk: fdisk im Einsatz

Im ersten Schritt wählen Sie die genutzte Speicherkarte aus – in diesem Fall ist es das Device `mmcblk0`. Mit dem folgenden Befehl gelangen Sie in den `fdisk`-Befehlsmodus:

```
sudo fdisk /dev/ mmcblk0
```

Nun befinden Sie sich in der eigenen `fdisk`-Konsole. Mit der Eingabe des Buchstabens `m` erhalten Sie zu jeder Zeit eine Übersicht der zur Verfügung stehenden Befehle.

```
pi@raspberrypi ~ $ sudo fdisk /dev/mmcblk0

Command (m for help): m
Command action
   a   toggle a bootable flag
   b   edit bsd disklabel
   c   toggle the dos compatibility flag
   d   delete a partition
   l   list known partition types
   m   print this menu
   n   add a new partition
   o   create a new empty DOS partition table
   p   print the partition table
   q   quit without saving changes
   s   create a new empty Sun disklabel
   t   change a partition's system id
   u   change display/entry units
   v   verify the partition table
   w   write table to disk and exit
   x   extra functionality (experts only)

Command (m for help):
```

Anzeigen, Erstellen, Löschen, Prüfen von Partitionen und vieles mehr funktioniert mit dem Kommandozeilenwerkzeug `fdisk`.

Lassen Sie sich erst einmal die aktuellen Parameter der installierten Speicherkarte mit dem Befehl `p` ausgeben.

Nun werden die beiden verfügbaren eingerichteten Partitionen auf der SD-Speicherkarte angezeigt. Hier fällt die Ordnung der Sektoren auf, die aufsteigend gezählt werden. Beim Raspberry Pi-Image existiert ein fixer FAT32-Anteil (von Sektor `8192` bis `122879`), der als `/boot`-Partition eingehängt ist, sowie die eigentliche Linux-Partition, die direkt im Anschluss bei Sektor 122880 beginnt.

Ziel ist es also, die Linux-Partition zu vergrößern. Hier bleibt die FAT32-Partition bestehen, die Linux-Partition wird zunächst gelöscht und mit der alten Sektorstartgrenze neu angelegt. Der Wert des Endsektors hängt natürlich von der neuen Größe ab – doch dazu später mehr. Zunächst löschen Sie die Linux-Partition der Speicherkarte.

```
Command (m for help): p

Disk /dev/mmcblk0: 3965 MB, 3965190144 bytes
4 heads, 16 sectors/track, 121008 cylinders, total 7744512 sectors
Units = sectors of 1 * 512 = 512 bytes
Sector size (logical/physical): 512 bytes / 512 bytes
I/O size (minimum/optimal): 512 bytes / 512 bytes
Disk identifier: 0x000108cb

        Device Boot      Start         End      Blocks   Id  System
/dev/mmcblk0p1            8192      122879       57344    c  W95 FAT32 (LBA)
/dev/mmcblk0p2          122880     3788799     1832960   83  Linux

Command (m for help):
```

Die Zählung der Sektoren beginnt hier bei Sektor 8192 und endet bei 122879 – die erste Partition umfasst insgesamt 114687 Sektoren (dividiert durch 2, entspricht das 57344 Blöcken) und kommt mit dem FAT32-Format.

3.3.2 Partitionen löschen und anlegen

Sie löschen nicht wirklich die Daten, sondern ändern lediglich die Partitionsgrenzen für die Speicherkarte. In diesem Beispiel existieren zwei Partitionen. Wie auf der oberen Abbildung zu sehen ist, ist die zweite Partition die Linux-Partition. Zum Löschen geben Sie in diesem Beispiel zunächst den Buchstabenbefehl d (delete), gefolgt von der Partitionsangabe 2 ein.

Im nächsten Schritt tragen Sie die neue Partitionsgrenze für die Linux-Partition ein.

Beim Anlegen einer neuen Partition teilen Sie zunächst fdisk mit dem Kommando n mit, dass Sie eine neue Partition anlegen möchten. Da es sich um eine sogenannte primäre Partition handelt, geben Sie anschließend das dazugehörige Kommando p dafür ein. Die Partitionsnummer wird automatisch errechnet, kann jedoch auch angepasst werden. In diesem Beispiel wird für die Partitionsnummer der gleiche Wert 2 genutzt wie bei der bereits genutzten Linux-Partition.

Die Partitionsgrenzen übernehmen Sie einerseits von der »alten« Linux-Partition – da Sie die erste Partition unverändert gelassen haben, bleibt der Startsektor der zweiten Partition mit dem Wert 122880 gleich. Für die Angabe des Endsektors der zweiten Partition verwenden Sie den Default-Eintrag, der sich abhängig von der verfügbaren Speicherkartengröße darstellt. In diesem Beispiel ist das der Wert 7744511 – was der kompletten Kapazität der 4-GByte-SD-Karte entspricht.

```
        Device Boot      Start         End      Blocks   Id  System
/dev/mmcblk0p1            8192      122879       57344    c  W95 FAT32 (LBA)
/dev/mmcblk0p2          122880     3788799     1832960   83  Linux

Command (m for help): d
Partition number (1-4): 2

Command (m for help): p

Disk /dev/mmcblk0: 3965 MB, 3965190144 bytes
4 heads, 16 sectors/track, 121008 cylinders, total 7744512 sectors
Units = sectors of 1 * 512 = 512 bytes
Sector size (logical/physical): 512 bytes / 512 bytes
I/O size (minimum/optimal): 512 bytes / 512 bytes
Disk identifier: 0x000108cb

        Device Boot      Start         End      Blocks   Id  System
/dev/mmcblk0p1            8192      122879       57344    c  W95 FAT32 (LBA)

Command (m for help): n
Partition type:
   p   primary (1 primary, 0 extended, 3 free)
   e   extended
Select (default p): p
Partition number (1-4, default 2): 2
First sector (2048-7744511, default 2048): 122880
```

Für die Angabe der Partitionsgrenze gibt fdisk Hilfestellung: Für den ersten Sektor der zweiten Partition nutzen Sie denselben Wert wie bei der »alten« Linux-Partition – in diesem Beispiel 122880.

3.3.3 Partitionen sichern und aktivieren

Nun sind die Änderungen der Partitionsgrenzen in der `fdisk`-Konsole eingetragen, jedoch noch nicht aktiviert und gespeichert. Dies nehmen Sie mit dem Kommando `w` (write) vor – möchten Sie die gemachten Änderungen nicht sichern, verwenden Sie das Kommando `q` (quit), um die `fdisk`-Konsole zu verlassen.

```
Command (m for help): p

Disk /dev/mmcblk0: 3965 MB, 3965190144 bytes
4 heads, 16 sectors/track, 121008 cylinders, total 7744512 sectors
Units = sectors of 1 * 512 = 512 bytes
Sector size (logical/physical): 512 bytes / 512 bytes
I/O size (minimum/optimal): 512 bytes / 512 bytes
Disk identifier: 0x000108cb

        Device Boot      Start         End      Blocks   Id  System
/dev/mmcblk0p1            8192      122879       57344    c  W95 FAT32 (LBA)
/dev/mmcblk0p2          122880     3788799     1832960   83  Linux

Command (m for help): d
Partition number (1-4): 2

Command (m for help): p

Disk /dev/mmcblk0: 3965 MB, 3965190144 bytes
4 heads, 16 sectors/track, 121008 cylinders, total 7744512 sectors
Units = sectors of 1 * 512 = 512 bytes
Sector size (logical/physical): 512 bytes / 512 bytes
I/O size (minimum/optimal): 512 bytes / 512 bytes
Disk identifier: 0x000108cb

        Device Boot      Start         End      Blocks   Id  System
/dev/mmcblk0p1            8192      122879       57344    c  W95 FAT32 (LBA)

Command (m for help): n
Partition type:
   p   primary (1 primary, 0 extended, 3 free)
   e   extended
Select (default p): p
Partition number (1-4, default 2): 2
First sector (2048-7744511, default 2048): 122880
Last sector, +sectors or +size{K,M,G} (122880-7744511, default 7744511):
Using default value 7744511

Command (m for help): w
The partition table has been altered!

Calling ioctl() to re-read partition table.

WARNING: Re-reading the partition table failed with error 16: Device or resource busy.
The kernel still uses the old table. The new table will be used at
the next reboot or after you run partprobe(8) or kpartx(8)
Syncing disks.
pi@raspberrypi ~ $
```

Nach dem Eintragen der Werte wird die Partitionstabelle neu geschrieben. Anschließend muss der Raspberry Pi neu gestartet werden, damit die gemachten Änderungen auch aktiv werden.

Nach dem Verlassen der `fdisk`-Konsole starten Sie mit dem Befehl

```
sudo reboot
```

den Raspberry Pi neu. Gegebenenfalls muss nach dem Neustart das Dateisystem neu geordnet und repariert werden, damit es mit der geänderten Kapazität umgehen kann.

3.3.4 Das Dateisystem wieder anpassen

Nach Neustart des Raspberry Pi und Log-in in die Konsole verwenden Sie das Kommando `resize2fs`, um das Dateisystem anzupassen:

```
sudo resize2fs -p /dev/mmcblk0p2
```

Der im Beispiel verwendete `2`-Parameter `-p` dienen dazu, den Fortschrittsbalken beim Anpassen des Dateisystems anzuzeigen.

```
Last login: Sun Sep 16 08:16:10 2012 from 192.168.123.32
pi@raspberrypi ~ $ sudo resize2fs /dev/mmcblk0p2
resize2fs 1.42.5 (29-Jul-2012)
Filesystem at /dev/mmcblk0p2 is mounted on /; on-line resizing required
old_desc_blocks = 1, new_desc_blocks = 1
Performing an on-line resize of /dev/mmcblk0p2 to 952704 (4k) blocks.
The filesystem on /dev/mmcblk0p2 is now 952704 blocks long.

pi@raspberrypi ~ $
```

Nach wenigen Minuten hat `resize2fs` die alte, nun jedoch vergrößerte Partition initialisiert.

Zum Abschluss der Maßnahme prüfen Sie auf der Konsole, ob der Speicherplatz auf dem Raspberry Pi tatsächlich auch angewachsen ist: Mit dem Kommando `df -h` listen Sie den Speicherplatz der aktiven Partitionen auf.

```
pi@raspberrypi ~ $ df -h
Filesystem      Size  Used Avail Use% Mounted on
rootfs          3.6G  1.8G  1.7G  51% /
/dev/root       3.6G  1.8G  1.7G  51% /
tmpfs            19M  236K   19M   2% /run
tmpfs           5.0M     0  5.0M   0% /run/lock
tmpfs            10M     0   10M   0% /dev
tmpfs            37M     0   37M   0% /run/shm
/dev/mmcblk0p1   56M   37M   20M  66% /boot
tmpfs            37M     0   37M   0% /tmp
pi@raspberrypi ~ $
```

Nach dem Angleichen des Dateisystems an die physikalische Größe der SD-Karte steht deutlich mehr Kapazität für den Raspberry Pi zur Verfügung.

Aussagekräftig ist die Kapazitätsangabe bei `rootfs` bzw. `/dev/root`: Hier sollten Sie im Fall einer 4-GByte-SD-Karte nahezu die doppelte Kapazität zur Verfügung haben. Über die Konsole lernen Sie einiges über die Funktionsweise und den Aufbau der Festplatten unter Linux – wem die Kommandozeile jedoch zu anstrengend ist, der kann die Partitionierung auch unter einem Linux-System mit dem Werkzeug `gparted` durchführen, wie im Kapitel 11.3.4 »Größere Speicherkarte? – Image per GParted vergrößern« beschrieben.

3.4 Compute Module und IO-Board in Betrieb nehmen

Wie seine Vorgänger bringt auch das Compute Module-Kit über das IO-Board einen HDMI-Ausgang mit, an dem ein Bildschirm angeschlossen werden kann – wie das Raspberry Pi-Modell A besitzt die Platine nur eine einzige USB-Buchse. Eine RJ45-Buchse für den Anschluss eines

Netzwerkkabels sowie der Cinchanschluss für das FBAS-Videosignal wurden eingespart. Je nachdem, welche Geräte am USB-Port und auch an den CSI- und DSI-Anschlüssen der Platine noch angeschlossen werden sollen, kann die Spannungsversorgung ebenfalls Probleme machen: Beachten Sie die auf Seite 14-15 angegebenen Richtwete für einen ordnungsgemäßen und stabilen Betrieb des Raspberry Pi A (CM). Funktioniert beispielsweise das am Pi-Board angeschlossene Raspberry Pi-Kameramodul nicht oder nur unzuverlässig, liegt das in der Regel an der Spannungsversorgung. Nutzen Sie aus diesem Grund das dem IO-Board beigefügte Netzteil, um diesbezügliche Fehlerursachen ausschließen zu können.

3.4.1 Compute Module: Bootvarianten durchleuchtet

Im Gegensatz zu den Heimanwenderplatinen booten Sie das Raspberry Pi Compute Module über den integrierten eMMC-Flashspeicher – ein SD-Kartenschacht fehlt völlig. Das Booten über den eMMC-Speicher funktioniert naturgemäß auch nur dann, wenn darauf auch ein Betriebssystem installiert wurde. Beim Starten des Compute Module sucht der Bootloader nach einer Datei mit der Bezeichnung `bootcode.bin`, die sich auf der primären Partition des eingebauten Flashspeichers befindet und Bestandteil der Raspberry Pi-Firmware (*https://github.com/raspberrypi/firmware*) ist. Diese `/boot`-Partition ist wie die bisherigen Raspberry Pi-Images mit dem FAT-Dateisystem formatiert. Wird beim Start weder eine Bootpartition noch ein Bootloader gefunden, kann der Bootloader über den eigens dafür vorgesehenen USB-Port uUSB B an J15 auf dem Flashspeicher installiert werden.

Nur einen USB-Port verwenden

Wird das Compute Module über den USB-Port uUSB B an J15 installiert, darf der zweite USB-Anschluss an J14 (*USB A (HOST)*) nicht gleichzeitig verwendet werden, da beide USB-Buchsen über das verbaute USB-Schalter-IC (FSUSB42UMX) bedient werden.

Der Jumper an Pin-Reihe J4 steht nach dem Auspacken des IO-Boards standardmäßig auf Position 1-2, was der Einstellung *USB BOOT ENABLED* entspricht. Damit kann umgehend mit der Grundinstallation begonnen werden. Diese Konfiguration ist für die Initial-Installation des eMMC-Speichers notwendig – auch wenn später Reparaturarbeiten am Dateisystem des CM-Pi notwendig sind, lässt sich der Raspberry Pi remote über USB starten. Nach der Übertragung der Imagedatei auf den internen eMMC-Speicher wird der J4 auf Position 2-3 (*USB BOOT DISABLED*) gesteckt

Bootmethode	Schritte
USB	- J4 auf Einstellung Enable USB-Boot. - USB-Verbindungskabel in Micro-USB-Anschluss J15 (VBUSB=5V) stecken. - Falls beim Hochfahren kein Zugriff auf eMMC-Speicher oder kein Bootloader, dann automatischer Startvorgang über USB. - Steuerung über GPIO47_1V8 (HIGH-Level beim Booten, Eingang mit 50 kOhm Pull-up-Widerstand), entsprechend ist Pin EMMC_DISABLE_N auf LOW-Level. - Nach dem Booten überwacht der Broadcom-IC, dass der GPIO47_1V8-Pin auch auf LOW geschaltet bleibt, um den Zugriff zum eMMC-Speicher zu gewährleisten.
eMMC	- Micro-USB-Socket J15 freiräumen. - J4 auf Einstellung Disable USB-Boot, entsprechend ist Pin EMMC_DISABLE_N auf HIGH-Level. - IO-Board bootet nach dem Einschalten von eMMC-Speicher, hierbei dient GPIO47_1V8 als Status LED.
eMMC mit GPIO Bootauswahl	- J4 auf Einstellung Disable USB-Boot, entsprechend ist Pin EMMC_DISABLE_N auf HIGH-Level. - IO-Board bootet nach dem Einschalten von eMMC-Speicher und prüft Status von GPIO47_1V8 (GPIO47_CTL_1V8). Ist der Status auf LOW, startet das Modul statt vom eMMC-Speicher über eine alternative Möglichkeit, beispielsweise Safe Mode oder USB-Massenspeicher, USB-Remote etc. - Nach dem Booten des IO-Boards dient GPIO47_1V8 als Status-LED.

Für die Steuerung des Bootvorgangs des eMMC-Flashspeichers kann auch der Pin-Anschluss EMMC_DISABLE_N verwendet werden. Ist dieser mit Masse verbunden, wird der Bootvorgang des BCM2835 über den USB-Anschluss erzwungen. Der interne Flashspeicher wird beim darauffolgenden Bootvorgang abgeschaltet und steht auch nach dem Booten nicht zur Verfügung. Soll später erneut der interne eMMC-Speicher als Bootmedium verwendet werden, muss der Pin-Anschluss EMMC_DISABLE_N wieder deaktiviert werden.

3.4.2 Remote-Installation über USB-Kabel

Der auf dem Compute Module verlötete eMMC-Flashspeicher mit 4 GByte Kapazität ist direkt mit dem BCM2835-Chip verbunden. Ist dies eine primäre FAT-Partition, auf der sich eine Datei mit der Bezeichnung `bootcode.bin` befindet, startet der BCM2835 das System über den eMMC-Speicher. Wird beim Start weder eine Bootpartition noch ein Bootloader gefunden, verbleibt der BCM2835 in einer Art Wartemodus und prüft nebenher auch den Mini-USB-Port uUSB B an J15, ob dort ein Bootloader verfügbar ist oder nicht. Diesen Umstand machen Sie sich zunutze, indem Sie beispielsweise daran einen zweiten Computer mit Unix-Wurzeln – es wird hier ein Raspberry Pi Modell B verwendet – per USB-Anschluss mit dem Mini-USB-Port uUSB B an J15 verbinden und von dort aus den benötigten Code zur Verfügung stellen. Ein eigens dafür erstelltes USB-Werkzeug mit der Bezeichnung `usbboot` ist auf Github *https://github.com/raspberrypi/tools/tree/master/usbboot*´ erhältlich, mit dem Sie den notwendigen Bootloader über die USB-Schnittstelle dem BCM2835-Chip auf dem Compute Module bereitstellen und anschließend den eMMC-Flashspeicher mit einem vollwertigen Betriebssystem bestücken können. Dafür ist zunächst sicherzustellen, dass sich die Steckbrücke J4 (USB SLAVE BOOT ENABLE) auf dem IO-Board auf der Enable-Position befindet. Anschließend laden Sie das USB-Werkzeug auf den Raspberry Pi, der hier als »Server« für die Installation fungiert, und steuern von dort aus die Installation der Raspbian-Imagedatei auf das Compute Module. Dafür treffen Sie nachstehende Vorbereitungen und stellen sicher, dass auf dem Raspberry Pi die korrekten Datums- und Uhrzeiteinstellungen konfiguriert sind, da sonst das `git`-Werkzeug Fehlermeldungen produziert. Selbstverständlich müssen das `git`-Werkzeug sowie die `libusb-1.0-0-dev`-Library auf dem Raspberry Pi bzw. dem Linux-Steuercomputer installiert sein:

```
sudo apt-get install git libusb-1.0-0-dev
```

Zusätzlich passen Sie gegebenenfalls noch über das `date`-Kommando die Datums- und Uhrzeiteinstellungen an, sollten diese nicht korrekt sein. Anschließend klonen Sie mit `git` die Quelldateien auf die lokale SD-Karte des Raspberry Pi und navigieren in das `tools\usbboot`-Verzeichnis. Über das `sudo make`-Kommando kompilieren Sie die Binärdatei `rpiboot`, die Sie anschließend ausführen.

```
git clone --depth=1 https://github.com/raspberrypi/tools
cd tools
cd usbboot
sudo make
sudo ./rpiboot
```

Nach dem Start von `rpiboot` »lauscht« der Raspberry Pi am USB-Port, der für das IO-Board das zu bootende Image bereitstellen soll, ob dort kürzlich ein passendes Gerät hinzugefügt wurde. Verbinden Sie den Raspberry Pi mit dem USB-Kabel, das sich im Lieferumfang des IO-Boards befindet – der Mini-USB-Stecker des Kabels wird am USB-Anschluss des IO-Boards und der USB-Typ-A-Stecker in die USB-Buchse des »Raspberry Pi-Servers« gesteckt.

```
pi@raspberryCAR ~/compute/tools/usbboot $ sudo ./rpiboot
Waiting for BCM2835 ...
Found serial = 0: writing file usbbootcode.bin
Successfull
Waiting for BCM2835 ...
Found serial = 1: writing file msd.bin
Successfull
Raspberry Pi is now a mass storage device, use lsblk to find it
pi@raspberryCAR ~/compute/tools/usbboot $
```

Das `usbboot`-Werkzeug prüft die USB-Verbindung nach dem Compute Module und stellt anschließend den Bootcode für den Zugriff auf dem eMMC-Flashspeicher bereit.

Nach dem Ausführen der `rpiboot`-Datei wird der entfernte eMMC-Flashspeicher als Gerät auf dem Linux-Computer eingebunden. Mithilfe des `lsblk`-Kommandos finden Sie nun heraus, mit welcher Gerätedatei der Flashspeicher im System eingehängt wurde – in diesem Beispiel ist dies die Gerätedatei `/dev/sda`.

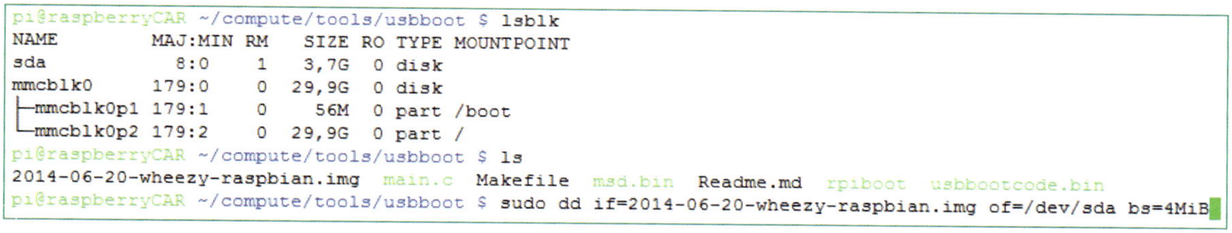

```
pi@raspberryCAR ~/compute/tools/usbboot $ lsblk
NAME         MAJ:MIN RM   SIZE RO TYPE MOUNTPOINT
sda            8:0    1   3,7G  0 disk
mmcblk0      179:0    0  29,9G  0 disk
├─mmcblk0p1 179:1    0    56M  0 part /boot
└─mmcblk0p2 179:2    0  29,9G  0 part /
pi@raspberryCAR ~/compute/tools/usbboot $ ls
2014-06-20-wheezy-raspbian.img  main.c  Makefile  msd.bin  Readme.md  rpiboot  usbbootcode.bin
pi@raspberryCAR ~/compute/tools/usbboot $ sudo dd if=2014-06-20-wheezy-raspbian.img of=/dev/sda bs=4MiB
```

Bevor Sie das `dd`-Kommando für die Übertragung anwenden, sollten Sie sich vorsichtshalber mit dem `lsblk`-Kommando davon überzeugen, dass die benötigte Gerätedatei für das Ziel korrekt ist.

Für das IO-Board wird die aktuellste Version von Raspbian empfohlen, die bekanntlich von der Raspbian-Projektseite *http://downloads.raspberrypi.org/raspbian_latest* bezogen werden kann. Laden und entpacken Sie die aktuelle Version und übertragen Sie sie auf den Linux-Computer, der für das Flashen des IO-Boards sozusagen als Server fungiert und die Imagedatei für den `dd`-Befehl zur Verfügung stellt. In diesem Projekt wurde die Datei `2014-06-20-wheezy-raspbian.img` direkt in das Verzeichnis `/home/pi/compute/tools/usbboot` kopiert. Anschließend reicht das nachstehende `dd`-Kommando aus, um die Imagedatei vom Raspberry Pi auf den Flashspeicher des IO-Boards zu übertragen.

```
sudo dd if=2014-06-20-wheezy-raspbian.img of=/dev/sda bs=4MiB
```

Der Schreibvorgang dauert naturgemäß ein paar Minuten. Ist die Imagedatei vollständig übertragen und die Eingabeaufforderung im Terminal wieder verfügbar, ziehen Sie das USB-Kabel vom Raspberry Pi-Server zum IO-Board kurz ab und stecken es erneut ein, da das IO-Board noch im USB-Hostmodus betrieben wird. Erst dadurch werden die neuen Partitionen erkannt und eingelesen.

3.4.3 Betriebssystem auf eMMC-Speicher konfigurieren

Nach dem Wiedereinstecken des USB-Kabels lassen sich die verfügbaren Blockdevices mit dem `lsblk`-Kommando in Baumdarstellung auflisten, und auch weitere Informationen können dazu angezeigt werden. Hier sollten neben dem Gerät `/dev/sda` nun auch die beiden »neuen« Partitionen `/dev/sda1` (erste Partition, FAT `/boot`) und `/dev/sda2` (Linux `ext4`-Filesystem) angezeigt werden.

Die neuen Partitionen `/dev/sda1` und `/dev/sda2` können wie unter Linux gewohnt nun gemountet und der Inhalt der Partitionen kann gegebenenfalls angepasst werden.

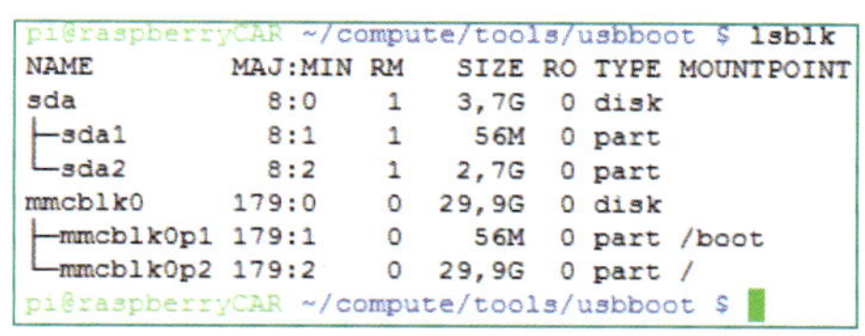

```
pi@raspberryCAR ~/compute/tools/usbboot $ lsblk
NAME         MAJ:MIN RM   SIZE RO TYPE MOUNTPOINT
sda            8:0    1   3,7G  0 disk
├─sda1        8:1    1    56M  0 part
└─sda2        8:2    1   2,7G  0 part
mmcblk0      179:0    0  29,9G  0 disk
├─mmcblk0p1 179:1    0    56M  0 part /boot
└─mmcblk0p2 179:2    0  29,9G  0 part /
pi@raspberryCAR ~/compute/tools/usbboot $
```

Nach dem erfolgreichen Schreiben der Imagedatei stehen nach dem Aus- und Einstecken des USB-Steckers die angelegten Partitionen `/dev/sda1` und `/dev/sda2` zur Verfügung.

```
sudo mkdir -p /mnt/ioboard-boot
sudo mkdir -p /mnt/ioboard-ext4
sudo mount -t vfat /dev/sda1 /mnt/ioboard-boot/
sudo mount -t ext4 /dev/sda2 /mnt/ioboard-ext4/
```

Kleinere Konfigurationsanpassungen des Kernels nehmen Sie wie beim »normalen« Raspberry Pi über die Datei `cmdline.txt` vor. Beachten Sie, dass Sie die richtigen Pfade verwenden – beim Mounten der FAT-Partition in das `/mnt/ioboard-boot/`-Verzeichnis etwa nutzen Sie für die Bearbeitung der `cmdline.txt` des Raspberry Pi Compute Module das Kommando:

```
sudo nano /mnt/ioboard-boot/cmdline.txt
```

Möchten Sie beispielsweise an der USB-Buchse einen WLAN-Adapter betreiben, ist es im Vorgriff darauf sinnvoll, die passende WLAN-Konfiguration für das Drahtlosnetzwerk zu hinterlegen. Dafür passen Sie die Datei `/etc/network/interfaces` an:

```
sudo nano /mnt/ioboard-ext4/etc/network/interfaces
```

Anschließend tragen Sie folgende Zeilen dort ein – passen Sie die Werte für den Kanal, die SSID (`wpa-ssid`) sowie das WLAN-Kennwort (`wpa-psk`) auf die vorhandene WLAN-Netzwerkumgebung an.

```
auto lo
iface lo inet loopback
iface eth0 inet dhcp

auto wlan0
allow-hotplug wlan0
iface wlan0 inet dhcp
wpa-ap-scan 1
wpa-scan-ssid 1
wpa-ssid "WLAN-SSIDNAME"
wpa-psk "WLAN-WPAWPA2-KEY"
```

Anders als in älteren Raspbian-Versionen sollte die WLAN-Unterstützung der gebräuchlichsten WLAN-Nano-/Mikro-Adapter im Kernel eingebaut sein, sodass in der Regel keine weiteren Vorarbeiten für eine spätere erfolgreiche WLAN-Verbindung notwendig sind. In diesem Projekt funktionierte der eingesetzte EDIMAX EW-7811UN Wireless USB Adapter, 150 MBit/s, IEEE802.11b/g/n auf Anhieb.

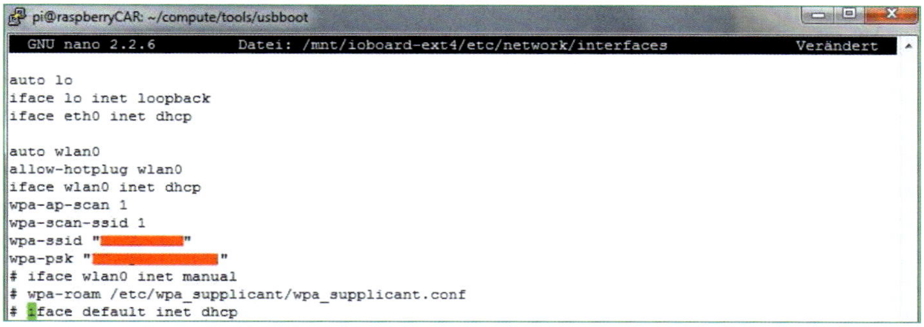

Der nano-Editor ist standardmäßig bei Raspbian mit an Bord. Damit bearbeiten Sie die notwendige Konfigurationsdatei `/etc/network/interfaces`.

Alternativ nutzen Sie einen USB/Ethernet-Adapter wie beispielsweise den Netzwerkadapter Assmann DN-10050-1 Digitus, der einen kabelgebundenen Netzwerkanschluss für das IO-Board zur Verfügung stellt und standardmäßig vom Kernel (`2014-06-20-wheezy-raspbian`) unterstützt wird. Nach dem Ändern und Speichern der Datei(en) hängen Sie die Partitionen mit dem `umount`-Befehl wieder aus und trennen die Stromversorgung vom IO-Board.

```
sudo umount /mnt/ioboard-boot
sudo umount /mnt/ioboard-ext4
```

Bevor das IO-Board erneut gestartet wird, stellen Sie sicher, dass der Jumper am Anschluss J4 (USB SLAVE BOOT ENABLE) auf die Position disabled gesetzt ist, was der Jumperposition 2-3 entspricht. Der USB-Slave-Anschluss sollte nun frei sein – wird ein USB-Gerät benötigt, steht die USB-Typ-A-Buchse als USB-Host zur Verfügung.

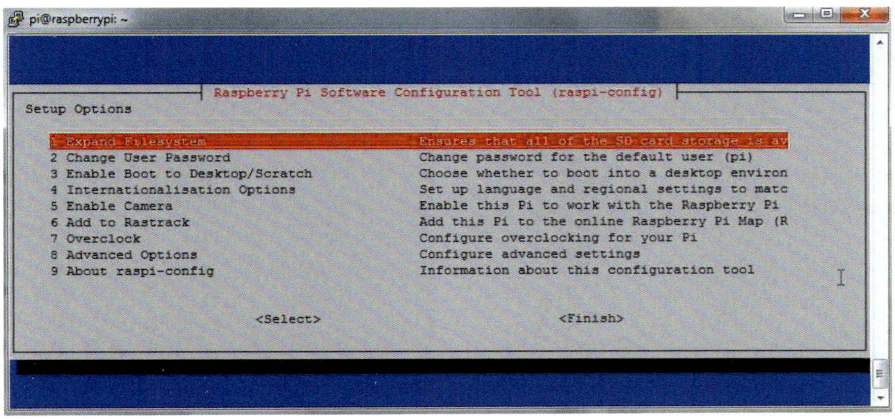

Die Grundeinstellungen nehmen Sie auch beim Compute Module über das Konfigurationswerkzeug `raspi-config` vor.

Nach dem Einschalten des IO-Boards startet das Raspberry Pi Compute Module wie ein »normaler« Raspberry Pi. Hier sind die identischen Nacharbeiten wie Vergrößerung des Dateisystems, Konfiguration der Sprach- und Tastatureinstellungen und dergleichen über das Konfigurationswerkzeug `raspi-config` zu erledigen.

3.5 Tuningmaßnahmen für den Raspberry Pi

Nach einer gewissen Zeit ist jeder Computer zu langsam, so auch der Raspberry Pi. Beim Raspberry Pi haben Sie aber den Nachteil, dass Sie nicht einfach zusätzlichen Arbeitsspeicher oder eine schnellere CPU einbauen können – die kompakte Bauweise macht einen hardwareseitigen Ausbau unmöglich. Was bleibt, sind die Eingriffe in die Kernel- und Betriebssysteminnereien, auch die Optimierung des Linux-Dateisystems kann ein paar Prozent zusätzliche Ressourcen bringen. Im Endeffekt hängt es vom Einsatzzweck und der Menge der auf dem Raspberry Pi installierten Dienste und Programme ab, wie schnell sich der Raspberry Pi anfühlt. Die nachstehenden Tipps sorgen jedoch hier und da für Leistungssteigerungen.

3.5.1 Überblick über die Systemauslastung mit htop

Bevor Sie blind und auf gut Glück irgendwelche System- oder Konfigurationsänderungen durchführen, sollten Sie sich zunächst grundsätzlich darüber informieren, wo das Nadelöhr im System ist: Mit dem passenden Werkzeug erfahren Sie, welche Prozesse wie viele Ressourcen benötigen. Anschließend können Sie sich entscheiden, ob Sie eventuell das eine oder andere Programm stattdessen auf einem anderen Rechner laufen lassen oder zusätzliche Dienste und Programme installieren wollen, sollte noch genügend CPU-Zeit und Speicher zur Verfügung stehen. Falls noch nicht vorhanden, installieren Sie das Werkzeug `htop` per Kommando nach:

```
sudo apt-get install htop
```

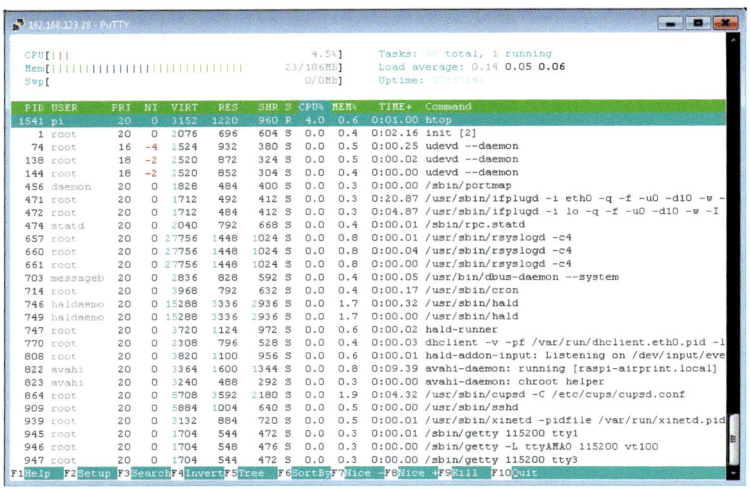

Nach dem Start von `htop` werden die Speicher- und CPU-lastigen Prozesse absteigend aufgelistet. Je nach laufendem Service ändern sich die Angaben ständig, doch für eine Grundbeurteilung ist das schon mehr als ausreichend: Nimmt ein Prozess über einen längeren Zeitraum beispielsweise laufend eine CPU-Zeit von über 90 %, ist entweder der Raspberry zu schwach, oder der Prozess ist auf dem besten Weg, den Raspberry Pi am Anschlag zu betreiben. Hier hilft gegebenenfalls die Umkonfiguration der Speicherzuordnung des Raspberry Pi.

3.5.2 Kommandozeilenfetischisten: GUI-Start unterbinden

Je nach verwendetem Betriebssystem auf dem Raspberry Pi gehen Sie unterschiedlich vor. Grundsätzlich nutzen Sie den Befehl `raspi-config`, um die Grundinstallation des Raspberry Pi einzustellen. Hier prüfen Sie, dass der Schalter `boot_behaviourstart desktop on boot?` auf `No` eingestellt ist. Möchten Sie später vom textbasierten Terminal die grafische X11-Oberfläche starten, machen Sie das einfach über den Befehl `startx` in der Konsole. Ist hingegen der `raspi-config`-Befehl nicht verfügbar, prüfen Sie, ob sich im Verzeichnis `/etc/init.d` das `slim`-Paket befindet:

```
ls /etc/init.d/slim | grep slim
```

Wenn ja, modifizieren Sie es dahingehend, dass Sie die Ausführen-Rechte per

```
sudo chmod 644 /etc/init.d/slim
```

entziehen, oder Sie entfernen das `slim`-Paket komplett vom Raspberry Pi mit dem Kommando

```
sudo apt-get purge slim
```

Damit die Änderungen aktiv werden können, starten Sie den Raspberry Pi neu.

Konsolen reduzieren

Für Geizkragen: Wer in Sachen Speicherbedarf weiter optimieren möchte, schaltet über die Datei noch ein paar Konsolen ab – in der Regel werden ja nicht mehr als zwei benötigt. Dafür öffnen Sie die Datei

```
sudo nano /etc/inittab
```

und kommentieren dort mit dem Lattenzaunsymbol (#) die Gettys 2 bis 6 aus.

Anschließend stehen nach dem Neustart nur noch zwei Konsolen zur Verfügung, die Sie mit den Tastenkombinationen [Strg]+[Alt]+[F1] und [Strg]+[Alt]+[F2] erreichen können.

Erst nach dem Speichern und einem Neustart des Raspberry Pi wird die Änderung aktiv.

3.5.3 Optimierung per Speichersplitting

Grundsätzlich gibt die Datei `start.elf` die Aufteilung des vorhandenen Gesamtspeichers auf dem Raspberry Pi zwischen Haupt- und Grafikspeicher für das Betriebssystem an. Nach der Grundinstallation befinden sich im `/boot`-Verzeichnis von Debian/Raspian unterschiedliche Dateien mit der Erweiterung `*.elf`. Egal, wie viele davon im Verzeichnis liegen – ausschließlich die Datei `start.elf` wird beim Start des Betriebssystems genutzt und ausgewertet. Standardmäßig ist sie bei einem Raspberry Pi mit insgesamt 256 MByte auf eine Zuteilung von 192 MByte Speicher für den RAM und 64 MByte für den Grafikspeicher (Debian) konfiguriert.

Die Zuordnung bzw. der Mechanismus dafür hängt auch vom Betriebssystem bzw. der Firmware des Raspberry Pi ab. Grundsätzlich hat sich folgende Aufteilung bei einem Raspberry Pi mit 256 MByte RAM in der Praxis bewährt:

RAM	Grafik-VRAM	Anwendungsfall
128 MByte	128 MByte	GUI-Nutzung, viele Anwendungen mit Videofunktionen, Abspielen und Decodierungen, Streaming, Kodi/XBMC, zwingend notwendig für Full-HD-1920-Wiedergabe.
192 MByte	64 MByte	GUI-Nutzung, hin und wieder Abspielen von Videos.
224 MByte	32 MByte	Prinzipiell keine GUI-Nutzung empfohlen, kein Abspielen von Videos, keine Hardware-Videobeschleunigung, ausschließlich Bereitstellen von Netzwerkservices.
240 MByte	16 MByte	Absolut keine GUI-Nutzung empfohlen sowie kein Abspielen von Videos, keine Hardware-Videobeschleunigung, ausschließlich Bereitstellen von Netzwerkservices.

Sind im `/boot`-Verzeichnis also die unterschiedlichen `*.elf`-Dateien enthalten, gehen Sie wie folgt vor: Möchten Sie bei einem Raspberry Pi nur noch 32 MByte für die GPU nutzen, ändern Sie die Zuteilung per Konsole wie folgt:

```
sudo cp /boot/arm224_start.elf /boot/start.elf
reboot
```

Anschließend stehen für den Arbeitsspeicher (RAM) 224 MByte zur Verfügung, für den Videospeicher (GPU) 32 MByte. Nach dem Neustart des Raspberry Pi ist die geänderte Aufteilung aktiv.

Wer ein Raspberry-Modell mit 512 MByte Gesamtspeicher im Einsatz hat, kann ebenfalls die Zuteilung ändern:

RAM	Grafik-VRAM	Anwendungsfall
256 MByte	256 MByte	GUI-Nutzung, viele Anwendungen mit Videofunktionen, Abspielen und Decodierungen, Streaming, Kodi/XBMC, zwingend notwendig für Full-HD-1920-Wiedergabe.
384 MByte	128 MByte	GUI-Nutzung, viele Anwendungen mit Videofunktionen, Abspielen und Decodierungen, Streaming, Kodi/XBMC, zwingend notwendig für Full-HD-1920-Wiedergabe.
448 MByte	64 MByte	Prinzipiell keine GUI-Nutzung empfohlen, kein Abspielen von Videos, keine Hardware-Videobeschleunigung, ausschließlich Bereitstellen von Netzwerkservices.
496 MByte	16 MByte	Absolut keine GUI-Nutzung empfohlen sowie kein Abspielen von Videos, keine Hardware-Videobeschleunigung, ausschließlich Bereitstellen von Netzwerkservices.

Seit Oktober 2012 gehört die Zuordnung des Speichers über die entsprechenden Dateien der Vergangenheit an. Diese sind in der bisherigen Form nicht mehr im `/boot`-Verzeichnis vorhanden – nur die bekannten Dateien `start.elf` und `start_cd.elf` sowie `fixup*.elf` sind mit der neuen Firmware zulässig. Hier wird die Aufteilung über einen Parameter in der Konfigurationsdatei `config.txt` gesteuert. Durch die Angabe von

```
gpu_mem=16
```

weisen Sie dem Grafikspeicher eine Größe von 16 MByte zu. Die hier zulässigen Werte liegen bei einem 256-MByte-RAM-Raspberry zwischen 16 und 192 MByte, bei dem Modell mit 512 MByte erstreckt sich der zulässige Bereich von 16 bis 448 MByte. Der übrige, nicht der Grafikkarte zugeordnete Speicher wird automatisch als RAM-Speicher genutzt.

3.5.4 Arbeitsspeicher unterstützen: Swapdatei anlegen

Gerade bei Systemen mit knapp bemessenem Arbeitsspeicher bringt die Einrichtung einer sogenannten Auslagerungsdatei bzw. eines Auslagerungsspeichers ein großes Plus an Performance. Gerade wenn viele Dienste und Programme aktiv sind, benötigen sie mehr Speicher, als physikalisch vorhanden ist. Damit das Betriebssystem flexibel agieren kann, arbeitet Linux beispielsweise nicht direkt mit dem physikalischen, sondern mit dem virtuellen Arbeitsspeicher, der sich aus dem physikalischen RAM und einem definierten Speicherbereich auf der Festplatte zusammensetzt.

Hier wird der virtuelle Arbeitsspeicher auf der Festplatte durch die Swappartition oder als Swapdatei zur Verfügung gestellt.

```
cd /var
sudo dd if=/dev/zero of=/swapfile bs=1M count=128
sudo mkswap /var/swapfile
sudo swapon /var/swapfile
```

Um eine Swapdatei auf dem Raspberry Pi zu erstellen, müssen eine Datei geöffnet und mit dem `dd`-Befehl so viele Bytes hineingeschrieben werden, wie die Swapdatei groß sein soll. Anschließend muss die Swapdatei mit dem Befehl `mkswap` formatiert werden. Abschließend erfolgt die Aktivierung im System per `swapon`-Befehl.

```
pi@raspberrypi ~ $ cd /var
pi@raspberrypi /var $ sudo dd if=/dev/zero of=swapfile bs=1M count=128
128+0 records in
128+0 records out
134217728 bytes (134 MB) copied, 14.6515 s, 9.2 MB/s
pi@raspberrypi /var $  sudo mkswap /var/swapfile
Setting up swapspace version 1, size = 131068 KiB
no label, UUID=3dca81f3-1029-4028-9817-e08585846c8d
pi@raspberrypi /var $ sudo swapon /var/swapfile
pi@raspberrypi /var $
```

Ist die Swapdatei mithilfe des `swapon`-Befehl aktiviert, ist sie auch umgehend auf dem Raspberry Pi aktiv.

Im nächsten Schritt binden Sie die erstellte Swapdatei in das Dateisystem des Raspberry Pi ein. Dafür ist ein Eingriff in die Systemdatei `fstab` notwendig.

3.5.5 Swapdatei in fstab konfigurieren

Grundsätzlich finden Sie in der Datei `/etc/fstab` alle Datenträger bzw. die entsprechenden Partitionen, die beim Systemstart des Raspberry Pi automatisch eingehängt werden sollen. Um diese Datei zu öffnen und zu bearbeiten, sind natürlich root-Rechte notwendig. Mit dem Kommando

```
sudo bash
nano /etc/fstab
```

öffnen Sie die Konfigurationsdatei und kommentieren den `/var/swapfile`-Eintrag aus, falls er bereits in der `fstab`-Datei vorhanden ist. In diesem Fall entfernen Sie das führende Lattenzaunsymbol (#). Ist der Eintrag noch nicht vorhanden, tragen Sie ihn nach – die Abstände zwischen den Einträgen/Werten stellen Sie mit der [Tab]-Taste her.

```
  GNU nano 2.2.6                                File: /etc/fstab

proc            /proc           proc    defaults          0       0
/dev/mmcblk0p1  /boot           vfat    defaults          0       0
/dev/mmcblk0p2  /               ext4    defaults,noatime  0       0
# /dev/mmcblk0p3  none            swap    sw                0       0
/var/swapfile  none            swap    sw             0       0
# a swapfile is not a swap partition, so no using swapon|off from here on, use  dphys-swapfile swap[on|off]  for that
```

Damit die Änderung bzw. die Swapdatei auch nach einem Neustart des Raspberry Pi noch aktiv ist, tragen Sie diese in die `fstab`-Datei ein.

Da bei der Gelegenheit gerade die `fstab`-Datei geöffnet ist, können Sie hier auch noch das Speichern der Zugriffszeit einer Datei bzw. auf ein Verzeichnis auf dem Raspberry Pi unterbinden, was einen kleinen Geschwindigkeitsschub bringen kann.

Dateien und Verzeichnisse via fstab optimieren

Auch die Datenpartition der SD-Karte ist in der `fstab`-Datei eingetragen, damit sie nach dem Start des Raspberry Pi dem Betriebssystem zur Verfügung steht. Fügen Sie in der Zeile hinter dem `defaults,noatime`-Eintrag noch den `nodiratime`-Parameter hinzu. Grundsätzlich ist es so, dass Linux standardmäßig die letzte Zugriffszeit einer Datei (`atime`) speichert. Für den Raspberry Pi-Einsatz wird diese Information in der Regel nicht benötigt – auch die Zeit des Zugriffs auf ein Verzeichnis ist uninteressant, was einen kleinen Geschwindigkeitsschub bringen kann.

Nach der Änderung speichern Sie die Datei, aktiv wird die Tuningmaßnahme jedoch erst nach dem Neustart des Raspberry Pi.

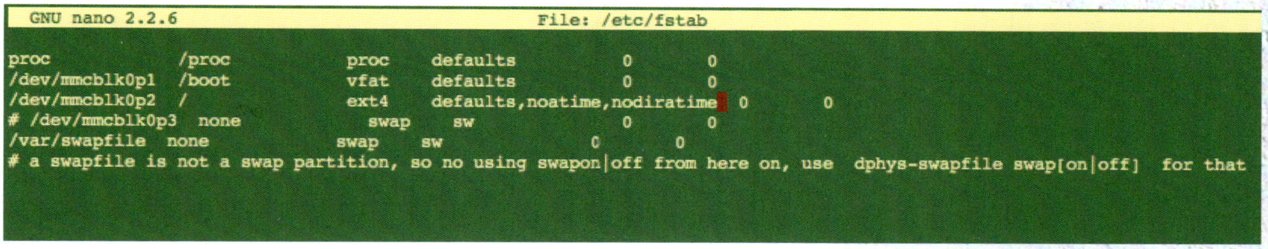
```
  GNU nano 2.2.6                File: /etc/fstab

proc            /proc           proc    defaults          0       0
/dev/mmcblk0p1  /boot           vfat    defaults          0       0
/dev/mmcblk0p2  /               ext4    defaults,noatime,nodiratime  0       0
# /dev/mmcblk0p3  none            swap    sw                0       0
/var/swapfile   none            swap    sw                0       0
# a swapfile is not a swap partition, so no using swapon|off from here on, use  dphys-swapfile swap[on|off]  for that
```

`fstab`-Tuning für Profis: Der gesetzte Parameter `noatime` sorgt dafür, dass die Dateizugriffszeiten nicht gespeichert werden – analog ist der Parameter `nodiratime` für die Verzeichnisse zuständig.

3.6 Flying Circus auf dem Raspberry Pi

Für den schnellen und unkomplizierten Einsatz auf dem Raspberry Pi ist neben der Shell und der Programmiersprache C die Skriptsprache Python (der Name entstammt Monty Python's Flying Circus) mehr als nur eine Alternative. Python ist in C geschrieben, stammt aus der Modula-Familie und pickt sich die Rosinen aus anderen Programmiersprachen wie Lisp, Smalltalk, C und der UNIX-Shell heraus – also nicht wirklich etwas Neues, aber unheimlich interessant und praktisch. Python ist standardmäßig bei jedem Raspberry Pi-Image sozusagen mit an Bord, hier benötigen Sie in der Regel nur noch die Raspberry Pi-GPIO-Bibliothek, die in der aktuellsten Version kostenlos zum Download bereitsteht.

```
cd ~
mkdir RPi.GPIO
cd RPi.GPIO
wget wget --no-check-certificate https://pypi.python.org/packages/
source/R/RPi.GPIO/RPi.GPIO-0.5.7.tar.gz
tar xfz RPi.GPIO-0.5.7.tar.gz
cd RPi.GPIO-0.5.7
```

Nach dem Download entpacken Sie die *gz-tarball*-Datei in das */home/pi*-Verzeichnis und navigieren per *cd*-Kommando in das »entpackte« Verzeichnis. Anschließend starten Sie mit dem Kommando

```
sudo python setup.py install
```

die Installation der Python-Bibliothek.

Erscheint also eine Fehlermeldung mit dem Text *fatal error: Python.h: No such file or directory*, sorgt das Kommando

```
sudo apt-get install python-dev
```

für die Grundinstallation von Python auf dem Raspberry Pi.

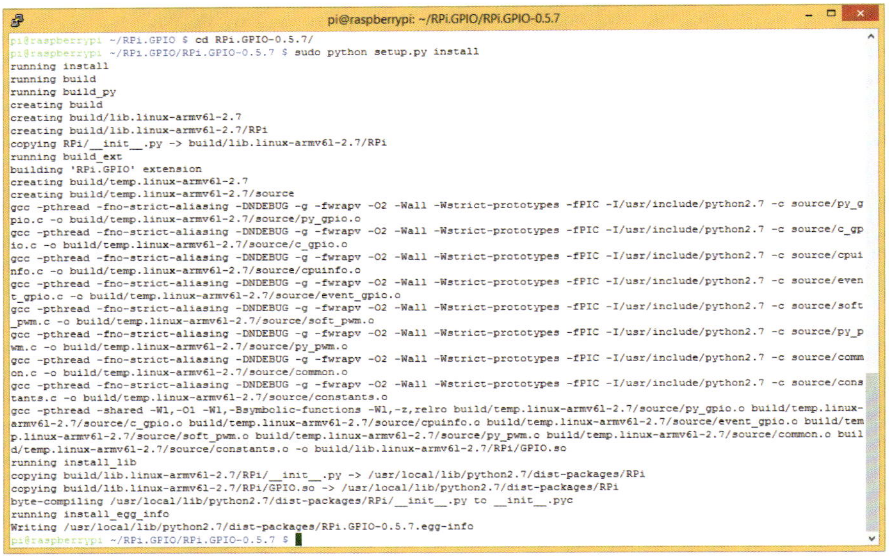
pi@raspberrypi: ~/RPi.GPIO/RPi.GPIO-0.5.7

```
pi@raspberrypi ~/RPi.GPIO $ cd RPi.GPIO-0.5.7/
pi@raspberrypi ~/RPi.GPIO/RPi.GPIO-0.5.7 $ sudo python setup.py install
running install
running build
running build_py
creating build
creating build/lib.linux-armv61-2.7
creating build/lib.linux-armv61-2.7/RPi
copying RPi/__init__.py -> build/lib.linux-armv61-2.7/RPi
running build_ext
building 'RPi.GPIO' extension
creating build/temp.linux-armv61-2.7
creating build/temp.linux-armv61-2.7/source
gcc -pthread -fno-strict-aliasing -DNDEBUG -g -fwrapv -O2 -Wall -Wstrict-prototypes -fPIC -I/usr/include/python2.7 -c source/py_g
pio.c -o build/temp.linux-armv61-2.7/source/py_gpio.o
gcc -pthread -fno-strict-aliasing -DNDEBUG -g -fwrapv -O2 -Wall -Wstrict-prototypes -fPIC -I/usr/include/python2.7 -c source/c_gp
io.c -o build/temp.linux-armv61-2.7/source/c_gpio.o
gcc -pthread -fno-strict-aliasing -DNDEBUG -g -fwrapv -O2 -Wall -Wstrict-prototypes -fPIC -I/usr/include/python2.7 -c source/cpui
nfo.c -o build/temp.linux-armv61-2.7/source/cpuinfo.o
gcc -pthread -fno-strict-aliasing -DNDEBUG -g -fwrapv -O2 -Wall -Wstrict-prototypes -fPIC -I/usr/include/python2.7 -c source/even
t_gpio.c -o build/temp.linux-armv61-2.7/source/event_gpio.o
gcc -pthread -fno-strict-aliasing -DNDEBUG -g -fwrapv -O2 -Wall -Wstrict-prototypes -fPIC -I/usr/include/python2.7 -c source/soft
_pwm.c -o build/temp.linux-armv61-2.7/source/soft_pwm.o
gcc -pthread -fno-strict-aliasing -DNDEBUG -g -fwrapv -O2 -Wall -Wstrict-prototypes -fPIC -I/usr/include/python2.7 -c source/py_p
wm.c -o build/temp.linux-armv61-2.7/source/py_pwm.o
gcc -pthread -fno-strict-aliasing -DNDEBUG -g -fwrapv -O2 -Wall -Wstrict-prototypes -fPIC -I/usr/include/python2.7 -c source/comm
on.c -o build/temp.linux-armv61-2.7/source/common.o
gcc -pthread -fno-strict-aliasing -DNDEBUG -g -fwrapv -O2 -Wall -Wstrict-prototypes -fPIC -I/usr/include/python2.7 -c source/cons
tants.c -o build/temp.linux-armv61-2.7/source/constants.o
gcc -pthread -shared -Wl,-O1 -Wl,-Bsymbolic-functions -Wl,-z,relro build/temp.linux-armv61-2.7/source/py_gpio.o build/temp.linux-
armv61-2.7/source/c_gpio.o build/temp.linux-armv61-2.7/source/cpuinfo.o build/temp.linux-armv61-2.7/source/event_gpio.o build/tem
p.linux-armv61-2.7/source/soft_pwm.o build/temp.linux-armv61-2.7/source/py_pwm.o build/temp.linux-armv61-2.7/source/common.o buil
d/temp.linux-armv61-2.7/source/constants.o -o build/lib.linux-armv61-2.7/RPi/GPIO.so
running install_lib
copying build/lib.linux-armv61-2.7/RPi/__init__.py -> /usr/local/lib/python2.7/dist-packages/RPi
copying build/lib.linux-armv61-2.7/RPi/GPIO.so -> /usr/local/lib/python2.7/dist-packages/RPi
byte-compiling /usr/local/lib/python2.7/dist-packages/RPi/__init__.py to __init__.pyc
running install_egg_info
Writing /usr/local/lib/python2.7/dist-packages/RPi.GPIO-0.5.7.egg-info
pi@raspberrypi ~/RPi.GPIO/RPi.GPIO-0.5.7 $
```

Installation erfolgreich: Das Nachziehen des Python-Grundpakets *python-dev* brachte auf dem Raspberry Pi letztendlich die Installation der RPi-Bibliothek zustande.

Im nächsten Schritt können Sie die installierte Bibliothek anwenden. Grundsätzlich benötigen Python-Skripte zunächst eine *root/sudo*-Berechtigung, sofern Sie die GPIO-Pins ansteuern möchten.

3.7 Raspberry Pi-Kamera einrichten und nutzen

Obwohl zeitgleich mit der damaligen Veröffentlichung des Raspberry Pi mit vorgestellt, ist die Raspberry Pi-Kamera erst seit Mai 2013 verfügbar. Liegt die HD-fähige Raspberry Pi-Kamera endlich im Briefkasten und ist ausgepackt, kann über die Kompaktheit und das mit wenigen Gramm geringe Gewicht des Kameramoduls nur gestaunt werden: In der Größe ist die Platine in etwa mit einer ausgewachsenen SD-Karte vergleichbar, die Bauhöhe des Linsenobjektivs samt Platine entspricht mit 9 mm drei aufeinanderliegenden Euro-Münzen.

3.7.1 Kameramodul mit Raspberry Pi koppeln

Für den Anschluss an den Raspberry Pi ist an der Platine des Kameramoduls ein rund 15 cm langes Flachbandkabel angebracht, das für den Anschluss an den CSI-Anschluss auf dem Raspberry Pi vorgesehen ist.

Das im Juni 2013 ausgelieferte Raspberry Pi-Kameramodul trägt die Revision V1.3 und ist etwa so groß wie eine SD-Karte.

Die technischen Werte des Kamerasensors der Raspberry Pi-Kamera sind in etwa mit jenen eines Smartphones vergleichbar, mit dem 5-Megapixel-Sensor sind zudem Videos im HD-Format 1080p oder 720p sowie im betagten VGA-Format 640 x 480 möglich.

Beim Anschluss in den CSI-Pfosten zeigen die Anschlüsse des Flachbandkabels in Richtung HDMI-Anschluss auf der Raspberry Pi-Platine.

Nach dem Einstecken des Flachbandkabels installieren Sie die notwendige Software und nehmen die Kamera in Betrieb.

3.7.2 Compute Module: Anschluss am IO-Board

Das IO-Board des Raspberry Pi Compute Module bringt im Gegensatz zu seinen »kleinen« Geschwistern jeweils zwei CSI- und DSI-Schnittstellen mit. Da die beiden Anschlusspaare jeweils 15-polig ausgeführt sind, liegt für den Anschluss beispielsweise einer Raspberry Pi-Kamera am IO-Board ein passender Adapter bei, der das etwas breitere Flachbandkabel der Raspberry Pi-Kamera aufnehmen kann.

Genauer hinschauen: Beachten Sie beim Anschließen des Adapters, dass Sie den richtigen Anschluss auf dem IO-Board verwenden. Der primäre Kameraanschluss auf dem IO-Board wird mit CAM1, der sekundäre Kameraanschluss mit CAM0 bezeichnet.

Möchten Sie beispielsweise den mitgelieferten Adapter am *CAM1*-Anschluss des IO-Boards anschließen, öffnen Sie vorsichtig den Kontaktverschluss, schieben das flexible Flachbandkabel des Adapters mit den Kontakten nach unten gleichmäßig bis zum Anschlag in die Buchse und schließen den Verschluss.

ALT-FUNC	J5 für CAM1 (erster Kameraanschluss)	J6 für CAM1 (erster Kameraanschluss)
SDA0	GPIO0 (Pin 1)	CD1_SDA (Pin 37)
SCL0	GPIO1 (Pin 3)	CD1_SCL (Pin 39)
GPCLK1	GPIO5 (Pin 11)	CAM1_IO1 (Pin 41)
CAM_GPIO	GPIO21 (Pin 43)	CAM1_IO0 (Pin 43)

Um die Raspberry Pi-Kamera mit dem Adapter zu verbinden, öffnen Sie den dazugehörigen Kontaktverschluss und schieben das flexible CSI-Kabel der Raspberry Pi-Kamera mit der Kontaktseite nach oben ein. Auch hier achten Sie darauf, dass das Anschlusskabel gleichmäßig und vollständig eingeführt ist, bevor Sie den Anschlusskontakt wieder verriegeln. Nach der Hardwareinstallation der Raspberry Pi-Kamera sind noch vier Verbindungen jeweils über ein Jumperbuchsenkabel herzustellen. Bei der Verwendung des ersten Kameraanschlusses *CAM1* verbinden Sie jeweils die in der oben stehenden Tabelle genannten *J5*-Pins mit den zugeordneten *J6*-Pins.

Sollen beide Kameraanschlüsse verwendet werden, müssen alternative Pins genommen werden, da das Kameramodul eine Änderung der I^2C-Bus-Adresse nicht zulässt.

Für Abhilfe bei dem I^2C-Adressierungsproblem sorgt die Verwendung des zweiten vorhandenen I^2C-Bus auf dem Raspberry Pi.

Für den gleichzeitigen Einsatz zweier Kameramodule sind für den *CAM2*-Anschluss die nachstehenden Pin-Zuordnungen zu verwenden.

J5 für CAM0 (zweiter Kameraanschluss)	J6 für CAM0 (zweiter Kameraanschluss)
GPIO2 (Pin 5)	CD0_SDA (Pin 45)
GPIO3 (Pin 7)	CD0_SCL (Pin 47)
GPIO6 (Pin 13)	CAM0_IO1 (Pin 49)
GPIO22 (Pin 45)	CAM0_IO0 (Pin 51)

Ist das Kameramodul mithilfe der Adapterplatine am IO-Board angeschlossen und sind die Pins gemäß der obigen Tabelle bestückt, sind die hardwaremäßigen Vorbereitungen abgeschlossen. Die weitere Konfiguration und Nutzung des angeschlossenen Raspberry Pi-Kameramoduls erfolgt über das Betriebssystem – nach dem Starten des Compute Module ist das Werkzeug `raspi-config` dafür die erste Anlaufstelle.

3.7.3 Inbetriebnahme per Software

Ist die Kamera mit dem Raspberry Pi verbunden, müssen das Betriebssystem und die Firmware des Raspberry Pi auf den aktuellen Stand gebracht werden, sofern das noch nicht geschehen ist. Für das weitverbreitete Raspbian nutzen Sie folgende Kommandos – nicht nur um das Betriebssystem aufzufrischen, sondern auch um die Kamera in Betrieb zu nehmen.

```
sudo -s
apt-get update
apt-get upgrade -y
apt-get install git-core -y
wget https://raw.github.com/Hexxeh/rpi-update/master/rpi-
update -O /usr/bin/rpi-update
chmod +x /usr/bin/rpi-update
rpi-update
```

Das Auffrischen des Betriebssystems dauert abhängig von der Anzahl der bereits installierten Pakete sowie der zur Verfügung stehenden Internetbandbreite eine Weile. Zu guter Letzt wird die Firmware auf den aktuellen Stand gebracht.

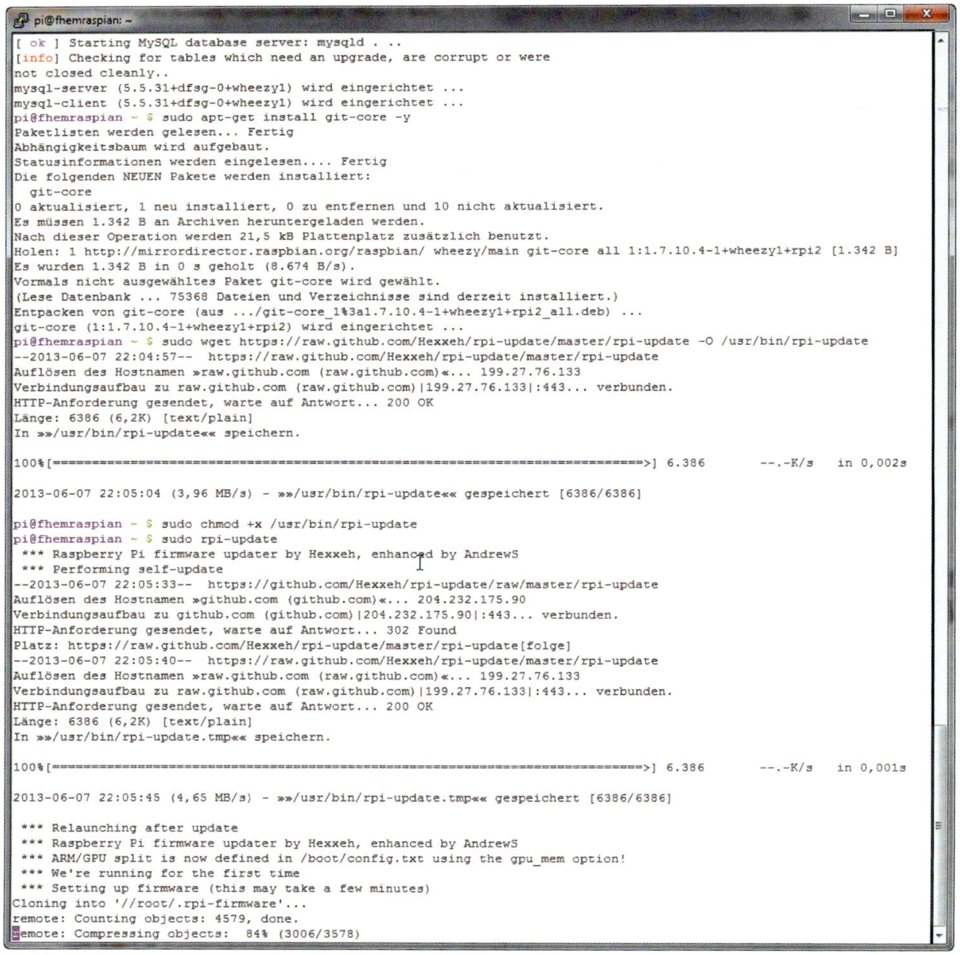

Das Herunterladen und die Installation der für das Update notwendigen Pakete dauert eine kleine Weile.

Sind die installierten Pakete sowie die Firmware für den Raspberry Pi aktualisiert und die notwendigen Treiber für die Kamera installiert, prüfen Sie nach dem Neustart per Kommando

```
reboot
```

anschließend den Versionsstand des Raspberry Pi.

```
uname -a
```

Im nächsten Schritt richten Sie die Kamera mit dem bewährten Konfigurationswerkzeug `raspi-config` ein.

Update notwendig

Erst mit dem Einspielen des Raspbian-Updates steht auch im Konfigurationswerkzeug raspi-config ein neuer Menüpunkt *Enable Camera* zum Einschalten einer angeschlossenen Kamera zur Verfügung.

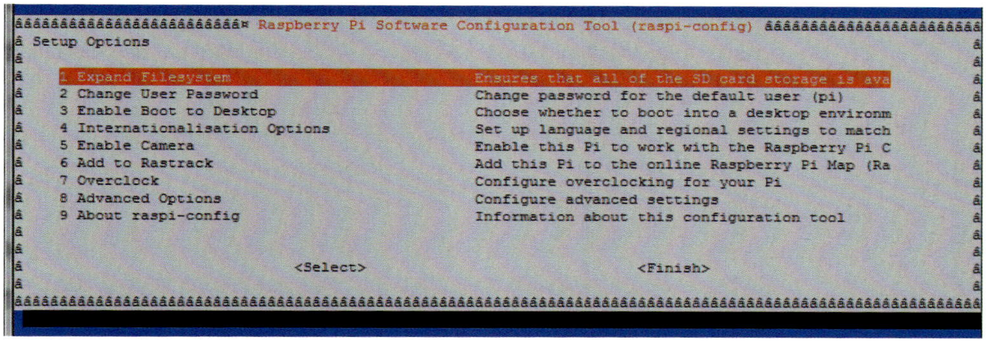

Nach dem Neustart des Raspberry Pi starten Sie per Kommandozeile das Konfigurationswerkzeug `raspi-config`.

Navigieren Sie mit den Pfeiltasten zum Punkt *Enable Camera* und drücken Sie die [Enter]-Taste. Anschließend erscheint ein Dialog, in dem Sie die Auswahl per `Enable` nochmals bestätigen. Analog gehen Sie vor, wenn Sie die Kamera später wieder abschalten wollen – in diesem Fall wählen Sie dann aber den Eintrag *Disable* aus. Im nächsten Schritt legen Sie im Menü bei *Advanced Options* und dem Untermenü *Memory Split* fest, wie viel Grafikspeicher für die GPU zur Verfügung stehen soll. Hier lautet die Empfehlung, je nach Raspberry Pi die Hälfte des vorhandenen Arbeitsspeichers für die GPU zu nutzen. In diesem Beispiel – im Einsatz ist ein mit 256 MByte ausgestatteter Raspberry Pi, Modell A – bekommt die GPU demnach mit dem Wert 128 entsprechend viel RAM-Speicher zugeordnet.

Das Einrichten der Kamera ist damit abgeschlossen. `raspi-config` möchte nun einen Neustart initiieren, damit beispielsweise die Speicherzuordnung für die GPU aktiv wird. Bestätigen Sie den Neustart per *Ok*-Auswahlmenü. Nach dem Neustart kann die Kamera umgehend genutzt werden.

3.7.4 raspistill – Fotografieren über die Kommandozeile

Nach dem Neustart des Raspberry Pi stehen, neben der Kamera, auch über das Betriebssystem Raspbian neue Tools auf der Kommandozeile zur Verfügung, die zusätzliche Tools wie `fswebcam` überflüssig machen sollen. Sie können `raspistill` für einzelne Fotoaufnahmen nutzen, während das Werkzeug `raspivid` für die Aufnahme von Videos vorgesehen ist.

In Sachen Dateiausgabe unterstützt `raspistill` die gängigsten Formate wie JPG, BMP, GIF und PNG, das Tool `raspivid` nimmt in H.264-Codierung auf. Zusätzlich können mit `raspistill` auf der Kommandozeile Parameter wie Belichtungsmodi, Farbeffekte und Kontrasteinstellungen verändert werden. Das Tool bietet umfangreiche Möglichkeiten, beim Fotografieren und Verarbeiten der Aufnahmen diverse Parameter zu setzen. So lässt sich beispielsweise mit der Option `-t` die Verzögerung in Millisekunden einstellen, falls am Raspberry Pi ein Bildschirm angeschlossen ist, um eine Vorschau des Kamerabilds anzuzeigen.

```
raspistill -t 500 -o aufnahme.jpg
```

Wenn die Kamera beispielsweise an einem Türspion eingesetzt wird und seitenverkehrte Aufnahmen erzeugt, können Sie die Ansicht des Bilds mit der Option `-hf` anpassen.

```
raspistill -hf -o aufnahme.jpg
```

Über die zahlreichen weiteren Optionen und Parameter des `raspistill`-Werkzeugs informiert die Hilfeseite, die Sie mit der einfachen Eingabe von `raspistill| less` auf der Konsole aufrufen. Mit den Pfeiltasten navigieren Sie in den Hilfeseiten, mit der [Q]-Taste (*Quit*) verlassen Sie die Hilfe. Viel Spaß beim Fotografieren mit dem Raspberry Pi.

Hilfedialog

Mit der simplen Eingabe von `raspistill` lassen Sie sich den Hilfedialog ausgeben, mit dem Kommando `raspistill - o aufnahme.jpg` erzeugen Sie die erste Aufnahme mit der Kamera und speichern sie in die Datei *aufnahme.jpg* im aktuellen Verzeichnis.

3.7.5 LED abschalten und heimlich fotografieren

Wie die meisten Kameras hat auch das Raspberry Pi-Kameramodul eine optische Benachrichtigung in Form einer LED, die beim Anfertigen einer Aufnahme standardmäßig leuchtet. Es kann jedoch Einsatzzwecke geben, in denen diese rote LED besser abgeschaltet werden sollte, etwa beim heimlichen Fotografieren durch den Türspion bei einem Klingelsignal oder in einem Vogelhaus, in dem das Motiv erst mal nicht mitbekommen soll, dass es fotografiert wird. Um die angesprochene LED auf dem Raspberry Pi-Kameraboard abzuschalten, reicht ein zusätzlicher Eintrag in der `config.txt`-Datei des Raspberry Pi aus:

```
disable_camera_led=1
```

Um die `config.txt` zu bearbeiten, benötigen Sie neben root-Berechtigungen auch einen Editor – hier kommt nano zum Einsatz. Mit dem Kommando

```
sudo nano /boot/config.txt
```

öffnen Sie die Datei und nutzen die Pfeiltasten, um zum Dateiende zu gelangen. Dort geben Sie den obigen Eintrag `disable_camera_led=1` ein und drücken anschließend die bekannte Tastenkombination [Strg]+[X], um den nano-Editor zu beenden. Dies bestätigen Sie mit Drücken der [Y]-Taste, gefolgt von [Enter]. Nun sollte beim Anfertigen einer Aufnahme beispielsweise durch `raspistill` die optische Benachrichtigung ausgeschaltet sein. Die Änderung wird selbstverständlich erst nach einem Neustart des Raspberry Pi aktiv.

3.7.6 Programmierung der Raspberry Pi-Kamera

Wie auf dem Raspberry Pi üblich, können die mit dem Computer verbundenen Geräte und angeschlossenen Gadgets über die Kommandozeile mit den Standardwerkzeugen des Betriebssystems angesprochen und genutzt werden. Dies gilt gleichermaßen für eine am USB-Anschluss angeschlossene Webcam wie auch für eine im CSI-Anschluss eingesteckte Raspberry Pi-Kamera, die sich wie der Raspberry Pi standardmäßig ohne Gehäuse im einfachen Platinenlook zeigt und mithilfe des 15-poligen Flachbandkabels mit dem Raspberry Pi verbunden ist.

Ist die Kamera ordnungsgemäß am Betriebssystem angemeldet, können Sie prinzipiell jede Skript- und Programmiersprache nutzen. Gerade für Einsteiger empfiehlt es sich, zunächst auf Bewährtes zurückzugreifen und möglichst verfügbare Bibliotheken und APIs für die eigenen Programme und Skripte zu verwenden. So stehen für nahezu sämtliche Anwendungszwecke solche Bibliotheken und APIs zur Verfügung. Manche Perlen müssen Sie wirklich suchen, denn bei der Vielzahl an Möglichkeiten – Repository-Verwaltung der Marktführer *github* und Urgestein *sourceforge*, aber auch zig unterschiedliche Foren und Blogs – geht manchmal der Überblick etwas verloren.

Auf der sicheren Seite sind Sie, wenn Sie sich zunächst auf github und sourceforge umsehen, von dort die eine oder andere API auf den Raspberry Pi herunterladen und einfach mal ausprobieren, ob Sie mit dem, was der oder die Entwickler für die Open-Source-Gemeinde zur Verfügung gestellt hat, überhaupt etwas anfangen können. Für die Raspberry Pi-Kamera gibt es Module und Erweiterungen wie Sand am Meer, aber – wie auch im täglichen Leben – ist hier weniger mehr:

Die meisten APIs sind redundant oder teilweise auch schlicht und ergreifend nutzlos, da mittlerweile bereits verbesserte Versionen wie `raspistill` und `raspivid` zur Verfügung stehen. Es gibt aber dennoch gerade für Entwickler Praktisches zu entdecken, das nicht nur in Sachen Codeoptimierung und Lesbarkeit, sondern auch beim Programmieraufwand als solchem wertvolle Hilfe leisten kann. Für die Raspberry Pi-Kamera lohnt sich für den Python-Entwickler beispielsweise des `picam`-Modul, das auf github (*https://github.com/ashtons/picam*) zur Verfügung steht.

```
mkdir picam
cd picam
wget https://github.com/ashtons/picam/archive/master.zip
mv master.zip picam-master.zip
unzip picam-master.zip
cd picam-master/
sudo python setup.py install
```

Das `python setup.py install`-Kommando sorgt dafür, dass das Python-Modul auf dem lokalen Computer zur Verfügung steht und bei der Entwicklung eines Python-Programms einfach per `import modulname` eingebunden werden kann, um die Funktionen des Moduls zu nutzen. In diesem konkreten Fall reicht die Zeile

```
import picam
```

aus, um das `picam`-Modul in das eigene Python-Skript einzubinden. Um per Python-Aufruf eine Aufnahme anzufertigen, geben Sie folgenden Code ein:

```
#!/bin/python
import picam
pic = picam.takePhoto()
pic.save('/home/pi/picam/bild.jpg')
```

Speichern Sie die Datei und führen Sie sie aus.

Erscheinen Fehlermeldungen wie beispielsweise `ImportError: No module named PIL`, ist das in der Regel auf fehlende Pakete auf dem Raspberry Pi zurückzuführen.

In diesem Fall ist die Installation von PIL mit dem Kommando

```
sudo apt-get install python-imaging-tk
```

notwendig, um das Skript erfolgreich zu starten. Augenscheinlich ist natürlich der Aufwand etwas höher, um eine gewöhnliche Aufnahme zu erzeugen, der Vorteil der `picam`-Library liegt aber vor allem darin, bei automatisierten Aufnahmen die Kamera optimal nach bestimmten Parametern automatisch steuern und konfigurieren zu können, bevor der Auslösevorgang erfolgt.

```
picam.config.imageFX = picam.MMAL_PARAM_IMAGEFX_WATERCOLOUR
picam.config.exposure = picam.MMAL_PARAM_EXPOSUREMODE_AUTO
picam.config.meterMode = picam.MMAL_PARAM_
EXPOSUREMETERINGMODE_AVERAGE
picam.config.awbMode = picam.MMAL_PARAM_AWBMODE_SHADE
picam.config.ISO = 0 #auto
picam.config.ISO = 400
picam.config.ISO = 800
picam.config.sharpness = 0                 # -100 bis 100
picam.config.contrast = 0                  # -100 bis 100
picam.config.brightness = 50               #  0 bis 100
picam.config.saturation = 0                #  -100 bis 100
picam.config.videoStabilisation = 0        # 0 or 1 (false
oder true)
picam.config.exposureCompensation  = 0     # -10 to +10 ?
picam.config.rotation = 90                 # 0-359
picam.config.hflip = 1                     # 0 or 1
picam.config.vflip = 0                     # 0 or 1
picam.config.shutterSpeed = 20000        # 0 = auto, otherwise
the shutter speed in ms
```

So lassen sich im Python-Skript Parameter wie ISO-Wert, Schärfe, Kontrast, Helligkeit und vieles mehr einstellen – binden Sie beispielsweise Sensoren und LEDs (Helligkeitssensoren, IR-LEDs etc.) in die Programmlogik ein, lassen sich wunderbare Automatismen schaffen.

Tipp

Für die einfache Aktualisierung der Daten ist eine Internetverbindung zwingend erforderlich. Zwar können das Betriebssystem und die zusätzliche Software auch manuell aktualisiert werden, dies ist aber sehr mühsam.

So bleibt der Raspberry Pi aktuell

Der zentrale Befehl für die Installation und Aktualisierung von Software ist `apt-get`. Die Verwendung dieses Befehls zeigt Ihnen diese Doppelseite. Für die Installation neuer Software werden Administrationsrechte benötigt. Da man aus Sicherheitsgründen nicht als root-User arbeiten sollte, wird auf diesen Seiten das `sudo`-Kommando verwendet, um den Befehl als Administrator auszuführen.

Liste der verfügbaren Softwarepakete aktualisieren

Das Betriebssystem des Raspberry Pi enthält eine Datenbank mit allen erhältlichen Paketen und deren Abhängigkeiten. Die Datenbank selbst besteht nur aus einer geringen Zahl von einzelnen Dateien. Sie sollten regelmäßig eine Aktualisierung der Datenbank durchführen. Dies erfolgt über den Befehl:

```
sudo apt-get update
```

Nach Ausführung des Befehls wird von einem zentralen Server die aktuelle Paketliste geladen und damit die lokale Datenbank von `apt-get` aktualisiert.

Neue Software installieren

Neue Software wird über den Parameter `install` und dem eigentlichen Paketnamen durchgeführt. Folgendes Beispiel installiert das Paket `gparted`:

```
sudo apt-get install geparted
```

Vorhandene Software aktualisieren

Software, die bereits auf dem System installiert ist, kann über den Parameter `upgrade` aktualisiert werden:

```
sudo apt-get upgrade
```

Unnötige Pakete aufräumen

Während der Installation oder Aktualisierung eines Pakets werden alle für die Installation oder Aktualisierung notwendigen Pakete heruntergeladen. Sie werden aber nicht alle für den Ablauf der betreffenden

Software benötigt. Für das Aufräumen dieser unnötigen Pakete setzen Sie den Parameter `autoclean` ein:

```
sudo apt-get autoclean
```

Durch die Aktualisierung von Software können sich auch die Paketabhängigkeiten ändern. D. h. einmal installierte Pakete werden dadurch unnötig. Um diese aufzuräumen, existiert der Parameter `autoremove`:

```
sudo apt-get autoremove
```

Pakete finden

Solange Sie den Namen eines benötigen Pakets kennen, können Sie es auch über `apt-get install` installieren. Besonders bei der Kompilierung von Software kommt es vor, dass bestimme Dateien fehlen. Um das dazugehörige Paket zu finden, hilft `apt-file`. Dieses muss zunächst installiert werden:

```
sudo apt-get install apt-file
```

Wie `apt-get`, arbeitet auch `apt-file` mit einer internen Datenbank. Diese sollte zuerst aktualisiert werden:

```
sudo apt-file update
```

Mit der aktualisierten Datenbank kann die Paketsuche ausgeführt werden:

```
apt-file -l search python-dev
```

Es wird eine Liste mit Paketen ausgegeben, die mit `python-dev` zu tun haben. Um den Inhalt eines Pakets auflisten, dass Sie nicht installiert haben, existiert der Parameter `list`:

```
apt-file list python-dev
```

Pi-Store für die Installation nutzen

Seit Ende 2012 hat auch der Raspberry Pi einen App Store mit dem Namen Pi Store. Darüber können Sie auch Ihre Software installieren. Zunächst müssen Sie dafür den Client installieren:

```
sudo apt-get update
update apt-get install pistore
```

KAPITEL 4

NETZWERK

Monitor weg, Tastatur weg und los

4.1 WLAN-Adapter nachrüsten: Achtung, Chipsatz! 73
4.2 Raspberry Pi über SSH steuern: PuTTY, Terminal & Co. im Einsatz 76
4.3 Kein Bildschirm angeschlossen? – Bootprobleme beheben 80
4.4 Raspberry im Heimnetz 82
4.5 Raspberry Pi-Zugriff per dynamisches DNS 90

Raspberry im Netzwerk

Wenn Sie den Raspberry Pi in das Heimnetz und in das Internet bringen möchten, muss er über ein Kabel an den Verteiler (Router) angeschlossen werden. Ist das nicht der Fall, können Sie auch per Funk eine Netzwerkverbindung anlegen. Dazu benötigen Sie nur einen passenden WLAN-Adapter für den Raspberry Pi. Bei der hier vorgestellten Lösung für den Raspberry Pi können Sie prinzipiell statt eines Netzwerkkabels auch einen WLAN-Adapter verwenden, der extra gekauft werden muss.

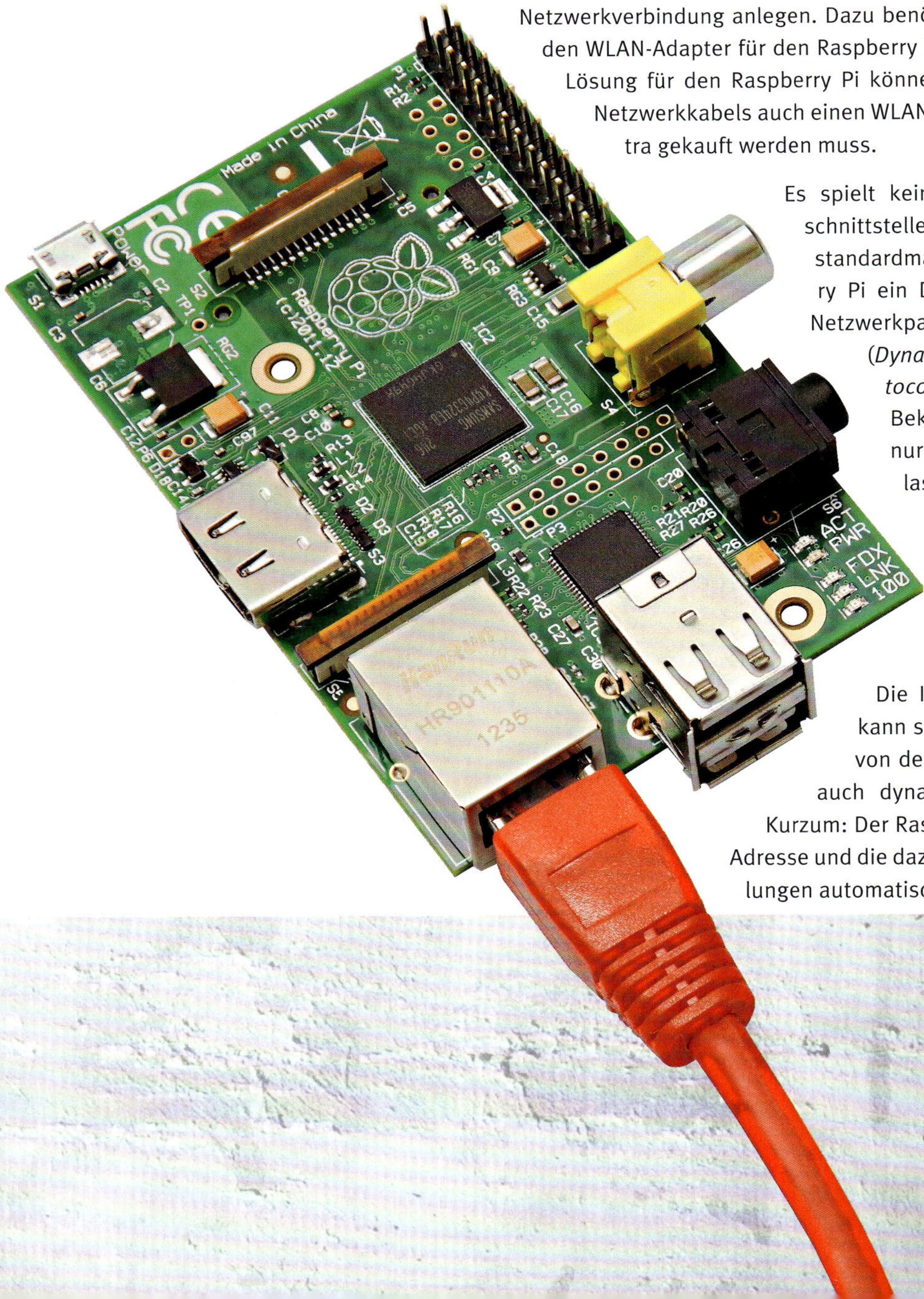

Es spielt keine Rolle, welche Netzwerkschnittstelle Sie im Endeffekt nutzen, standardmäßig ist auf dem Raspberry Pi ein DHCP-Client aktiv, der seine Netzwerkparameter vom DHCP-Server (*Dynamic Host Configuration Protocol*) in Ihrem Heimnetz bezieht. Bekanntlich liefert DHCP nicht nur die IP-Adresse, sondern es lassen sich auch Einstellungen zum DNS-Server, zum Gateway, zur Netzmaske, zur Domain und noch weitere mithilfe von Optionen automatisch vergeben.

Die IP-Adresse des Raspberry Pi kann statisch, aber in Abhängigkeit von der MAC-Adresse des Rechners auch dynamisch zugewiesen werden. Kurzum: Der Raspberry Pi bekommt seine IP-Adresse und die dazugehörigen Netzwerkeinstellungen automatisch zugewiesen.

4.1 WLAN-Adapter nachrüsten: Achtung, Chipsatz!

Neue, für den Raspberry Pi angepasste Betriebssysteme bringen seit Oktober 2012 eine eingebaute Kernel-Treiberunterstützung für USB-WLAN-Adapter mit, die auf dem Realtek-Chipsatz (RTL8188CUS u. Ä.) beruhen. So installieren Sie entweder den Raspberry Pi per Neuaufspielen des Betriebssystem-Images samt Neueinrichtung der Dienste etc. neu, oder Sie aktualisieren das System über die bekannten Kommandos:

```
sudo apt-get update
sudo apt-get install raspberrypi* raspi-config
sudo apt-get upgrade
```

Wer zusätzlich auf den Schaltungssimulator `smartsim` und das Spiel `penguinspuzzle` Wert legt, installiert sie per `apgt-get`-Kommando nach:

```
sudo apt-get install smartsim penguinspuzzle
```

Planen Sie also den Einsatz eines WLAN-Adapters am Raspberry Pi, sollten Sie bereits beim Kauf des WLAN-Adapters darauf achten, dass er mit einem Chip der Marke Realtek – dem RTL8188CUS – ausgestattet ist.

Dann können Sie ohne weiteres Zutun die Steckkarte nutzen und sie direkt mit den passenden WLAN-Tools oder den Konfigurationsparametern über die Netzwerkeinstellung des Raspberry Pi konfigurieren. Grundsätzlich erfahren Sie mit den Kommandos `lsusb` und `dmesg`, welche Geräte gerade auf dem USB-Bus aktiv sind.

Hersteller	WLAN-Adapter	USB-ID
Belkin Components	F7D1102 N150/Surf Micro Wireless Adapter v1000	050d:1102
D-Link	DWA 121 802.11n Wireless N 150 Pico Adapter	2001:3308
D-Link	DWA 130C Wireless N USB Adapter	2001:3302
Edimax Technology	EW 7811Un 802.11n Wireless Adapter	7392:7811
Guillemot Corp.	Hercules HWNUp 150 802.11n Wireless N Pico	06f8:e033
NetGear	WNA1000M 802.11bgn Wireless Adapter	0846:9041
PLANEX	GW USNano2 802.11n Wireless Adapter	2019:ab2a
PLANEX	GW USValue EZ 802.11n Wireless Adapter	2019:ed17
Realtek	802.11n WLAN N Adapter	0bda:8176
TRENDnet	TEW 648UBM 802.11n 150Mbps Micro Wireless N Adapter	20f4:648b
Ralink	RT2870/RT3070 Wireless Adapter	148f:3070

Beim Einsatz von `lsusb -v` wird in der Regel auch der verbaute Chip im WLAN-Adapter angezeigt. Wenn nicht, können Sie anhand der Geräte-ID – die im Format 1234:1234 kommt – weiter recherchieren.

4.1.1 Treiber herunterladen und installieren

Der Realtek RTL8188CUS ist weit verbreitet und steckt in vielen USB-WLAN-Adaptern von unterschiedlichen Herstellern. Hier ist es der Digitus Nano, der kaum größer als eine Ein-Cent-Münze ist – er ist für rund 8 Euro im Fachhandel erhältlich.

Wer den Umstieg auf eine neue Firmware bzw. ein neues Betriebssystem nicht oder noch nicht vornehmen möchte, kann den WLAN-USB-Anschluss immer noch manuell installieren.

Grundvoraussetzung ist zunächst ein SSH-Zugang per Kabel, um die benötigten Dateien wie Treiber, Netzwerkkartenfirmware und Installationsskript auf den Raspberry Pi zu übertragen – alternativ nehmen Sie die SD-Karte aus dem Raspberry Pi und legen sie in das Kartenlesegerät des Computers.

Beschreibung	Bezugsquelle
Realtek-Treiber	*http://www.electrictea.co.uk/rpi/8192cu.tar.gz*
Realtek-Netzkartenfirmware	*ftp://ftp2.dlink.com/PRODUCTS/DWA-130/REVC/DWA-130_REVC_DRIVERS_0.06_LINUX.ZIP*
Installationsskript	*http://dl.dropbox.com/u/80256631/install-rtl8188cus.sh*

Laden Sie die in der Tabelle genannten Dateien und kopieren Sie sie auf die FAT32-Partition der SD-Karte, die später im Betrieb als `/boot`-Partition für den Raspberry Pi zur Verfügung steht. Anschließend schieben Sie die Speicherkarte wieder in den Raspberry Pi und starten das Gerät. Mit dem folgenden Kommando starten Sie das Installationsskript des WLAN-Adapters:

```
sudo bash /boot/install-rtl8188cus.sh
```

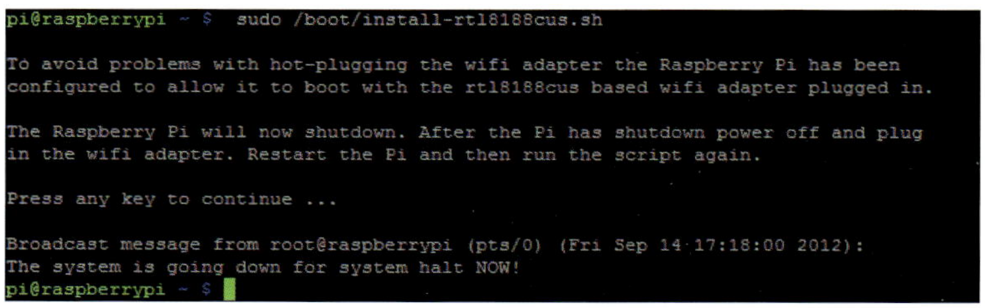

Um Hot-Plugging-Fehler auszuschließen, wird der Raspberry Pi bei gestecktem WLAN-Adapter heruntergefahren. Ist der Adapter noch nicht in den USB-Steckplatz gesteckt, holen Sie dies im ausgeschalteten Zustand des Raspberry Pi nach.

Nach dem Neustart des Raspberry Pi starten Sie das Skript erneut.

Lesestunde – nach dem Start des Skripts erscheinen zuerst allerhand Hinweise, die Sie per Tastendruck bestätigen. Ist der Treiber endlich installiert, nimmt das Skript den WLAN-Adapter in Betrieb und sucht die nähere Umgebung nach Funknetzen ab.

Nach der eigentlichen Treiberinstallation, die vom Skript automatisch erfolgt, sind die Netzwerkeinstellungen für das Funknetzwerk festzulegen.

4.1.2 Mit Sicherheit: Netzwerkeinstellungen festlegen

Nach dem Einbinden in die Linux-Konfiguration muss die WLAN-Schnittstelle – hier ist sie unter `wlan0` als Schnittstelle verfügbar – konfiguriert werden. Das Skript fragt unter anderem die SSID sowie das Zugangskennwort für den WLAN-Router ab, falls der Zugriff darauf (hoffentlich) per sicherem WPA2-Kennwort abgesichert ist.

Nach Auswahl des Verschlüsselungsverfahrens geben Sie die Bezeichnung der zu verwendenden SSID ein. Diese Einträge lassen sich später bei Bedarf bequem anpassen und sind im Klartext in der Datei `/etc/network/interfaces` gespeichert. Anschließend scannt das Skript die WLAN-Umgebung ab und sucht das passende Funknetz.

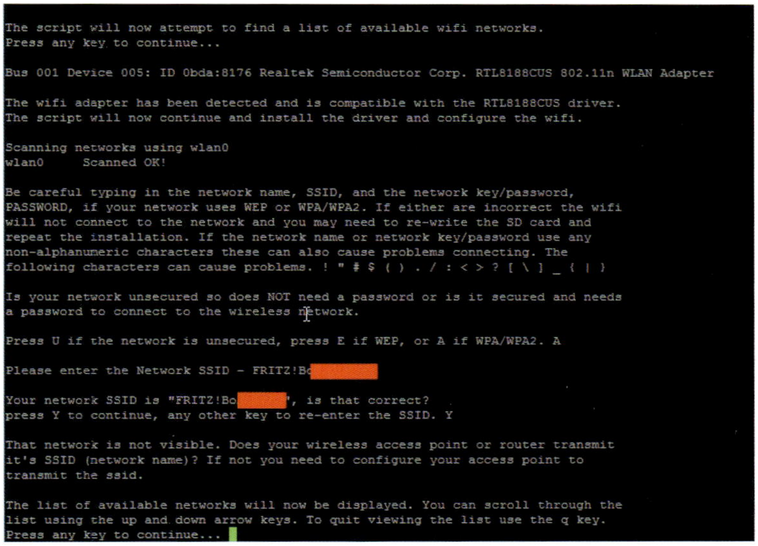

```
The script will now attempt to find a list of available wifi networks.
Press any key to continue...

Bus 001 Device 005: ID 0bda:8176 Realtek Semiconductor Corp. RTL8188CUS 802.11n WLAN Adapter

The wifi adapter has been detected and is compatible with the RTL8188CUS driver.
The script will now continue and install the driver and configure the wifi.

Scanning networks using wlan0
wlan0     Scanned OK!

Be careful typing in the network name, SSID, and the network key/password,
PASSWORD, if your network uses WEP or WPA/WPA2. If either are incorrect the wifi
will not connect to the network and you may need to re-write the SD card and
repeat the installation. If the network name or network key/password use any
non-alphanumeric characters these can also cause problems connecting. The
following characters can cause problems. ! " # $ ( ) . / : < > ? [ \ ] _ { | }

Is your network unsecured so does NOT need a password or is it secured and needs
a password to connect to the wireless network.

Press U if the network is unsecured, press E if WEP, or A if WPA/WPA2. A

Please enter the Network SSID - FRITZ!Bo[redacted]

Your network SSID is "FRITZ!Bo[redacted]", is that correct?
press Y to continue, any other key to re-enter the SSID. Y

That network is not visible. Does your wireless access point or router transmit
it's SSID (network name)? If not you need to configure your access point to
transmit the ssid.

The list of available networks will now be displayed. You can scroll through the
list using the up and down arrow keys. To quit viewing the list use the q key.
Press any key to continue...
```

Für ein offenes WLAN – ohne Kennwortschutz – drücken Sie den Buchstaben `U`, für die Nutzung der alten WEP-Schlüssel den Buchstaben `E`, und für die WPA/WPA2-Verschlüsselung verwenden Sie den Buchstaben `A`, um das Skript fortzuführen.

Sind die Netzwerkparameter korrekt eingetragen und das Funknetz ordnungsgemäß initialisiert, werden diese Parameter gespeichert.

4.1.3 WLAN in Betrieb nehmen

Nun ist auch das Skript sozusagen am Ende angelangt – Sie haben noch die Auswahl, ob der Raspberry Pi in Sachen Betriebssystem und Firmware auf den aktuellen Stand gebracht werden soll oder nicht. Wählen Sie diese Möglichkeit aus, muss jedoch unter Umständen die WLAN-Konfiguration nach einem Neustart des Raspberry Pi erneut durchlaufen werden, damit sie aktiviert bleibt.

Wurde nach der WLAN-Treiberinstallation und -konfiguration die bequeme System- und Betriebssystem-Update-Option des Skripts genutzt, ist möglicherweise das eingerichtete WLAN nach einem Neustart des Raspberry Pi nicht mehr vorhanden.

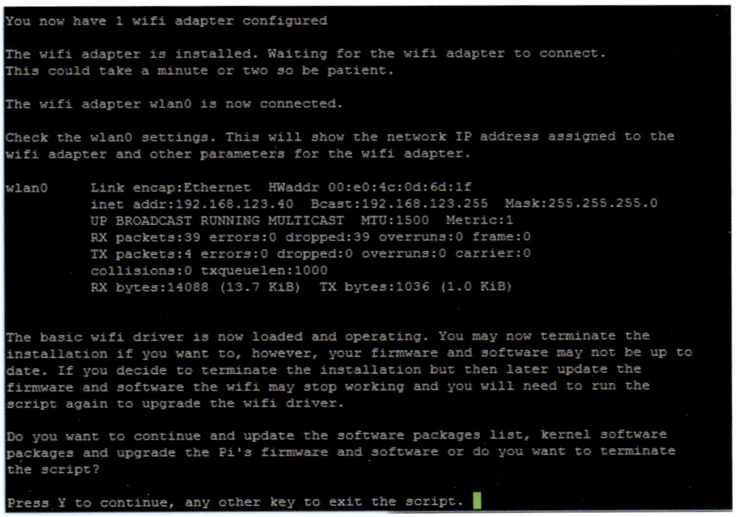

```
You now have 1 wifi adapter configured

The wifi adapter is installed. Waiting for the wifi adapter to connect.
This could take a minute or two so be patient.

The wifi adapter wlan0 is now connected.

Check the wlan0 settings. This will show the network IP address assigned to the
wifi adapter and other parameters for the wifi adapter.

wlan0     Link encap:Ethernet  HWaddr 00:e0:4c:0d:6d:1f
          inet addr:192.168.123.40  Bcast:192.168.123.255  Mask:255.255.255.0
          UP BROADCAST RUNNING MULTICAST  MTU:1500  Metric:1
          RX packets:39 errors:0 dropped:39 overruns:0 frame:0
          TX packets:4 errors:0 dropped:0 overruns:0 carrier:0
          collisions:0 txqueuelen:1000
          RX bytes:14088 (13.7 KiB)  TX bytes:1036 (1.0 KiB)


The basic wifi driver is now loaded and operating. You may now terminate the
installation if you want to, however, your firmware and software may not be up to
date. If you decide to terminate the installation but then later update the
firmware and software the wifi may stop working and you will need to run the
script again to upgrade the wifi driver.

Do you want to continue and update the software packages list, kernel software
packages and upgrade the Pi's firmware and software or do you want to terminate
the script?

Press Y to continue, any other key to exit the script.
```

Installation abgeschlossen: Per Auswahl von `Y` (Yes) starten Sie in diesem Fall die Systemaktualisierung des Raspberry Pi.

Das prüfen Sie einfach in der Konsole mit dem Befehl `ifconfig`, der anschließend sämtliche aktiven Netzwerkschnittstellen ausgibt. Fehlt hier der Eintrag `wlan0`, hilft für Einsteiger folgender Workaround:

Nach dem Update starten Sie nochmals das Installationsskript für den WLAN-Adapter und navigieren durch die einzelnen Punkte. Dabei brauchen Sie nur noch die bereits getätigten Parameter wie SSID, Verschlüsselung etc. zu bestätigen bzw. zu überspringen. Auch der Start der System- und Betriebssystem-Updates ist nicht nötig. Führen Sie das Skript bis zum Ende aus – so lange, bis wieder die Eingabeaufforderung in der Konsole verfügbar ist. Anschließend wird die WLAN-Konfiguration gespeichert und steht auch nach einem Neustart des Raspberry Pi wieder zur Verfügung.

Tipp: Vor dem WLAN-Stick-Test das LAN-Kabel ziehen

Funktioniert das WLAN nicht, hat das in der Regel einen banalen Grund: Je nach Betriebssystem und installierter Version priorisiert das installierte Betriebssystem die LAN-(`eth0`-)Schnittstelle und nimmt das WLAN trotz installierter Treiber nicht komplett in Betrieb. Wer also seinen WLAN-Stick ausprobieren will, sollte vor dem Start des Raspberry Pi das LAN-Kabel ziehen.

4.2 Raspberry Pi über SSH steuern: PuTTY, Terminal & Co. im Einsatz

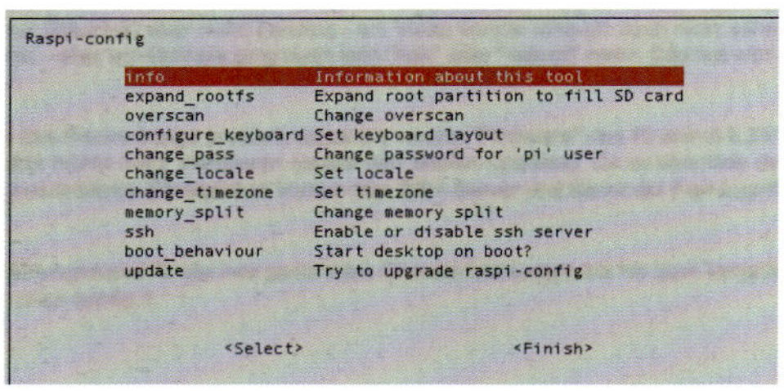

Grundvoraussetzung für den SSH-Zugriff ist selbstverständlich ein installierter SSH-Client auf dem Computer sowie ein installierter und konfigurierter SSH-Server auf dem Raspberry Pi.

Ein besonders sicherer Zugriff auf Unix-basierte Systeme ist grundsätzlich über eine sogenannte sichere, verschlüsselte Verbindung nicht nur möglich, sondern über das Internet aus Sicherheitsgründen auch dringend zu empfehlen. Erfolgt der Zugriff über die WLAN-Schnittstelle, gilt dies umso mehr. So wird nicht nur das WLAN im Allgemeinen durch eine sichere Routerkonfiguration mit dem Einsatz von WPA/WPA2 sicherer, auch der Zugriff via SSH sorgt für zusätzliche Sicherheit, damit Unbefugte keinen Unsinn auf dem Zielcomputer anstellen können. Ist der SSH-Zugriff einmal eingerichtet, können Sie benutzerabhängig nahezu nach Belieben auf die System- und Nutzerdaten auf dem Zielcomputer zugreifen, Daten hin- und herkopieren und vieles mehr.

4.2.1 Praktisch und sicher: Zugriff über SSH

Ein Raspberry Pi benötigt für seinen Betrieb keine angeschlossene Peripherie wie Maus, Tastatur oder Bildschirm und ist deshalb aufgrund seiner Flexibilität auch für außergewöhnliche Orte interessant. Wer seinen Raspberry Pi mit installiertem Linux beispielsweise in der Garage als Überwachungs- bzw. Alarmanlage laufen lassen, ihn aber bequem vom Schreibtisch oder vom Sofa aus administrieren möchte, der wird die SSH-Funktionalität zu schätzen wissen. Damit lässt sich die entfernte Kommandozeile quasi so auf den lokalen Rechner holen, als säße man direkt in der Garage vor einem angeschlossenen Bildschirm mit Tastatur.

Nach dem erstmaligen Einschalten des Raspberry Pi erscheint ein Konfigurationsdialog, in dem sich der Start des SSH-Servers festzurren lässt, damit dieser nach jedem Einschalten zur Verfügung steht. Anschließend können Sie sich über das Netzwerk mit jedem beliebigen Client über das sichere SSH-Protokoll mit dem Raspberry Pi verbinden.

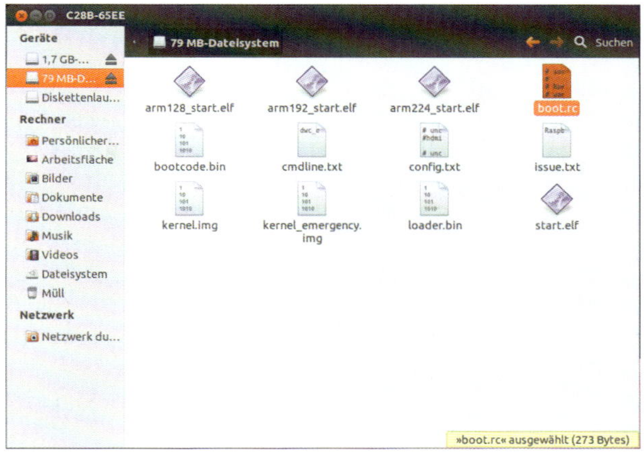

SSH einschalten: Ist die Datei umbenannt, entfernen Sie die SD-Karte vom Computer.

4.2.2 Debian Squeeze: SSH einschalten

Die Wahl des Betriebssystems auf dem Raspberry Pi hängt vor allem vom zukünftigen Einsatzzweck und den damit verbundenen Funktionen ab: Wer beispielsweise statt Debian Wheezy (Debian 7) noch den Vorgänger Debian Squeeze (Debian 6) einsetzt, kann einfach in der ersten Partition der SD-Karte (FAT32-/`boot`-Partition) per Umbenennen der Datei `boot_enable_ssh.rc in boot.rc` die SSH-Funktionalität einschalten.

Nach dem Einstecken in den Raspberry Pi wird der eingebaute SSH-Server aktiviert und ist nun wie gewohnt mit einem passenden SSH-Client über das Heimnetzwerk erreichbar. Manche Betriebssysteme wie Mac OS X und Linux bringen nicht nur einen eingebauten SSH-Client, sondern auch einen eingebauten SSH-Server mit, und dann ist es auch möglich, darauf von nicht Unix-basierten Betriebssystemen wie Windows zuzugreifen. Dafür ist jedoch auch die Installation eines SSH-Clients notwendig.

4.2.3 DHCP: IP-Adresse gesucht

Ist der Raspberry Pi frisch ausgepackt und installiert, ist seine Netzwerkschnittstelle standardmäßig für den DHCP-Zugriff (*Dynamic Host Configuration Protocol*) konfiguriert. DHCP spielt seine Vorteile vor allem in großen Netzwerken aus. Damit bekommen alle an den Router angeschlossenen Computer, egal ob WLAN oder nicht, automatisch die TCP/IP-Konfiguration zugewiesen. Hersteller empfehlen meist, diese Einstellungen nicht zu ändern und den heimischen DSL/WLAN-Router auch als DHCP-Server zu verwenden. DHCP, die dynamische Vergabe von IP-Adressen im Netz, ist Segen und Fluch zugleich.

In der Datei `/etc/network/interfaces` ist die Konfiguration sämtlicher Netzwerkschnittstellen des Raspberry Pi hinterlegt.

Zunächst ist es für jeden Netzwerkeinsteiger praktisch, dass er sich um die Vergabe solcher IP-Adressen nicht kümmern muss.

Haben Sie nur wenige Computer, die Sie mit Ihrem Router versorgen, ist es oft sinnvoller und sicherer, den DHCP-Server im WLAN-Router zu deaktivieren und die angeschlossenen Clients manuell zu konfigurieren. So haben Sie nicht nur einen genauen Überblick darüber, welcher Computer sich mit welcher IP-Adresse im Netzwerk befindet, sondern machen es einem möglichen Eindringling schwerer, sich eine IP-Adresse in Ihrem Heimnetz zu »besorgen«.

Ist kein DHCP-Server oder DSL-Router im Netz, der für die automatische Vergabe der IP-Adressen zuständig ist, müssen die IP-Adressen und die Subnetzmasken von Hand bei jedem Computer eingetragen werden. Die Wahl der IP-Adresse bleibt jedem selbst überlassen. Sie sollten für eine bessere Übersicht immer aufsteigend eine Adresse mit `192.168.123.1`, `192.168.123.2` etc. vergeben.

In einem Heimnetz ist der Raspberry Pi meistens mit der Ethernet-Schnittstelle eingebunden. Freunde des kabellosen Vergnügens nutzen WLAN über einen kleinen WLAN-Adapter, den sie sich allerdings noch extra besorgen müssen. Egal welchen der beiden Wege Sie gehen, die IP-Konfiguration läuft bei beiden Schnittstellen quasi identisch ab. Trotz DHCP können Sie auch eine IP-Adresse für einen Computer im LAN mit der Auswahl von DHCP mit manueller Adresse reservieren. Damit erhält dieser Computer immer dieselbe IP-Adresse, wenn er auf den DHCP-Server zugreift.

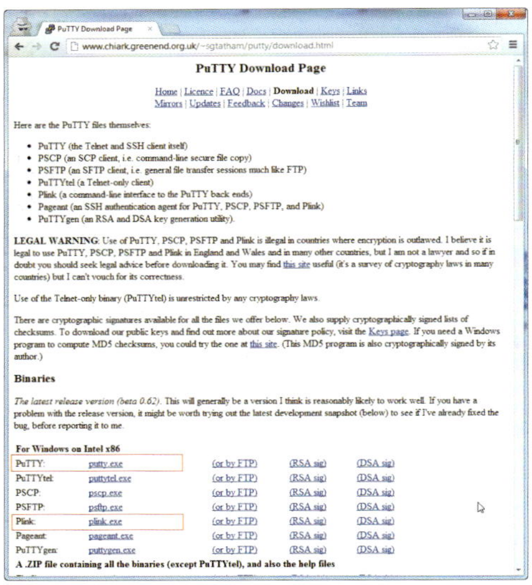

Unter der URL *http://www.chiark.greenend.org.uk/~sgtatham/putty/download.html* erhalten Sie das praktische Werkzeug PuTTY, um per Kommandozeile auf Unix-/Linux-basierte Geräte zugreifen zu können.

4.2.4 Keine Installation nötig: Windows-Zugriff über PuTTY

Falls noch nicht geschehen: Laden Sie sich ein SSH-Clientprogramm auf den Windows-PC, um damit den sicheren Zugriff auf den Mac zu ermöglichen. PuTTY ist für Puristen der Kommandozeile eine wahre Freude, wer lieber in der Fensterwelt arbeiten möchte, für den steht mit WinSCP (*www.winscp.com/*) ein entsprechendes Werkzeug zur Verfügung.

Nach dem Herunterladen von PuTTY bzw. WinSCP stellen Sie die Verbindung mit dem Raspberry Pi her.

Praktisch und übersichtlich: PuTTY-Vollbildmodus einschalten

Gerade am Anfang bei der Einrichtung des Raspberry Pi arbeitet man sehr viel auf der Konsole, bis der Raspberry Pi so weit eingerichtet ist, wie man es sich wünscht. Gerade beim Neustart von PuTTY ist es lästig, mit der Maus dauernd das Fenster auf die gewünschte Größe einzustellen – hier ist die Vollbildanzeige weitaus sinnvoller. Diese können Sie über die Tastenkombination `Alt`+`Enter` bei aktiviertem PuTTY nutzen und so auch wieder in den Fenstermodus zurückwechseln.

Um den Vollbildmodus standardmäßig einzuschalten, wählen Sie bei gestartetem PuTTY im linken Fensterbereich den Eintrag *Behaviour* aus und aktivieren dort anschließend die Funktion *Full screen on Alt-Enter*. Soll dies zukünftig nicht nur für das aktuelle, sondern auch für alle anderen Terminalfenster gelten, speichern Sie die Einstellung im Bereich *Session*. Dort markieren Sie unter *Load, save or delete a stored session* den Eintrag *Default Settings* und klicken anschließend auf die *Save*-Schaltfläche.

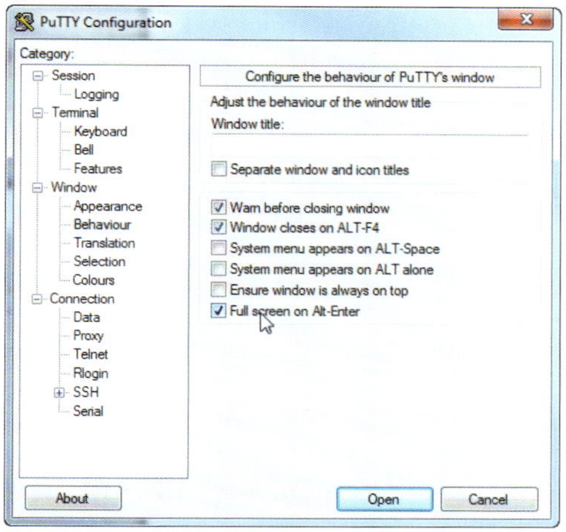

Wer PuTTY im Vollbildmodus, also im Fullscreen-Mode, verwenden möchte, setzt hier das passende Häkchen.

Bei einer bereits bestehenden, gespeicherten Session zählt die Anpassung jedoch nicht, hier müssen Sie zunächst das entsprechende Profil laden, die Tastenkombination wie oben beschrieben aktivieren und dann das Profil wieder speichern.

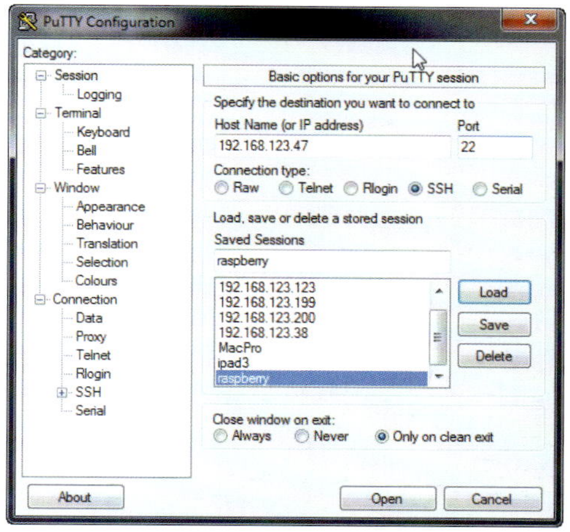

Ist die Tastenkombination `Alt`+`Enter` nicht aktiviert, können Sie den PuTTY-Vollbildmodus auch per Rechtsklick in die Titelleiste des Terminalfensters starten.

4.2.5 Mac OS X: SSH-Zugriff über die eingebaute Konsole

Im Gegensatz zu Windows ist der SSH-Client bei Mac OS X schon von Haus aus dabei. Also ist nur noch das Öffnen eines Terminalfensters über *Programme/Dienstprogramme/Terminal* nötig, dann lässt sich per Befehl

```
ssh root@IP-ADRESSE
```

der Zugriff auf den Zielcomputer herstellen. Nach Eingabe des Passworts steht das Dateisystem der Gegenstelle zur Verfügung. Wer es etwas bequemer mag, holt sich die Freeware Cyberduck, mit der Sie einfach per Drag-and-drop Dateien und ganze Verzeichnisse vom Mac zum Zielcomputer hin- und herschieben können.

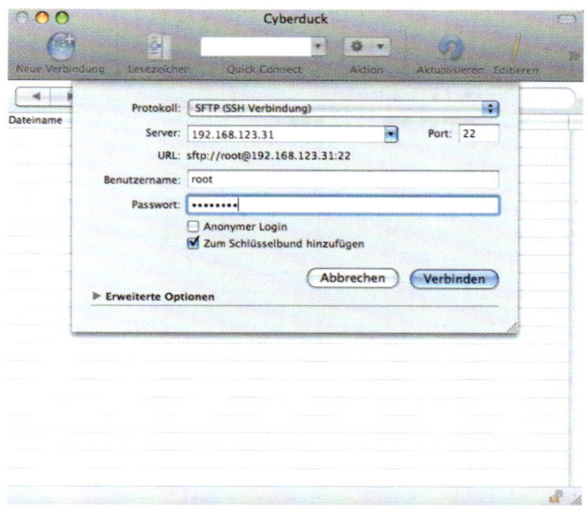

Nach Download, Installation und Start von Cyberduck stellen Sie zunächst per Klick auf *Neue Verbindung* eine Verbindung her.

Vor dem Verbindungsaufbau konfigurieren Sie Cyberduck, wie in der obigen Abbildung zu sehen, mit dem SFTP-Protokoll und tragen bei *Server* die IP-Adresse des Raspberry Pi ein. Alternativ nutzen Sie – falls konfiguriert – den DNS-Namen der Gegenstelle. Die Standardeinstellung für den SSH-Port ist *22* und braucht nicht geändert zu werden. Für *Benutzername* verwenden Sie den Account, der Ihnen für den Zielcomputer zur Verfügung steht – bei *Passwort* das dazugehörige Kennwort.

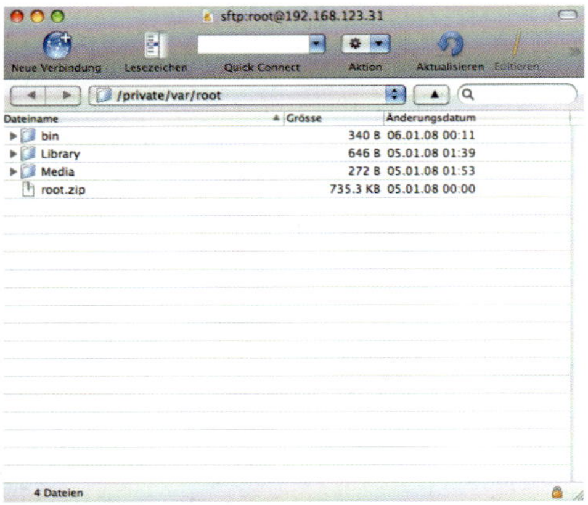

Ist Cyberduck via SSH verbunden, können Sie einfach per Maus im Dateisystem navigieren.

Ist der SSH-Zugriff erfolgreich hergestellt, lässt sich nach Belieben schalten und walten: Das Haupteinsatzgebiet über die SSH-Konsole ist die Fernwartung des Zielcomputers, was sich nun nicht nur ruck, zuck bewerkstelligen lässt, sondern dank der genutzten Verschlüsselung auch sicher vonstatten geht.

4.2.6 Ubuntu: SSH-Zugriff nachrüsten

Ähnlich wie bei Mac OS X ist bei Linux-Systemen in der Regel der SSH-Client mit an Bord. Doch manchmal kommt es bei extrem schlank konfigurierten Linux-Derivaten vor, dass er nachinstalliert werden muss: Bei dem weitverbreiteten Ubuntu-Linux beispielsweise nutzen Sie den Befehl

```
apt-get install ssh
```

um die SSH-Installation auf dem System nachzuholen.

4.3 Kein Bildschirm angeschlossen? – Bootprobleme beheben

Kein Mucks nach dem Einschalten des Stromkabels? Der Fall trat nämlich beim ersten Start des Raspberry Pi auf, als es darum ging, ihn ohne angeschlossenen Bildschirm in Betrieb zu nehmen. Bei der Ersteinrichtung sollte man eine USB-Tastatur und einen Bildschirm anschließen, um zumindest die SSH-Serverfunktion einschalten zu können. Damit lässt sich der Raspberry Pi anschließend bequem via SSH aus der Ferne mit dem Computer administrieren. Wie das funktioniert, lesen Sie im Kapitel 4.2 »Raspberry Pi über SSH steuern: PuTTY, Terminal & Co. im Einsatz«.

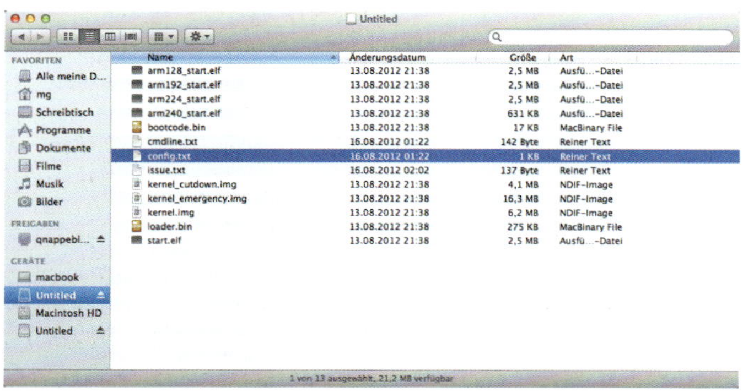

Ist die Speicherkarte in das Lesegerät gelegt und mit dem Computer verbunden, finden Sie auf der kleinen Systempartition (`/boot`) verschiedene Dateien. Zunächst ist hier die Konfigurationsdatei `config.txt` wichtig.

Startet der Raspberry Pi noch immer nicht, sollten Sie die verwendete SD-Karte aus dem Raspberry Pi nehmen und genauer inspizieren. Der Grund: Nicht jede SD-Karte lässt sich mit dem Raspberry Pi mit jedem Betriebssystem nutzen – hier gibt es abhängig von der Geschwindigkeitsklasse der SD-Karte unterschiedliche Erfahrungen.

Öffnen Sie diese Datei direkt auf der Speicherkarte und nutzen Sie einen Unix-kompatiblen Texteditor, der in Sachen Zeilenumbrüche und Zeichencodierung korrekt arbeitet. Während Sie bei Betriebssystemen aus der Unix-Familie wie Mac OS X mit Bordmitteln zurechtkommen, nutzen Sie unter Windows besser Editoren wie Notepad++, Primalscript oder UltraEdit, die allesamt empfehlenswert sind. Hier suchen Sie in der Datei nach einem möglichen Übeltäter – in der Praxis sind einmalig wegen der HDMI-Bildschirmausgabe Änderungen notwendig, falls kein Bildschirm angeschlossen werden soll. In diesem Fall ist die Option `hdmi_force_hotplug=1` zu setzen – also auszukommentieren.

Start ohne Bildschirm

Ist in der Konfigurationsdatei config.txt die Option hdmi_force_hotplug=1 gesetzt, lässt sich der Raspberry Pi auch ohne angeschlossenen Bildschirm in Betrieb nehmen.

Raspberry Pi per Mausklick abschalten

Auf der oben angegebenen Download-Seite von PuTTY finden Sie auch ein zusätzliches Programm mit der Bezeichnung `plink.exe`. Dieses legen Sie in das gleiche Verzeichnis, in dem bereits das Programm `putty.exe` abgelegt ist. In dem nachstehenden Beispiel liegt sowohl die Datei `putty.exe` als auch die Datei `plink.exe` im Verzeichnis `C:\` der Windows-Festplatte. Anschließend erstellen Sie mit einem Editor eine Batchdatei mit folgendem Inhalt:

```
echo off
c:\plink.exe -ssh -pw openelec root@192.168.123.47
poweroff
exit
```

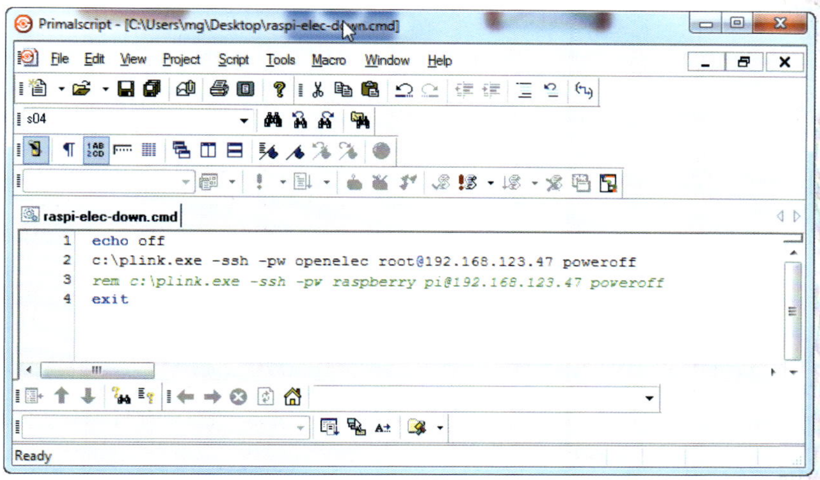

In diesem Beispiel werden der Benutzer `root` und das Passwort `openelec` genutzt – bei einer Standard-Raspberry Pi-Installation lautet der Benutzer `pi`, und das Passwort ist `raspberry`.

Speichern Sie die Datei anschließend mit einer aussagekräftigen Bezeichnung sowie mit der Dateiendung `.cmd` ab. Die Datei kann ebenfalls im selben Verzeichnis wie die PuTTY-Tools abgelegt werden – anschließend ist eine Desktopverknüpfung auf die `cmd`-Batchdatei notwendig. Alternativ legen Sie die `cmd`-Datei direkt auf dem Windows-Desktop an. Nun ersparen Sie sich das Einloggen und Herunterfahren des Raspberry Pi.

4.4 Raspberry im Heimnetz

Nur um den Raspberry Pi im Netz zu betreiben und ihn zum Surfen mit mehreren Rechnern oder vom Sofa aus zu verwenden, wäre ein Netzwerk zu Hause viel zu schade. Schnell werden Sie feststellen, wie praktisch es ist, Daten zwischen mehreren Computern auszutauschen, Druckaufträge über einen zentralen Drucker auszugeben, Digitalfotos für alle im Netz bereitzustellen und vieles mehr. Das ist alles mit Bordmitteln machbar, auch Sicherheitsaspekte kommen nicht zu kurz. Sie benötigen allerdings ein paar Grundvoraussetzungen zum reibungslosen Betrieb. Um im Heimnetz mit anderen Rechnern Daten auszutauschen, sind folgende Voraussetzungen notwendig:

- TCP/IP installiert.
- Arbeitsgruppe eingerichtet.
- Rechnernamen eingetragen.
- Auf einem oder mehreren Computern ist mindestens ein Ordner oder Laufwerk freigegeben.
- Freigabenamen ohne Umlaute, Sonder- und Leerzeichen und nicht länger als zwölf Zeichen.

Damit das funktioniert, müssen neben der IP-Konfiguration des DSL-Routers auch die Netzwerkparameter auf jedem Rechner richtig installiert sein. Das bedeutet im Klartext, dass auf jedem Computer ein Netzwerkadapter (Netzwerkkarte, AirPort/WLAN-Karte etc.) vorhanden und installiert ist.

4.4.1 Zugriff auf das Raspberry Pi-Dateisystem im Heimnetz

Wer in seinem Heimnetz neben dem Raspberry Pi auch einen Mac oder einen Windows-Rechner im Einsatz hat, der wird irgendwann Daten von A nach B und zurück transportieren wollen. Damit der Zugriff auf das Raspberry Pi-Dateisystem oder einzelne Verzeichnisse bequem von Computern aus dem Heimnetz möglich ist, ist die Installation und Konfiguration des Samba-Pakets nötig. Samba ist bei fast jeder Linux-Distribution schon dabei, es braucht bei der Installation nur ausgewählt zu werden.

Mit Samba verhält sich der Raspberry Pi wie ein Windows-Server für die im Netz befindlichen Computer. Ist Samba optimal konfiguriert, können Sie später für alle Benutzer und Benutzergruppen eigene Log-in-Profile erstellen. Diese legen Sie in einem Verzeichnis auf dem Raspberry Pi ab und exportieren dieses als `/netlogon`-Verzeichnis. Die Windows-Clients verwenden anschließend automatisch die entsprechenden Log-in-Skripte. Grundsätzlich können Sie den Inhalt der hier abgedruckten Datei übernehmen. Lediglich die globalen Einträge für `netbios name`, `server string` sowie `workgroup` sollten Sie anpassen.

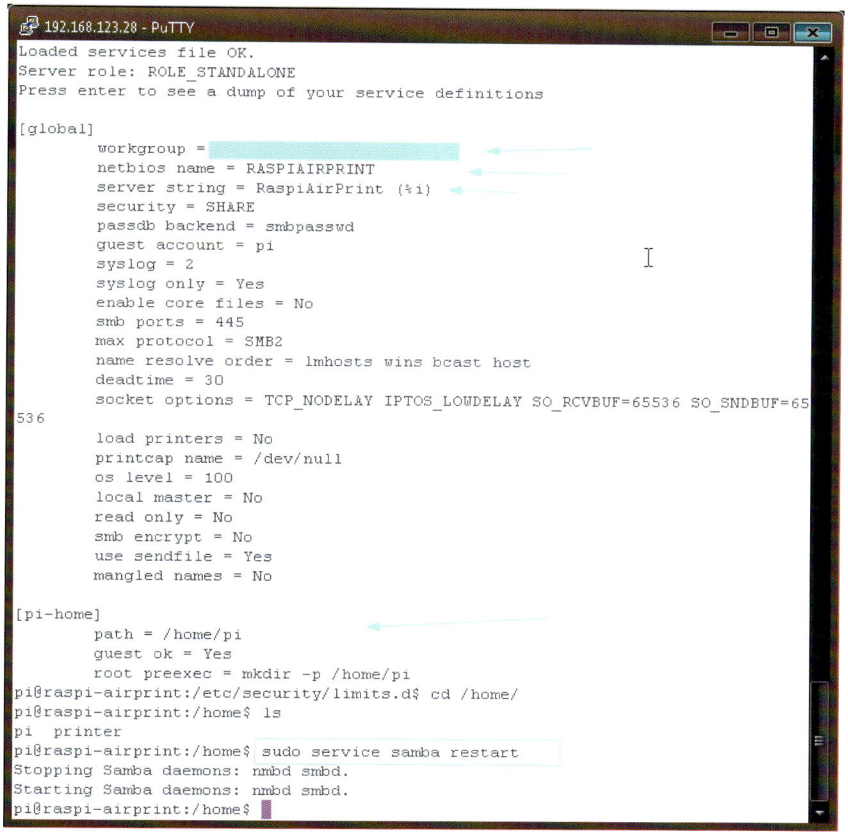


```
Loaded services file OK.
Server role: ROLE_STANDALONE
Press enter to see a dump of your service definitions

[global]
        workgroup =
        netbios name = RASPIAIRPRINT
        server string = RaspiAirPrint (%i)
        security = SHARE
        passdb backend = smbpasswd
        guest account = pi
        syslog = 2
        syslog only = Yes
        enable core files = No
        smb ports = 445
        max protocol = SMB2
        name resolve order = lmhosts wins bcast host
        deadtime = 30
        socket options = TCP_NODELAY IPTOS_LOWDELAY SO_RCVBUF=65536 SO_SNDBUF=65
536
        load printers = No
        printcap name = /dev/null
        os level = 100
        local master = No
        read only = No
        smb encrypt = No
        use sendfile = Yes
        mangled names = No

[pi-home]
        path = /home/pi
        guest ok = Yes
        root preexec = mkdir -p /home/pi
pi@raspi-airprint:/etc/security/limits.d$ cd /home/
pi@raspi-airprint:/home$ ls
pi  printer
pi@raspi-airprint:/home$ sudo service samba restart
Stopping Samba daemons: nmbd smbd.
Starting Samba daemons: nmbd smbd.
pi@raspi-airprint:/home$
```

Die `smb.conf` erstellen Sie zunächst auf dem Computer und laden sie mit `scp` auf den Raspberry Pi, oder Sie bearbeiten die Datei direkt auf dem Raspberry Pi mit einem Editor wie nano.

Erstellen Sie zunächst für die Samba-Konfiguration die `smb.conf`-Datei, über die die Samba-Konfiguration gesteuert wird. Sie gehört beim Raspberry Pi mit Debian in das Verzeichnis `/etc/samba` und besitzt mehrere Blöcke, in denen jeweils Variablen zur Konfiguration gesetzt werden. Jeder Block stellt prinzipiell eine Freigabe dar, wobei zwei Bereichen eine besondere Bedeutung zukommt. Der wichtigste ist der `[global]`-Abschnitt, in dem die allgemeinen Samba-Einstellungen festgelegt sind.

Umgebungsvariablen für die Samba-Konfiguration	Beschreibung
S	Der aktuelle Service, falls vorhanden.
P	root-Verzeichnis des aktuellen Service.
u	Benutzername des aktuellen Service.
g	Gruppenname zu %u.
U	Benutzername der aktuellen Session.
G	Der primäre Gruppenname zu %U.
H	Heimatverzeichnis des Users von %u.
v	Version von Samba.
h	Hostname des Rechners.
m	NetBIOS-Name des Clients.
L	NetBIOS-Name des Servers.
M	Internetname des Clients.
p	Path des Home-Verzeichnisses.
I	IP-Nummer des Clients.
T	Aktuelle Zeit und Datum.

Im `[homes]`-Abschnitt wird einem Benutzer, der von einem anderen Computer auf den Raspberry/Debian-Server zugreift, auf Wunsch das Home-Verzeichnis zur Verfügung gestellt. Voraussetzung dafür ist ein Eintrag in der `smbpasswd`-Datei. Per `smbpasswd -a NAME` legen Sie einen Samba-Benutzer in der Datei `/etc/smbpasswd` an:

```
sudo smbpasswd -a pi
```

Nun geben Sie das Kennwort des Benutzers `pi` ein und bestätigen es. Anschließend kann dieser Benutzer unter Samba genutzt werden. Diesen zugegebenermaßen etwas unfreundlichen doppelten Administrationsaufwand für die Benutzerpasswörter können Sie mit einem kleinen Eingriff in die `smb.conf` abstellen:

```
unix password sync = yes
```

Die wichtigsten Einträge sind in der abgedruckten `smb.conf` bereits vorhanden.

```
pi@raspi-airprint:~$ testparm
Load smb config files from /etc/samba/smb.conf
rlimit_max: rlimit_max (1024) below minimum Windows limit (16384)
Processing section "[pi-home]"
Loaded services file OK.
Server role: ROLE_STANDALONE
Press enter to see a dump of your service definitions
^C
pi@raspi-airprint:~$ ulimit -n 16384
```

Kein Fehler, nur Hinweise: Kommt die Meldung, dass Samba einen zu geringen `rlimit_max`-Wert (1024) festgestellt hat, kann das ohne Folgen ignoriert werden.

Mit dem Befehl `ps fax | grep smbd` überprüfen Sie, ob der Samba-Server auch wirklich läuft. Falls nicht, ist wahrscheinlich ein Tipp- oder Syntaxfehler in der Datei `smb.conf` zu finden. Mit dem Samba-Testprogramm `testparm` können Sie einfach und sicher die Samba-Konfiguration auf mögliche Fehler überprüfen:

Gibt das `testparm`-Programm Fehlermeldungen aus, zeigt es glücklicherweise auch die Zeilennummer der Zeile an, in der der Fehler aller Wahrscheinlichkeit nach aufgetreten ist. Bessern Sie in diesem Fall die entsprechenden Zeilen in der `smb.conf`-Datei nach. Läuft die Konfiguration durch, haben Sie den ersten Teil geschafft, herzlichen Glückwunsch! Sicherheitshalber starten Sie den Samba-Daemon neu:

```
sudo service samba restart
```

Haben Sie schon einen Computer im Heimnetz in Betrieb, können Sie nach einem Neustart des Samba-Diensts den Raspberry Pi in der Netzwerkumgebung sehen. Nun überprüfen Sie die Samba-Benutzerkonfiguration auf dem Computer.

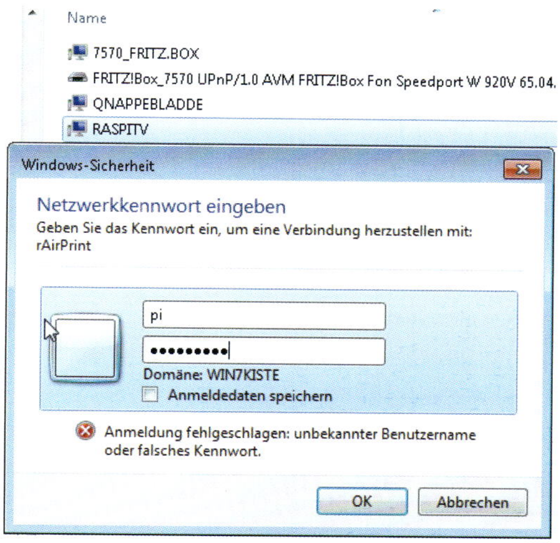

Ist der Parameter `security=user` gesetzt, wird beim Zugriff über das Netzwerk der Benutzer samt Kennung abgefragt, den Sie über `smbpasswd -a` angelegt haben.

Anschließend sind die entsprechenden Freigaben im Explorer sichtbar. Unter Windows kann auf Wunsch mit dem Befehl *Netzlaufwerk verbinden* dem Netzlaufwerk ein eigener Laufwerkbuchstabe zugeordnet werden.

Nun greifen Sie von sämtlichen Computern im Heimnetz auf den Raspberry Pi zu – umgekehrt ist das natürlich auch möglich. Egal ob Mac OS, Windows oder Linux – Sie müssen bei jedem einzelnen Computer den Zugriff erlauben und konfigurieren.

4.4.2 Windows-Ordner für Raspberry Pi im Heimnetz freigeben

Die Freigabe eines Ordners unter Windows ist mit wenigen Klicks erledigt: Sie öffnen den Explorer und wählen den Ordner aus, der für andere Benutzer im Netzwerk freigegeben werden soll. Klicken Sie mit der rechten Maustaste auf diesen Ordner und wählen Sie im Kontextmenü der rechten Maustaste *Freigeben für* aus. Nachfolgend erscheint ein Dialog, in dem Sie den Zugriff auf den Ordner einrichten.

Anschließend ist die eingerichtete Ordnerfreigabe aktiv. Der für den Zugriff eingerichtete Benutzer kann nun von einem anderen PC im Netzwerk auf die eingerichtete Freigabe zugreifen – vorausgesetzt, der Name und das Passwort sind in der Benutzerverwaltung von Windows eingerichtet.

Das Entfernen einer eingerichteten Freigabe sowie eine nachträgliche Änderung erfolgen analog. Hier wählen Sie den entsprechenden Ordner im Explorer aus und wählen entweder im Kontextmenü *Freigabe* oder besser *Eigenschaften* aus. Im Register *Freigabe* erhalten Sie per Klick auf *Erweiterte Freigabe* Einblick, wer auf den Ordner zugreifen darf und welche Rechte bzw. Berechtigungen für die unterschiedlichen Benutzer eingerichtet sind.

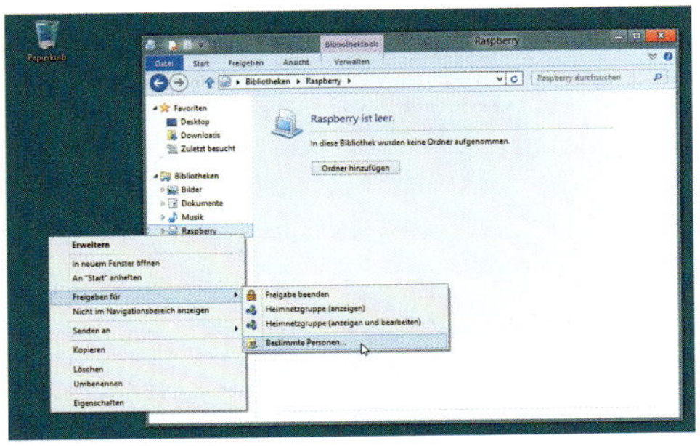

Bei Windows 8 bekommen Sie mit der rechten Maustaste ein Kontextmenü mit dem Eintrag *Freigeben für* angezeigt, mit dem Sie Laufwerke für andere Benutzer zur Verfügung stellen können.

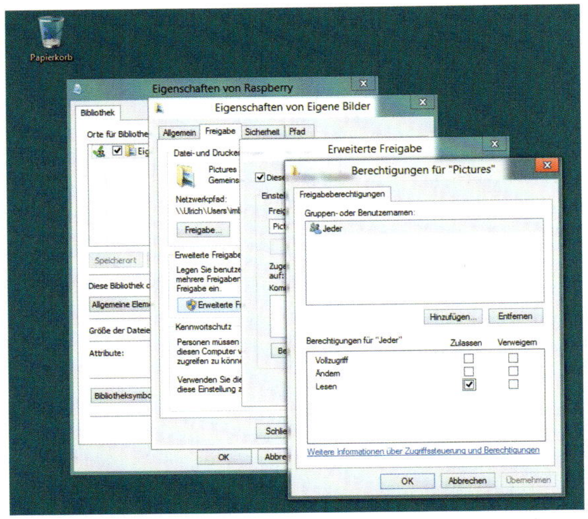

Über *Berechtigungen* können Sie den Zugriff auf einen Ordner beispielsweise auf *Lesen* ändern, falls der Ordnerinhalt über das Netzwerk nicht geändert werden soll.

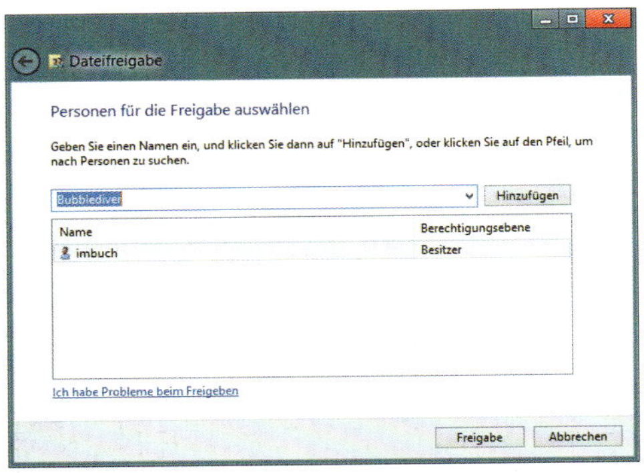

Möchten Sie einer weiteren Person den Zugriff auf eine Freigabe gewähren, tragen Sie den Namen ein und klicken auf die Schaltfläche *Hinzufügen*.

Möchten Sie eine erstellte Freigabe entfernen, deaktivieren Sie im Dialog *Erweiterte Freigabe* das Häkchen im Kontrollfeld *Diesen Ordner freigeben*.

Anschließend ist der Zugriff über das Netzwerk nicht mehr möglich. Kommt es beim Zugriff über den Windows-Explorer auf die Samba-Freigabe des Raspberry Pi zu Problemen oder wird der Verzeichnisinhalt nicht angezeigt, hilft nachstehender Tipp.

4.4.3 Windows zickt beim Samba-Zugriff: Freigabeprobleme lösen

Befinden sich im Heimnetz ein Raspberry Pi mit Samba, ein NAS-Server (beispielsweise Geräte von QNAP, Buffalo), ein ausgewachsener Linux/Samba-Server und eine Samba-Freigabe für den Mac, ist der Zugriff auf die Netzwerkfreigaben normalerweise problemlos möglich, sofern diese in der Netzwerkumgebung zu sehen sind und die entsprechenden Zugriffsrechte vorliegen. Das zählt jedoch nur für die erstmalige Anmeldung. Wenn man sich hingegen nach einem Neustart des Computers erneut mit einer Netzwerkfreigabe verbinden möchte, erscheint immer wieder die Aufforderung, den Benutzernamen sowie das dazugehörige Passwort einzugeben.

Dieses nervige Problem lässt sich mit einer kleinen Konfigurationsänderung beheben: Klicken Sie auf die Schaltfläche *Start* und geben Sie in das *Ausführen*-Feld den Befehl `secpol.msc` ein. Wechseln Sie dann zu *Lokale Richtlinien und Sicherheitsoptionen*, wo Sie die beiden folgenden Einträge anpassen.

Zunächst wird der Wert für den Eintrag *Netzwerksicherheit: LAN Manager-Authentifizierungsebene* auf *LM- und NTLM-Antworten senden (NTLMv2 Sitzungssicherheit verwenden, wenn ausgehandelt)* geändert.

Anschließend suchen Sie den Eintrag *Netzwerksicherheit: Minimale Sitzungssicherheit für HTLM-SSP-basierte Clients (einschließlich sicherer RPC-Clients)* und deaktivieren das Häkchen bei *128-Bit-Verschlüsselung erfordern* im rechten Fensterbereich. Dann bestätigen Sie den Dialog mit *OK* und schließen die *Lokale Sicherheitsrichtlinie*. Nach dem Neustart von Windows sollte der Windows-Zugriff auf die Samba-Freigabe des Raspberry Pi möglich sein.

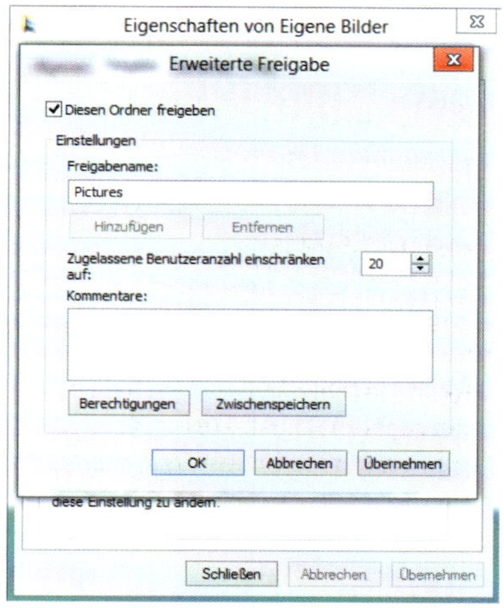

Deaktivieren Sie das Kontrollfeld *Diesen Ordner freigeben*.

Keine Ultimate- oder Business-Version: dann Registry-Hack
Da bei den einfachen »Heimanwenderversionen« wie Home Basic und Home Premium weder der Gruppenrichtlinien-Editor (`gpedit.msc`) noch der Editor für lokale Sicherheitseinstellungen (`secpol.msc`) im Funktionsumfang enthalten sind, muss der Umweg über den Registry-Editor gegangen werden, um die Freigabeprobleme beim Zugriff auf den NAS-Server oder den Linux/Samba-Server im Heimnetz zu lösen. Im Ast

```
[HKEY_LOCAL_MACHINE\System\CurrentControlSet\Control\Lsa]
```

ändern Sie beim Schlüssel

```
LmCompatibilityLevel
```

den *DWORD*-Wert von `3` auf `1`.

4.4.4 Mac OS X mit Raspberry Pi via Samba koppeln

Möchten Sie nicht den umständlichen Weg über einen FTP/HTTP-Server im Heimnetz gehen, nutzen Sie besser den direkten Weg über eine Windows-Freigabe wie oben beschrieben. Aber auch der umgekehrte Weg, nämlich der Zugriff vom Raspberry Pi auf eine konfigurierte Mac-Freigabe, ist nach etwas Einrichtungsarbeit auf dem Mac möglich.

1 Stellen Sie im ersten Schritt sicher, dass der Arbeitsgruppenname aller im Netzwerk befindlichen Rechner gleich ist. Auf dem Mac öffnen Sie dazu die Systemeinstellungen *Netzwerk* und hier das Register *WINS*. Im aktuellen Beispiel heißt die Arbeitsgruppe zunächst *workgroup*.

2 Eine weitere Grundvoraussetzung ist, dass über *Systemeinstellungen/Sharing* das entsprechende Häkchen bei *File Sharing* gesetzt ist. Im Eingabefeld *Gerätename* steht der NetBIOS-Name des Mac-Computers, den Sie in den Systemeinstellungen *Netzwerk* im Register *WINS* festgelegt haben.

3 Um den Windows-Mac-Datenaustausch zu konfigurieren, stellen Sie zunächst sicher, dass die Benutzernamen unter Windows 8, Windows 7, Windows Vista oder XP sowie unter Mac OS X identisch sind. Hier lässt sich auch auf Wunsch per Klick auf das Plussymbol mit wenigen Klicks ein neuer Benutzeraccount einrichten, der für den Zugriff auf den freizugebenden Ordner genutzt werden kann.

4 Es erscheint das Fenster *Neue Person*. Tragen Sie hier bei *Name* den Benutzernamen sowie bei *Kennwort* das dazugehörige Kennwort ein. Per Klick auf *Account erstellen* ist der Mac-Benutzer angelegt.

5 Setzen Sie das Häkchen vor der Bezeichnung des Benutzeraccounts und geben Sie anschließend ein passendes Passwort für den Zugriff ein. Im Idealfall verwenden Sie dasselbe Passwort wie unter Windows – in diesem Fall ersparen Sie sich unter Windows die lästige Passwortabfrage beim Zugriff.
Damit die Anmeldung bzw. der Zugriff von einem Windows-PC auch klappt, muss in den Benutzereinstellungen des unter Mac OS X aktiven Benutzers ein entsprechendes Verzeichnis für den Zugriff festgelegt werden, hier das Verzeichnis *Public*.

6 Standardmäßig unterstützt Mac OS X für den Datenzugriff auf den Mac zunächst nur das hauseigene AFP-Protokoll (*Apple Filing Protocol*). Um auch der Windows-Welt Zugriff auf die Mac-Festplatte zu gewähren, muss hier der Windows-Zugriff explizit erlaubt und eingerichtet werden.

Im Gegensatz zu seinen Vorgängern ist ab Mac OS X Version 10.5 der Schalter *Windows File Sharing* nicht mehr dabei, die Windows-Freigabe via Samba ist bei *File Sharing* unter *Optionen* versteckt. Um von Windows aus auf Verzeichnisse auf dem Mac zugreifen zu können, ist das Setzen des Häkchens bei *Dateien und Ordner über SMB bereitstellen* notwendig. Anschließend wählen Sie den oder die Benutzeraccounts aus, die den Samba-Zugriff nutzen dürfen.

7 Zu guter Letzt legen Sie ebenfalls unter *Sharing* die Zugriffsrechte fest: *Lesen & Schreiben*, *Nur Lesen*, *Nur Schreiben (Briefkasten)* oder *Kein Zugriff*.

8 Wechseln Sie jetzt zu Ihrem Windows-Computer und prüfen Sie über die *Netzwerkumgebung*, ob der Mac sichtbar ist. Falls nicht, starten Sie Windows neu oder drücken die Funktionstaste [F5], um die Ansicht zu aktualisieren.

Tipp: NetBIOS-Name ändern

Der NetBIOS-Name für den Mac-Rechner ist im Dialogfeld grau hinterlegt und lässt sich dort nicht ändern. Wer einen anderen Namen verwenden möchte, kann ihn unter *Systemeinstellungen/Sharing* anpassen. Sind der NetBIOS- und der Arbeitsgruppenname konfiguriert, ist die Samba-Konfiguration abgeschlossen.

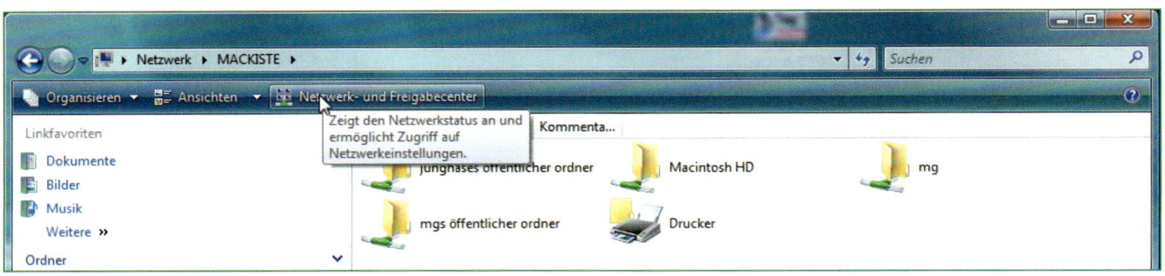

Geduld – erst nach wenigen Minuten zeigt Windows den Mac mit seinen Freigaben in der Netzwerkumgebung an.

Mit einem Doppelklick auf das Symbol des Mac können Sie nun auf das freigegebene Mac-Verzeichnis zugreifen.

Wenn der Mac den Zugriff verweigert

Doch bei vielen Anwendern tut sich nichts. Der Mac ist zwar in der Windows-Netzwerkumgebung zu sehen, aber bei dem Versuch, auf ihn zuzugreifen, meldet Windows einen Netzwerkfehler. Die Lösung findet sich in den Mac OS X-Firewall-Einstellungen. Aus Gründen der Sicherheit haben viele Anwender ihre Firewall-Einstellungen auf den Schalter *Nur notwendige Dienste erlauben* festgelegt.

1 Damit Windows auf den Mac zugreifen kann, müssen Sie für den Erstzugriff die Option *Alle eingehenden Verbindungen erlauben* aktivieren. Der Dienst *File-Sharing (AFP, SMB)* wird automatisch angezeigt. Danach können Sie die Firewall-Einstellungen wieder ändern.

2 Wenn Sie jetzt wieder in der Windows-Netzwerkumgebung auf Ihr Mac-Symbol klicken, meldet sich das Dialogfeld *Verbindung mit ‹COMPUTER› herstellen*. Tragen Sie hier Ihren Benutzernamen und Ihr Kennwort ein. Bestätigen Sie zum Abschluss mit *OK*.

3 Das freigegebene Mac-Verzeichnis wird im Windows-Explorer angezeigt, und dem Datenfluss zwischen Mac und Windows – und somit auch zum Raspberry Pi – steht von Mac OS-Seite aus nichts mehr im Weg.

Netzwerkfreigaben automatisch im Finder öffnen

Wer im Heimnetzwerk seine Raspberry Pi-Freigaben über einen Linux/Windows/Samba-Server dauerhaft zur Verfügung hat, für den ist das manuelle Einbinden der Freigabe über die Tastenkombination Befehlstaste + K mit der Zeit ziemlich lästig.

Komfortabler ist es, wenn Sie eine einmal eingerichtete Freigabe automatisch verbinden und im Finder anzeigen lassen. Fügen Sie über *Apfel/Systemeinstellungen/Benutzer/Startobjekte* die gewünschte(n) Freigabe(n) als sogenanntes Startobjekt hinzu. Wählen Sie zunächst den entsprechen-

Tipp: Vorsicht beim Zugriff auf die Macintosh-HD

Abhängig davon, ob unter Mac OS X für den Zugriff Lese- und Schreibrechte zugeordnet worden sind oder nicht, heißt es hier aufpassen: Da Samba neben den Nutzdaten auch die (unter Mac OS X) versteckten Systemordner und -dateien anzeigt, sollten Sie behutsam bei der Bearbeitung von Dateien oder gar beim Löschen vorgehen. Zu groß ist die Gefahr, das Benutzerprofil unter Mac OS X zu zerstören.

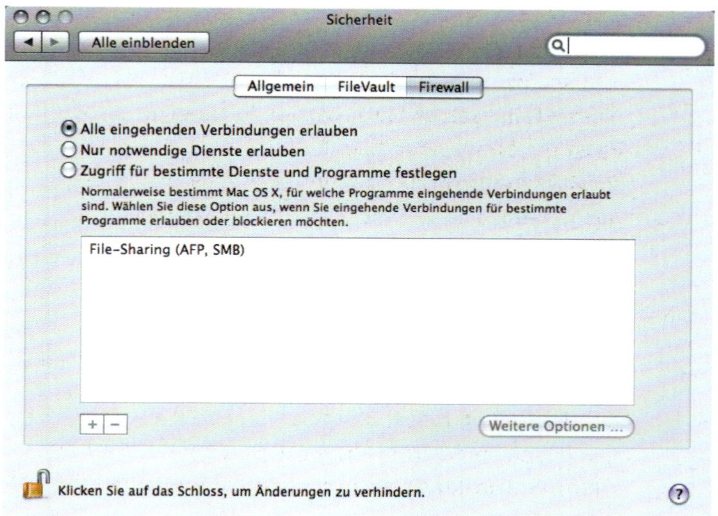

In der Systemeinstellung *Sicherheit* ändern Sie die Firewall-Einstellungen.

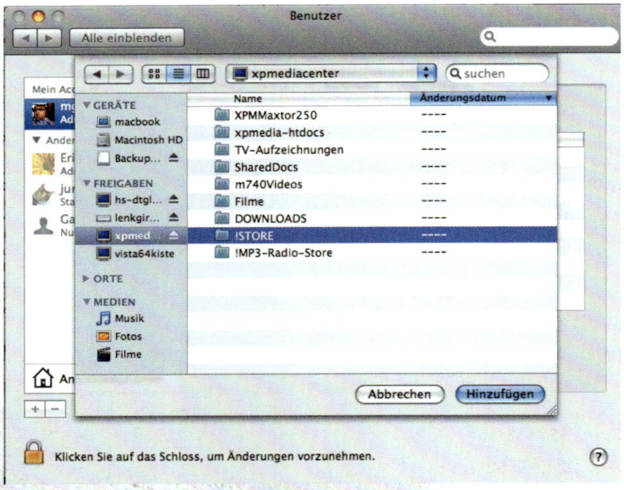

Im linken Fensterbereich des Finders werden die im Netzwerk bereits vorhandenen Server angezeigt. Wählen Sie einen Server/PC aus Ihrem Heimnetz aus, sind im Hauptfenster die verfügbaren Freigaben zu sehen. Per Klick auf die *Hinzufügen*-Schaltfläche wird die gewünschte Freigabe als Startobjekt eingebunden.

den Benutzer aus, wählen Sie dann im Register *Startobjekte* und klicken Sie auf das Plussymbol.

Ist für den Zugriff auf die Netzwerkfreigabe ein Passwort bzw. eine andere Benutzerkennung samt Passwort notwendig, empfiehlt es sich, die Zugangsinformationen im persönlichen Schlüsselbund zu speichern. In diesem Fall wird der Zugriff umgehend hergestellt, und die lästige Kennwortabfrage entfällt. Nach dem nächsten Anmeldevorgang werden diese Freigaben automatisch geöffnet und in einem Finder-Fenster angezeigt.

4.5 Raspberry Pi-Zugriff per dynamisches DNS

Jedes Mal, wenn Sie sich in das Internet einloggen, bekommt Ihr Computer oder der DSL/WLAN-Router automatisch vom Provider eine IP-Adresse zugeteilt. TCP und IP sind die wichtigsten Protokolle, die für die Kommunikation zwischen Rechnern möglich sind. Es gibt weitere Protokolle wie beispielsweise SSH, mit denen Sie beim Lesen dieses Buchs in Berührung kommen. TCP/IP kommt in einem Netzwerk zum Einsatz, und jeder Computer, der in einem Netzwerk TCP/IP nutzen möchte, braucht eine IP-Adresse.

Diese IP-Adresse lautet bei jeder Einwahl anders – sie stammt aus einem IP-Adressenpool, den der Provider reserviert hat. Eine DNS-Serveradresse ist notwendig, um überhaupt im Internet surfen zu können. Nur mit DNS weiß der Rechner, welche zugehörige IP-Adresse beispielsweise der Name *www.franzis.de* besitzt. Der DNS-Server des Internetanbieters löst den Namen in einer IP-Adresse auf und leitet die Anfrage an den entsprechenden Rechner weiter. Dank der DNS-Technik funktioniert das alles automatisch, und Sie brauchen sich keine komplizierten IP-Adressen zu merken. Ist die IP-Adresse eines Rechners bekannt, ist dieser eindeutig identifizierbar.

Möchte jemand auf Ihren Rechner zugreifen – vielleicht wollen Sie einem Bekannten Dokumente, Musik oder eben den Raspberry Pi mit Zoneminder-Funktionen zur Verfügung stellen –, benötigt er die IP-Adresse Ihres Rechners. Genau diese IP-Adresse ist abhängig von der Internetverbindung und ändert sich bei jedem Einloggen ins Netz, da Sie keine Standleitung und keine feste IP-Adresse haben.

Bei einem DSL-Router schauen Sie einfach in das Statusfenster auf den DSL/WLAN-Routerkonfigurationsseiten – hier ist die aktuelle Internet-IP-Adresse zu sehen. Der Anbieter teilt DSL/WLAN-Routern bei jeder neuen Einwahl eine IP-Adresse aus seinem Adressenpool zu, und Ihre Bekannten müssen nochmals bei Ihnen die aktuelle IP-Adresse nachfragen, wenn sie von Ihnen Musik und Daten oder anderes laden wollen. Damit Sie nicht täglich damit belästigt werden, können Sie mit dem dynamischen DNS Ihrem Rechner einen individuellen, festen Domainnamen zuweisen, auch wenn er keine feste IP-Adresse im Internet besitzt.

4.5.1 DNS: Namen statt Zahlen

Der Vorteil von DNS ist, dass Sie den Computer auch über seinen Namen ansprechen können. Es ist einfacher, statt einer IP-Adresse wie *http://192.168.123.1* die Adresse *http://IHRDOMAINNAME.dyndns.org* einzutippen. Man kann sich nämlich Namen leichter merken als Zahlen bzw. IP-Adressen. Für das dynamische DNS gibt es verschiedene Anbieter, die ihre Dienste zum Teil kostenlos anbieten.

```
C:\>ping www.franzis.de

Ping www.franzis.de [80.237.189.137] mit 32 Bytes Daten:

Antwort von 80.237.189.137: Bytes=32 Zeit=37ms TTL=54
Antwort von 80.237.189.137: Bytes=32 Zeit=37ms TTL=54
Antwort von 80.237.189.137: Bytes=32 Zeit=37ms TTL=54
Antwort von 80.237.189.137: Bytes=32 Zeit=36ms TTL=54

Ping-Statistik für 80.237.189.137:
    Pakete: Gesendet = 4, Empfangen = 4, Verloren = 0 (0% Verlust),
Ca. Zeitangaben in Millisek.:
    Minimum = 36ms, Maximum = 37ms, Mittelwert = 36ms

C:\>
```

Mit dem Befehl `ping -a DNS-Name` finden Sie die IP-Adresse eines DNS-Namens heraus. In diesem Beispiel, *www.franzis.de,* lautet die IP-Adresse *80.237.189.137*.

Geben Sie beispielsweise *http://IHRDOMAINNAME.dyndns.org* in die Adressleiste des Webbrowsers ein, erkennt dieser am *http*-Kürzel, dass er das HTTP-Protokoll verwenden muss. Der doppelte Schrägstrich *//* bedeutet, dass es sich um eine absolute URL handelt. Mit der URL *IHRDOMAINNAME.dyndns.org* wird ein Kontakt zu dem DNS-Server Ihres ISP (*Internet Service Provider*) hergestellt. Damit wird dieser DNS-Name in eine IP-Adresse umgewandelt.

Für dynamisches DNS gibt es verschiedene Anbieter, die eine solche Funktionalität zur Verfügung stellen. Die Vorgehensweise ist im Prinzip immer die gleiche, für welche Sie sich entscheiden, bleibt Ihnen überlassen.

Anbieter (kostenlos)	
no-ip.com	*www.no-ip.com*
Selfhost-free	*selfhost.de*
DNSEXIT	*www.dnsexit.com*
AVM (nur für FRITZ!Boxen mit FRITZ!OS ab Version 5.20)	*https://www.myfritz.net/login.shtml*
FreeDNS	*freedns.afraid.org*

Egal für welchen Anbieter Sie sich entscheiden, die nachstehende Prozedur des Registrierens und Einrichtens sowie die Konfiguration des Clients bleiben Ihnen nicht erspart.

Im nächsten Schritt richten Sie den DSL/WLAN-Router so ein, dass Sie aus dem Internet Zugriff auf den Raspberry Pi bekommen - am besten über einen Port, der nur Ihnen bekannt ist.

4.5.2 Portweiterleitung für Raspberry im DSL/WLAN-Router freigeben

Mit dem Befehl `ifconfig` erfahren Sie in der Konsole die aktuelle IP-Adresse des Raspberry Pi. Diese benötigen Sie später bei der Einrichtung der Portweiterleitung im entsprechenden Konfigurationsdialog im DSL/WLAN-Router, an dem der Raspberry Pi angeschlossen ist.

In diesem Beispiel erhält der Raspberry Pi vom DHCP-Server des DSL/WLAN-Routers automatisch die IP-Adresse 192.168.123.47. Im nächsten Schritt starten Sie den Konfigurationsdialog des DSL/WLAN-Routers und wechseln in den Dialog, in dem es um Portweiterleitungen/Freigaben geht.

In dem nachstehenden Beispiel sehen Sie den dazu passenden Dialog der FRITZ!Box von AVM, den Sie über *Erweiterte Einstellungen/Internet/Freigaben/Portfreigaben* erreichen.

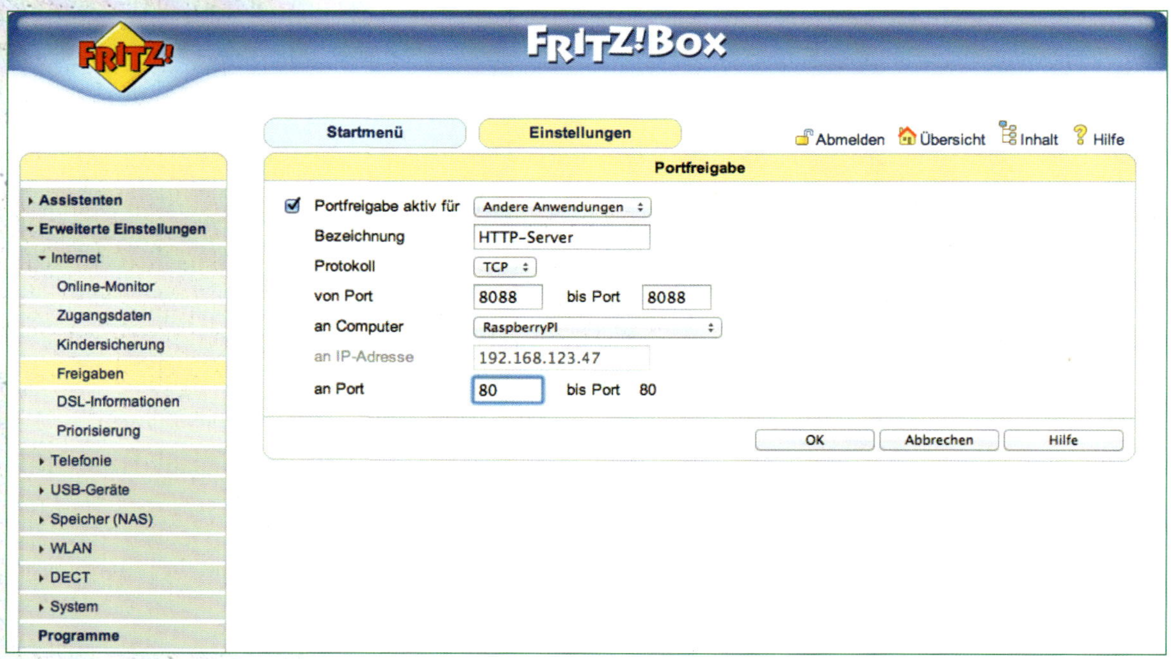

Wer einen alternativen Port für den Zugriff auf den Raspberry Pi nutzen möchte, trägt ihn hier ein.

Bei der Konfiguration des DSL/WLAN-Routers achten Sie im Fall einer FRITZ!Box darauf, dass die Portfreigabe vom externen Port (hier 8088) an den passenden internen Port (hier Port 80) des Zielgeräts weitergeleitet wird. In diesem Fall ist der Raspberry Pi über die externe DNS-Adresse, beispielsweise die obige franzlftp.dyndny.org:8088, erreichbar. Der Portweiterleitungsmechanismus leitet die Anfragen von diesem Port an den internen Port 80 weiter und wieder zurück.

KAPITEL 5

LÖTKOLBEN RAUS

Elektronik für Nichtelektroniker

5.1 Strom und Spannung – Schaltungen verstehen ... 96
5.2 fritzing – Freeware für das Schaltungsdesign ... 104

5.1 Strom und Spannung – Schaltungen verstehen

Die elektrische Spannung – U genannt – gibt den Unterschied der Ladungen zwischen zwei Polen an. Spannungsquellen besitzen immer auf der einen Seite den Pluspol mit einem Mangel an Elektronen und auf der anderen Seite den Minuspol mit einem Überschuss an Elektronen. Die Differenz der Elektronenmenge wird elektrische Spannung genannt. Werden Pluspol und Minuspol verbunden, kommt es zu einer Entladung der Elektronen, was für den Stromfluss sorgt.

Die elektrische Spannung wird in Volt (V) gemessen, hier lesen Sie auch manchmal die Kürzel AC und DC. Diese stehen bekanntlich für eine australische Rockband, in der der Gitarrist eine Schuluniform trägt, das AC steht für *Alternating Current* (wechselnder Strom, Wechselstrom), und DC ist die Abkürzung für *Direct Current*, was übersetzt Gleichstrom bedeutet. Strom wird in der Einheit Ampere (A) gemessen und in Formeln und Schaltbildern mit dem Symbol I gekennzeichnet. Der im Stromkreis fließende Strom hängt neben der Höhe der Spannung auch von der Größe des verwendeten Widerstands ab. Hier darf jeder Verbraucher, wie beispielsweise Glühbirne, LED, Motor etc., bei einem Schaltkreis nur an die für ihn geeignete Spannung angeschlossen werden. Das Zusammenspiel von Spannung, Strom und Widerstand berechnen Sie mit der aus der Schule bekannten URI-Formel:

```
Elektrische Spannung U = Widerstand R * Strom I
```

Die elektrische Leistung wird in Watt (W) angegeben und mit der Formel

```
Leistung P = elektrische Spannung U * Strom I
```

berechnet. Komplett wird der Stromkreis neben der beschriebenen Spannungsquelle wie Batterie, Akku, Steckdose o. Ä. erst mit einem oder mehreren angeschlossenen Verbrauchern wie beispielsweise einer Glühbirne oder einem Motor. Jeder angeschlossene Verbraucher besitzt einen eigenen elektrischen Widerstand, manche Verbraucher, wie die LED, benötigen einen zusätzlichen Widerstand, falls die angelegte Spannung bzw. der Strom zu hoch ist. Die Maßeinheit für den Widerstand ist bekanntlich Ohm (Ω), er lässt sich leicht mit der URI-Formel berechnen – in Schaltbildern und Programmen werden Widerstände mit einem R-Symbol markiert.

Tipp

Technische vs. physikalische Stromrichtung: Sind beispielsweise eine LED und ein Widerstand am Steckboard an der Spannungsquelle angeschlossen, fließt der elektrische Strom vom Minuspol über die LED zum Pluspol (physikalische Stromrichtung). Die traditionelle Stromrichtung (technische Stromrichtung) geht natürlich vom Plus- zum Minuspol, interessiert jedoch in der Praxis nur bedingt, so auch in Schaltplänen: Die Richtung von Strömen und Spannungen wird hier grundsätzlich in der technischen Stromrichtung durch Bezugspfeile vom höheren zum niedrigeren Potenzial angegeben.

Begriff	Formelzeichen	Einheit
Elektrische Ladung	Q	Coulomb
Leistung	P	Watt
Spannung	U	Volt
Stromstärke	I	Ampère
Widerstand	R	Ohm
Zeit	T	Sekunden

Begriff	Formel
Leistung	P = U * I
Spannung	U = I * R
Stromstärke	I = U/R
Widerstand	R = U/I

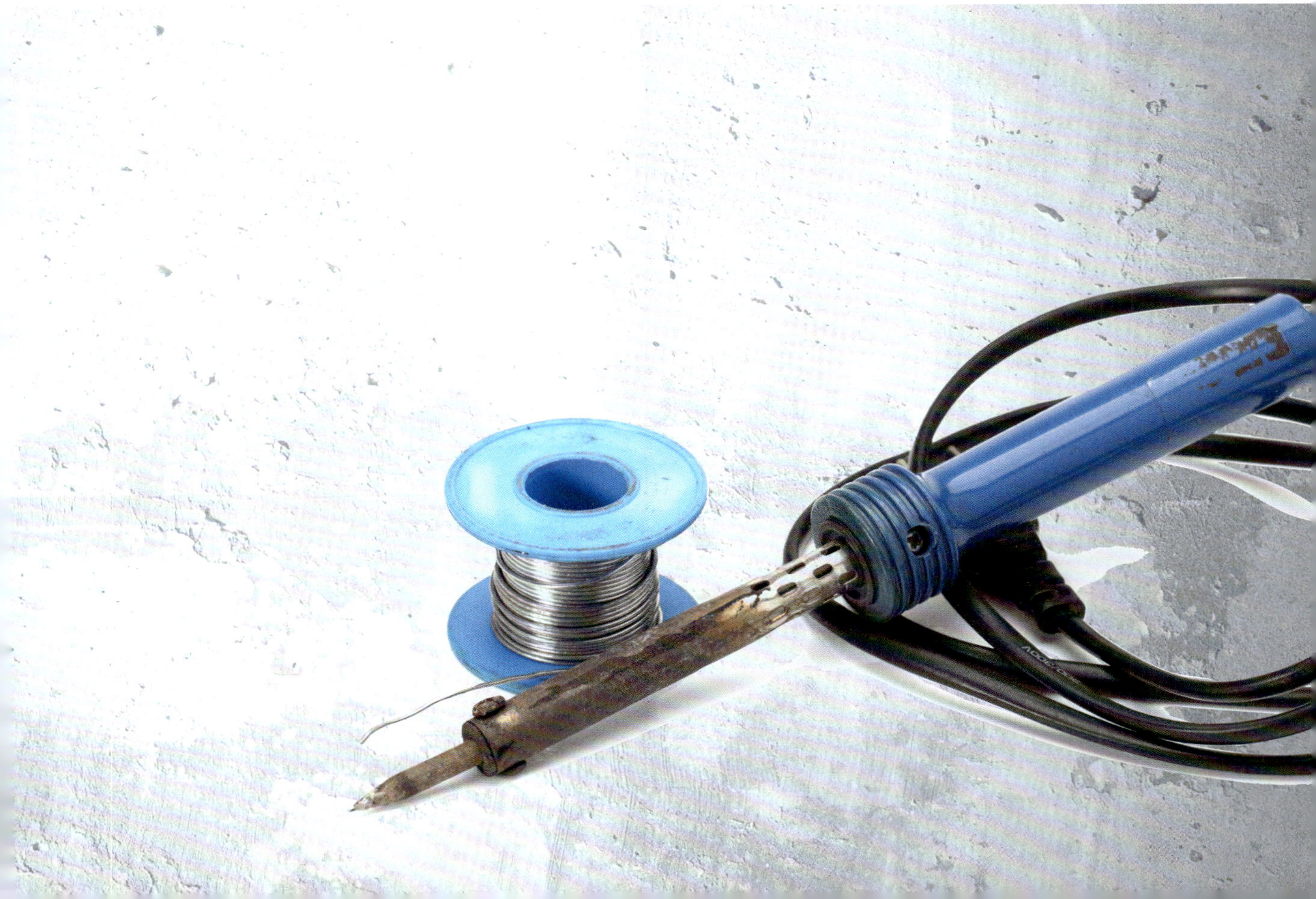

Der Widerstand

Der elektrische Widerstand reduziert den Stromfluss und sorgt für die gewünschte Verteilung des Stroms in der Schaltung. Widerstände bestehen aus Kohle- oder Metallschichten. Im Radio kommen auch spezielle Widerstände zum Einsatz, zum Beispiel verstellbare (Potenziometer) zur Lautstärkeregelung. Es gibt auch lichtempfindliche Widerstände. Sie können beim Radio die Helligkeit der Skalenbeleuchtung steuern.

Das Ohm'sche Gesetz

R = U / I

R = Widerstand in Ohm [Ω]
U = Spannung in Volt [V]
I = Stromstärke in Ampère [A]

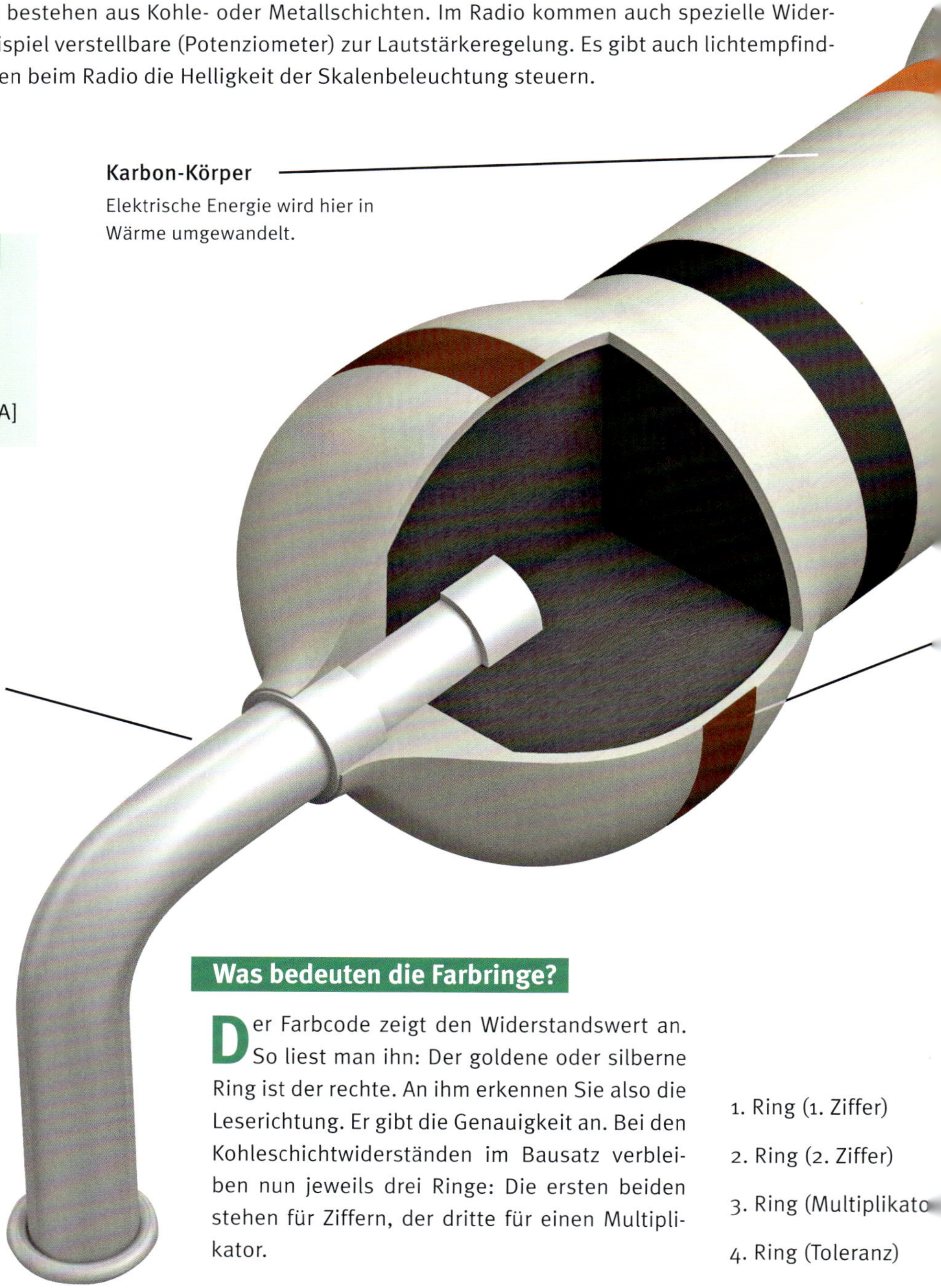

Was bedeuten die Farbringe?

Der Farbcode zeigt den Widerstandswert an. So liest man ihn: Der goldene oder silberne Ring ist der rechte. An ihm erkennen Sie also die Leserichtung. Er gibt die Genauigkeit an. Bei den Kohleschichtwiderständen im Bausatz verbleiben nun jeweils drei Ringe: Die ersten beiden stehen für Ziffern, der dritte für einen Multiplikator.

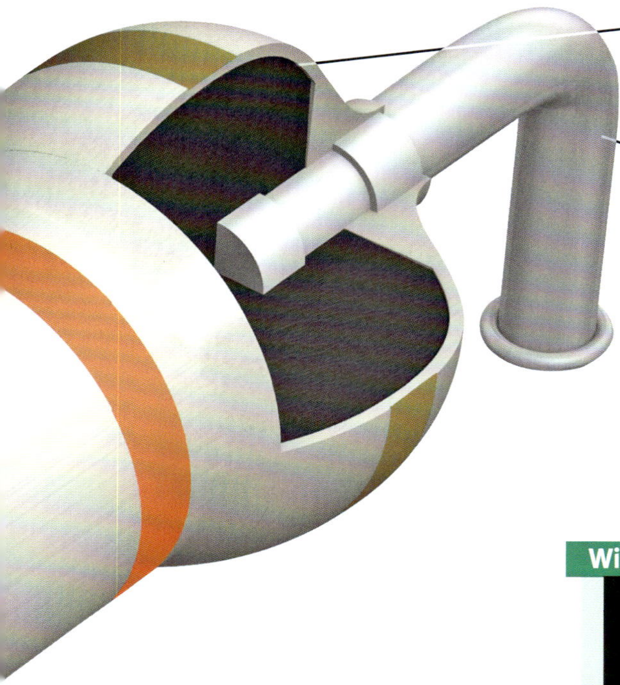

Innenleben
Karbon-Widerstände bestehen innen aus Keramik und einer Schicht Kohlenstoff.

Zweiter Anschluss
Der Widerstand begrenzt den Stromfluss innerhalb des gesamten Schaltungsstrangs, in dem er eingebaut ist.

Widerstände damals und heute

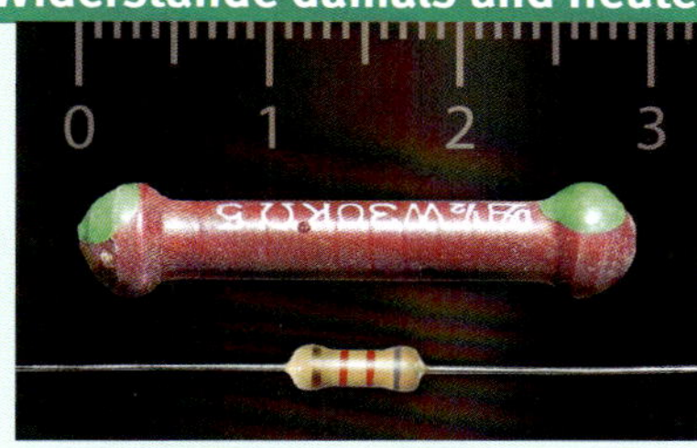

Die Widerstände in den Fünfzigerjahren waren deutlich größer (um die 3 cm) und hatten noch keine Farbringe. Bei ihnen waren die technischen Daten als Text aufgedruckt.

Widerstandsfarbcode

Beispielrechnung

1. Ring: braun = 1

2. Ring: schwarz = 0

3. Ring: orange = x 1.000

Wert des Widerstands

10.000 Ohm (10 kΩ)

4. R ing: gold = 5 % Toleranz

Silber	Gold	Schwarz	Braun	Rot	Orange	Gelb	Grün	Blau	Violett	Grau	Weiß
–	–	0	1	2	3	4	5	6	7	8	9
–	–	0	1	2	3	4	5	6	7	8	9
0,01	0,1	1	10	100	1.00	10.000	100.000	1.000.000	–	–	–
–10%	+–5%	–	+–1%	+-2%	–	–	–	–	–	–	–

Der Transistor

Der Transistor schaltet elektrische Signale und kann sie bis zu 10.000 Mal stärker machen. Dabei hat er kein mechanisches Innenleben. Dem Transistor haben wir es zu verdanken, dass die Geräte der Unterhaltungselektronik so klein und preiswert werden konnten, wie es heute selbstverständlich ist.

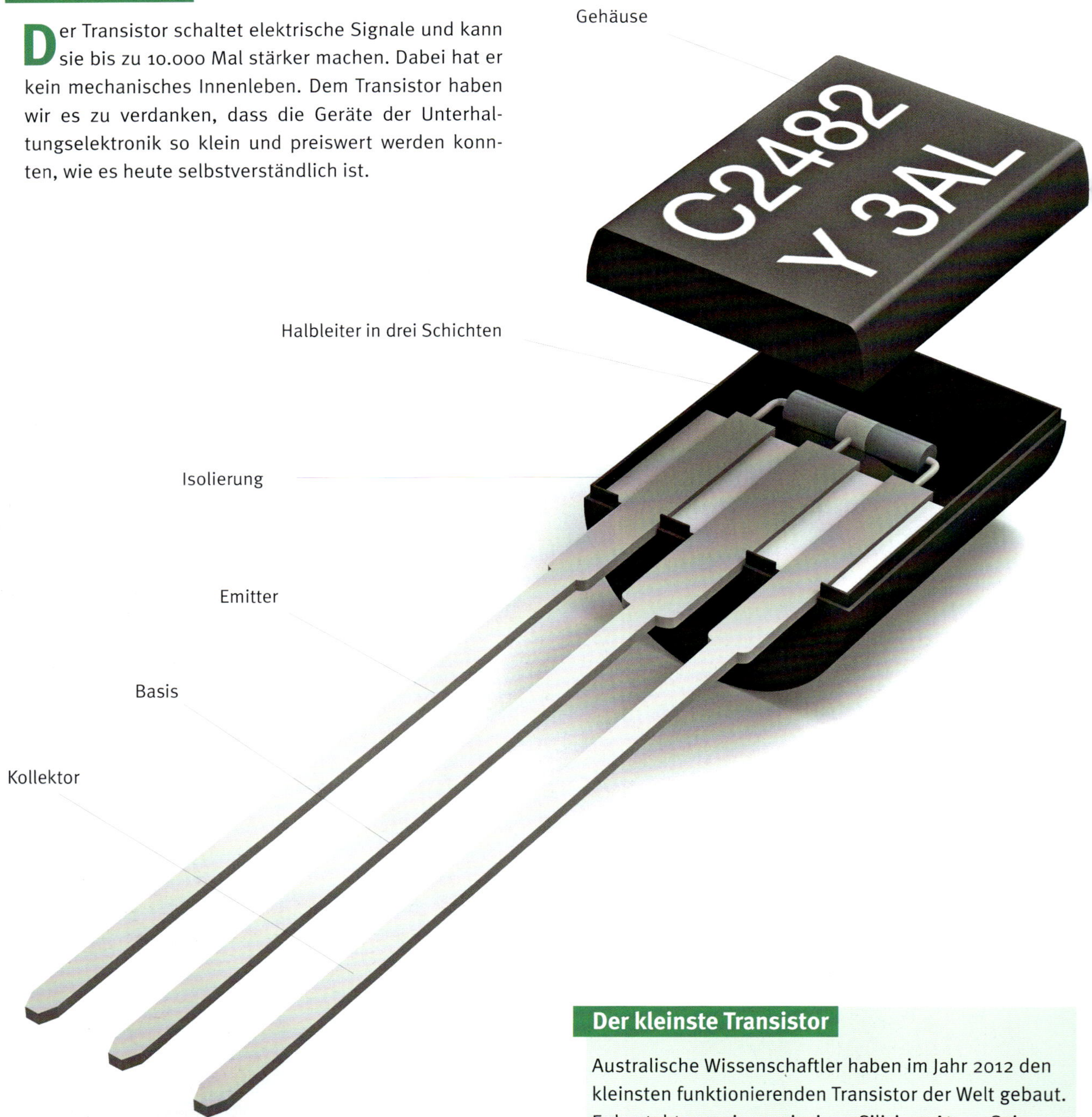

Der kleinste Transistor

Australische Wissenschaftler haben im Jahr 2012 den kleinsten funktionierenden Transistor der Welt gebaut. Er besteht aus einem einzigen Silizium-Atom. Sein Durchmesser: 0,00000022 mm

Transistor-Typen

Transistoren gibt es in zwei Grundvarianten, die sich im Innenleben unterscheiden. NPN-Transistoren sind weiter verbreitet. Die andere Grundform sind PNP-Transistoren. Die N-Schicht ist jeweils negativ geladen, die P-Schicht positiv.

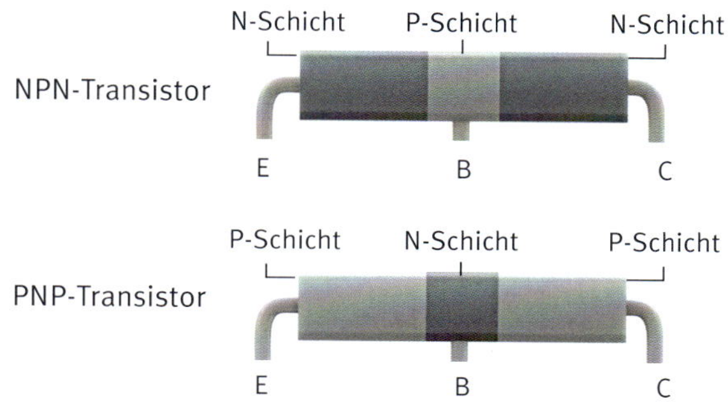

Funktionsprinzip

1 Über Emitter und Basis wird ein schwacher Strom geleitet. Nur wenige Elektronen fließen an der Basis ab.

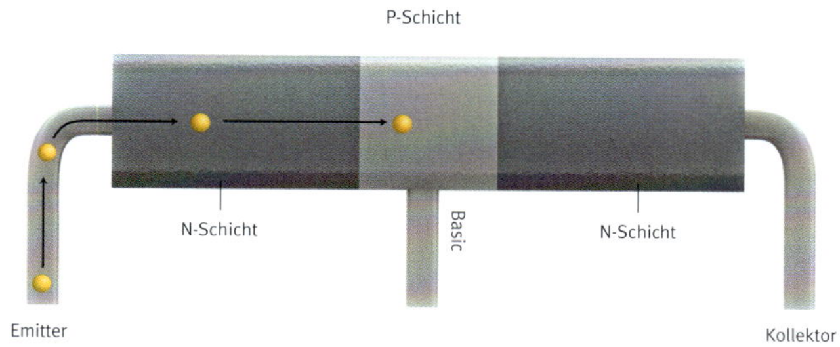

2 Die meisten Elektronen bewegen sich durch die dünne P-Schicht, sodass diese leitend wird.

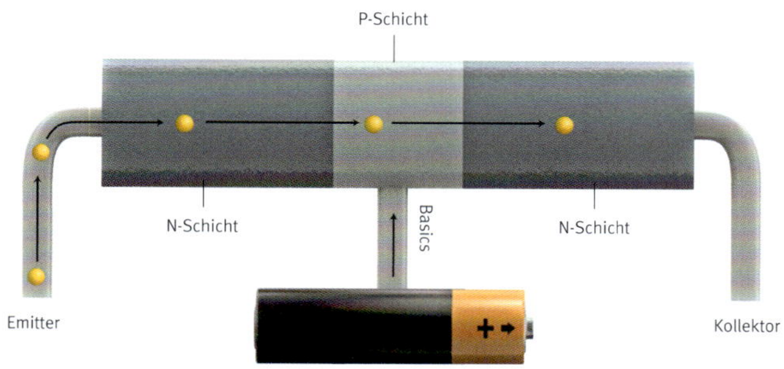

3 Dadurch wird ein Stromfluss zwischen Basis und Kollektor angeregt. Er ist deutlich höher als der zwischen Emitter und Basis.

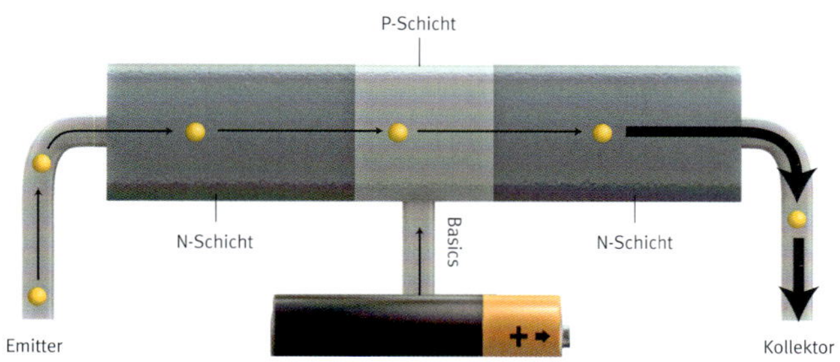

Transistor statt Röhre: Geräte werden kleiner

Der Transistor wurde 1947 erfunden, das erste Transistorradio kam 1954 auf den Markt. Bis dahin wurden Ströme/Signale mit Röhren verstärkt.

Bis weit in die 1960er-Jahre kamen in Radios noch Röhren zum Einsatz. Transistoren setzten sich schließlich durch, weil sie viel kleiner und leistungsfähiger sind. Ohne Transistoren hätten wir auch heute nur große, schwere, sehr viel Wärme abgebende Geräte.

Die Größe macht's

Transistoren gibt es für alle erdenklichen Einsatzgebiete. Besonders kleine Typen können nur geringe Ströme bis rund 100 mA bewältigen. Große Leistungstransistoren schaffen bis zu 15 A.

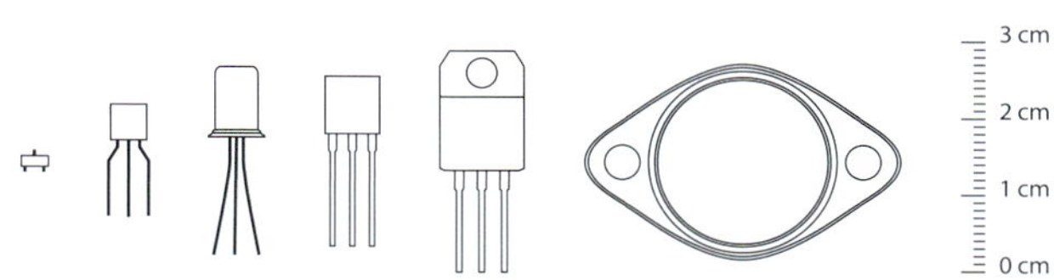

Der Kondensator

Der Kondensator, schon vor rund 250 Jahren erfunden, ist eine simple Vorrichtung, mit der sich elektrische Energie speichern lässt, ähnlich wie in einer Batterie.

1 Fließt Strom durch die Anschlüsse des Kondensators, wird die mit dem Pluspol der Stromquelle verbundene Elektrode positiv, die andere negativ aufgeladen.

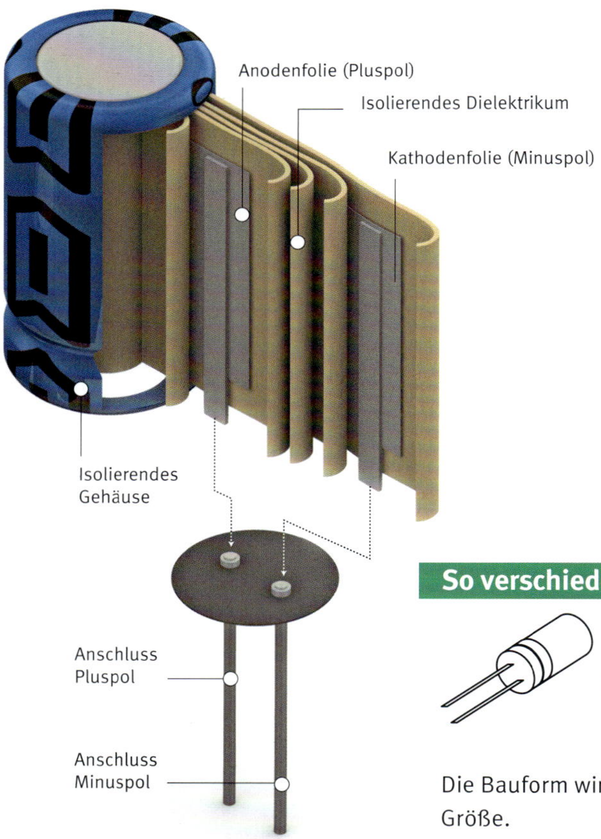

So verschieden sehen Kondensatoren aus

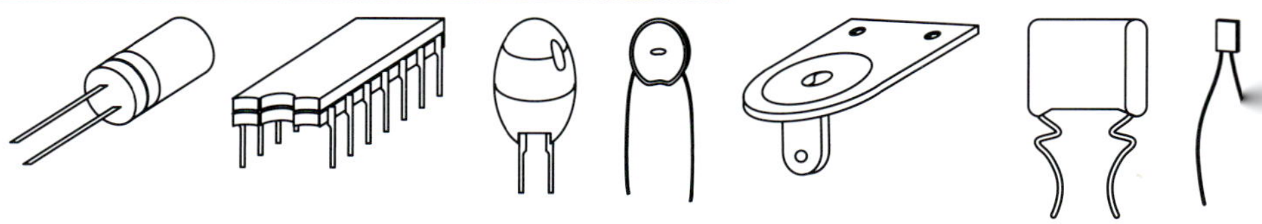

Die Bauform wird unter anderem durch die Kapazität bestimmt. Mit der Kapazität steigt di Größe.

3 Schließen Sie statt der Batterie eine Lampe an, entlädt sich der Kondensator über sie. Sie leuchtet eine Weile und erlischt allmählich.

2 Wird die Stromversorgung entfernt, bleibt die Ladung im Kondensator erhalten.

Kondensator

Explosionsgefahr!

Ist ein Elektrolytkondensator falsch herum eingebaut, kann er aufplatzen oder sogar explodieren.

Kondensator in der Natur

Beim Blitz erfolgt ein Ladungsausgleich zwischen der negativ geladenen Wolke und der positiv geladenen Erdoberfläche. Diese wirken wie die Platten eines Kondensators. Negative Ladungen sammeln sich am unteren Rand der Wolke (im Bild oben). Positive Ladungen sammeln sich an der Erdoberfläche (im Bild unten). Die Spannung steigt so lange, bis die isolierende Wirkung der Luft nicht mehr ausreicht und es zu einer Entladung kommt.

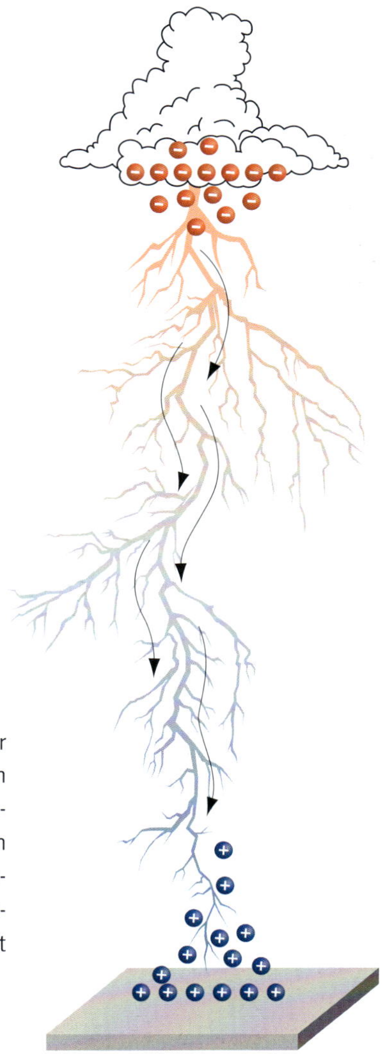

5.2 fritzing – Freeware für das Schaltungsdesign

Manchmal kommt man in eine Situation, in der man eine Idee erst einmal niederschreiben oder zeichnen muss, bevor die Schaltung auf dem Steckboard produktiv arbeiten kann. Aber auch für Dokumentationszwecke ist ein brauchbares Programm notwendig – vor allem wenn man neben der Schaltplatine auch einen klassischen Schaltplan benötigt. Für dieses Buch haben wir die Freeware *fritzing* genutzt, mit der Sie unter anderem eigene Schaltpläne – nicht nur für den Raspberry Pi – entwerfen und zeichnen können. Hier bleibt fast kein Wunsch offen: Die Freeware steht für Windows, Mac OS und Linux zum Download (*http://fritzing.org/download/*) zur Verfügung. Unter Windows ist nach dem Download die Software einfach in ein Verzeichnis zu entpacken. Anschließend lässt sich in diesem Verzeichnis die Datei *Fritzing.exe* aufrufen, um das Programm zu starten.

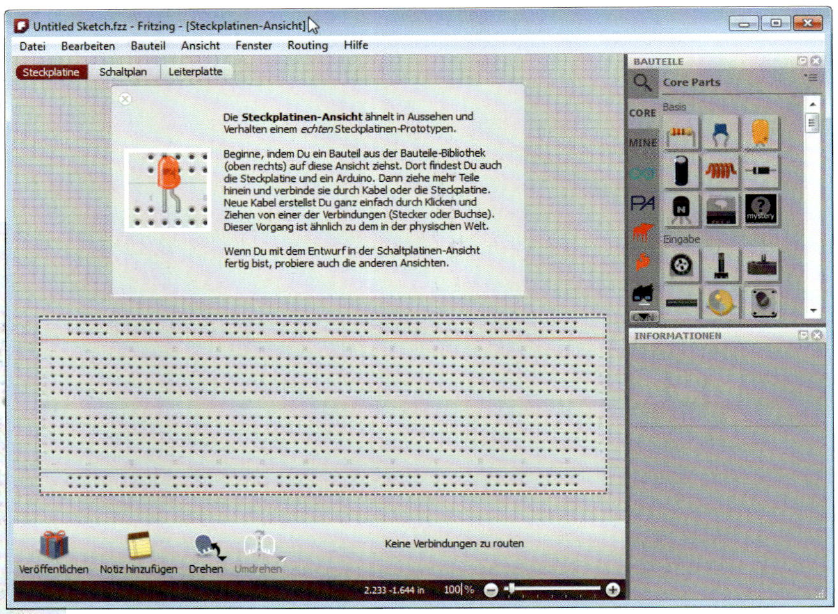

In Sachen Bauteile ist das *fritzing*-Tool mit den wesentlichen Modulen vorbestückt, für den Raspberry Pi benötigen Sie noch eine Erweiterung.

Grundsätzlich können Sie schon loslegen mit dem Schaltungsdesign, schöner ist es jedoch, den Raspberry Pi mit auf der Schaltung darzustellen, um beispielsweise die Kontakte der Steckplatine mit den entsprechenden Anschlüssen auf dem Raspberry Pi zu verbinden. Je nachdem, welche Revision des Raspberry Pi Sie im Einsatz haben, laden und nutzen Sie auch die entsprechende Raspberry Pi-Bibliothek für *fritzing*, die Sie nach dem Download (*https://github.com/adafruit/Fritzing-Library/archive/master.zip*) zunächst in ein Verzeichnis entpacken und anschließend über den *Datei öffnen*-Dialog in *fritzing* mit in die Symbolbibliothek aufnehmen. Ist das geschehen, erstellen Sie Ihre Schaltung auf dem Steckboard am Bildschirm. Oder Sie wählen die Schaltplanansicht, in der die genutzten Bauteile mit ihrem jeweiligen Schaltsymbol dargestellt werden. Die Leiterplattenansicht ist zwar auch verfügbar, jedoch erst dann sinnvoll, wenn die Grundfunktionen bzw. die Schaltung selbst fertig »designt« ist. In diesem Fall bietet das Programm einen Autoroute-Assistenten an, der die Verbindungen zwischen den Anschlüssen der Bauteile analysiert und optimiert. Als Letztes bekommen Sie eine virtuelle Platine mit fein bestückten Leiterbahnen zu sehen. Im Test war diese Funktion bei komplexeren Schaltungen etwas fehlerbehaftet und sorgte für Programmabstürze. Bevor Sie diese Funktion also nutzen, sollten Sie die Schaltung sichern. Dieser Umstand kann jedoch mit einer aktuelleren Version behoben werden, halten Sie also auf der Download-Seite nach neuen Versionen Ausschau. Bei einfachen Schaltungen wie die aus diesem Buch ist der Einsatz der Autoroute-Funktion nicht sinnvoll, da dank des Einsatzes eines IC nur wenige Bauteile bestückt werden müssen.

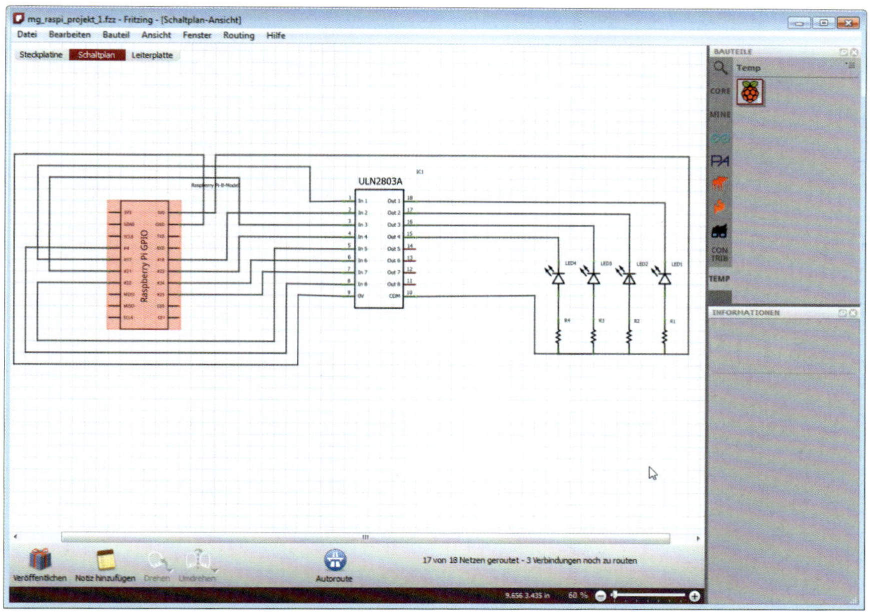

Die Bauelemente ziehen Sie von der Bibliothek im rechten Fenster nach links in das Hauptfenster. Die Bauteile können dann nach Wunsch im Kontextmenü der rechten Maustaste gedreht und benannt werden.

Für das Legen einer Verbindung zwischen zwei Anschlüssen verwenden Sie einfach die Maus: Jeder Pin des Bauteils kann anschließend per Mausklick selektiert und mit dem Zielanschluss verknüpft werden. Je nach Schaltung, Bauteilen und Anschlüssen arbeiten Sie sich hier also Schritt für Schritt vor, um die gewünschte Schaltung in *fritzing* zu dokumentieren bzw. zu erstellen.

KAPITEL 6

KONTAKT ZUR AUSSENWELT

GPIO für Elektronikprojekte nutzen

6.1 Elektronik und GPIO – Experimentierkasten Raspberry Pi 108
6.2 GPIO verstehen 108
6.3 Gewusst wie – Zugriff auf die GPIO-Schnittstelle 114
6.4 Einsteigerprojekt: LED steuern per GPIO 116
6.5 Die erste Schaltung 117
6.6 GPIO-Steuerung über die Konsole und Python 119
6.7 LED-Steuerung mit Python 124
6.8 LCD-Minibildschirm über I²C-Schnittstelle betreiben 128
6.9 LCD-Bildschirm mjkdz in Betrieb nehmen 132

6.1 Elektronik und GPIO – Experimentierkasten Raspberry Pi

Neben den beschriebenen Funktionen über die USB- und Netzwerkschnittstelle lädt vor allem die sogenannte GPIO-Schnittstelle (*General Purpose Input/Output*) des Raspberry Pi zum Basteln und Ausprobieren ein. So bringen Sie nicht nur innerhalb kurzer Zeit die eine oder andere LED zum Leuchten, sondern realisieren auch ganze Schaltungen und Fernbedienungen mit dem Raspberry Pi. Hier wählen Sie entweder Lösungen der »Marke Eigenbau«, oder Sie setzen auf die durchaus hilfreiche Unterstützung in Form von zusätzlich zu erwerbenden Steckboards wie dem PiFace-Board (rd. 34 Euro inkl. Versand) oder dem umfangreich bestückten Erweiterungsboard Gertboard (rd. 42 Euro inkl. Versand), das nach seinem Schöpfer Gert van Loo benannt ist. Dieses war anfangs ausschließlich als Bausatz erhältlich, mittlerweile ist die Platine komplett erhältlich. Damit lassen sich Motoren und Roboter steuern sowie beispielsweise Türen öffnen, Geräte und Licht ein- und ausschalten und vieles mehr.

Egal ob Sie selbst eine Schaltung entwickeln oder eine Hilfsplatine wie das PiFace-Board oder das Gertboard nutzen möchten, das A und O ist der Zugriff per Software auf die Schnittstelle bzw. die Funktionen der einzelnen GPIO-Pins. Hier stehen Ihnen zahlreiche Möglichkeiten zur Verfügung, die in den nachfolgenden Kapiteln Schritt für Schritt erklärt werden. Viel Spaß beim Experimentieren!

Zwar auf den ersten Blick etwas unscheinbar, dennoch verspricht die GPIO-Schnittstelle auf dem Raspberry Pi einen großen Handlungsspielraum und Nutzen.

6.2 GPIO verstehen

Das Wichtigste vorab: Es sind unterschiedliche Raspberry Pi-Modelle für unterschiedliche Zwecke verfügbar. Das A und O bei der Nutzung der GPIO-Schnittstelle (*General Purpose Input/Output*) des Raspberry Pi: Je nachdem, welcher Raspberry Pi bzw. welche Revision im Einsatz ist, ist die Pin-Belegung leicht unterschiedlich. Diese Kleinigkeit kann große Folgen haben – haben Sie beispielsweise im Internet in einem Forum ein wunderbares Skript für eine Steuerung gefunden, kann es sein, dass dies für einen älteren Raspberry Pi geschrieben wurde und dort funktioniert – bei einem »neuen« Raspberry Pi mit Revision 2 und Nachfolgern aber nicht.

Die Tabelle zeigt die Pin-Belegung der GPIO-Schnittstelle Raspberry Pi Modell A und B mit Revision 1 und Revision 2 sowie das verbesserte Modell B+. Zwar unterscheidet sich die Anzahl – die Zählweise der Pins auf dem Mainboard des Raspberry Pi ist bei den genannten Modellen aber identisch. Auf der einen Seite finden Sie die geraden (2–26) Zahlen und auf der anderen Seite die Pins mit der ungeraden Kennung (1–25). Bei den verbesserten Modellen A+/B+ erfolgt die Zählung analog – links die ungerade (1–39), rechts die gerade Kennung (2–40) der Pins bis zum Wert 40.

Pin-Nummer	Raspberry Pi Modell B Rev. 1.0	Raspberry Pi Modell B Rev. 2.0 und Modell A	Raspberry Pi Modell A+/B+
1	3,3V	3,3V	3,3V
2	5V	5V	5V
3	GPIO0	GPIO2	GPIO2
4	5V	5V	5V
5	GPIO1	GPIO3	GPIO3
6	GND	GND	GND
7	GPIO4	GPIO4	GPIO4
8	GPIO14	GPIO14	GPIO14
9	GND	GND	GND
10	GPIO15	GPIO15	GPIO15
11	GPIO17	GPIO17	GPIO17
12	GPIO18	GPIO18	GPIO18
13	GPIO21	GPIO27	GPIO27
14	GND	GND	GND
15	GPIO22	GPIO22	GPIO22
16	GPIO23	GPIO23	GPIO23
17	3,3V	3,3V	3,3V
18	GPIO24	GPIO24	GPIO24
19	GPIO10	GPIO10	GPIO10
20	GND	GND	GND
21	GPIO9	GPIO9	GPIO9
22	GPIO25	GPIO25	GPIO25
23	GPIO11	GPIO11	GPIO11
24	GPIO8	GPIO8	GPIO8
25	GND	GND	GND
26	GPIO7	GPIO7	GPIO7
27	-	-	I2C0_SDA
28	-	-	I2C0_SCL
29	-	-	GPIO5
30	-	-	GND
31	-	-	GPIO6
32	-	-	GPIO12
33	-	-	GPIO13
34	-	-	GND
35	-	-	GPIO19
36	-	-	GPIO16
37	-	-	GPIO26
38	-	-	GPIO20
39	-	-	GND
40	-	-	GPIO21

6.2.1 Raspberry Pi Revision B2: den zusätzlichen GPIO-Sockel nutzen

Bei Platinen ab Raspberry Pi B Revision 2 bringt der Raspberry Pi einen weiteren GPIO Anschluss mit der Bezeichnung P5 mit, der sich direkt neben dem »alten« GPIO-Anschluss, der mit P1 beschriftet ist, befindet.

Die zur Verfügung stehenden acht Pins des P5-GPIO-Anschlusses sind folgendermaßen bestückt:

Alt-Function	Wiring Pi-Pin	Modell A/B Rev. 2	Name	P	GPIO-Sockel P5		P	Name	Modell A/B Rev. 2	Wiring Pi-Pin	Alt-Function
			5V	1	•	•	2	3.3V			
I2C0_SDA	17	GPIO28		3	•	•	4		GPIO29	18	I2C0_SCL
	19	GPIO30		5	•	•	6		GPIO31	20	
			GND	7	•	•	8	GND			

Beachten Sie, dass die in der Tabelle genannte Reihenfolge der Zählung der Sicht der Unterseite der Platine entspricht. Möchten Sie wie in diesem Buch die Oberseite der Platine mit der Steckpfostenreihe bestücken, sind Pin 1 und Pin 2 vertauscht. Auch Pin 3 ist mit Pin 4 zu tauschen sowie Pin 5 mit Pin 6 und zu guter Letzt Pin 7 mit Pin 8. Laut Datenblatt liefert die I²S-Schnittstelle des Raspberry Pi die PCM-Signale *CLK*, *FS* (*Frame Sync*), *D-in* und *D-out*. Während das Clock-Signal (*CLK*) auf die Taktleitung (*SCK*) und *FS* (*Frame Sync*) auf die Word-Select-Leitung (*WS*) gelegt werden, wird *D-in* bzw. *D-out* in der jeweiligen Richtung beschaltet (Ein- oder Ausgang). Die Word-Select-Leitung (*WS*) gibt bei digitalen PCM-codierten Audiodaten an, ob die Daten dem rechten oder linken Audiokanal zugeordnet werden sollen – ansonsten legt sie den genauen zeitlichen Rahmenstart sowie die Dauer eines seriell übertragenen Datenworts fest.

Jenseits von Pin 26: GPIO-Anschlüsse des Raspberry Pi B+

Bei dem Nachfolger benötigen Sie diesen Trick nicht mehr: Hier sind die oben genannten Pins fein säuberlich in der Pfostenleiste angeordnet – statt 26 bringt der GPIO-Anschluss nun 40 Pins mit. Die bei den Platinen Raspberry Pi B Revision 2 am P5-Anschluss befindlichen Anschlüsse wurden sozusagen beim Nachfolger Raspberry Pi B+ an die »alte« P1-Pin-Leiste angehängt und sind somit auch offiziell verfügbar. Daher stellt sich die Pin-Belegung des Raspberry Pi B+ in der Übersicht wie folgt dar:

Alt-Function	Funktion	Pin	J8		Pin	Funktion	Alt-Function
	3.3V	1	•	•	2	5V	
I2C1_SDA	GPIO2	3	•	•	4	5V	
I2C1_SCL	GPIO3	5	•	•	6	GND	
	GPIO4	7	•	•	8	GPIO14	TXD0
	GND	9	•	•	10	GPIO15	RXD0
GPIO_GEN0	GPIO17	11	•	•	12	GPIO18	GPIO_GEN1
GPIO_GEN2	GPIO27	13	•	•	14	GND	
GPIO_GEN3	GPIO22	15	•	•	16	GPIO23	GPIO_GEN4
	3.3V	17	•	•	18	GPIO24	GPIO_GEN5
SPI0_MOSI	GPIO10	19	•	•	20	GND	
SPI0_MISO	GPIO9	21	•	•	22	GPIO25	GPIO_GEN6
SPI0_SCLK	GPIO11	23	•	•	24	GPIO8	SPI0_CE0_N
	GND	25	•	•	26	GPIO7	SPI0_CE1_N
I2C0_SDA	ID_SD	27	•	•	28	ID_SC	I2C0_SCL
	GPIO5	29	•	•	30	GND	
	GPIO6	31	•	•	32	GPIO12	
	GPIO13	33	•	•	34	GND	
	GPIO19	35	•	•	36	GPIO16	
	GPIO26	37	•	•	38	GPIO20	
	GND	39	•	•	40	GPIO21	

Die zusätzlichen neun GPIO-Anschlüsse sowie drei Masse-Anschlüsse machen den Raspberry Pi B+ gerade für hardwarenahe Anwendungen, bei denen es auf jeden verfügbaren Anschluss ankommt, interessant. Hier sparen Sie sich dann den Umweg über einen GPIO-Expander, wie beispielsweise den MCP23017-16-Bit-Port-Expander, über den I∆C-Anschluss ein.

Compute Module: massenhaft GPIO-Anschlüsse

GPIO-Steckplätze in Hülle und Fülle: Auf den ersten Blick stehen über die Steckreihen J5 und J6 auf dem IO-Board des Raspberry Pi Compute Module sage und schreibe 120 Pins zur Verfügung. Doch jeder einzelne Pin hat (s)eine spezielle Funktion und lässt sich manchmal nur abhängig von anderen Voraussetzungen nutzen, sodass die tatsächlich nutzbare Anzahl der GPIO-Anschlüsse demnach zusammenschrumpft. Eine Grobübersicht mit Beschreibung liefert die auf dem Datenblatt basierende nachstehende Übersicht – einen Vergleich zu den anderen Raspberry Pi-Modellen finden Sie im Internet auf *elinux.org/RPi_BCM2835_GPIOs*. An der Steckreihe J5 stellt das IO-Board folgende Anschlüsse zur Verfügung:

Alt-Function	Funktion	Pin	J5		Pin	Funktion
I2C0_SDA	GPIO0	1	•	•	2	GND
I2C0_SCL	GPIO1	3	•	•	4	5V
I2C1_SDA	GPIO2	5	•	•	6	GND
I2C1_SCL	GPIO3	7	•	•	8	3.3V
GPCLK0	GPIO4	9	•	•	10	GND
GPCLK1	GPIO5	11	•	•	12	1.8V
GPCLK2	GPIO6	13	•	•	14	GND
SPI0_CE1_N	GPIO7	15	•	•	16	VG0
SPI0_CE0_N	GPIO8	17	•	•	18	GND
SPI0_MISO	GPIO9	19	•	•	20	3.3V
SPI0_MOSI	GPIO10	21	•	•	22	GND
SPI0_SCLK	GPIO11	23	•	•	24	1.8V
PWM0	GPIO12	25	•	•	26	GND
PWM1	GPIO13	27	•	•	28	VG0
TXD0	GPIO14	29	•	•	30	GND
RXD0	GPIO15	31	•	•	32	3.3V
reserviert	GPIO16	33	•	•	34	GND
reserviert	GPIO17	35	•	•	36	1.8V
PCM_CLK	GPIO18	37	•	•	38	GND
PCM_FS	GPIO19	39	•	•	40	VG0
PCM_DIN	GPIO20	41	•	•	42	GND
PCM_DOUT	GPIO21	43	•	•	44	3.3V
reserviert	GPIO22	45	•	•	46	GND
reserviert	GPIO23	47	•	•	48	1.8V
reserviert	GPIO24	49	•	•	50	GND
reserviert	GPIO25	51	•	•	52	VG0
reserviert	GPIO26	53	•	•	54	GND
reserviert	GPIO27	55	•	•	56	5V
-	RUN	57	•	•	58	GND
-	GPIO47_CTL_1V8	59	•	•	60	GND

Im Gegensatz zu den »kleinen« Raspberry Pi-Platinen sind bei dem IO-Board des Compute Module die Schnittstellen konsequent auf der linken Seite, während die Masse sowie die unterschiedlichen Spannungen von 1,8/3,3/5 V auf der rechten Seite der Pin-Reihe geführt werden. Diese übersichtliche Aufteilung bietet auch die zweite Steckerreihe *J6* – in diesem Fall stellt das IO-Board an der Pin-Reihe *J6* folgende Anschlüsse zur Verfügung:

Alt-Function	Funktion	Pin	J6		Pin	Funktion
I2C0_SDA	GPIO28	1	•	•	2	GND
I2C0_SCL	GPIO29	3	•	•	4	5V
reserviert	GPIO30	5	•	•	6	GND
reserviert	GPIO31	7	•	•	8	3.3V
GPCLK0	GPIO32	9	•	•	10	GND
reserviert	GPIO33	11	•	•	12	1.8V
GPCLK0	GPIO34	13	•	•	14	GND
SPI0_CE1_N	GPIO35	15	•	•	16	VG1
SPI0_CE0_N	GPIO36	17	•	•	18	GND
SPI0_MISO	GPIO37	19	•	•	20	3.3V
SPI0_MOSI	GPIO38	21	•	•	22	GND
SPI0_SCLK	GPIO39	23	•	•	24	1.8V
PWM0	GPIO40	25	•	•	26	GND
PWM1	GPIO41	27	•	•	28	VG1
GPCLK1	GPIO42	29	•	•	30	GND
GPCLK2	GPIO43	31	•	•	32	3.3V
GPCLK1	GPIO44	33	•	•	34	GND
PWM1	GPIO45	35	•	•	36	1.8V
-	CD1_SDA	37	•	•	38	GND
-	CD1_SCL	39	•	•	40	VG1
-	CAM1_IO1	41	•	•	42	GND
-	CAM1_IO0	43	•	•	44	3.3V
-	CD0_SDA	45	•	•	46	GND
-	CD0_SCL	47	•	•	48	1.8V
-	CAM0_IO1	49	•	•	50	GND
-	CAM0_IO0	51	•	•	52	VG1
-	VDD_CORE	53	•	•	54	GND
-	USB_OTGID	55	•	•	56	5V
-	GND	57	•	•	58	GND
-	TVDAC	59	•	•	60	GND

Die Spannungswerte für *VG0* (Pin-Reihe *J5*) und *VG1* (Pin-Reihe *J6*) ergeben sich aus der Jumperposition auf dem IO-Board. Mithilfe der Steckbrücken kann die Spannungsversorgung für die jeweiligen Pins auf 1,8 V, 3,3 V oder auf externe Spannungsquellen gesetzt werden.

Bank	Anschluss	Referenzspannung	Jumperposition	Spannung
J5	VG0	GPIO0-27VREF	1–3	3,3 V
J5	VG0	GPIO0-27VREF	3–5	1,8 V
J5	VG0	GPIO0-27VREF	kein Jumper gesteckt	externe Spannungsquelle
J6	VG1	GPIO28-45VREF	2–4	3,3 V
J6	VG1	GPIO28-45VREF	4–6	1,8 V
J6	VG1	GPIO28-45VREF	kein Jumper gesteckt	externe Spannungsquelle

Grundsätzlich sind auf dem Board sechs Spannungsanschlüsse mit unterschiedlichen Spannungswerten bestückt, die naturgemäß auch für unterschiedliche Einsatzzwecke vorgesehen sind.

Spannungsversorgung	Spannung/ Bereich	Einsatz	Mindestanforderung
VBAT	2,3–5 V	BCM2835-Prozessor	2000 mW
3V3	3,3 V	BCM2835, Ein-/Ausgabe, eMMC-Flash	250 mA
1V8	1,8 V	BCM2835, Ein-/Ausgabe, SDRAM-Speicher	250 mA
VDAC	2,5–2,8 V	Für Composite (TV-Out) DAC-Signal	25 mA
GPIO0-27_VREF	1,8–3,3 V	GPIO-Pins 0–27 – IO-Bank	50 mA
GPIO28-45_VREF	1,8–3,3 V	GPIO-Pins 28-45 – IO-Bank	50 mA

Tipp: Die Spannungsversorgung

Der Raspberry Pi stellt zwei Spannungen zur Verfügung: 3,3 V über Pin 1 und 5 V über Pin 2. Bei der Versorgung über 3,3 V ist zu beachten, dass maximal ein Strom von 50 mA zur Verfügung steht. Die 5V von Pin 2 kommen direkt vom angeschlossenen USB-Netzteil und deswegen kann hier ein höherer Strom geliefert werden. Modell A benötigt für sich 500 mA und Modell B benötigt 700 mA. Der Rest steht für externe Verbraucher zur Verfügung.

Das Compute Module wird – falls nicht bereits montiert – in dem vorgesehenen Steckplatz auf dem Entwicklerboard, auch einfach IO-Board genannt, – eingesetzt. Sitzt das Modul fest im Sockel, kann das im Lieferumfang befindliche 2A-Netzteil mit dem IO-Board über die Micro-USB-Verbindung (Anschluss *J2*) verbunden werden. Die Jumperposition an der Pin-Reihe *J4* steht nach dem Auspacken des IO-Boards standardmäßig auf Position *1-2*, was der Einstellung *USB BOOT ENABLED* entspricht. Mit dieser Konfiguration kann umgehend mit der Grundinstallation begonnen werden.

6.3 Gewusst wie – Zugriff auf die GPIO-Schnittstelle

Grundsätzlich gibt es Tonnen von Informationen und Möglichkeiten in Sachen GPIO in englischer Sprache auf der Webseite *http://elinux.org/RPi_Low-level_peripherals*. Dort finden Sie einige kreative Projekte zum Nachbauen, aber auch allerhand Literatur und Links zum Stöbern. Allerdings sind viele Informationen nur bruchstückhaft, nicht ausführlich genug oder im dümmsten Fall sogar fehlerhaft dokumentiert. Das ist teilweise gar nicht die Schuld der Autoren, das kleine Chaos wird unter anderem dadurch verursacht, dass die GPIO-Bezeichnungen bei Revision 1 und Revision 2 bei manchen Pins unterschiedlich sind – dazu kommt, das die Modelle A+/B+ und das Compute Modul mehr GPIO-Pins besitzen als die Modelle A/B. Dies hat zur Folge, dass teilweise ein enormer Rechercheaufwand nötig ist, um Fehlern auf die Schliche zu kommen. Deswegen sollten Sie zunächst die Grundlagen in Sachen GPIO verstehen und anwenden können, bevor Sie sich auf komplizierte Experimente einlassen. Unabdingbar ist es, die Pin-Belegung sowie die Namensgebung und die Funktionen der 26-poligen Erweiterungspfosten des Raspberry Pi zu verstehen.

6.3.1 Die erste Schaltung auf dem Steckboard

Nutzen Sie einfach die Stromversorgung des Raspberry Pi und schließen Sie sie an das Steckboard an. In diesem Experiment ist es zunächst egal, welche Spannung Sie am Raspberry Pi anzapfen (5 V oder 3,3 V), wichtig ist nur, dass Sie auch eine passende LED sowie den Widerstand verfügbar haben. Betrachten Sie eine LED-Diode genauer, fällt sofort auf, dass ein Beinchen länger ist als das andere. Das längere Beinchen ist die Anode (Plusrichtung), das kürzere die Kathode. Sind beide Beinchen gleich lang, sollten Sie die LED genauer in Augenschein nehmen: Sehen Sie bei der Leitung im Gehäuse eine fahnenähnliche Form, ist dieser Draht die Kathode und an die Minusleitung anzuschließen.

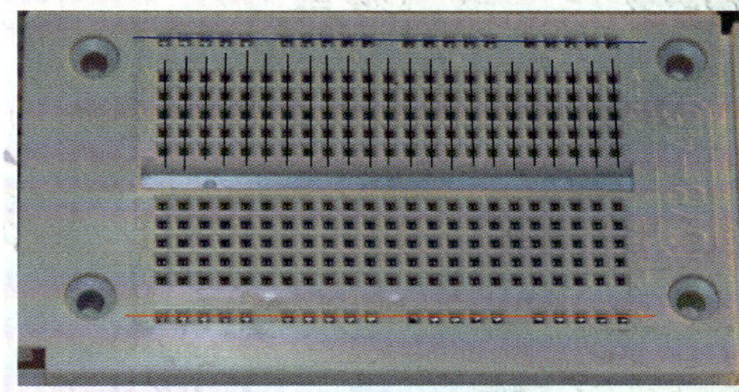

Steckboard-Technik: Die Leitungen sind außen horizontal und innen vertikal verbunden.

Dioden und LEDs wirken ähnlich wie ein elektrisches Ventil und dienen in einfachen Schaltungen oftmals auch als »Sicherung«: Da bei Dioden der Strom nur in eine Richtung, in die sogenannte Durchlassrichtung, fließen kann, leuchtet die LED. Wird die LED falsch herum in das Steckboard in den Stromkreis gesteckt, fließt kein Strom. Für den korrekten Betrieb der LED auf dem Steckboard ist also ein sogenannter Vorwiderstand notwendig, denn ab einer Durchlassspannung von ca. 1,5 V bei roten LEDs bis 3,5 V bei blauen LEDs kommt der Strom, der durch die LED fließt, in einen unzulässigen Bereich. Meist leuchtet die LED aber auch und manchmal sogar sehr hell, aber nicht lange, sie wird irgendwann durchbrennen. Um den nötigen Vorwiderstand einer LED berechnen zu können, benötigen Sie drei Werte: die Spannung U und den Strom I (findet man im Katalog oder im Datenblatt der LED) sowie die anliegende Spannung, die beim Raspberry Pi je nach genutztem Pin entweder 3,3 V oder 5 V beträgt. Hier wurden Pin 1 (5 V) sowie Pin 6 (GND) an die »+«-Leitung bzw. an die »-«-Leitung des Steckboards geführt. In diesem Fall herrscht an der »+«-Leitung sozusagen »Dauerstrom«.

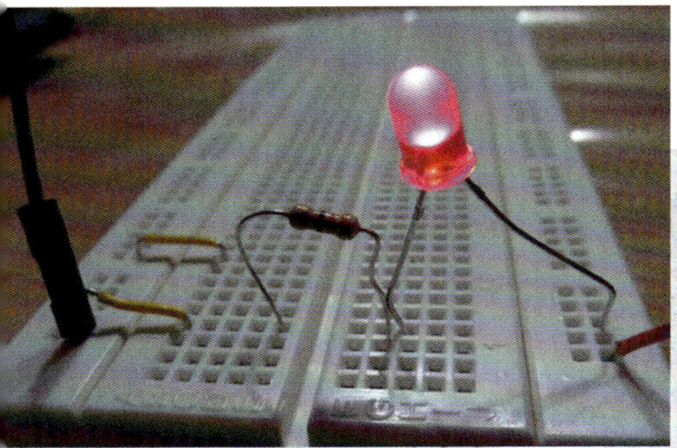

Für den Einsatz einer LED ist ein Vorwiderstand notwendig. Zuerst stecken Sie den Widerstand wie hier abgebildet, anschließend in der gleichen Reihe das erste Beinchen und zu guter Letzt das zweite Beinchen in den Außen-Pin der 5-V-Leitung des Steckboards.

Nutzen Sie beispielsweise eine grüne Standard-LED mit der Spannung U = 2,2 V und der Stromstärke I = 20 mA (= 0,02 A) am 5-V-Ausgang des Raspberry Pi, dann berechnen Sie zunächst die verbleibende Restspannung:

```
5 V - 2,2 V = 2,8 V
```

Hier muss der Vorwiderstand die Spannung um 2,8 V »senken«, damit die LED auf Dauer keinen Schaden nimmt. Um den passenden Widerstand zu berechnen, nutzen Sie die bekannte Formel U = R * I:

```
R = U / I
```

bestückt mit den Beispielwerten:

```
R = 2,8 V / 0,02 A = 140 Ohm (Ω)
```

In diesem Fall würden Sie einen 140-Ω-Widerstand benötigen, der so nicht verfügbar ist – vor allem nicht, wenn Sie am Samstagnachmittag mit dem Basteln beginnen und die Geschäfte demnächst schließen. In diesem Fall nehmen Sie den nächsten verfügbaren der Widerstandsnormreihe oder nutzen zwei 100-Ω-Widerstände parallel sowie einen dritten 100-Ω-Widerstand in Reihe, um auf einen Gesamtwiderstand von 150 Ω zu kommen. Das ist das nötige Rüstzeug, um eine oder mehrere LEDs mithilfe des Raspberry Pi zum Leuchten zu bringen, im nächsten Schritt verbinden Sie das Steckboard mit den richtigen Raspberry Pi-Anschlüssen.

6.3.2 Raspberry Pi-GPIO mit Steckboard koppeln

In der Regel befindet sich der Raspberry in seinem Gehäuse, und es gibt eigentlich keinen Grund, das zu ändern. Doch um an die GPIO-Schnittstelle heranzukommen, ist es notwendig, das Gehäuse nochmals zu öffnen – hat man das »richtige« Gehäuse, reicht es aus, einfach ein altes Floppy-Kabel vom PC zu missbrauchen, um die Anschlüsse nach außen zu legen und das Flachbandkabel durch den entsprechenden Ausgang am Gehäuse zu führen.

6.4 Einsteigerprojekt: LED steuern per GPIO

Es ist empfehlenswert, die erste Schaltung mit dem Raspberry Pi mithilfe eines Steckboards zu bauen, um etwaige Fehler umgehend aus der Welt schaffen zu können. Auch ist so eine Schaltung verhältnismäßig schnell aufgebaut, um mal eben etwas Shell-Skript oder Python anhand der Pins der GPIO-Schnittstelle zu üben und so eigene elektronische Projekte zu realisieren.

Voraussetzungen und Vorbereitungen

Steck- und Bastelboards gibt es in Elektronikmärkten wie Sand am Meer. Für den ersten Einstieg benötigen Sie jedoch keine Profilösung, die schnell im dreistelligen Euro-Bereich landen kann – außerdem haben die wenigsten Lust dazu, sofort mit dem Löten anzufangen. Deswegen reicht zunächst eine Einsteiger-Steckboard-Lösung aus einem Komplettpaket, was Geld spart. Zudem ist anfangs etwas Zubehör notwendig, beispielsweise Widerstände, LEDs oder auch Draht. Wer auf Dauer Bastel- und Elektronikprojekte mit dem Raspberry Pi durchführen möchte, wird ohnehin Schritt für Schritt seine Ausstattung komplettieren und seinen Ansprüchen anpassen.

Die Kopplung von Raspberry Pi und dem Steckboard haben wir mit einer Eigenbaulösung in Form einer Kupplung realisiert. Dafür nutzten wir ein altes Floppy-Laufwerkkabel und holten beim Elektronikfachhändler Conrad zwei 26-polige Wannenstecker sowie die entsprechende Pfostenbuchse. Der Vorteil ist, dass der Raspberry Pi im Gehäuse bleiben kann und die GPIO-Anschlüsse per Pfostenbuchse bequemer erreichbar sind.

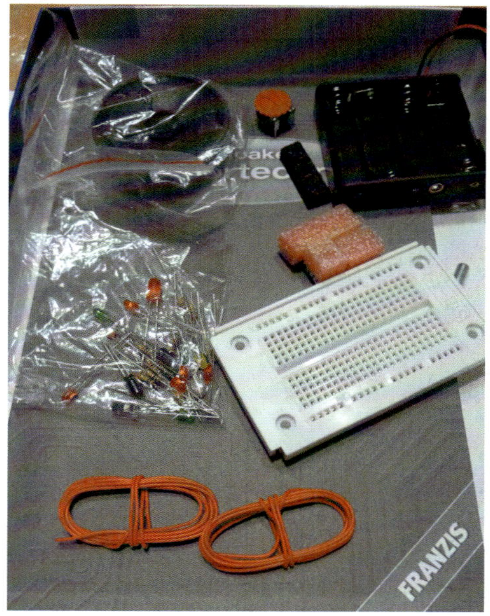

In diesem Fall haben wir uns mit dem LED-Bausatz von Franzis beholfen, der für den Start alles Notwendige mitbringt.

Breadboard mit GPIO nutzen – stecken statt löten

In diesem Schritt ändern wir die Beispielschaltung aus dem Abschnitt »Die erste Schaltung auf dem Steckboard« dahin gehend, dass das Stromversorgungskabel zunächst vom Steckboard und dem Stromanschluss auf Pin 1 des Raspberry Pi entfernt wird. Stattdessen wird nun ein GPIO-Anschluss auf die »+«-Leitung des Steckboards gelegt, der sich anschließend per Shell-Befehl schalten lässt. In dem Fall haben Sie dann einen einfachen Lichtschalter per Software realisiert. Welcher GPIO-Anschluss ist der richtige? Grundsätzlich sind sämtliche Anschlüsse schaltbar, doch um beispielsweise das Skript oder das Programm so flexibel wie möglich zu halten, sollten Sie hier GPIO-Pins nutzen, die auf allen Raspberry Pi-Modellen gleich implementiert sind. Dies gilt umso mehr, wenn Sie daran denken, den Quelltext für Ihre Skripte und Programme im Internet weiterzugeben, oder selbst unterschiedliche Raspberry Pi-Revisionen betreiben.

Achtung

Ein Vorwiderstand für den LED-Einsatz ist zwingend notwendig: LEDs (Licht emittierende Dioden) dürfen nie direkt an die Stromversorgung angeschlossen werden. Bei einem direkten Anschluss sollte immer mindestens ein Vorwiderstand von 200 bis 300 Ω (Ohm) vorgeschaltet werden, damit der Strom auf einen zulässigen Wert begrenzt ist und die LED funktionsfähig bleibt.

6.5 Die erste Schaltung

In unserer Bastelkiste fanden wir noch einen IC ULN2803A (NPN-Darlington-Array), der intern bereits die nötigen Widerstände in seiner Transistorschaltung integriert hat. Liegt an den einzelnen acht Eingängen ein Signal an, wird der Schaltkreis mit der Masse geschlossen und nach dem entsprechenden Ausgang geschaltet. Sie müssen nur noch beachten, dass Sie die Masse von Eingang und Ausgang zusammenlegen, falls Eingang

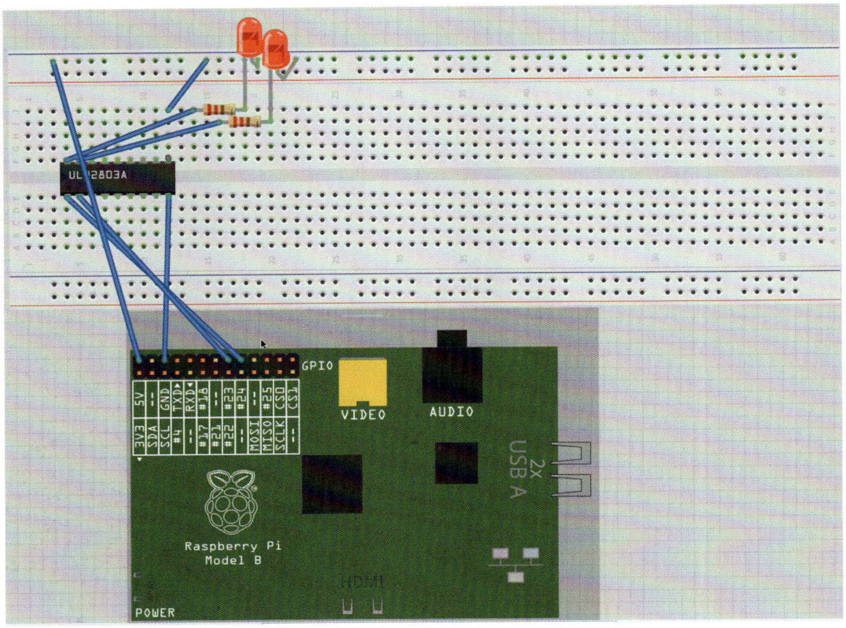

Schematische Darstellung der Schaltung auf der Steckboard-Emulation *fritzing*.

und Ausgang unterschiedliche Versorgungsspannungen verwenden. In der schematischen Darstellung unter *fritzing* haben wir vier LED-Dioden an den ULN2803A-NPN angeschlossen, die sich jeweils per GPIO schalten lassen.

Im nächsten Schritt setzen Sie die Schaltung auf dem Steckboard um. Sie merken schnell, dass das Steckboard zwar groß wirkt, es beim Bestücken der Widerstände und LEDs jedoch schnell eng wird. Der Grund ist der praktische Umstand, dass jede Leiterbahn schon mit den Nachbar-Pins verdrahtet ist. Würden Sie eine Diode oder einen Widerstand mit beiden Beinchen in eine Reihe stecken, würde erst mal gar nichts passieren, da kein bzw. ein geringer Strom durch die Diode fließen würde. Das Ziel ist, auf dem Steckboard einen Stromkreis zu kreieren. Die fertige Schaltung haben wir auf dem Steckboard aus Platzgründen mit zwei LEDs an zwei Eingängen realisiert, was für Demonstrationszwecke völlig ausreicht.

In dieser Beispielschaltung haben wir das Steckboard wie folgt mit dem Raspberry Pi verbunden:

Raspberry Pi-Pin	Raspberry Pi-GPIO	ULN2803A-Pin-Nummer	ULN2803A-Pin-Bezeichnung
6	GND	9	GND
18	24	1	I1
16	23	2	I2

Die Ausgänge des ULN2803A werden jeweils mit einem Widerstand verbunden (hier 200 Ω), das zweite Beinchen des Widerstands geht an die Kathode der LED.

Raspberry Pi-Pin	ULN2803A-Pin-Nummer	ULN2803A-Pin-Bezeichnung	Widerstand
-	18	O1	R1-Links
-	17	O2	R2-Links
1	15	-	-

Die Anode der beiden LEDs werden mit der 5-V-Stromversorgung sowie mit Pin 15 des ULN2803A verbunden. Nun ist die Schaltung komplett, auf dem Schaltplan stellt sie sich wie folgt dar:

Erfolgreich: Die beiden LEDs lassen sich mit dem IC gekoppelt über die beiden GPIO-Anschlüsse steuern.

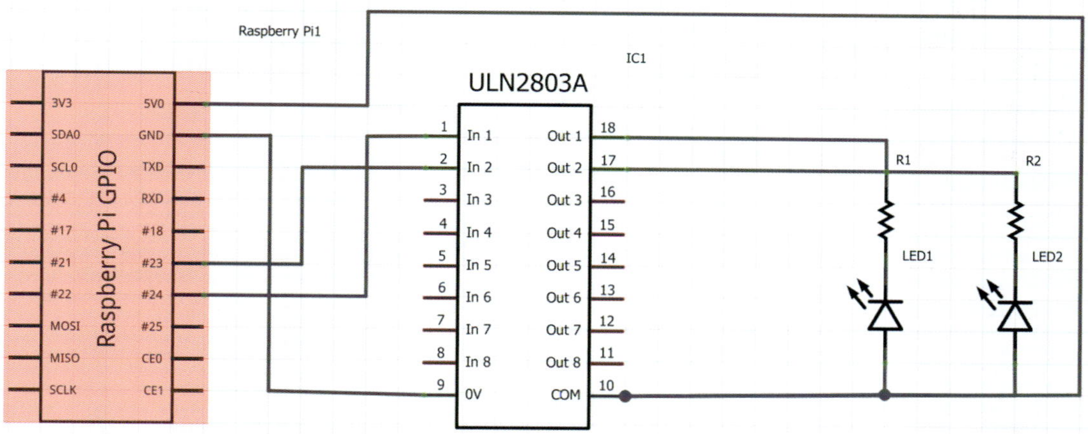

Schaltplan: Hier werden nur zwei der verfügbaren acht Eingänge genutzt, um die beiden LEDs unabhängig voneinander schalten zu können.

Im nächsten Schritt können Sie die Schaltung in der Praxis testen. Dafür nehmen Sie per SSH mit dem Raspberry Pi Verbindung auf und prüfen auf der Konsole die beiden GPIO-Anschlüsse, die Sie für die LEDs reserviert haben. In diesem Beispiel wurden GPIO23 und GPIO24 verwendet.

6.6 GPIO-Steuerung über die Konsole und Python

Grundsätzlich werden die GPIO-Ausgänge des Raspberry Pi über virtuelle Dateien bzw. über deren Dateimanipulation gesteuert. Vereinfacht bedeutet dies: Steht in einer solchen Steuerdatei der Wert 0, ist der Schalter geschlossen, und es fließt kein Strom, steht dort hingegen der Wert 1, dann ist der Stromkreis geschlossen, und die angeschlossene Schaltung wird aktiviert.

Die virtuellen Dateien für den GPIO-Pfostenstecker finden Sie im Verzeichnis */sys/class/gpio*. Mit dem Kommando

```
ls /sys/class/gpio
```

stellen Sie fest, dass sich dort die Dateien *export* und *unexport* befinden. Der Trick besteht zunächst darin, den oder die gewünschten GPIO-Pins auf dem Raspberry Pi zu aktivieren, dies erledigen Sie mit dem Eintragen der entsprechenden GPIO-Nummer in die *export*-Datei. Dadurch wird beispielsweise GPIO24 oder GPIO23 mitgeteilt, dass er womöglich bald genutzt wird:

```
sudo echo "24" > /sys/class/gpio/export
sudo echo "23" > /sys/class/gpio/export
```

Nun verwenden wir die vorhandene Schaltung mit den beiden LEDs an GPIO23 und GPIO24, die an Pin 16 und Pin 18 auf dem Raspberry Pi gekoppelt sind.

Schalten per Konsole

Grundsätzlich kann ein GPIO-Anschluss auf dem Raspberry als Ausgang, aber auch als Eingang genutzt werden, in diesem Fall ist der Raspberry der Aktor, denn wir wollen etwas einschalten: Um nun die erste Diode dauerhaft einzuschalten, müssen Sie beide GPIO-Pins zunächst als Ausgang definieren:

```
sudo echo "out” > /sys/class/gpio/gpio23/direction
sudo echo "out” > /sys/class/gpio/gpio24/direction
```

Im umgekehrten Fall – beispielsweise wenn an dem GPIO-Anschluss ein Sensor angebracht wäre und der Wert im Raspberry Pi weiterverarbeitet werden soll – würden Sie den Anschluss als Eingang definieren und stattdessen

```
sudo echo "in” > /sys/class/gpio/gpio23/direction
```

in die Konsole eingeben. Die oben definierten GPIO-Anschlüsse 23 und 24 liegen auf 0 V, der Stromkreis ist also noch nicht geschlossen, und die gekoppelten LEDs leuchten nicht. Um sie zu schalten, nutzen Sie diese Befehle:

```
sudo echo "1" > /sys/class/gpio/gpio23/value
sudo echo "1” > /sys/class/gpio/gpio24/value
```

Hier tragen Sie jeweils den Wert 1 in die Datei mit der Bezeichnung `value` ein. In diesem Fall werden sowohl Pin 16 als auch Pin 18 mit Strom versorgt, die beiden LEDs sollten jetzt dauerhaft leuchten. Um die LEDs wieder abzuschalten, setzen Sie den Pegel von *High* auf *Low*. Dies erledigen Sie, indem Sie einfach statt der 1 den Wert 0 in die `value`-Datei im entsprechenden GPIO-Verzeichnis schreiben.

```
sudo echo "0" > /sys/class/gpio/gpio23/value
sudo echo "0" > /sys/class/gpio/gpio24/value
```

Für das einmalige Experimentieren auf der Kommandozeile macht dies natürlich eine Zeit lang Spaß, auf Dauer jedoch sind lange Kommandozeilenbefehle lästig und fehleranfällig. Deshalb ist es sinnvoll, sämtliche bzw. zumindest die benötigten virtuellen Dateien der entsprechenden GPIOs bereits beim Systemstart des Raspberry Pi automatisch zu starten. Hier erstellen Sie einfach ein Shell-Skript mit der Bezeichnung `gpiostart.sh` mit folgendem Inhalt:

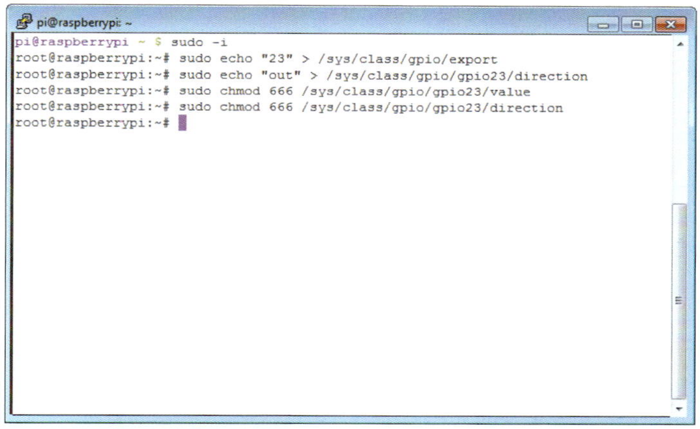

Vier Befehle pro genutztem GPIO-Anschluss sind notwendig, um diesen für die Schaltung ordnungsgemäß zu präparieren.

```
#!/bin/sh
echo "23" > /sys/class/gpio/export
echo "24" > /sys/class/gpio/export
echo "out" > /sys/class/gpio/gpio23/direction
echo "out" > /sys/class/gpio/gpio24/direction
chmod 666 /sys/class/gpio/gpio23/value
chmod 666 /sys/class/gpio/gpio24/value
chmod 666 /sys/class/gpio/gpio23/direction
chmod 666 /sys/class/gpio/gpio24/direction
```

Hier wurde noch zusätzlich der Schreib- und Lesezugriff für Besitzer und Gruppe (`root`) sowie andere (`others`) modifiziert. In diesem Fall darf nun jeder Benutzer die virtuellen Dateien lesen und schreiben. Dies ist in Sachen `sudo/root` in unserem Fall eine kleine, aber feine Erleichterung, muss doch damit – auch beim Schreiben von Skripten auf der Shell oder mit Python – nicht immer mit dem auf Dauer lästigen `sudo`-Kommando gearbeitet werden. Damit das Skript auch von der Kommandozeile vom User `pi` ausgeführt werden kann, setzen Sie per `chmod`-Kommando die Ausführen-Berechtigung auf die erstellte Datei `gpiostart.sh`.

```
sudo chmod +x gpiostart.sh
sudo ./gpiostart.sh
```

Beachten Sie, dass dieses Shell-Skript zunächst (noch) nicht automatisch aufgerufen wird. Bei einem Neustart des Raspberry Pi müssen die entsprechenden Dateien sowie die gewünschten Berechtigungen wieder neu gesetzt werden. In dem Fall starten Sie das erstellte Shell-Skript einfach manuell.

Blockmarkierungen

Jede Zeile in einem Pythonskript entspricht einer Anweisung. Die Verwendung eines Semikolons ist daher nicht notwendig. Für die Strukturierung von Anweisungen werden keine Klammern, wie in anderen Programmiersprachen, verwendet. Um mehrere Anweisungen zu einem Block zusammenzufassen, wird mit Einrückung gearbeitet. Deswegen ist die Zahl der Einrückungen bei Python besonders wichtig.

Kommentare

Einzeilige Kommentare werden durch das #-Zeichen markiert:

Dies ist ein einzeiliger Kommentar.

Dies ist die zweite Zeile eines Kommentars.

Mehrzeilige Kommentare werden in dreifachen Anführungszeichen eingeschlossen:

```
""" Ein
Kommentar über
mehrere
Zeilen """
```

Variablen

In Python werden Variablen durch direkte Verwendung eingeführt. Der Datentyp einer Variablen ergibt sich durch die Zuweisung eines Werts. Nachfolgend zwei Beispiele für eine Variablendeklaration in Python:

```
eineZahl=1
einText="Dies ist ein Text"
```

Schleifen

Für Dinge, die mehrmals ausgeführt werden müssen, kennt Python das Schleifenkonzept. Es existieren `while`- und `for`-Schleifen. Um Schleifen vorzeitig zu verlassen, exisitiert das Schlüsselwort `break`. Nachfolgend ein Beispiel für eine `while`-Schleife:

```
i=1
while i<5:
print i
i=i+1
```

Das gleiche Beispiel als `for`-Schleife:

```
for i in range (1, 5):
 print i
```

Hier noch ein Beispiel für die Verwendung von `break`:

```
i=1
while 1:
 print i
i=i+1
if i>10: break
```

Fallunterscheidungen

Wie in anderen Programmiersprachen werden auch in Python `if`-Konstrukte für Fallunterscheidungen eingesetzt. Die einzelnen Möglichkeiten werden über `elif` und `else` eingeleitet:

```
if k<0:
 print "k ist kleiner als 0"
elif k== 0
 print "k ist 0"
```

```
else:
 print "k ist größer als 0"
```

Funktionen

Für die Zusammenfassung von mehreren Programmzeilen werden sie für die Wiederverwendung in Funktionen zusammengefasst. Die Eröffnung einer Funktion erfolgt über die `def`-Anweisung. Ein Funktionswert wird über die `return`-Anweisung zurückgegeben:

```
def produkt(a,b):
 ergebnis=a+b
 return ergebnis
```

Module

Größere Programmteile, die nicht in einzelnen Funktionen abgebildet werden können, werden in Python in Modulen ausgelagert. Dies erleichtert die Wiederverwendung in anderen Skripten. Das Internet bietet eine reichhaltige Zahl von Python-Modulen an. Hierbei wird unterschieden, ob ein eigener Namensraum für die Bibliothek verwendet werden soll

```
import math
```

oder ob die Funktionen des Moduls im globalen Namensraum zur Verfügung stehen sollen:

```
from math import *
```

Klassen

Python kennt auch das Konzept der Klassen. Hierfür steht das Schlüsselwort `class` zur Verfügung. Für die Verwendung von Variablen und Klassen innerhalb der definierenden Klasse muss das `self`-Schlüsselwort eingesetzt werden:

```
class Haus:
 #Konstruktor
 def -_init__(self,name)
  self.name=name
 def oeffneTuere(self)
  self.tuerOffen=true
```

Um von einer anderen Klasse zu erben, muss diese bei der Definition angegeben werden:

```
class Villa(Haus):
 def aktiviereWachschutz(self):
  self.wachschutz=true
```

Ausnahmebehandlung

Die Signalisierung von Fehlern erfolgt in Python über Ausnahmen. Folgendes Beispiel zeigt eine sichere Division:

```
try:
 print "a durch b ist:", a/b
except:
 print "Division durch 0 nicht möglich"
```

Ausnahmen sind Subklassen von Exception. Das Werfen einer Ausnahme erfolgt über das Schlüsselwort `raise`.

6.7 LED-Steuerung mit Python

Um die installierte Python-Bibliothek auf ihre Funktion zu testen, erstellen Sie mit dem *nano*-Editor auf der Kommandozeile ein einfaches Skript mit dem Namen *ledblinken.py*, um die beiden LEDs der Beispielschaltung zu steuern:

```
sudo nano ledblinken.py
```

Wir lassen zunächst die erste LED (angeschlossen an Pin 16, GPIO23) in einem Abstand von 2 Sekunden 20 Mal blinken, anschließend lassen wir die zweite LED (angeschlossen an Pin 18, GPIO24) in einem Abstand von 1 Sekunde 30 Mal blinken. Achten Sie beim Python-Einsatz per *setmode* immer auf eine durchgängige Definition der Zählung bzw. der Zuordnung der Pins: Im Beispiel wird durch die Anweisung

```
GPIO.setmode(GPIO.BOARD)
```

Python angewiesen, im Skript die auf dem Raspberry Pi vorhandene Pin-Nummerierung zu verwenden. Möchten Sie stattdessen die GPIO-Nummern verwenden, muss das per

```
GPIO.setmode(GPIO.BCM)
```

angekündigt werden. In diesem Fall wären im Beispielskript die Zeilen von

```
GPIO.setup(16, GPIO.OUT)
GPIO.setup(18, GPIO.OUT)
```

und

```
        ledblinken(16, 2)
        ledblinken(18, 2)
```

in

```
GPIO.setup(23, GPIO.OUT)
GPIO.setup(24, GPIO.OUT)
```

bzw.

```
        ledblinken(23, 2)
        ledblinken(24, 2)
```

zu ändern. Nach dem Speichern und Beenden des *nano*-Editors starten Sie das Python-Skript erstmals auf der Shell. Da der Zugriff auf die GPIO-Pins hier *root*-Berechtigungen benötigt, ist das *sudo*-Kommando notwendig:

```
sudo python ledblinken.py
```

Ist die Schaltung ordnungsgemäß bestückt, leuchten die gesteckten LEDs entsprechend der Befehlsfolge im Python-Skript. Abhängig von der Anzahl

Kapitel_6/ledblinken-py

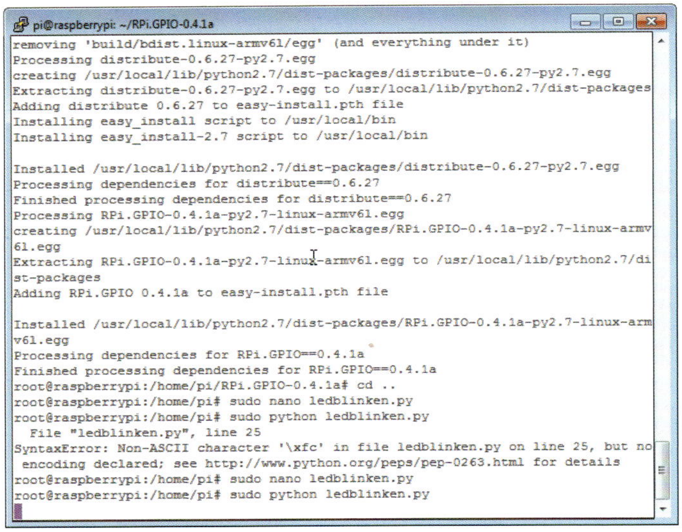

Während das Python-Skript abgearbeitet wird und die LEDs blinken, ist die geöffnete Konsole nicht bedienbar, es sei denn, Sie brechen mit dem [CTRL]+[C]-Befehl die Skriptverarbeitung ab.

der verbauten LEDs in der Schaltung, können Sie nun beispielsweise eine kleine Lichtorgel oder eine Ampelschaltung mit verschiedenfarbigen LEDs basteln und anschließend per Python-Skript ansteuern. In Sachen C-Programmierung und Shell-Zugriff lohnt es sich, die kostenlose WiringPI-API näher zu betrachten – ähnlich wie die oben genannte Python-Bibliothek bietet sie einen einfacheren Zugriff auf die GPIO-Pins des Raspberry Pi.

Schneller Zugriff – WiringPi-API installieren

Warum das Rad neu erfinden, wenn es an nahezu jeder Ecke einen Reifenhändler gibt? Gerade beim Erstellen von Shell-Skripten in C oder Python ist der Umgang mit den GPIO-Anschlüssen zwar einfach, aber auch relativ umständlich gelöst. Für mehr Möglichkeiten beim Programmieren und vor allem für mehr Übersicht sorgt die Auslagerung von Funktionen in eine API (*Advanced Programming Interface*). Im Rahmen dieses Buchs greifen wir auf die äußerst praktische WiringPI-API des Autors (Gordon Drogon, *https://projects.drogon.net/raspberry-pi/wiringpi/download-and-install/*) zurück. Doch bevor Sie diese API installieren, sollten Sie darauf achten, das System auf dem Raspberry Pi auf den aktuellen Stand zu bringen. Wie gewohnt nutzen Sie dafür das entsprechende *update-* bzw. *upgrade*-Programm von Raspian:

```
sudo apt-get update
sudo apt-get upgrade
```

Haben Sie die GIT-Versionsverwaltung auf dem Raspberry installiert, klonen Sie das *wiringPi*-Paket auf Ihren Computer. Dies erledigen Sie mit diesem Kommando

```
git clone git://git.drogon.net/wiringPi
```

Falls Sie die GIT-Versionsverwaltung noch nicht installiert haben, holen Sie das entweder per Kommando

```
sudo apt-get install git-core
```

nach oder laden *wiringPi* traditionell per *wget*-Befehl auf den Raspberry Pi.

```
wget http://project-downloads.drogon.net/files/wiringPi.tgz
tar xfz wiringPi.tgz
cd wiringPi/wiringPi
make
sudo make install
cd ../gpio
make
sudo make install
```

Alt-Function	Wiring Pi-Pin	Modell A+/B+	A/B Rev. 2	Modell B Rev. 1	P		GP
-	-	3,3V	3,3V	3,3V	1		•
I2C0_SDA	8	GPIO2	GPIO2	GPIO0	3		•
I2C0_SCL	9	GPIO3	GPIO3	GPIO1	5		•
	7	GPIO4	GPIO4	GPIO4	7		•
GND	-	NOTUSE	NOTUSE	NOTUSE	9		•
UART-RTS	0	GPIO17	GPIO17	GPIO17	11		•
PCM_DIN	2	GPIO27	GPIO27	GPIO21	13		•
	3	GPIO22	GPIO22	GPIO22	15		•
3,3V	-	3,3V	3,3V	NOTUSE	17		•
SPI0_MOSI	12	GPIO10	GPIO10	GPIO10	19		•
SPI0_MISO	13	GPIO9	GPIO9	GPIO9	21		•
SPI0_SCLK	14	GPIO11	GPIO11	GPIO11	23		•
GND		NOTUSE	NOTUSE	NOTUSE	25		•
SDA_0	30	ID_SD	-	-	27		•
	21	GPIO5	-	-	29		•
	22	GPIO6	-	-	31		•
	23	GPIO13	-	-	33		•
	24	GPIO19	-	-	35		•
	25	GPIO26	-	-	37		•
GND		GND	-	-	39		•

Im Fall der GIT-Versionsverwaltung ist der Quellcode bereits per Klon im aktuellen Verzeichnis – wechseln Sie per *cd*-Kommando dorthin:

```
cd wiringPi
git pull origin
```

Mit dem letzten Befehl stellen Sie sicher, dass Sie auch die aktuellste Version verwenden, anschließend erstellen bzw. installieren Sie die WiringPi-API auf dem Raspberry Pi. Dafür nutzen Sie das beigefügte Skript *build*, das Sie mit dem Kommando

```
./build
```

starten. In unserem Fall richtet das *build*-Skript die API komplett ein, sodass Sie umgehend die bereitgestellten Funktionen nutzen können.

Etwas sperrig ist beim Umgang mit der WiringPi-Bibliothek eine erneute Zuordnung der GPIO-Pin-Bezeichnung für die Nutzung mit WiringPi. Dies sorgt auf den ersten Blick für Verwirrung, doch in der Praxis und beim Programmieren müssen Sie sich zunächst nicht mehr um die unterschiedlichen Raspberry Pi-Revisionen kümmern, falls Sie einen GPIO direkt ansprechen möchten. So reicht es beispielsweise aus, mit dem Befehl

```
gpio mode 8 out
gpio write 8 1
```

den Pin Nummer 3 auf der Raspberry Pi-Platine mit GPIO-0 bei Revision 1 anzusprechen, während er bei Revision 2 des Modells B mit GPIO-2 anzusprechen wäre. Ohne die WiringPi-Bibliothek wären Sie hier zunächst gezwungen, zu prüfen, mit welchem Raspberry Pi Sie es überhaupt zu tun haben, um dann im zweiten Schritt eine angepasste Funktion mit dem entsprechenden GPIO zu bauen. Diesen Aufwand können Sie sich beim Programmieren mit der Verwendung der WiringPI-API sparen.

ckel	P	Modell B Rev. 1	Modell A/B Rev. 2	Modell B+	Wiring Pi-Pin	Alt-Function
•	2	5V	5V	5V	-	5V
•	4	NOTUSE	5V	5V	-	5V
•	6	GND	GND	GND	-	-
•	8	GPIO14	GPIO14	GPIO14	15	UART0_TXD
•	10	GPIO15	GPIO15	GPIO15	16	UART0_RXD
•	12	GPIO18	GPIO18	GPIO18	1	PWM
•	14	NOTUSE	NOTUSE	NOTUSE	-	GND
•	16	GPIO23	GPIO23	GPIO23	4	
•	18	GPIO24	GPIO24	GPIO24	5	
•	20	NOTUSE	NOTUSE	NOTUSE	-	GND
•	22	GPIO25	GPIO25	GPIO25	6	
•	24	GPIO8	GPIO8	GPIO8	10	SPI0_CE0_N
•	26	GPIO7	GPIO7	GPIO7	11	SPI0_CE1_N
•	28	-	-	ID_SC	31	SCL0
•	30	-	-	GND		GND
•	32	-	-	GPIO12	26	
•	34	-	-	GND	-	GND
•	36	-	-	GPIO16	27	
•	38	-	-	GPIO20	28	
•	40	-	-	GPIO21	29	

Wiring Pi und Compute Module

Wie die kleinen Raspberry Pi-Platinen A/A+/B/B+ lässt sich auch das Compute Module mithilfe des Entwicklerboards mit Wiring Pi verwenden. Da das Entwicklerboard mehr GPIO-Anschlüsse mitbringt, liefert der obligatorische `gpio readall`-Befehl entsprechend mehr Pins – die Verwendung auf der Kommandozeile fällt mit Wiring Pi hier etwas leichter:

Ohne die Wiring Pi-Bibliothek wären Sie zunächst gezwungen, zu prüfen, mit welchem Raspberry Pi Sie es überhaupt zu tun haben, um dann im zweiten Schritt eine angepasste Funktion mit dem entsprechenden GPIO zu bauen. Diesen Aufwand können Sie sich beim Programmieren mit der Verwendung der Wiring Pi-API sparen.

```
pi@cmraspberryPiA ~/wiringPi $ gpio readall
+-----+------+-------+     +-----+------+-------+
| Pin | Mode | Value |     | Pin | Mode | Value |
+-----+------+-------+     +-----+------+-------+
|   0 | IN   | High  |     |  28 | IN   | Low   |
|   1 | IN   | High  |     |  29 | IN   | Low   |
|   2 | IN   | High  |     |  30 | IN   | Low   |
|   3 | IN   | High  |     |  31 | IN   | Low   |
|   4 | IN   | High  |     |  32 | IN   | Low   |
|   5 | IN   | High  |     |  33 | IN   | Low   |
|   6 | IN   | High  |     |  34 | IN   | High  |
|   7 | IN   | High  |     |  35 | IN   | High  |
|   8 | IN   | High  |     |  36 | IN   | High  |
|   9 | IN   | Low   |     |  37 | IN   | Low   |
|  10 | IN   | Low   |     |  38 | IN   | Low   |
|  11 | IN   | Low   |     |  39 | IN   | Low   |
|  12 | IN   | Low   |     |  40 | IN   | Low   |
|  13 | IN   | Low   |     |  41 | IN   | Low   |
|  14 | ALT0 | High  |     |  42 | IN   | Low   |
|  15 | ALT0 | High  |     |  43 | IN   | Low   |
|  16 | IN   | Low   |     |  44 | IN   | Low   |
|  17 | IN   | Low   |     |  45 | IN   | Low   |
|  18 | IN   | Low   |     |  46 | IN   | Low   |
|  19 | IN   | Low   |     |  47 | OUT  | Low   |
|  20 | IN   | Low   |     |  48 | ALT3 | High  |
|  21 | IN   | Low   |     |  49 | ALT3 | High  |
|  22 | IN   | Low   |     |  50 | ALT3 | High  |
|  23 | IN   | Low   |     |  51 | ALT3 | High  |
|  24 | IN   | Low   |     |  52 | IN   | High  |
|  25 | IN   | Low   |     |  53 | IN   | High  |
|  26 | IN   | Low   |     |  54 | IN   | Low   |
|  27 | IN   | Low   |     |  55 | IN   | Low   |
+-----+------+-------+     +-----+------+-------+
pi@cmraspberryPiA ~/wiringPi $ gpio -v
gpio version: 2.18
Copyright (c) 2012-2014 Gordon Henderson
This is free software with ABSOLUTELY NO WARRANTY.
For details type: gpio -warranty

Raspberry Pi Details:
  Type: Compute Module, Revision: 1.1, Memory: 512MB, Maker: Sony
pi@cmraspberryPiA ~/wiringPi $
```

Nach der Installation von Wiring Pi können Sie mit dem `gpio -v`-Kommando die Revision des eingesetzten Raspberry Pi-Boards überprüfen.

Nummer 5 lebt: GPIO-API im Einsatz

Wenden Sie obige Übersicht in Sachen Pin-Zuordnung an, dann entspricht GPIO-23 in der Tabelle der WiringPi-Pin-Nummer 5. Zunächst definieren Sie, ob der zu nutzende Pin (WiringPi-Zählung!) entweder als Aus- oder als Eingang genutzt werden soll. Anschließend wird er per *write*-Parameter geschaltet:

```
gpio mode 5 out
gpio write 5 1
gpio write 5 0
```

Zunächst wird der Ausgangsmode aktiviert, dann der Stromkreis mit der entsprechenden GPIO-Pin-Nummer geschlossen und schließlich mit dem Setzen des Werts 0 wieder geöffnet.

Sollen mehrere WiringPi-Pins auf einmal geschaltet werden – beispielsweise bei einer LED-Lichterkette –, wechseln Sie einfach die WiringPi-Pin-Nummer:

```
gpio mode 4 out
gpio write 4 1
gpio write 4 0
```

Der Aufruf funktioniert, die LED an GPIO-23 leuchtet und geht wieder aus, und dennoch gibt es hier etwas zu bemäkeln: Dies mag ja als Lösung für zwei Pins erträglich sein, bei mehr als zwei Pins ist es sinnvoller, in der Shell mit einer *for*-Schleife zu arbeiten. Das ist nicht nur schneller und spart Tipparbeit, sondern es ist auch übersichtlicher:

```
for i in 0 4 5 ; do gpio mode $i out; done
for i in 0 4 5 ; do gpio write $i 1; done
for i in 0 4 5 ; do gpio write $i 0; done
```

Für die bestimmte Abfolge und Steuerung der Anschlüsse lagern Sie die Logik in ein Shell-Skript aus. Hier haben Sie nicht nur die volle Kontrolle und Übersicht, sondern sparen sich auch viel Tipparbeit, gerade wenn Sie mit vielen GPIO-Anschlüssen auf dem Raspberry Pi experimentieren. Doch grundsätzlich zeigt der Umgang mit den Steuerbefehlen auf der Konsole, dass die Schaltung erfolgreich bestückt wurde und funktioniert: In diesem Fall sind beide LEDs einfach per Kommandozeile mit der WiringPi-API steuerbar. Dank des eingesetzten flexiblen IC ULN2803A haben Sie nun alle Möglichkeiten, bequem mit dem Raspberry Pi alle möglichen Dinge per GPIO zu schalten.

6.8 LCD-Minibildschirm über I²C-Schnittstelle betreiben

Für den kleinen Hausgebrauch können Sie direkt am Raspberry Pi einen Mini-LCD-Bildschirm betreiben, der gerade für kleine Statusmeldungen, Temperaturanzeigen und dergleichen ganz praktisch sein kann. Suchen Sie dafür einfach im Internet bei den großen Marktplätzen oder bei dem Elektronikhändler Ihres Vertrauens nach einem kleinen Display – am besten mit I²C-Schnittstelle, was von Aufbau und Schaltung her mit Hitachis LCD-Controller HD44780 vergleichbar ist. Dieses zweizeilige Display stellt je Zeile 16 Zeichen dar, alternativ sind vierzeilige Modelle mit je 20 Zeichen je Zeile verfügbar, was jedoch in der Anschaffung mit rund 10 Euro mehr als das Vierfache des zweizeiligen Modells bedeutet. Kommt das »große« Display auch mit dem I²C-Anschlusspfosten, kann es wie im nachfolgend beschriebenen Projekt genutzt werden.

I²C-Bus – Schnittstellewecken und checken

LCD-Bildschirm, Barometer, Lichtsensor, Gyroskop, Beschleunigungssensor und so weiter: Egal welches Gerät Sie am I²C-Bus in Betrieb nehmen möchten, die grundsätzliche Installation ist stets dieselbe. Jedes I²C-Gerät kommt immer mit mindestens vier Anschlüssen, die wie in der nachstehenden Tabelle gezeigt mit dem Raspberry Pi verkabelt werden.

I²C-Gerät	Bemerkung	Raspberry Pi-Bezeichnung (Rev. 1)	Raspberry Pi-Bezeichnung (Rev. 2) und A+/B+	Raspberry Pi-Pin	Wiring Pi
VDD	3.3V	3.3V	3.3V	1	–
GND	Masse	GND	GND	6	–
SCL	I2C0_SCL	GPIO1	GPIO3	5	9
SDA	I2C0_SDA	GPIO0	GPIO2	3	8

Nach dem Aufstecken des Moduls bzw. Anschließen der vier Anschlusskabel starten Sie den Raspberry Pi und nehmen die Treiber- und Softwareinstallation vor. Mit den folgenden Befehlen kommen Sie ans Ziel:

```
sudo -i
modprobe i2c-bcm2708
modprobe i2c-dev
```

Anschließend prüfen Sie mit `lsmod` und `dmesg | grep i2c`, ob das System den i2c-bcm2708-Controller überhaupt initialisiert und eingebunden hat.

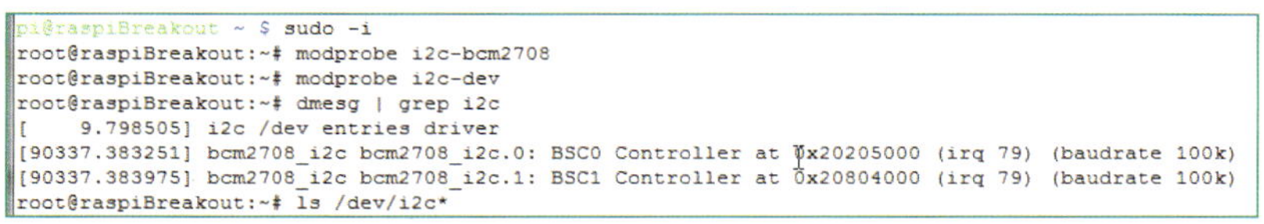

```
pi@raspiBreakout ~ $ sudo -i
root@raspiBreakout:~# modprobe i2c-bcm2708
root@raspiBreakout:~# modprobe i2c-dev
root@raspiBreakout:~# dmesg | grep i2c
[    9.798505] i2c /dev entries driver
[90337.383251] bcm2708_i2c bcm2708_i2c.0: BSC0 Controller at 0x20205000 (irq 79) (baudrate 100k)
[90337.383975] bcm2708_i2c bcm2708_i2c.1: BSC1 Controller at 0x20804000 (irq 79) (baudrate 100k)
root@raspiBreakout:~# ls /dev/i2c*
```

I²C-Bus aktivieren: Nach dem Einbinden der Module überzeugen Sie sich per `dmesg`-Kommando, dass die `i2c`-Treiber ordnungsgemäß initialisiert wurden.

Soll der Temperatursensor auch nach einem etwaigen Neustart des installierten Betriebssystems wieder zur Verfügung stehen, ist der automatische Start der Treibermodule empfehlenswert. Dafür tragen Sie die benötigten Module in die entsprechende Konfigurationsdatei, die Datei `/etc/modules`, ein. Für deren Bearbeitung benötigen Sie eine root- bzw. sudo-Berechtigung.

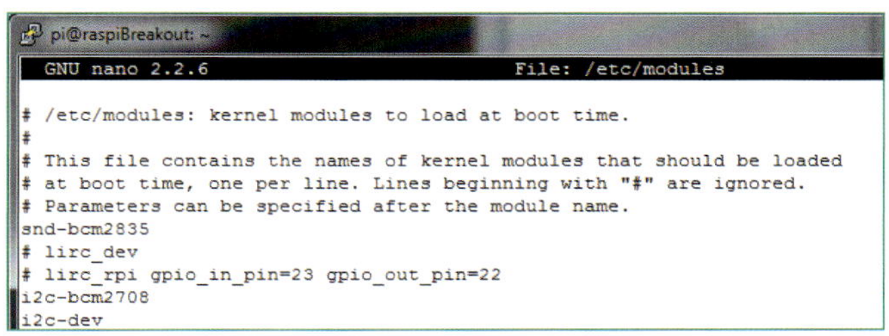

```
pi@raspiBreakout: ~
  GNU nano 2.2.6                    File: /etc/modules

# /etc/modules: kernel modules to load at boot time.
#
# This file contains the names of kernel modules that should be loaded
# at boot time, one per line. Lines beginning with "#" are ignored.
# Parameters can be specified after the module name.
snd-bcm2835
# lirc_dev
# lirc_rpi gpio_in_pin=23 gpio_out_pin=22
i2c-bcm2708
i2c-dev
```

Damit die benötigten Module beim Start des Raspberry Pi geladen werden, tragen Sie sie einfach in die `modules`-Datei ein.

Über den nano-Editor öffnen Sie die `modules`-Datei, die sich im `/etc`-Verzeichnis befindet:

```
sudo nano /etc/modules
```

Durch das Hinzufügen der beiden nachstehenden Einträge werden die Treiber natürlich noch nicht geladen, da die `/etc/modules`-Datei nur bei einem Neustart ausgelesen und abgearbeitet wird.

```
i2c-bcm2708
i2c-dev
```

Für das manuelle Hinzufügen ohne Neustart nutzen Sie wie oben beschrieben das `modprobe`-Kommando. Wie auch immer, nach dem Laden bzw. dem Initialisieren der Module sollten die beiden `i2c`-Anschlüsse im `/dev/`-Verzeichnis auftauchen:

```
ls /dev/i2c*
```

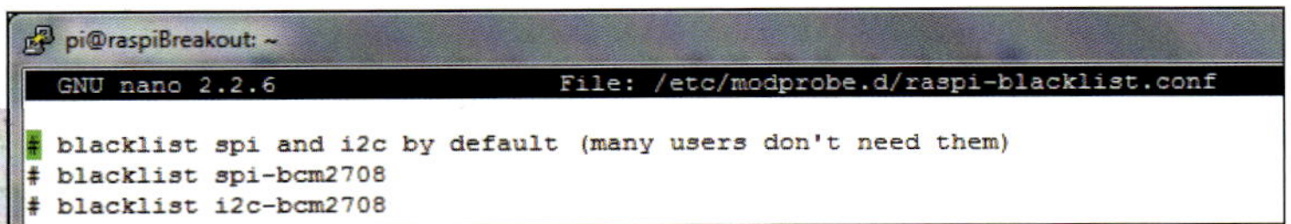

In der Regel sind die SPI- und I²C-Module über die `raspi-blacklist.conf` deaktiviert. Damit sie auch bei einem Neustart geladen werden können, müssen die Einträge in der »Sperrdatei« auskommentiert werden.

Hier sollten das `/dev/i2c-0`- und das `/dev/i2c-1`-Verzeichnis erscheinen, und wer in Sachen Zugriffsrechte auf Nummer sicher gehen möchte, gibt dem aktuellen Benutzer (hier `pi`) die Erlaubnis, die Anschlüsse zu nutzen. Dies erledigen Sie mit dem `chmod`-Kommando:

```
chmod o+rw /dev/i2c*
```

Falls noch nicht geschehen, ist zusätzlich in der Datei `/etc/modprobe.d/raspi-blacklist.conf` die Zeile, die das Modul `i2c-bcm2708` »blacklistet«, auszukommentieren. In diesem Fall fügen Sie in der Datei einfach vor den jeweiligen Einträgen ein Lattenzaunsymbol ein.

```
sudo nano /etc/modprobe.d/raspi-blacklist.conf
```

Im nächsten Schritt installieren Sie die Werkzeuge für den Zugriff auf den I²C-Bus des Raspberry Pi, was mit der Installation der `i2c-tools` auf der Kommandozeile in wenigen Minuten erledigt ist: Dafür reicht der Befehl

```
sudo apt-get install i2c-tools
```

aus. Anschließend lassen Sie sich mit dem Kommando:

```
i2cdetect -l
```

die verfügbaren Anschlüsse anzeigen.

```
i2c-0   i2c         bcm2708_i2c.0           I2C adapter
i2c-1   i2c         bcm2708_i2c.1           I2C adapter
```

Am I²C-Bus angeschlossene Geräte lassen sich in diesem Beispiel mit dem Kommando:

```
i2cdetect -y 1
```

abfragen. Im Beispiel des angeschlossenen Gyroskops MPU-6050 zeigt die Bildschirmausgabe, dass dieses über die Hex-Adresse `0x68` erreichbar ist.

Achtung: Bei der älteren Revision funktioniert der obige `i2cdetect`-Aufruf nicht, da in diesem Fall nicht der I²C-Bus 1, sondern der I²C-Bus 0 aktiviert ist.

Entsprechend nutzen Sie stattdessen dafür das Kommando

```
i2cdetect -y 0
```

um nebenstehende Ausgabe zu erhalten.

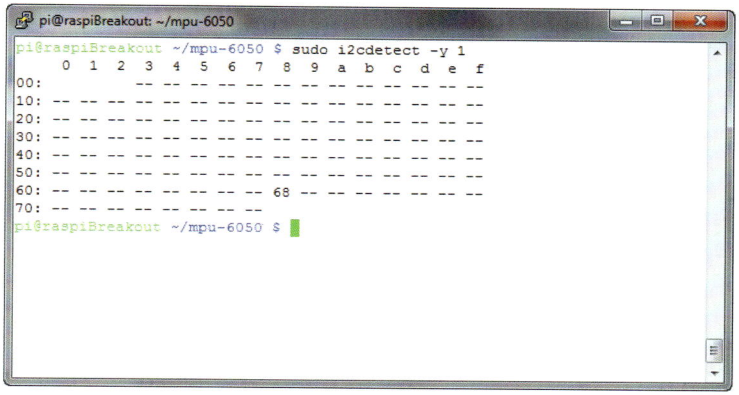

An der Adresse 68 ist in diesem Beispiel ein Gyrosensor erkannt worden, nun ist der I²C-Bus (hier Revision B) wie gewünscht ordnungsgemäß in Betrieb.

Nach der Installation der `i2c-tools` fügen Sie den Benutzer `pi` der Gruppe `i2c` hinzu und starten den Raspberry Pi neu:

```
sudo adduser pi i2c
sudo reboot
```

Werden mehrere I²C-Geräte an einem Bus in Betrieb genommen, unterscheiden sie sich über die Hex-Adresse.

Nach dem Neustart prüfen Sie mit dem Kommando `i2cdetect -l`, ob das Modul `i2c-dev` auch erfolgreich geladen werden konnte, und nehmen anschließend das gewünschte I²C-Gerät softwaremäßig in Betrieb.

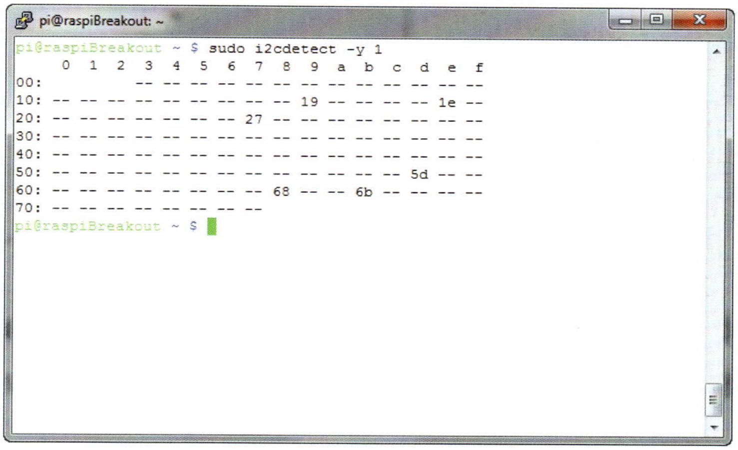

In diesem Beispiel ist neben dem MPU-6050 und dem AltIMU-10-Gyro ein LED-Bildschirm über I²C am Raspberry Pi angeschlossen.

I²C-Geräte und Raspberry Pi-Revision

Da die ordnungsgemäße I²C-Nutzung auf dem Raspberry Pi auch vom verwendeten Modell bzw. der Revision abhängig ist, haben Sie oft das Problem, dass Sie beim Entwickeln von Lösungen mit Python immer auf die ordnungsgemäße Bus-Konfiguration achten müssen. Mit nachstehenden Funktionen automatisieren Sie dieses Thema – die erste Funktion liefert aus einem `cpuinfo`-Aufruf die Revision des aktuell eingesetzten Raspberry Pi, die zweite Funktion setzt abhängig vom Ergebnis der ersten Funktion die Bus-Nummer für den I²C-Aufruf.

```
# Funktion getPiRevision
  def getPiRevision():
    try:
      f = open('/proc/cpuinfo','r')
      for line in f:
         if line.startswith('Revision'):
          return 1 if line.rstrip()[-1] in ['1','2','3'] else 2
```

```
        f.close()
      except:
        return 0
# Funktion getPiI2CBusNumber
    def getPiI2CBusNumber():
        # Gets the I2C bus number /dev/i2c
        return 1 if i2c_device.getPiRevision() > 1 else 0
```

Sind die beiden Funktionen im Quellcode vorhanden, stellt die Nutzung für Python-Anwender keine große Herausforderung mehr dar:

```
      print "i2c-Busnummer= ", getPiI2CBusNumber()
      print "Raspberry-Pi Revision=", getPiRevision()
      port = -1
      i2c_bus = smbus.SMBus(port if port >= 0 else
getPiI2CBusNumber())
```

Eleganter und vor allem übersichtlicher ist es, die Funktionen in einer eigenen Bibliothek vorzuhalten, die im eigenen Quellcode dann per `import Bibliothek-Name` eingebunden werden kann.

6.9 LCD-Bildschirm mjkdz in Betrieb nehmen

Gerade wenn im Rahmen eines Projekts viele Geräte mit bzw. an einem Raspberry Pi zum Einsatz kommen und die verfügbaren GPIO-Pins knapp werden, nutzt man gern ein Gerät, das sich über den I^2C-Bus ansteuern lässt. Dies ist umso bequemer, wenn sowieso schon andere I^2C-Geräte wie Gyroskop, Messgeräte und Sensoren im Rahmen eines Projekts zum Einsatz kommen sollen. Auf den Elektronikeinkaufsmärkten im Internet tummeln sich hin und wieder Schnäppchen, die ohne Datenblatt und dergleichen für wenige Euro erhältlich und oftmals OEM-Modelle, Kopien oder ähnliche Nachbauten von bestehenden Modellen sind, in Sachen Funktionalität jedoch nahezu baugleich sind und mit einem solchen I^2C-Anschluss kommen. Hier wird meist ein Standard-LCD aus dem Hause Hitachi verwendet, das mit einer Huckepackplatine verlötet ist, auf der sich in der Regel ein PCF8574-Baustein oder ein kompatibler befindet. Auf der Zusatzplatine ist meist noch ein Kontrastregler in Form eines Potenziometers verbaut, um die Helligkeit zu regeln. In diesem Beispiel verwenden wir das günstige, Hitachi-kompatible 1602-Modul (16 Zeichen/2 Zeilen) mit der wirren Bezeichnung mjkdz und Made in China auf der Rückseite – bei einem anderen Modul ist die Bezeichnung *YwRobot Arduino LCM1602 IIC V1* auf der I^2C-Platine aufgedruckt. Trotz der Arduino-Bezeichnung lässt sich das Modul dank des I^2C-Anschlusses nicht nur an einem Arduino-, sondern auch an einem Raspberry Pi betreiben. Doch wie auch immer das Modul im Endeffekt heißt, im I²C-Betrieb auf dem Raspberry Pi achten Sie in einem solchen Fall darauf, dass im Gegensatz zu den meisten anderen I²C-Geräten der LCD-Bildschirm etwas mehr Spannung benötigt – nutzen Sie die 3,3 V, leuchtet der Bildschirm deutlich weniger, was auch die Lesbarkeit der dargestellten Zeichen beeinträchtigt. Deswegen ist hier als Spannung Pin 2, also der 5-V-Anschluss zu verwenden.

I²C-Gerät YwRobot Arduino LCM1602 IIC V1	Bemerkung	Raspberry Pi-Bezeichnung (Rev. 1)	Raspberry Pi-Bezeichnung (Rev. 2)/A+/B+	Raspberry Pi-Pin	Wiring Pi
VDD	5V	5V	5V	2	–
GND	Masse	GND	GND	6	–
SCL	I2C0_SCL	GPIO1	GPIO3	5	9
SDA	I2C0_SDA	GPIO0	GPIO2	3	8

Nach dem hardwaremäßigen Anschluss des LCD-Displays am Raspberry Pi nehmen Sie diesen softwareseitig in Betrieb. Wie beim Zugriff über die I²C-Schnittstelle üblich, benötigen Sie dafür die Hex-Adresse, über die das Gerät am I²C-Bus erreichbar ist. In diesem Beispiel liefert der `i2cdetect -y 1`-Befehl (Raspberry Pi Rev. 2) die Hex-Adresse `27` für das angeschlossene Gerät. Suchen Sie im Internet nach Informationen zu diesem LCD-Display, landen Sie meist auf Blog- und Webseiten mit Installationsanleitungen, in denen Bauanleitungen für das nachträgliche Anschließen von I²C-Anschlüssen sowie ein angepasster Code für den Betrieb zum Download bereitstehen. Dummerweise sind meist die Zuordnungen der Pins unterschiedlich, da das China-Modul die Byte-Nibbles vertauscht hat. So fällt auf, dass die ersten vier Bits des Adafruits-Moduls am zweiten Nibble des Anschluss-Bytes geschaltet sind.

Anschluss PCF8574-IC	Adafruit I²C LED	YwRobot Arduino LCM1602 IIC V1
P0	D4	RS
P1	D5	RW
P2	D6	E
P3	D7	BT
P4	RS	D4
P5	R/W	D5
P6	E	D6
P7	E1(=BT)	D7

Die Ansteuerung des Moduls erfolgt also immer nicht byteweise, sondern als Byte-Nibble also in 4-Bit-Blöcken – je nach Modul bzw. Verkabelung mit dem PCF8574-Baustein braucht Sie das nicht mehr zu kümmern, hier kommt es nur auf die Reihenfolge der Byte-Nibbles an, da die Reihenfolge innerhalb der Nibbles dieselbe ist. Die RS-Leitung (Register-Select) bestimmt, ob die übertragenen Daten als Zeichen in den Textpuffer (DISPLAY_RS=True) oder als Kommando in ein Steuerregister (DISPLAY_RS=False) geschrieben werden. Hier gibt es verschiedene Befehle für das Beschreiben, Löschen etc. des Displays, die in diesem ausführlichen Projekt in einem eigenen Modul zusammengefasst worden sind.

Wiederverwendung als I²C-Bibliothek

Neben dem Modul für den LCD-Bildschirm, YwRobot Arduino LCM1602 IIC V1 und kompatibel, ist ein allgemeines Modul für den Zugriff auf I²C-Geräte auch sinnvoll, gerade wenn Sie mit der Zeit mehrere unterschiedliche Sensoren und Geräte auf I²C-Basis betreiben möchten. Da sich die Befehle für das Lesen und Schreiben von Bits, Bytes und Words nur geringfügig bzw. gar nicht unterscheiden, brauchen Sie das Rad bei jedem Projekt nicht immer neu zu erfinden. Nutzen Sie einfach bestehenden Code und ergänzen Sie ihn. Legen Sie für das LCD-Bildschirmprojekt ein eigenes Verzeichnis an und erstellen Sie zunächst ein einfach gehaltenes Modul für den I²C-Zugriff. Beachten Sie hier, dass die Dateibezeichnung auch der späteren Bezeichnung des Python-Moduls entspricht – in diesem Beispiel wird die Datei i2c_lib.py genannt.

```
cd ~
mkdir LCD_ardu_pi
cd LCD_ardu_pi
nano i2c_lib.py
```

KAPITEL_6/i2c_lib.py

Diese Datei liefert neben den Schreib- und Lesekommandos an die entsprechende I²C-Geräteadresse auch zwei allgemeine Funktionen, um die eingesetzte Platine (Revision) des Raspberry Pi und somit auch den korrekten Parameter für die smbus-Konfiguration automatisch zu bestimmen.

Für die Verbindung vom eigentlichen Skript zum Bildschirm wurden noch die Registerfunktionen für den Bildschirm ausgelagert, um das eigentliche Skript, das den LCD-Bildschirm mit Daten etc. befüllt, nicht mit unnötigen Funktionen und Konstanten zu überladen.

China-LCD-Bildschirm – Registerfunktionen ausgelagert

KAPITEL_6/mjkdz.py

Durch das Auslagern häufiger Befehle in eigene Module steigt die Lesbarkeit des Codes im eigentlichen Skript, da im Idealfall nur noch einfache Funktionsaufrufe notwendig sind. Für den ersten Start und Funktionstest nutzen Sie einfach das Python-Skript mit der Bezeichnung text2lcd.py. Grundvoraussetzungen sind natürlich die beiden Bibliotheken, die für den I²C-Zugriff bzw. die Zuordnung zu den Pins auf dem Display sorgen.

Diese müssen sich im selben Projektverzeichnis wie die obige Testdatei befinden, damit der Zugriff darauf auch klappt.

Die einzelnen Werte bzw. der Befehlssatz sind meist in den Datenblättern beim Hersteller der Module bzw. in diesem Fall beim Hersteller des Original-LCD-Bildschirmmoduls erhältlich. In diesem Beispiel erwies sich auch in Sachen Zeichendarstellung auf dem LCD-Modul das Datenblatt zum HD44780 (*www.hobbytronics.co.uk/datasheets/HD44780.pdf*) als äußerst nützlich.

Zeichen auf einem Bildschirm darstellen

Grundsätzlich ist der Einsatz eines Potenziometers bei Pin 3 des LCDs nicht zwingend notwendig – dieser regelbare Widerstand begrenzt dann den durchlässigen Strom mittels des Drehpotenzials, was wiederum für die Kontraständerung sorgt. Bei dem eingesetzten zweizeiligen Hitachi-HD44780-kompatiblen Display ist das Bild glücklicherweise auf Anhieb scharf und macht somit den Drehwiderstand vergessen. Wer ein Potenziometer einsetzen möchte, kann sich bei dem Projekt im nächsten Abschnitt informieren – das dort verwendete vierzeilige Display ist grundsätzlich von den Anschlüssen her mit dem zweizeiligen Modell identisch. Für die Darstellung eines oder mehrerer Zeichen in einer Zeile nutzen Sie die Beispieldatei `text2lcd.py`.

KAPITEL_6/text2lcd.py

Hier wird zunächst ein `lcd`-Objekt erzeugt, und die beiden Variablen `zeile1` und `zeile2` werden mit den Daten befüllt, die auf dem LCD-Display dargestellt werden sollen. Parallel werden diese auch per `print`-Kommando im Konsolenfenster angezeigt. Um das Zusammenspiel der unterschiedlichen Kommandos zu demonstrieren, wird in diesem Beispiel automatisch nach 10 Sekunden die Hintergrundbeleuchtung ausgeschaltet. Dies ist vor allem dann praktisch, wenn Sie später mal so etwas wie einen Energiesparmodus mit dem LCD-Display umsetzen möchten. Nach weiteren 10 Sekunden Wartezeit wird das LCD-Display wieder eingeschaltet, und ein anderer Text wird auf dem LCD-Display dargestellt.

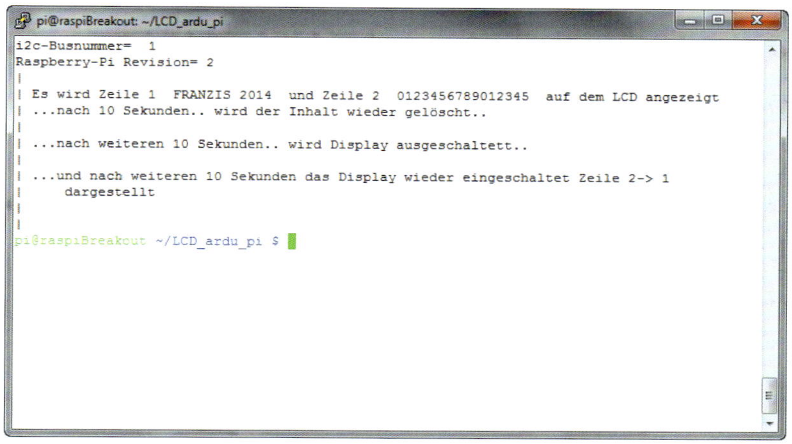

Für den Einstieg in die LCD-Technik mit dem Raspberry Pi perfekt geeignet: Überwachung der Textdarstellung parallel zur Darstellung auf dem LCD-Display.

Wer bereits einen LCD-Bildschirm ohne einen I²C-Anschluss sein Eigen nennt, kann diesen auch nachträglich mit einer I²C-Schnittstelle ausrüsten. Es werden lediglich ein PCF8574-IC sowie ein günstiges Potenziometer benötigt, um das umzusetzen.

KAPITEL 7

DRUCKSERVER

USB-Drucker sind ein erschwingliches Zubehör geworden. Geräte der unteren Preisklasse kommen meist ohne Netzwerkschnittstelle. Mit dem Raspberry Pi kann ein handelsüblicher USB-Drucker günstig zum Netzwerkdrucker umfunktioniert werden.

Dauer: **2 Stunden**
Schwierigkeit: ■■
Voraussetzung: **Kap. 3, 4**
Zusatzmaterial: **Kapitel_7**

Einkaufsliste:

- Drucker mit USB-Anschluss
- USB-Kabel

7.1 Raspberry Pi als AirPrint-Server im Heimnetz

Einfach und bequem: Sie sitzen auf dem Sofa und entdecken etwas Interessantes im Internet, was Sie gern ausdrucken möchten. Bisher haben Sie sich den entsprechenden Link per E-Mail zugesandt, so auf dem iPad oder iPhone ein E-Mail-Konto konfiguriert ist, diese E-Mail am Computer geöffnet und anschließend von dort aus zum Drucker geschickt. Im Gegensatz dazu können Sie über den Raspberry Pi zukünftig direkt von iOS den Druckauftrag zum Drucker schicken – ohne den lästigen Umweg über den Computer. Dies funktioniert natürlich nur bei iOS-Anwendungen, die die Druckfunktionen grundsätzlich unterstützen, wie beispielsweise Mail, Foto, Safari und weitere.

7.1.1 CUPS und AirPrint-Funktionen herunterladen und installieren

Für den Einsatz eines Druckers unter Linux hat sich das *Common Unix Printing System* (CUPS) durchgesetzt. Hier ist der Druckvorgang in einen Druckclient, der die Druckaufträge sortiert und weiterleitet, und den Druckserver, der das eigentliche Drucken erledigt, aufgeteilt. Dazu gehören neben den klassischen CUPS-Paketen wie `cups cups-pdf cups-driver-gutenprint` auch jene, die für die Kopplung der Hardware die klassischen Treiber bereitstellen.

Bei der Vielzahl der verfügbaren und unterstützten Drucker werden auch entsprechend viele Treiber auf dem Raspberry Pi installiert. Für die AirPrint-Funktionalität kommen später Programme und Dienste mit ins Spiel, die ihrerseits auf die CUPS-Funktionen zugreifen und damit den Drucker steuern. Doch dazu später mehr. Installieren Sie CUPS über die Kommandozeile mit folgenden Befehlen:

```
sudo bash
apt-get install foomatic-db foomatic-db-engine foomatic-filters
apt-get install cups cups-pdf cups-driver-gutenprint
```

`gutenprint` hat nichts mit einem ehemaligen Verteidigungsminister der Bundesrepublik Deutschland zu tun, sondern ist eine Treibersammlung von Druckerherstellern wie Canon, Epson, Lexmark, Sony, Olympus und PCL Drucker, die nach der Installation mit Ghostscript, CUPS, Foomatic und GIMP verwendet werden kann.

Ist die Speicherkarte zu knapp bemessen, ergibt es eventuell Sinn, vorher zu prüfen, ob der eingesetzte Drucker überhaupt von `gutenprint` unterstützt wird oder nicht. Im letzteren Fall könnten Sie dann auf `gutenprint` verzichten, wenn Sie einen passenden CUPS-Treiber für Ihren Drucker vom Hersteller für Debian 6 bekommen können.

Spielt der Speicherplatz keine große Rolle, ist die Installation nicht zuletzt aus Kompatibilitätsgründen sinnvoll. Auch wenn Sie später einen Drucker nachrüsten möchten, ist der Drucker unter Umständen umgehend betriebsbereit.

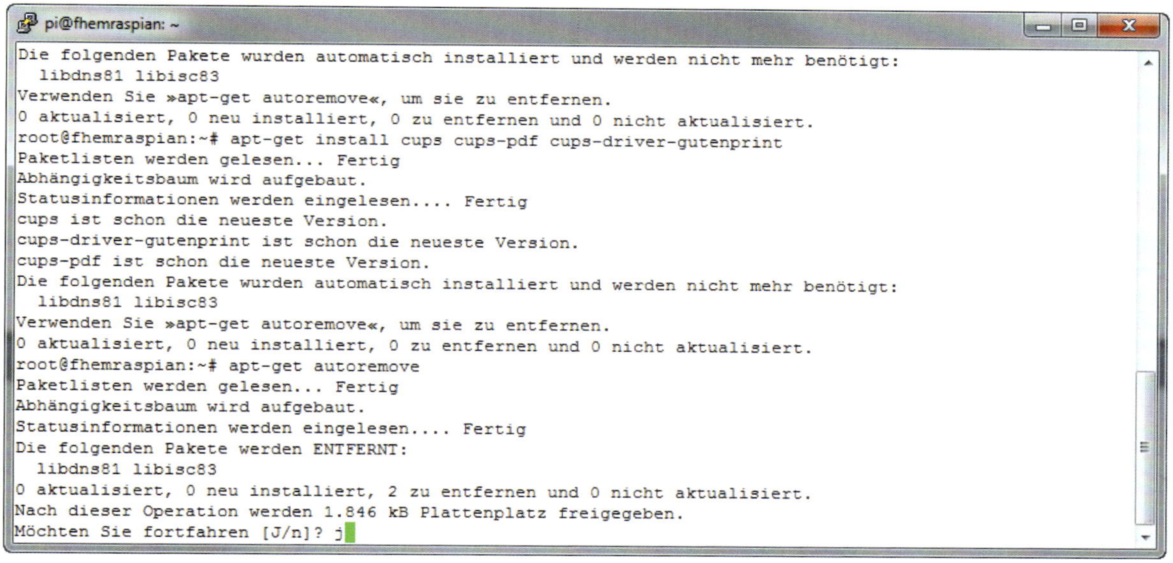

Je nach Versionsstand der CUPS- und Debian-Version sorgt die CUPS-Installation nicht nur für neue Pakete auf dem Raspberry Pi – ist bereits eine CUPS-Version installiert, wird diese aufgefrischt. Altlasten werden anschließend per apt-get autoremove vom System entfernt.

Für Besitzer eines Druckers von Hewlett-Packard ist die Installation des `hplip`-Pakets notwendig:

```
sudo apt-get install hplip
sudo apt-get install pycups python2 python-cups
```

Anschließend installieren Sie, falls noch nicht vorhanden, die Skriptsprache Python sowie den Connector `pycups` bzw. `python-cups`, der für die Nutzung der CUPS-1.2-API in Python-Programmen zuständig ist und somit Python-basierten Programmen das Drucken erlaubt.

Je nach Debian-Version kann es bei obigen Aufrufen zu Problemen kommen, falls die Pakete möglicherweise nicht gefunden werden. In diesem Fall reichen stattdessen folgende Kommandos aus:

```
apt-get install cups
apt-get install python-cups
```

Bei Problemen mit HP-Installation

Falls die Paketinstallation für HP-Drucker nicht klappt, nutzen Sie diese Kommandos:
apt-get install cups
apt-get install python-cups

7.1.2 Admin-Webseite nutzen: Drucker mit CUPS koppeln

CUPS besitzt einen integrierten Webserver, der über Port 631 zu erreichen ist und für das Einrichten und Verwalten der Drucker genutzt wird. Die CUPS-Admin-Seite ist naturgemäß unter derselben IP-Adresse erreichbar wie der Raspberry Pi. Wer keinen DNS-Server im Heimnetz betreibt oder einfach diese IP-Adresse vergessen hat, der holt sie sich auf der Konsole des Raspberry Pi per `ifconfig`-Befehl.

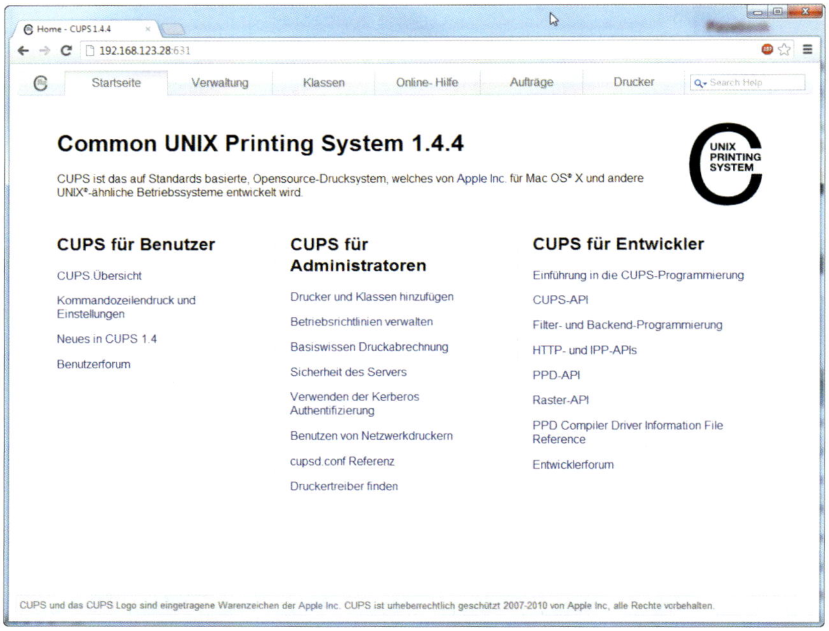

Erfolgreich installiert: Die Konfigurations-/Startseite von CUPS auf dem Raspberry ist aktiv.

In diesem Beispiel ist der Raspberry Pi über *192.168.123.28* erreichbar – in der Konfigurationsdatei wurde Port 631 festgelegt. Im Endeffekt bedeutet dies, dass Sie mit der Eingabe von *192.168.123.28:631* in die Adresszeile des Webbrowsers von einem x-beliebigen Computer im Heimnetz aus nun die CUPS-Übersichtsseite auf dem Raspberry Pi erreichen.

Jetzt navigieren Sie zum Register *Verwaltung* und geben dort den noch hinzuzufügenden Drucker frei. Grundsätzlich ist es bei der Admin-Seite so, dass jeder Benutzer alle Aktionen durchführen darf – möchten Sie einen Drucker hinzufügen, erscheint beim Ändern eine Passwortabfrage. Dafür haben Sie vorhin bei der Einrichtung einen entsprechenden Benutzernamen angegeben, der auch Mitglied der Linux-Gruppe `lpadmin` auf dem Raspberry Pi ist. In diesem Beispiel gab es den Raspberry Pi-Benutzer `pi` sowie den neu angelegten Benutzer mit dem Namen `printer`, der ebenfalls der Gruppe `lpadmin` hinzugefügt wurde.

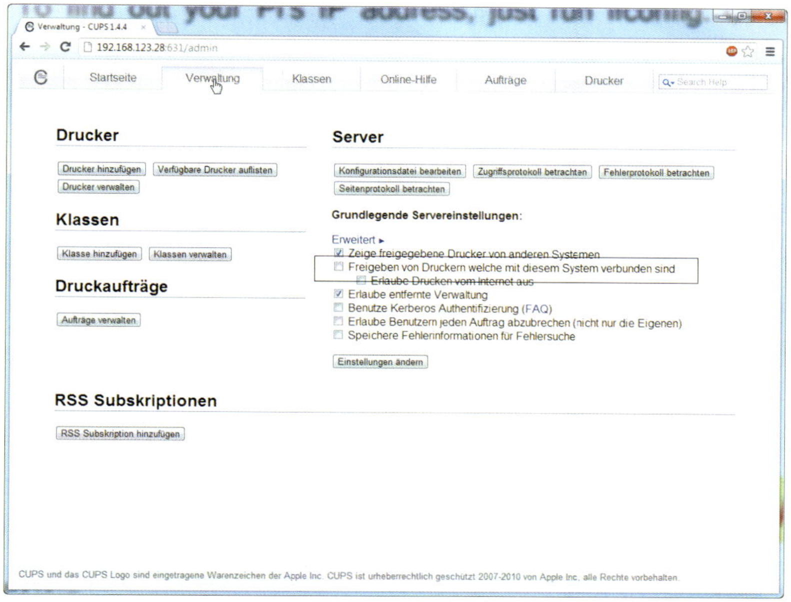

Die Registerkarte *Verwaltung* ist bei der CUPS-Konfiguration die erste Anlaufstelle. Dort geben Sie den mit dem Raspberry Pi gekoppelten Drucker für die Computer im Heimnetz frei.

Setzen Sie dort das Häkchen bei *Freigeben von Druckern, welche mit diesem System verbunden sind* und klicken Sie zum Übernehmen auf die Schaltfläche *Einstellungen ändern*. Anschließend erwartet die Webseite eine erneute Bestätigung der Änderung. Lassen Sie sich von der eventuell vorher erscheinenden Seite *Das Sicherheitszertifikat der Webseite ist nicht vertrauenswürdig* nicht einschüchtern – an der IP-Adresse sehen Sie, dass dies Ihr Druckserver ist. Deshalb klicken Sie bei dieser Seite auf die *Weiter/Trotzdem fortfahren*-Schaltfläche.

Nun haben Sie sich gegenüber CUPS ordnungsgemäß authentifiziert und können sich auf der Konfigurationsseite den oder die im Heimnetz verfügbaren Drucker für CUPS einrichten.

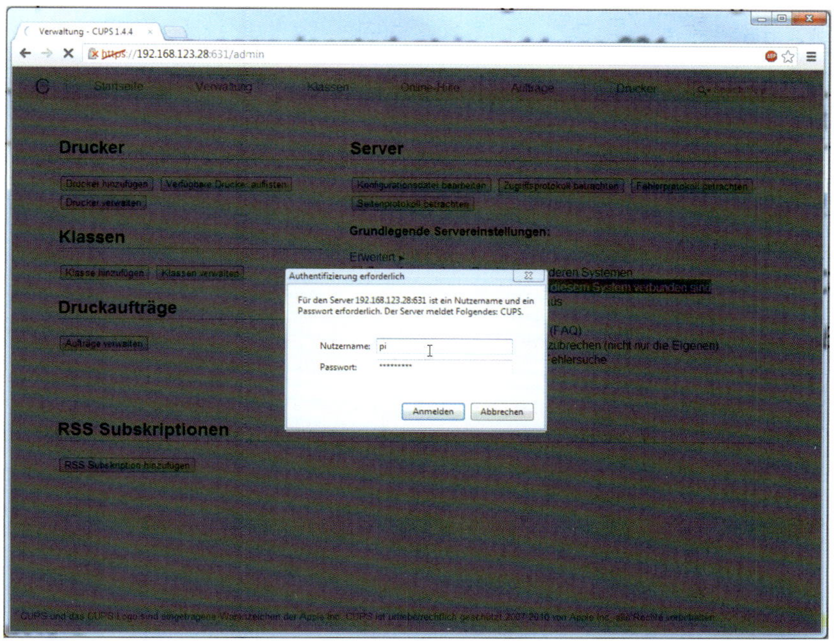

Für die Authentifizierung gegenüber CUPS nutzen Sie den Benutzer `pi` und – falls noch nicht geändert – das Standardpasswort `raspberry`. Haben Sie für diesen Zweck einen eigenen Benutzer eingerichtet, der Mitglied der `lpadmin`-Gruppe ist, ist dies der Anlass, ihn zu nutzen.

7.1.3 Drucker im Heimnetz zu CUPS hinzufügen und einrichten

Genial – wer einen Drucker mit USB-Schnittstelle besitzt, kann ihn nun im Raspberry Pi einstecken und einschalten. Dank des Raspberry Pi haben Sie einen kostengünstigen Printserver im Heimnetz, den Sie nun von allen Computern aus zu Hause nutzen können. Neben den am Raspberry Pi anschließbaren Druckern unterstützt CUPS natürlich auch Drucker, die sich an anderen Computern im Heimnetz befinden (und dort freigegeben wurden), sowie die klassischen Netzwerkdrucker, die mit einem eingebauten Printserver kommen und ebenfalls über eine IP-Adresse im Heimnetz erreichbar sind.

Egal welchen Drucker bzw. Druckertyp Sie einsetzen – es werden lokale, direkt am Raspberry Pi angeschlossene Drucker, nur über das Netzwerk erreichbare Drucker sowie Drucker an entfernten Druckservern mit den gleichen Schritten bei CUPS eingerichtet. Wichtig ist lediglich, dass der oder die Drucker angeschaltet und direkt oder indirekt über das Heimnetzwerk erreichbar sind.

Lassen Sie zunächst die Suche im Heimnetz nach verfügbaren Druckern anlaufen. Durch das Klicken auf die Schaltfläche *Verfügbare Drucker auflisten* werden bereits viele Geräte automatisch gefunden.

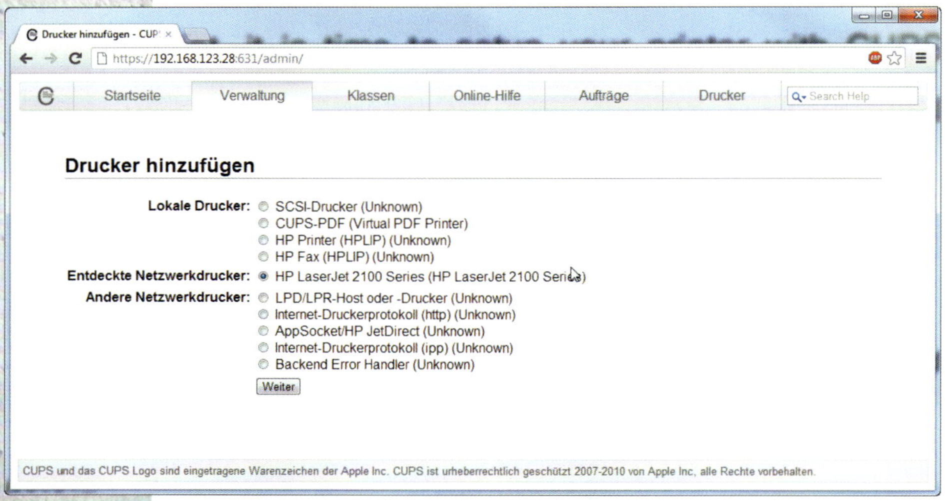

Drucker im Heimnetz gefunden: Egal ob lokal am Raspberry Pi oder im Netzwerk – per Klick auf die *Weiter*-Schaltfläche kommen Sie zum nächsten Schritt.

Nun klicken Sie auf die *Weiter*-Schaltfläche und wählen den Treiber des gefundenen Druckers aus, der in der Regel im CUPS-Paket bereits enthalten ist. Nach wenigen Augenblicken erscheint eine ganze Reihe von verfügbaren Treibern.

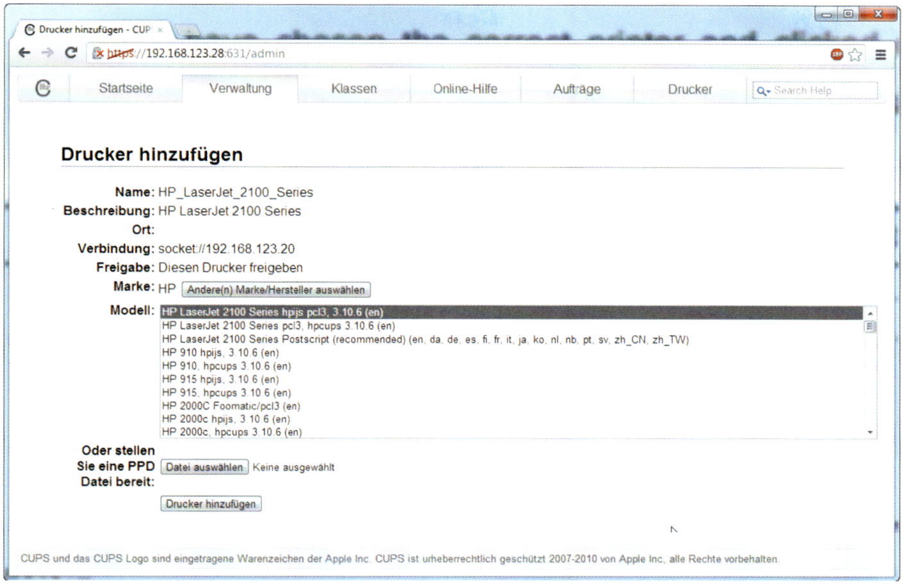

Treiber gefunden: Markieren Sie den gewünschten Treiber und klicken Sie auf die Schaltfläche *Drucker hinzufügen*.

Oftmals werden für ein Modell mehrere Treiber aufgelistet – welcher davon die beste Druckqualität und Leistung bringt, ist womöglich ein Erfahrungswert, den Sie selbst einordnen müssen. Nun ist der Drucker der CUPS-Konfiguration hinzugefügt, doch druckt er auch? Den Testdruck können Sie im Register *Drucker* beim jeweiligen Drucker über das Ausklappfeld *Wartung* mit der Option *Testseite drucken* starten.

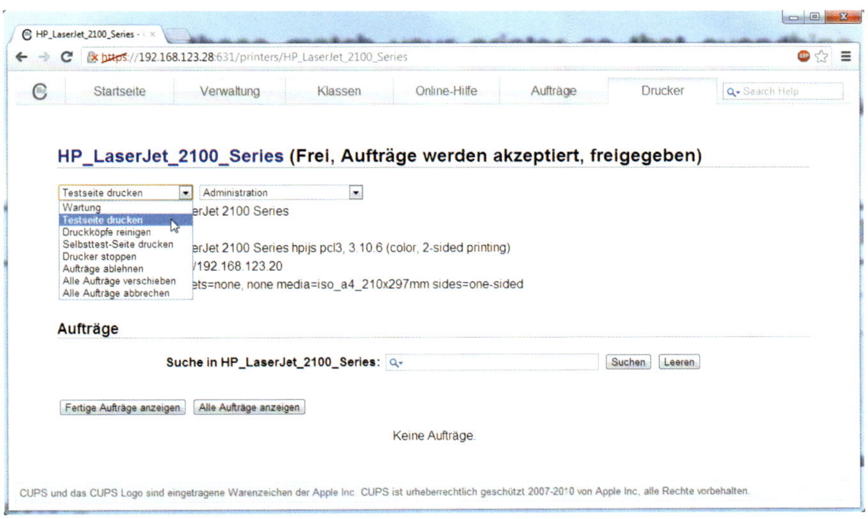

Druckerübersicht: Wählen Sie *Testseite drucken* aus, um zu sehen, ob der Drucker via Raspberry auch wirklich genutzt werden kann.

Kommt in wenigen Minuten aus dem angeschlossenen Drucker eine Testseite zum Vorschein, haben Sie CUPS erfolgreich eingerichtet.

7.1.4 Raspberry Pi-Printserver: Netzwerkdrucker für alle

Um beispielsweise den eingerichteten CUPS-Drucker des Raspberry Pi im Heimnetz für die Computer in Betrieb zu nehmen, ist die Installation eines Netzwerkdruckers notwendig. Unter Windows beispielsweise wählen Sie dafür in der Systemsteuerung den Punkt *Drucker* aus und klicken im Menübereich auf die Option *Drucker hinzufügen*, um den Druckerinstallationsassistenten zu starten.

Neben einem normalen, lokalen Drucker steht auch die Option *Einen Netzwerk-, Drahtlos- oder Bluetoothdrucker hinzufügen* zur Verfügung. Klicken Sie auf die Windows-Netzwerkfreigaben der angeschlossenen PCs, um die Freigaben bzw. freigegebenen Drucker sehen zu können.

Alternativ können Sie auch auf die Option *Der gesuchte Drucker ist nicht aufgeführt* klicken und über *Durchsuchen* den freigegebenen Drucker von Hand auswählen. Wählen Sie ihn nun aus. Im darauffolgenden Dialog tragen Sie bei *Freigegebener Drucker über den Namen auswählen* die Adresse des Raspberry Pi/CUPS-Servers ein:

```
http://<IP-Adresse-Raspberry>:631/printers/<Druckerbezeichnung-
bei-CUPS-Konfiguration>
```

In diesem Beispiel nutzen wir

```
http://192.168.123.28:631/printers/HP_LaserJet_2100_Series
```

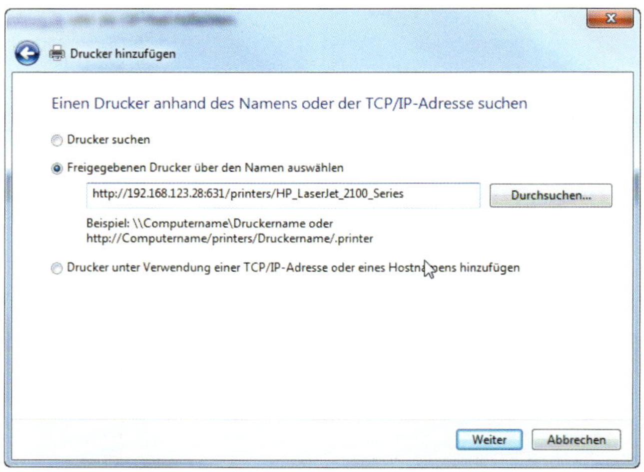

Unter *Systemsteuerung/Drucker* klicken Sie in der Menüleiste auf *Drucker hinzufügen*, um einen CUPS-Netzwerkdrucker einzurichten.

Nach dem Klick auf *Weiter* sucht Windows nach verfügbaren Treibern – und zwar vom Raspberry Pi: Hier verbindet sich der Installationsmechanismus und bietet die entsprechenden Treiber zur Auswahl an. In diesem Fall wählen Sie zunächst den Hersteller und anschließend im rechten Fenster unter *Drucker* das entsprechende Druckermodell aus.

Anschließend lässt sich auf Wunsch noch die Bezeichnung des Druckernamens anpassen.

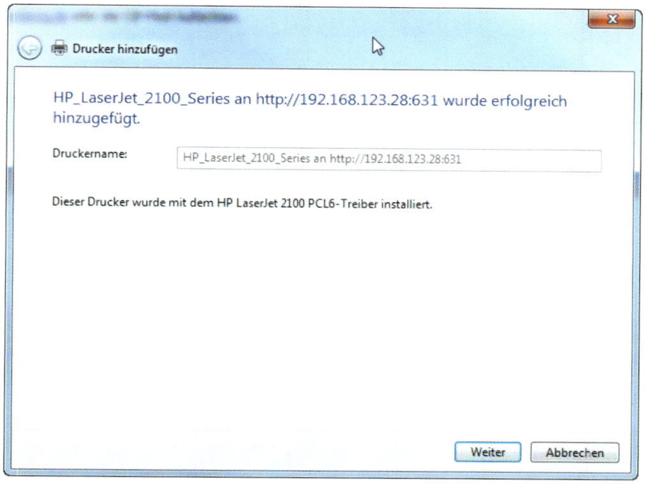

Kosmetik für Windows: Wen der ziemlich lange Freigabename stört, der kann ihn unter Windows nach seinem Gusto anpassen.

Hat CUPS die entsprechenden Treiber für den Netzwerkdrucker aktiviert, klicken Sie auf *Weiter*. Im nächsten Schritt verabschiedet sich der Druckerinstallationsassistent mit einem Zusammenfassungsdialog, in dem Sie auf Wunsch den Druck einer Testseite initiieren können.

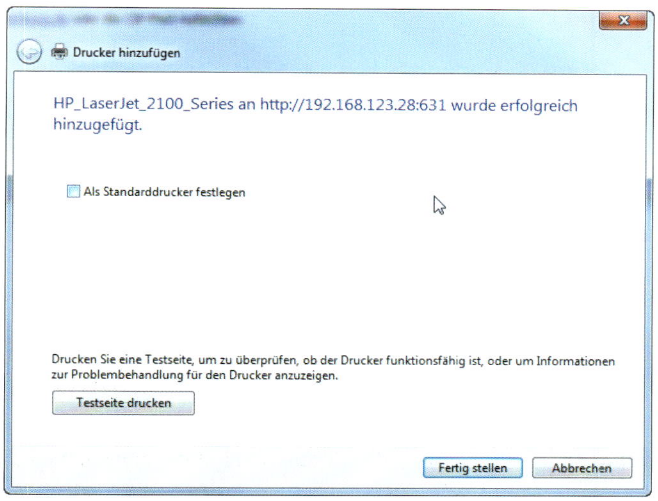

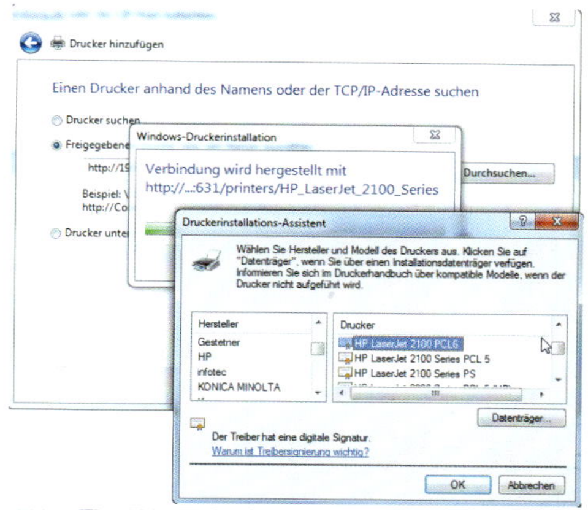

Drucker gefunden: Sind der Hersteller und das gewünschte Druckermodell gefunden, werden nach Klick auf die *OK*-Schaltfläche die Treiber geladen und unter Windows installiert.

Drucker erfolgreich installiert: Nach dem Druck der Testseite klicken Sie auf die Schaltfläche *Fertig stellen*, um die Installation des Druckers abzuschließen.

Um den Raspberry Pi als AirPrint-Server im Heimnetz für iPhone, iPod touch oder iPad zur Verfügung zu stellen, sind einige Verrenkungen und Anpassungen notwendig – auch wenn es darum geht, neue iDevices mit iOS 8 und dem Raspberry Pi in Betrieb zu nehmen.

7.1.5 Undokumentiert: AirPrint nachrüsten

Wer mal eben schnell vom iPad oder iPhone etwas ausdrucken möchte, der stößt zunächst an Grenzen: Während bei einem Computer einfach der passende Treiber installiert wird, ist diese Möglichkeit bei einem iOS-Gerät wie iPad oder iPhone von der Architektur her nicht vorgesehen. Auch mithilfe des USB-Kabels kommen Sie bei der Verbindung mit einem Drucker nicht weit – haben Sie ein Funknetzwerk zu Hause, nutzen Sie besser das drahtlose Drucken über WLAN.

Seit 2011, mit dem Update von iOS 4.2.1 für iPhone und iPad, kann direkt vom Handschmeichler aus mit der AirPrint-Funktion auch der heimische Drucker im lokalen Netzwerk verwendet werden. Doch im Gegensatz zur ursprünglichen Release-Version ist die Druckfunktion ab Version iOS 5 und dem neuen iPad wieder beschnitten worden und funktioniert nach dem Willen von Apple zunächst nur noch auf speziellen AirPrint-Druckern von Canon, HP und anderen.

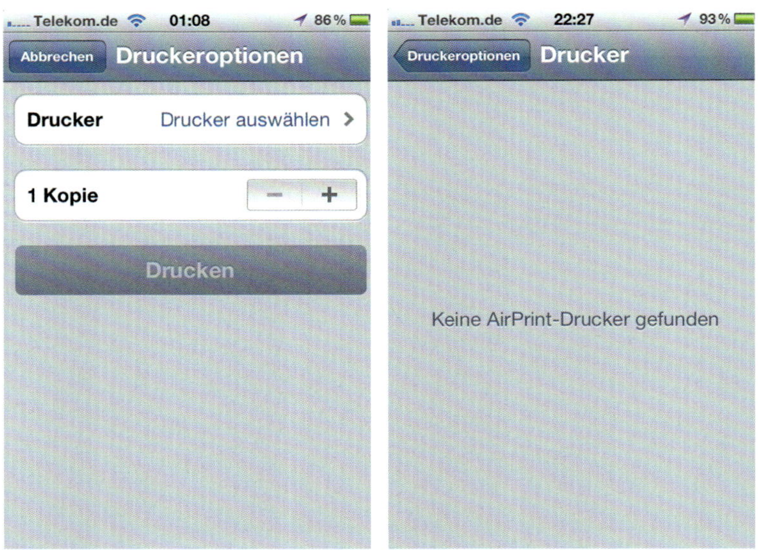

Die Druckfunktion ist auf iPhone und iPad erst einmal mit an Bord, doch der Drucker im Heimnetz muss dem Gerät noch bekannt gemacht werden.

Um AirPrint auf dem offiziellen Weg nutzen zu können, braucht es keine weitere Installation auf iPad oder Drucker. Nutzen Sie einfach die *Weiter-*

leiten-Funktion auf dem iPhone oder iPad und wählen per Tipp auf *Drucken* das *Drucker*-Menü. Im nächsten Schritt sucht das Gerät das heimische WLAN-Netzwerk nach AirPrint-kompatiblen Druckern ab und listet sie in der Druckerauswahl auf. Anschließend senden Sie den Druckauftrag vom iPhone oder iPad über WLAN direkt an den gefundenen Drucker.

AirPrint-Drucker von Apples Gnaden

Das Besondere an einem AirPrint-Drucker ist, dass er die notwendigen Netzwerkdruckserverdienste bereits integriert hat – Sie benötigen keinen zwischengeschalteten Computer, der sozusagen den Ausdruck für den Drucker in Druckersprache übersetzt. Mit einem Trick ist es jedoch möglich, einen mit dem Computer verbundenen Drucker als AirPrint-Drucker im Netzwerk zu betreiben – dann übernimmt der Clientcomputer die Aufbereitung und Steuerung des Druckers.

Eine lästige Voraussetzung ist jedoch, dass der Computer dauerhaft eingeschaltet ist – das ist je nach eingesetztem Computer in Sachen Stromkosten ein teurer Spaß und nur wirklich empfehlenswert, wenn der Computer ohnehin eingeschaltet ist. Für die Bereitstellung eines 24/7-Service ist jedoch der Raspberry Pi die deutlich bessere Wahl – und kostengünstiger sowieso.

Haben Sie keinen Drucker mit AirPrint-Funktion zu Hause, sollten Sie – wenn es nach Apple geht – Platz im Arbeitszimmer schaffen und einen kompatiblen Drucker kaufen. Doch wer bereits im Besitz eines Druckers (ohne AirPrint-Funktion) ist, sollte bei seinem Druckerhersteller nach einer aktuelleren Firmwareversion Ausschau halten. So baut HP die AirPrint-kompatible Druckerpalette ständig aus, und einige ältere Drucker bekommen per Firmware-Update die AirPrint-Funktion nachgereicht. Steht eine neue Firmwareversion zur Verfügung, installieren Sie sie nach den Herstellerangaben.

Doch in Zeiten des papierlosen Büros drucken viele schon auf dem heimischen Computer nichts mehr oder nur noch so selten aus, dass die Druckfunktion am iPad wahrscheinlich noch viel seltener zum Einsatz kommt. Deswegen ergibt die Neuanschaffung eines Druckers nur wegen der AirPrint-Funktion keinen Sinn – hier nutzen Sie den Raspberry Pi und rüsten ihn mit dem Linux-Drucksystem CUPS auf, um AirPrint-Funktionen zum Nulltarif zur Verfügung zu stellen.

Tipp: AirPrint-Drucker mit Raspberry Pi nachrüsten

Beachten Sie, dass nach Abschluss der Installation eine Speicherkarte mit 2 GByte nahezu gefüllt ist – die Installation der Druckertreiber, der PDF-Funktionen und dergleichen nehmen einigen Platz in Anspruch. Falls es auf der Speicherkarte bereits eng wird, sollten Sie spätestens jetzt den Wechsel auf eine 4-GByte-Speicherkarte oder größer vornehmen. Zunächst bringen Sie den Raspberry Pi auf den aktuellen Stand.

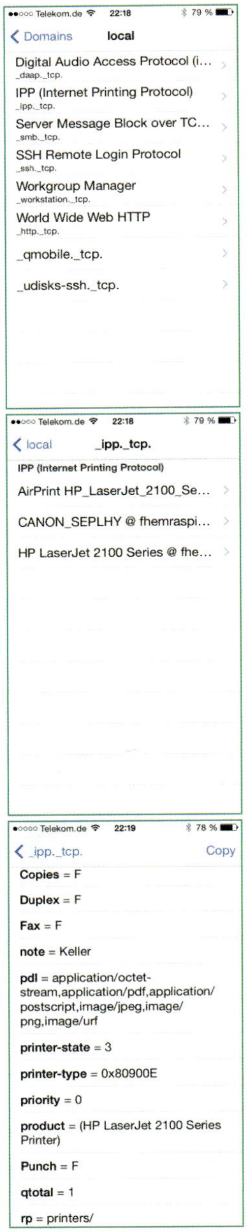

Sehr praktisch: Nicht nur Bonjour, sondern auch sämtliche Protokolle und offenen Schnittstellen im Heimnetz in Form bekannter Dienste und Ports zeigt der Discovery Browser von Tildesoft an.

Zwingend: Avahi und mDNS-Server installieren

Nun ist das Linux-Drucksystem CUPS samt Drucker installiert. Laden und konfigurieren Sie jetzt den Avahi-Treiber bzw. -Daemon, der quasi die eigentliche AirPrint-Funktionalität zur Verfügung stellt. Wer bereits das Paket `hplip` für einen HP-Drucker installiert hat, der hat `avahi` und `mDNS` in der Regel bereits mit an Bord. Trotzdem gehen Sie auf Nummer sicher und installieren das Paket im Zweifelsfall erneut.

Für die eigentliche AirPrint-Funktion benötigen Sie neben CUPS noch weitere Pakete, die erst nach der erfolgreichen CUPS-Installation zu installieren sind. Mit dem folgenden Befehl holen Sie die grundlegenden Pakete, die ihrerseits wiederum ihre Abhängigkeiten prüfen und gegebenenfalls weitere Pakete nachladen, bis das eigentliche Programm sauber installiert ist.

```
sudo apt-get install avahi avahi-daemon avahi-discover libnss-mdns
```

Erst mit der Installation von `avahi` und `libnss-mdns` stellen Sie sicher, dass der CUPS-Raspberry auch seine Bonjour-Funktion für die iOS-Geräte im Heimnetz wahrnehmen kann. Neben mDNS (*Multicast DNS*) nutzt Bonjour den *DNS Service Discovery* (DNS-SD). Nach der Installation wird automatisch der mDNS-Responder auf dem Raspberry eingerichtet, der die Query- und Reply-Anfragen der iOS-Geräte beantwortet.

Mit dem Discovery Browser von Tildesoft (kostenlos im iTunes Store erhältlich) können Sie beispielsweise mit Ihrem iPhone oder iPad die Bonjour-Fähigkeiten der Raspberry Pi-Installation testen – er scannt sozusagen das komplette Heimnetzwerk nach Bonjour-fähigen Geräten ab.

Prinzipiell ist es auch beim Einsatz mit CUPS so, dass Sie noch einen administrativen Benutzer benötigen, der nicht nur den Drucker installieren kann, sondern später auch für Wartungszwecke über die CUPS-Konfigurationsseite verschiedene Einstellungen vornehmen darf. Grundsätzlich muss dieser Benutzer auch ein Benutzerkonto auf der entsprechenden Maschine – in diesem Fall dem Raspberry Pi – haben; nutzen Sie einfach den bestehenden Benutzer `pi` – in diesem Beispiel mit dem Standardkennwort `raspberry`. Dieser Benutzer ist mittels des `usermod`-Befehls über die Kommandozeile der entsprechenden CUPS-Gruppe – der `lpadmin`-Gruppe – hinzuzufügen.

```
sudo usermod -aG lpadmin pi
```

Sollten Sie bereits einen anderen Benutzernamen für diesen Zweck eingerichtet haben, nutzen Sie ihn dafür. Im nachstehenden Beispiel legen wir einen Benutzer mit dem Namen `printer` und dem Kennwort `printerpassword` an:

```
sudo adduser printer
sudo usermod -aG lpadmin printer
```

Ist der Benutzer angelegt und Mitglied der `lpadmin`-Gruppe, starten Sie CUPS erstmalig in der Standardkonfiguration. Die Installation und Konfiguration des eigentlichen Druckers bzw. die Anpassung für AirPrint erfolgt dann im nächsten Schritt. Hier geht es zunächst darum, das CUPS-Drucksystem als Basis für die nächsten Schritte festzuzurren.

Dafür starten Sie CUPS und anschließend den Avahi-Daemon über die Kommandozeile:

```
sudo /etc/init.d/cups start
sudo /etc/init.d/avahi-daemon start
```

Sollten bereits beim Start der beiden Dienste Fehler auftreten, müssen Sie die Pakete wie oben beschrieben nochmals installieren – beide sind für die nächsten Schritte zwingend notwendig.

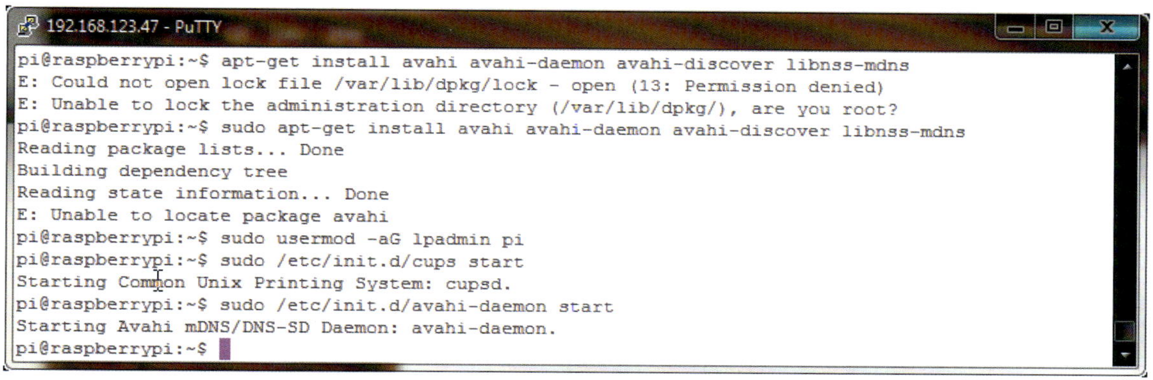

Nun sind die benötigten Dienste erfolgreich gestartet.

Läuft der CUPS-Daemon, können Sie sich später erstmalig an der Konfigurationsseite von CUPS anmelden – bevor Sie das tun, müssen Sie den entsprechenden Port festlegen und den Zugriff für die lokalen Clients auf CUPS freigeben.

KAPITEL_7/cupsdconf

7.1.6 Alle zu Hause? – Zugriff auf CUPS konfigurieren

Erste Anlaufstelle in Sachen CUPS-Konfiguration auf der Kommandozeile ist die Datei `cupsd.conf`, die sich im Verzeichnis `/etc/cups` befindet. Hier sehen Sie die wichtigsten Änderungen für den AirPrint-Zugriff im Überblick – detailliert erfahren Sie etwas später, welche Eingriffe notwendig sind.

```
ServerAlias *
Port 631
Listen /var/run/cups/cups.sock
```

Um die benötigten Änderungen für CUPS umzusetzen, öffnen Sie die CUPS-Konfigurationsdatei mit dem Befehl

```
sudo nano /etc/cups/cupsd.conf
```

Je nach verwendetem Editor (hier: nano) navigieren Sie zunächst mit den Pfeiltasten nach unten, bis Sie zum Eintrag `localhost:631` gelangen. CUPS lauscht nach Aufträgen an der lokalen Maschine (`localhost`) an `Port 631`.

Das ist zwar eine gute Idee, aber wir wollen ja vom gesamten Heimnetz aus den Drucker nutzen, also sollte CUPS nicht nur an `localhost`, sondern grundsätzlich an `Port 631` lauschen.

Aus diesem Grund wird der Eintrag `localhost:631` per vorangestelltem Lattenzaunsymbol (#) auskommentiert, und in der folgenden Zeile wird der Eintrag `Port 631` gesetzt. Diese Änderungen wurden in der Beispieldatei `Change1-Airprint` und `Change2-Airprint` dokumentiert.

Damit der CUPS-Drucker für jedes Gerät im Heimnetz sichtbar ist und nicht mehr zu sensibel mit Anfragen umgeht, die keinen korrekten HTTP-Header mitbringen, wird der grundsätzliche Zugriff für alle (*) erlaubt – also auch für Apples Bonjour-Dienste bzw. Geräte, die diese Technik nutzen.

Dafür tragen Sie möglichst zu Beginn den Parameter `ServerAlias *` in der `cupsd.conf` ein. Diese Änderung ist in der Beispieldatei mit `Change3-Airprint` dokumentiert, die restlichen drei (`Change4-Airprint`, `Change5-Airprint`, `Change6-Airprint`) betreffen den Zugriff auf die entsprechenden Konfigurationsseiten auf dem CUPS-Webfrontend, auf die Admin-Seite sowie auf die Konfigurationsdateien. Hier wurde für den Zugriff der Parameter `Allow @LOCAL` gesetzt. Möchten Sie beispielsweise den Zugriff auf die Konfigurationsseiten einschränken, nutzen Sie am besten den Schalter `@SYSTEM`, der darauf achtet, dass nur Mitglieder der Systemgruppe `lpadmin` auf sie zugreifen dürfen.

```
<Location /admin/conf>
  AuthType Basic
  Require user @SYSTEM
  Order allow,deny
</Location>
```

Möchten Sie den Zugriff auf das System vom Netzwerk aus freigeben, erfolgt das wie in unserem Beispiel durch `Allow @LOCAL` – was dafür sorgt, dass alle Computer (und die iPhones, iPads etc.) im lokalen Netzwerk auf den entsprechenden CUPS-Dienst zugreifen dürfen. Der Parameter `@LOCAL` ist nichts anderes als der IP-Adressbereich, in dem der CUPS-Server betrieben wird. Sind die gewünschten Änderungen eingetragen, speichern Sie die Datei per Tastenkombination Strg+X samt Bestätigung zum Überschreiben ab.

```
sudo /etc/init.d/cups restart
```

Anschließend starten Sie den CUPS-Dienst auf dem Raspberry Pi neu, um die vorgenommenen Änderungen zu aktivieren und sich anschließend auf der CUPS-Administrationsseite anzumelden.

Im nächsten Schritt koppeln Sie CUPS mit dem AirPrint-Gegenüber – dem Avahi Daemon –, der das Netzwerk in Sachen iOS-Geräte aktuell hält.

7.1.7 Automatische AirPrint-Installation mit Python-Skript

Damit die gemachten Änderungen auch nach einem Neustart des Raspberry Pi erhalten bleiben, sind Sie noch auf Unterstützung angewiesen. Dafür ist es notwendig, ein passendes Skript (*https://github.com/tjfontaine/airprint-generate*) einzubinden, das diese Aufgabe automatisch übernimmt. Es ist am einfachsten, den Raspberry Pi so hinzubiegen, dass dieses Skript so funktioniert, wie es soll – es sei denn, Sie beherrschen die Skriptsprache Python. Zunächst legen Sie das notwendige Verzeichnis `/opt/airprint` an und wechseln per `cd`-Kommando in das Verzeichnis.

```
sudo mkdir /opt/airprint
cd /opt/airprint
sudo wget -O airprint-generate.py --no-
check-certificate
https://raw.github.com/tjfontaine/
airprint-generate/master/airprint-
generate.py
sudo chmod 755 airprint-generate.py
```

Anschließend laden Sie das Skript per `wget` direkt vom Autor des Python-Skripts (Timothy Fontaine) auf den Raspberry Pi. Beachten Sie, dass sich der obige `sudo wget`-Befehl über zwei Zeilen erstreckt. Nach einem kurzen Moment haben Sie das 10 KByte große Skript heruntergeladen.

Anschließend setzen Sie die Zugriffsberechtigungen des Python-Skripts mit dem Befehl:

```
sudo chmod 755 airprint-generate.py
```

So kann der Eigentümer der Datei darin schreiben, sie lesen und ausführen, während die Gruppe und alle anderen nur lesen und ausführen dürfen. Das ist auch völlig ausreichend.

In unserem Fall darf jeder im Haushalt den CUPS-Drucker benutzen, es wurde kein CUPS-Zugriffsschutz aktiviert. Im nächsten Schritt erzeugen Sie die notwendige Servicedatei für AirPrint mithilfe des heruntergeladenen Python-Skripts. Das Ziel ist hier `/etc/avahi/services`.

```
sudo ./airprint-generate.py -d /etc/avahi/
services
```

Nun erzeugt das Python-Skript die `services`-Datei neu und schreibt diese in das `/etc/avahi/services`-Verzeichnis, was nach einem kurzen Moment abgeschlossen ist. Wie in der letzten Abbildung zu sehen, läuft das Skript erfolgreich durch, liefert jedoch mit der Ausgabe von

```
image/urf is not in mime types, HP_LaserJet_
2100_Series may not be available on ios6 (see
https://github.com/tjfontaine/airprint-generate/
issues/5)
```

einen Hinweis darauf, dass bei Geräten mit iOS 6 noch nachgebessert werden muss. Um zu testen, ob die Änderungen auch nach einem Neustart des Raspberry Pi Bestand haben, können Sie per `sudo reboot` einen Neustart veranlassen.

Tipp: Passwortschutz beim Drucken

Werden für das Drucken unter CUPS ein Benutzer und ein Kennwort benötigt, sind diese auch im Python-Skript anzugeben. Dafür öffnen Sie die Datei in einem Editor und suchen nach der Zeichenkette `# air=username,password`, die Sie auskommentieren und anschließend mit dem Benutzer sowie dem dazugehörigen Kennwort bestücken.

7.1.8 iOS6 im Einsatz? – AirPrint auf Raspberry Pi nachrüsten

Die bisher vorgestellte Lösung funktioniert für die ältere Generation der Apple-Devices mit iOS 5 reibungslos, aber seit der Veröffentlichung von iOS 6 im Herbst 2012 wurden die Karten neu gemischt: Hier tauchten viele Drucker nach dem Update auf iOS 6 nicht mehr auf, oder der Zugriff auf den Drucker lief ins Leere. Hier hilft die Anpassung zweier Konfigurationsdateien, um dem CUPS-Drucksystem in Sachen AirPrint wieder auf die Sprünge zu helfen.

Never change a running system: Sie sollten vorsichtshalber ein Backup der zu bearbeitenden Dateien durchführen, um so gegebenenfalls den Ursprungszustand einfach wiederherstellen zu können.

Zunächst prüfen Sie die `services`-Datei für den erstellten AirPrint-Drucker und sichern gegebenenfalls das Original mit dem `cp`-Kommando. Nach dem Öffnen zeigt die Datei folgenden Inhalt:

```
<?xml version="1.0" ?><!DOCTYPE service-group SYSTEM ,avahi-service.dtd‘><service-group><name
replace-wildcards="yes">AirPrint HP_LaserJet_2100_Series @ %h</name><service><type>_ipp._tcp</
type><subtype>_universal._sub._ipp._tcp</subtype><port>631</port><txt-record>txtvers=1</txt-
record><txt-record>qtotal=1</txt-record><txt-record>Transparent=T</txt-record><txt-record>URF=none</
txt-record><txt-record>rp=printers/HP_LaserJet_2100_Series</txt-record><txt-record>note=HP LaserJet
2100 Series</txt-record><txt-record>product=(GPL Ghostscript)</txt-record><txt-record>printer-
state=3</txt-record><txt-record>printer-type=0x80901c</txt-record><txt-record>pdl=application/
octet-stream,application/pdf,application/postscript,image/gif,image/jpeg,image/png,image/tiff,text/
html,text/plain,application/openofficeps,application/vnd.cups-banner,application/vnd.cups-
pdf,application/vnd.cups-postscript</txt-record></service></service-group>
```

Hier fehlt am Ende der Zeile der Ausdruck `image/urf`:

```
pdl=application/octet-stream,application/pdf,application/
postscript,image/gif,image/jpeg,image/png,image/tiff,text/
html,text/plain,application/openofficeps,application/vnd.
cups-banner,application/vnd.cups-pdf,application/vnd.cups-postscript,image/urf
```

Diese Kontrolle ist jedoch nicht zwingend und eine Änderung schon gar nicht notwendig, da diese Datei beim Neustart des `airprint-generate.py`-Skripts automatisch neu erstellt wird. Denn nach den vorliegenden Fakten ist jeweils eine Änderung in zwei Dateien notwendig. Zunächst sichern Sie diese per `cp`-Befehl:

```
sudo cp /usr/share/cups/mime/mime.types /usr/share/cups/mime/mime.types.org
sudo cp /usr/share/cups/mime/mime.convs /usr/share/cups/mime/mime.convs.org
```

Anschließend öffnen Sie die Konfigurationsdatei `mime.types`, die dafür sorgt, dass der CUPS-Drucker bei dem iOS-Gerät als Gerät angezeigt wird.

```
sudo nano /usr/share/cups/mime/mime.types
```

Dort fügen Sie die Zeile

```
image/urf urf (0,UNIRAST)
```

in die Datei ein – achten Sie auf die Abstände, die Sie mit der Tab-Taste erzeugen.

Analog gehen Sie bei der Datei `mime.convs` vor.

```
sudo nano /usr/share/cups/mime/mime.convs
```

Dort fügen Sie die Zeile

```
image/urf application/vnd.cups-postscript 66
pdftops
```

ebenfalls sauber mit Abständen per Tab-Taste in die Konfigurationsdatei ein. Sind die Änderungen gespeichert, wechseln Sie in das Verzeichnis `/opt/airprint/`

```
cd /opt/airprint/
sudo ./airprint-generate.py -d /etc/avahi/
services
```

und starten das AirPrint-Python-Skript erneut. Dieses schreibt die `services`-Datei neu und sichert sie für den Drucker im `/etc/avahi/services`-Verzeichnis, was nach einem kurzen Moment abgeschlossen ist. Dann starten Sie mit dem Befehl

```
sudo /etc/init.d/avahi-daemon restart
```

den Bonjour-Dienst auf dem Raspberry Pi neu, um die vorgenommenen Änderungen zu aktivieren.

```
AirPrint HP_LaserJet_2100_Series @ raspi-
airprint._ipp._tcp.local.
IPP (Internet Printing Protocol)

raspi-airprint.local:631
192.168.123.28:631

note = HP LaserJet 2100 Series
pdl = application/octet-stream,application/
pdf,application/
postscript,image/gif,image/jpeg,image/png,image/
tiff,text/
html,text/plain,application/
openofficeps,application/vnd.
cups-banner,application/vnd.cups-
pdf,application/vnd.cups-postscript,image/urf
printer-state = 3
printer-type = 0x80901c
product = (GPL Ghostscript)
qtotal = 1
rp = printers/HP_LaserJet_2100_Series
Transparent = T
txtvers = 1
URF = none
```

Wer über seinen iPad oder sein iPhone den *Tildesoft Discoverer* im Einsatz hat, der erhält beim Parsen des IPP *(Internet Printing Protocol)* eine Ausgabe, in der Sie nun auch den benötigten `image/urf`-Parameter finden.

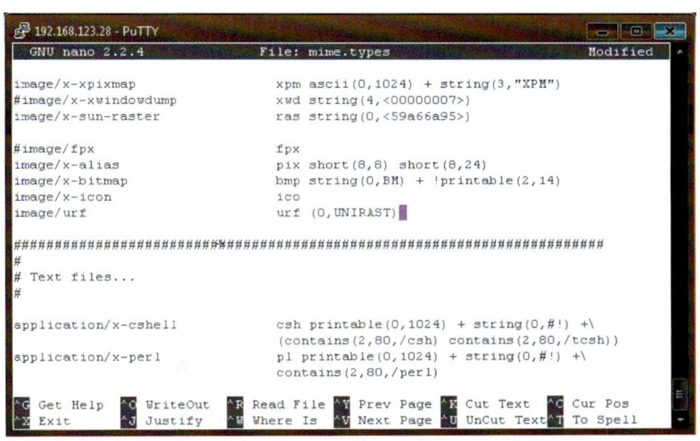

Zunächst navigieren Sie zu den anderen `image/`-Einträgen, fügen eine Zeile mit dem Eintrag `image/urf urf (0,UNIRAST)` hinzu und speichern die Datei.

KAPITEL 8

WEBCAM

USB-Webcams sind längst ein beliebtes und preisgünstiges Zubehör. Für unter 20 Euro wird der Raspberry Pi zur kleinen Video-Übertragungsstation.

Dauer: **2-4 Stunden**
Schwierigkeit: ■■
Voraussetzung: **Kap. 3, 4**
Zusatzmaterial: **Kapitel_8**

Einkaufsliste:

- USB-Webcam
- Partitionierte SD-Karte mit mehr als 2GB Speicher

8.1 Anwendungsmöglichkeiten: Webcam und Raspberry Pi

Haben Sie eine Nullachtfünfzehn-Webcam – etwa von einer Playstation 3 – herumliegen, können Sie sie mithilfe des Raspberry Pi wieder zum Leben erwecken und beispielsweise als Webcam nutzen. Da diese Kombination nicht nur funktioniert, sondern aufgrund des geringen Stromverbrauchs des Raspberry Pi in Zeiten hoher Strompreise auch ökonomisch empfehlenswert ist, ist die vorgestellte Lösung umso attraktiver.

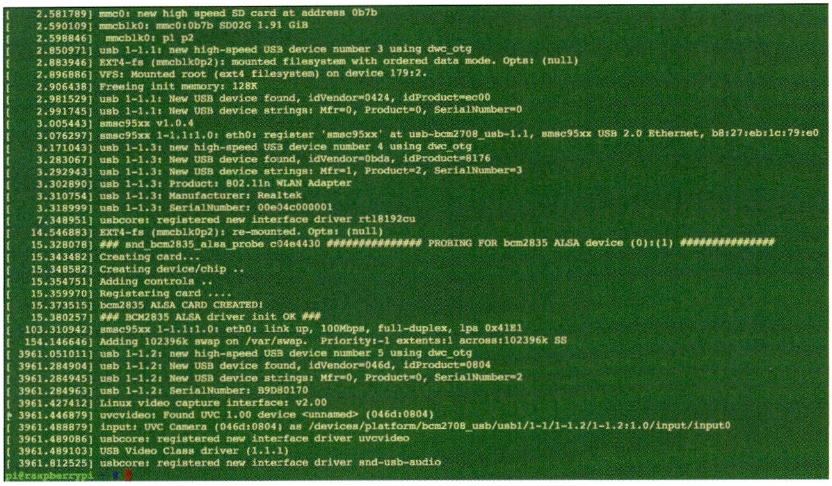

Wird eine USB-Webcam am Raspberry Pi eingesteckt, prüfen Sie zunächst mit dem `dmesg`-Befehl, ob die Webcam überhaupt vom System erkannt wird.

Installieren Sie zunächst das unter Linux bekannte FFMpeg-Paket, das für die Komprimierung der eingefangenen Bilder zuständig ist und diese für weitere Anwendungen zur Verfügung stellt, beispielsweise für die Übertragung per Webseite in einem Mediaplayer-tauglichen Format als MJPEG-Stream oder einfach für einen entfernten Mediaplayer wie VLC auf einem anderen Computer.

8.1.1 FFMpeg besorgen und kompilieren

Das weit verbreitete FFMpeg-Paket ist leider nicht in den Standardpaketquellen des Raspberry Pi enthalten und muss manuell hinzugefügt werden. Anschließend sind der Download und das Kompilieren des Pakets für den Raspberry Pi notwendig. Doch eins nach dem anderen – zunächst fügen Sie die Bezugsquelle für FFMpeg der Raspberry Pi-Konfiguration hinzu.

Mit dem nano-Editor ist das Ändern einer Konfigurationsdatei kein Problem.

Quellen bearbeiten

Um die Paketquellen auf dem Debian-Wheezy-Raspberry bearbeiten zu können, sind administrative Berechtigungen notwendig, die Sie über den führenden `sudo` erhalten:

```
sudo nano /etc/apt/sources.list
```

Hier fügen Sie die beiden Zeilen

```
deb-src http://www.deb-multimedia.org sid main
deb http://www.deb-multimedia.org wheezy main non-free
```

einfach den bereits bestehenden hinzu.

Um die neuen Quellen zu initialisieren und in Betrieb zu nehmen, führen Sie nun eine Aktualisierung mit dem folgenden Kommando durch:

```
sudo apt-get update
```

Quellen initialisieren und erneut anpassen

Anschließend installieren Sie von der »neuen« Quelle das Paket `deb-multimedia-keyring`:

```
sudo apt-get install deb-multimedia-keyring
nano /etc/apt/sources.list
```

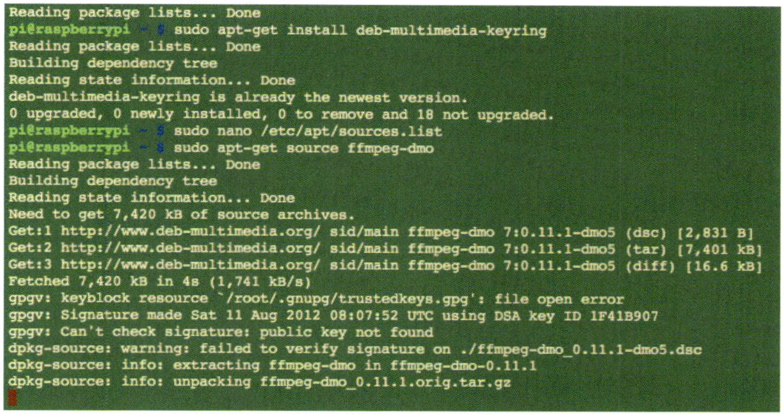

Ist der Eintrag `deb http://www.deb-multimedia.org wheezy main non-free` aus der `sources.list` gelöscht, laden Sie mit `apt-get source` die Quellen von FFMpeg.

Ist das geschehen, bearbeiten Sie nochmals die Konfigurationsdatei für die Paketquellen und kommentieren die Zeile

```
deb http://www.deb-multimedia.org wheezy main non-free
```

mithilfe des führenden Lattenzaunsymbols aus oder löschen die Zeile komplett aus der Datei `/etc/apt/sources.list`.

Im nächsten Schritt laden Sie die Quellen vom eigentlichen FFMpeg-Paket.

FFMpeg-Quelldateien holen und kompilieren

Das für die perfekte Anpassung an das Zielsystem maßgeschneiderte Kompilieren ist zwar langweilig und zeitraubend, hat aber den Vorteil, dass die fertige Lösung in der Regel auch funktioniert. Zunächst holen Sie sich die Quellen per `apt-get`-Befehl:

```
sudo apt-get source ffmpeg-dmo
```

Nach dem Herunterladen der Quellen befindet sich im aktuellen Verzeichnis ein neues Verzeichnis mit der Bezeichnung `ffmpeg-dmo-0.11`. Die Version kann natürlich differieren, falls eine neue Version von FFMpeg zur Verfügung steht.

Wechseln Sie nun per `cd`-Befehl in das Quellenverzeichnis. Nutzen Sie am besten die Autovervollständigungsfunktion der [Tab]-Taste – dies hilft enorm, um auch in das richtige Zielverzeichnis zu gelangen.

```
cd ffmpeg-dmo-0.11
sudo./configure
sudo.make && sudo make install
```

Mit dem Start des Skripts `./configure` triggern Sie das Zusammenstellen und Konfigurieren der vorliegenden Quelldateien an, um sie anschließend

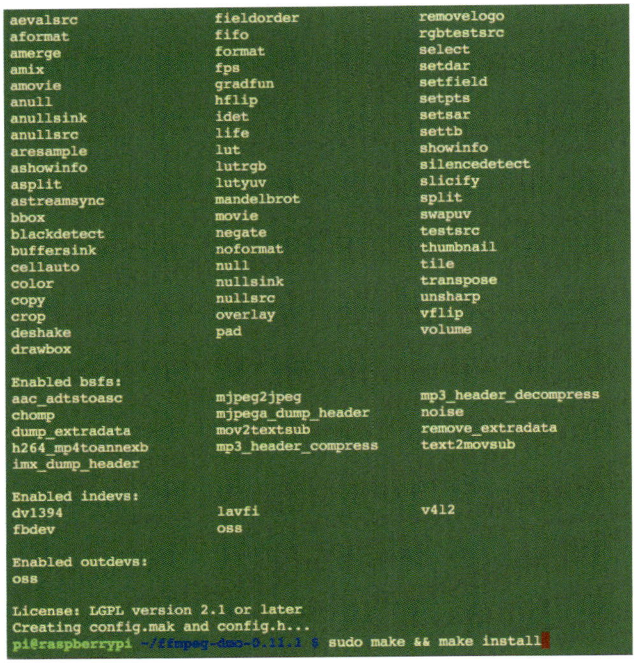

Nach dem Zusammenstellen der Pakete dauert das eigentliche Kompilieren per `make` ein paar Minuten.

per `make` bzw. `make install` auf dem Raspberry zu installieren.

Anschließend steht das FFMpeg-Paket auf dem Raspberry Pi zur Nutzung bereit.

Sound erwünscht? – ALSA einschalten

Dafür öffnen Sie nochmals die Konfigurationsdatei für die Paketquellen mit dem nano-Editor:

```
sudo nano /etc/apt/sources.list
```

und fügen zwei Paketquellen hinzu:

```
deb-src http://www.deb-multimedia.org sid main
deb http://www.deb-multimedia.org wheezy main
non-free
```

Nach dem Initialisieren der Paketquellen mit

```
apt-get update
```

installieren Sie nun die Soundunterstützung nach:

```
apt-get install deb-multimedia-keyring libasound2-dev
```

Dann ist ein erneutes Bearbeiten der Paketquellen erforderlich – wie bekannt, muss die Zeile

```
deb http://www.deb-multimedia.org wheezy main non-free
```

in der Paketdatei

```
/etc/apt/sources.list
```

gelöscht oder auskommentiert werden. Falls nicht mehr vorhanden, laden Sie die Quellen von FFMpeg nochmals auf den Raspberry Pi:

```
apt-get source ffmpeg-dmo
```

Wechseln Sie in das Verzeichnis und führen mit

```
./configure
```

sowie

```
make && make install
```

das Kompilieren und Erstellen des FFMpegs-Pakets erneut durch – diesmal mit Soundunterstützung. Im nächsten Schritt können Sie FFMpeg konfigurieren und in Betrieb nehmen.

8.1.2 FFMpeg einrichten und Konfigurationsdatei erstellen

Für den Betrieb eines Diensts oder Programms sind in der Regel Parameter notwendig, die in einer zum Paket gehörenden Konfigurationsdatei angelegt sind. In diesem Fall legen Sie eine solche Datei im /etc-Verzeichnis mit dem touch-Befehl selbst an:

```
sudo touch /etc/ffmpegserver.conf
```

Um die erstellte Datei auch mit Inhalten zu füllen, öffnen Sie sie mit dem nano-Editor:

```
sudo nano /etc/ffmpegserver.conf
```

und fügen folgende Zeilen ein:

```
Port 80
BindAddress 0.0.0.0
MaxClients 5
MaxBandwidth 50000
NoDaemon
<Feed picam.ffm>
  file /tmp/picam.ffm
  FileMaxSize 10M
</Feed>
<Stream picam.mjpeg>
  Feed picam.ffm
  Format mjpeg
  VideoSize 640x480
  VideoFrameRate 10
  VideoBitRate 2000
  VideoQMin 1
  VideoQMax 9
</Stream>
```

Die Einträge sind selbsterklärend. Wer die Webcam auf einem anderen Port als dem Standard-Webserverport 80 laufen lassen möchte, ändert diesen Wert. Auch die Beschränkung auf die Anzahl der gleichzeitig zulässigen Zugriffe (hier: 5) sowie die maximale Bandbreite helfen, die Raspberry Pi-Ressourcen zu schonen. Anschließend werden ein Feed sowie der Stream erzeugt – bei Letzterem tragen Sie bei VideoSize die Werte ein, die Ihre an den Raspberry Pi angeschlossene Webcam liefert. Bei einer mageren Netzwerkverbindung hilft es, diesen Wert auf 320 x 240 zu reduzieren. Speichern Sie nun diese Datei.

8.1.3 Startskript für Webcam erzeugen

Damit der installierte FFMpeg-Server auch weiß, wo seine Konfiguration liegt und mit welchen Parametern bzw. mit welchem Gerät er überhaupt arbeiten soll, erzeugen Sie noch ein Startskript, das auch nach einem Neustart des Raspberry Pi dafür sorgt, dass die Kamera läuft. Mit dem Befehl

```
sudo nano /usr/sbin/picam.sh
```

erzeugen Sie die Datei – in unserem Beispiel nennen wir sie `picam.sh` – im Verzeichnis `/usr/sbin` und tragen dort die Konfiguration

```
ffserver -f /etc/ffmpegserver.conf & ffmpeg -v verbose -r 5 -s
640x480 -f video4linux2 -i /dev/video0 http://localhost/picam.ffm
```

ein. Nach Eintragen und Speichern der Datei muss sie wie unter Linux gewohnt zunächst ausführbar gemacht werden. Das erledigen Sie am einfachsten mit dem Befehl

```
chmod +x /usr/sbin/picam.sh
```

Nun sind die Vorbereitungen abgeschlossen, im nächsten Schritt können Sie die Webcam in Betrieb nehmen.

8.1.4 Los geht's: Live-Übertragung starten

Ist das erstellte Skript mit den Ausführen-Berechtigungen versehen, starten Sie das Skript mit dem folgenden Befehl auf der Kommandozeile:

```
/usr/sbin/picam.sh
```

Nun können Sie diesen Stream in einem Fenster in der eigenen Webseite unterbringen oder den erzeugten Feed (hier: `picam.ffm`) über einen Webbrowser anzeigen lassen. Flexibler sind Sie jedoch mit einem netzwerkfähigen Videoplayer wie beispielsweise dem VLC, der das Abspielen von Netzwerkstreams aus dem Effeff beherrscht.

Waren die ersten Gehversuche mit der Videoübertragung über den Raspberry erfolgreich, macht das neugierig und Lust auf mehr. Hier kommen viele Ideen und Anwendungsgebiete ins Spiel – beispielsweise eine voll automatisierte Überwachungslösung für zu Hause.

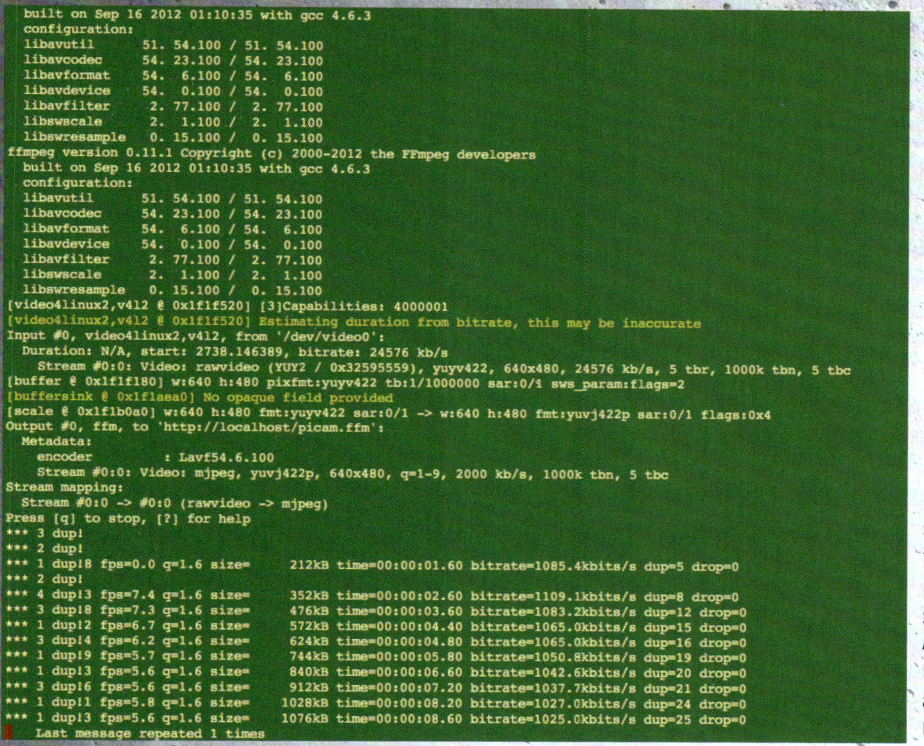

Nach dem Start des selbst gebauten Skripts für die Webcam sollten Übertragungsmeldungen wie in der obigen Abbildung erscheinen. In diesem Fall haben Sie alles richtig gemacht, die Übertragung läuft.

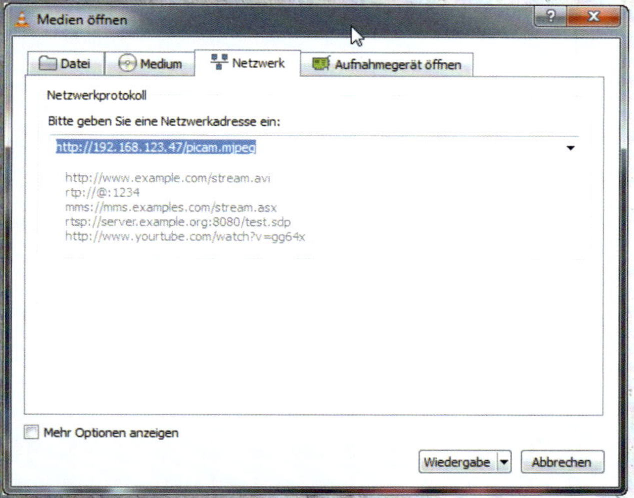

Abschließend prüfen Sie die Funktionalität und Qualität der Webcam-Übertragung mit einem netzwerkfähigen Videoplayer – hier spielt beispielsweise der bekannte Video LAN Client (VLC) seine Stärken aus.

8.2 Big Brother mit dem Raspberry Pi

Eine dauerhafte Aufzeichnung kostet nicht nur Rechenpower, sondern auch Speicherkapazität – ein guter Kompromiss ist, auf dem Raspberry Pi die Bewegungserkennung der Kamera einzuschalten und die Aufzeichnung nur dann zu starten, wenn es notwendig ist. Oder Sie geben lediglich ganz bestimmte Bildbereiche an, bei denen die Überwachung aktiviert werden soll. Wie auch immer, mit dem Raspberry Pi stellen Sie sich eine Haus- und Grundstücksüberwachung zusammen, die optimal auf Ihre Bedürfnisse zugeschnitten ist.

8.2.1 Zoneminder installieren

Für die Installation von Zoneminder ist mindestens eine SD-Speicherkarte der Größe 4 GByte oder mehr empfehlenswert. Da die Standard-Imagegröße der Debian-Imagedateien in der Regel auf Speicherkarten der Größe 2 GByte angepasst ist, muss gemäß Kapitel 3.3 »SD-Karte checken und partitionieren« die Speicherkarte angepasst werden, um den notwendigen Platz für den Raspberry Pi bzw. das Betriebssystem und Zoneminder zur Verfügung zu stellen.

Folgende Befehlssequenz ist notwendig, um Zoneminder samt abhängiger Pakete komplett zu installieren und erstmals in Betrieb zu nehmen:

```
sudo bash
apt-get update
apt-get install zoneminder
service zoneminder restart
service zoneminder status
```

Nach Installation und Start von Zoneminder starten Sie per `restart`-Aufruf Zoneminder neu, um zu sehen, ob das Stoppen der abhängigen Dienste sauber funktioniert und sie auch wieder gestartet werden. Mithilfe des `status`-Parameters lassen Sie sich anschließend den Status von Zoneminder auf der Konsole ausgeben.

Zoneminder mit Apache-Webserver koppeln

Grundsätzlich wird der Apache-Webserver beim Zoneminder-Paket immer mitinstalliert, auch wenn sich bereits ein alternativer Webserver auf dem Raspberry befindet. Abgesehen von den Systemressourcen ist Apache jedoch eine gute Wahl für den Betrieb mit Zoneminder, da Apache bereits ab Werk gut konfiguriert und lauffähig ist. Für den automatisierten Start bzw. für den Betrieb unter Apache müssen Sie aber noch einen Link auf die Zoneminder-Konfigurationsdatei anlegen und Apache neu starten, um die Änderung zu aktivieren.

```
sudo bash
ln -s /etc/zm/apache.conf /etc/apache2/
conf.d/zoneminder.conf
/etc/init.d/apache2 force-reload
```

Wer auf Nummer sicher gehen möchte, dass Apache bzw. Zoneminder nach einem Neustart des Raspberry Pi wirklich funktioniert, startet mit dem Befehl

```
reboot
```

den Raspberry neu und aktiviert nach dem Verbindungsaufbau den root-Zugriff auf der Konsole:

```
sudo bash
```

Im nächsten Schritt legen Sie einen Systembenutzer für Zoneminder an.

Zwingend notwendig: Benutzer für Zoneminder anlegen

Damit Zoneminder nach der Installation auch ordnungsgemäß funktioniert, ist es notwendig, dass Sie für die Anwendung eigens einen Benutzer auf dem Raspberry Pi anlegen. Mit dem Befehl

```
sudo adduser www-data video
```

fügen Sie den Benutzer `wwww-data` der Gruppe `video` hinzu.

Für den sauberen Betrieb muss der Benutzer `www-data` der Gruppe `video` zugeordnet werden.

Damit über dem Webbrowser auf dem Zielgerät überhaupt ein Bild oder ein Video von Zoneminder dargestellt werden kann, muss er die entsprechenden Dateien bzw. den Datenstrom auch decodieren können.

Kein Firefox? – Cambozola installieren

Kein Käse: Bekanntlich reagieren nicht alle Webbrowser auf der Welt gleich, angefangen von der Darstellung bis hin zum Format. Hier empfehlen die Zoneminder-Entwickler die Installation eines Plug-ins – in diesem Fall Cambozola, das bis dato dem Autor nur aus der Käsetheke bekannt war. Cambozola ist ein in Java geschriebenes Plug-in, das Multipart-JPEG-Streams im Browser decodieren kann – für Benutzer des Internet Explorers somit notwendig. Um Cambozola zu installieren, gehen Sie beim Raspberry Pi im Terminal wie folgt vor:

```
sudo bash
cd /usr/src
wget http://www.charliemouse.com:8080/code/cambozola/
cambozola-latest.tar.gz
tar -xzvf cambozola-latest.tar.gz
cp cambozola-0.92/dist/cambozola.jar /usr/share/
zoneminder
```

Zunächst initialisieren Sie die root-Umgebung und laden die aktuellste Version von Cambozola per `wget`-Befehl auf den Raspberry in das Verzeichnis `/usr/src`.

Nun starten Sie per `service zoneminder restart` den Zoneminder-Prozess neu:

Anschließend empfehlen die Zoneminder-Entwickler noch ein `apt-get update` und ein `apt-get upgrade`, um das Gesamtsystem sowie Abhängigkeiten von Zoneminder auf den aktuellsten Stand zu bringen.

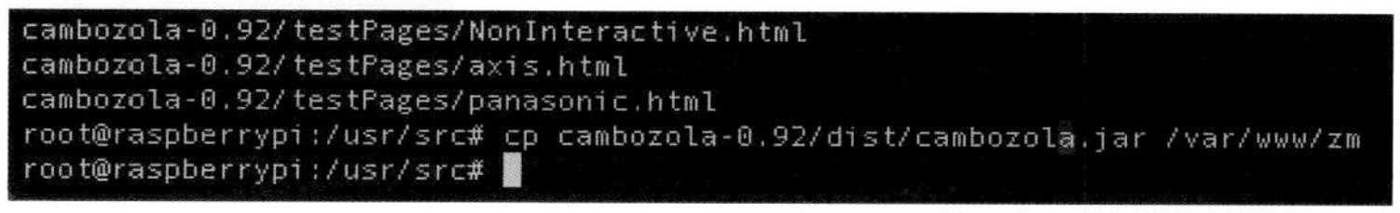

Nach dem Entpacken per `tar`-Befehl kopieren Sie die `jar`-Datei in das `/usr/share/zoneminder`-Verzeichnis.

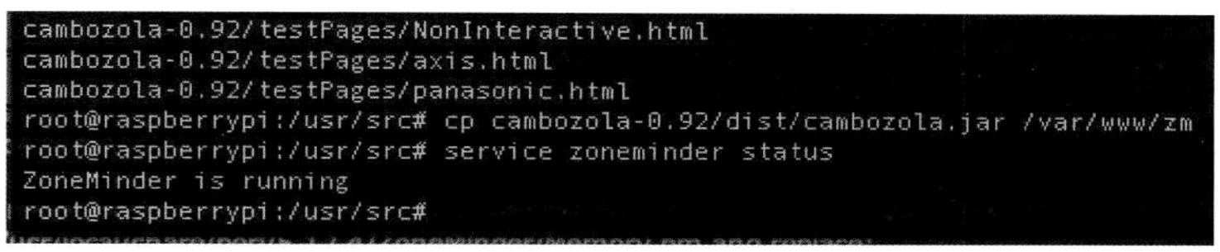

Nach dem Neustart prüfen Sie mit dem Befehl `service zoneminder restart` den Status von Zoneminder.

Apache-Feintuning und Bug-Behebung

Gerade wenn man unterwegs ist, möchte man sich keine langen Domainnamen merken. Da der Raspberry mit Zoneminder mehr als genug ausgelastet ist, kann Zoneminder auch direkt als root-Verzeichnis für den Webserver genutzt werden, damit beim Aufruf des Zoneminder-Frontends die Eingabe des `zm`-Kürzels in der Adresse überflüssig ist. Somit reicht zukünftig statt der Adresse *http://←IP-Adresse/DNS-Name-RaspberryPi→/zm* der Aufruf von *http://←IP-Adresse/DNS-Name-RaspberryPi→*. Dafür öffnen Sie die Datei `000-default`.

```
sudo bash
nano /etc/apache2/sites-enabled/000-default
```

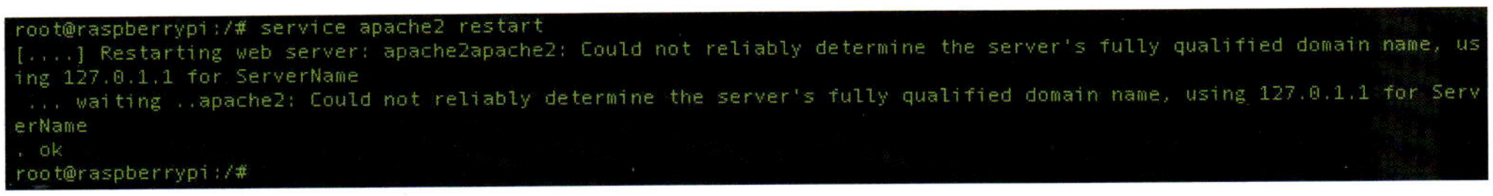

Apache wurde erfolgreich gestartet, moniert in diesem Fall jedoch den fehlenden Servernamen.

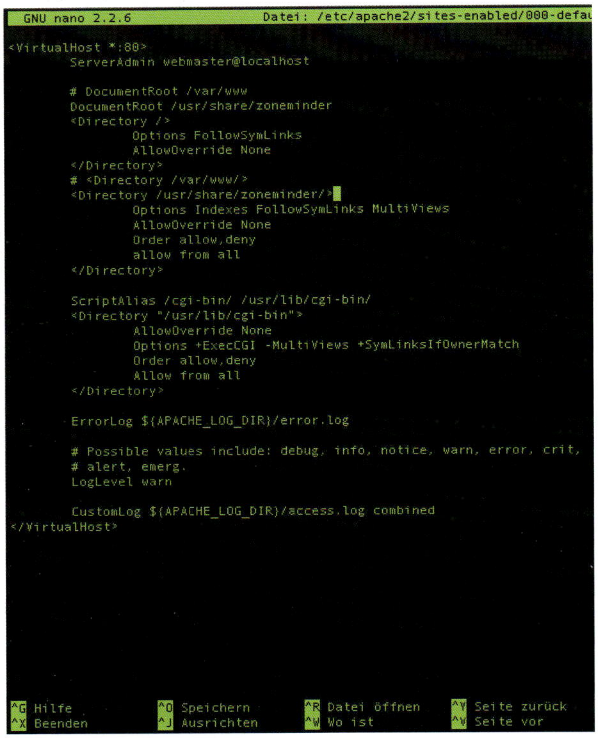

Sinnvoll bei Änderungen von Konfigurationsdateien ist das Auskommentieren vorheriger Einträge via vorangestelltem #-Symbol – dies ist vor allem dann praktisch, wenn Sie durchgeführte Änderungen später wieder rückgängig machen wollen.

Dort ersetzen Sie den Eintrag

```
DocumentRoot /var/www
```

mit

```
DocumentRoot /usr/share/zoneminder
```

sowie

```
<Directory /var/www/>
```

mit

```
<Directory /usr/share/zoneminder/>
```

und speichern die Datei ab.

Anschließend starten Sie den Webserver neu. Dafür nutzen Sie diesen Befehl:

```
service apache2 restart
```

Erscheint nach dem Neustart des Raspberry Pi bzw. des Apache-Daemons auf der Konsole die Meldung `Could not reliably determine the server's fully qualified domain name, using 127.0.1.1 for ServerName`, hilft ein kleiner Eingriff in die Konfigurationsdatei `httpd.conf`:

```
sudo bash
nano /etc/apache2/httpd.conf
```

Hier fügen Sie am Ende der Datei den Eintrag

```
ServerName localhost
```

hinzu. Nach einem erneuten Start von Apache sollte der Fehlerhinweis auf der Konsole der Vergangenheit angehören.

8.2.2 Lokale Webcam für Zoneminder-Einsatz vorbereiten

Ist Zoneminder ordnungsgemäß installiert, können die am Raspberry Pi angeschlossenen Webcam-Modelle nur dann genutzt werden, wenn sie auch von Debian-Linux selbst unterstützt werden. Ist eine Kamera via USB im Raspberry Pi eingesteckt, prüfen Sie zunächst mit dem `dmesg`-Befehl auf der Konsole, ob die Kamera vom System überhaupt erkannt wurde. Wenn ja, schauen Sie, ob die Kamera auch als sogenannter Geräte-Link im Raspberry Pi zur Verfügung steht:

```
ls /dev/video*
```

Ausgabe:

```
/dev/video0 /dev/video1
```

In diesem Beispiel sind beide USB-Anschlüsse des Raspberry von zwei baugleichen Webcams (PS3 Eye-Kamera, unter 10 Euro pro Stück) belegt. Wechseln Sie die Geräte oder ist eines nicht aktiv, sind Sie gezwungen, die Zoneminder-Konfiguration entsprechend anzupassen, da die dort verknüpfte `/dev/video0`-Quelle nun eine andere ist.

Für Abhilfe sorgt die Nutzung der fixen Geräte-Links, die sich im `/dev/v4l/by-id`- und `/dev/v4l/by`-Pfad verstecken – hier besteht jedoch das Problem, dass Zoneminder keine allzu langen Pfadangaben im Quellenfeld unterstützt. Daher kürzt Zoneminder den angegebenen Pfad, der naturgemäß dann nicht gefunden werden kann.

```
ls /dev/v4l/by-path/
```

Ausgabe:

```
platform-bcm2708_usb-usb-0:1.2:1.0-video-index0
platform-bcm2708_usb-usb-0:1.3:1.0-video-index0
```

Da dieser Gerätepfad für Zoneminder definitiv zu lang ist, hilft der Umweg über einen symbolischen Link für jede einzelne Kamera, der anschließend auch für Zoneminder genutzt werden kann.

```
sudo bash
cd /
mkdir /cam
chmod 777 /cam
cd /cam
```

Anschließend legen Sie in diesem Verzeichnis für die angeschlossene Kamera einen symbolischen Link auf die entsprechende Gerätedatei an:

Mit dem `ln`-Befehl legen Sie einen symbolischen Link (`c1` und `c2`) auf die entsprechende Gerätedatei im `/dev/v41`-Verzeichnis an.

Nutzen Sie für jede angeschlossene Kamera jeweils ein eigenes Verzeichnis. Mit dem `ln`-Befehl linken Sie das Verzeichnis von `/cam/c1` auf den langen Pfad `/dev/v41/by-path/platform-bcm2708_usb-usb-0:1.2:1.0-video-index0`:

```
ln /dev/v41/by-path/platform-bcm2708_usb-usb-
0:1.2:1.0-video-index0 c1
```

In diesem Beispiel wurden zwei symbolische Links für die beiden angeschlossenen Kameras erstellt.

Nun kann das Ergebnis des Tricks auch in Zoneminder genutzt werden. Starten Sie jetzt den Webbrowser auf dem Computer.

8.2.3 Raspberry-Webcam in Zoneminder einbinden

Um auf das Webfrontend von Zoneminder zuzugreifen, tragen Sie einfach die IP-Adresse des Raspberry Pi in die Adresszeile des Webbrowsers ein. Standardmäßig ist Zoneminder nämlich so konfiguriert, dass Sie ohne zusätzliche Authentifizierung auf sämtliche Bereiche von Zoneminder zugreifen können. Standardmäßig läuft die Zoneminder-Installation über:

```
http://<IP-Adresse-raspberry-pi>/zm
```

Welche IP-Adresse der Raspberry Pi verwendet, erfahren Sie in der Konsole per `ifconfig`-Befehl. In diesem Beispiel nutzt der Raspberry Pi die IP-Adresse `192.168.123.47`:

```
http://192.168.123.47/zm
```

Haben Sie den Apache-Hack »Apache-Feintuning und Bug-Behebung« aus dem Abschnitt 8.2.1 durchgeführt und nutzen Zoneminder direkt als root-Verzeichnis für den Webserver, ist das `zm`-Kürzel in der Adresse überflüssig. In diesem Fall verwenden Sie einfach die Adresse

```
http://192.168.123.47
```

um auf die Zoneminder-Übersichtsseite zu gelangen.

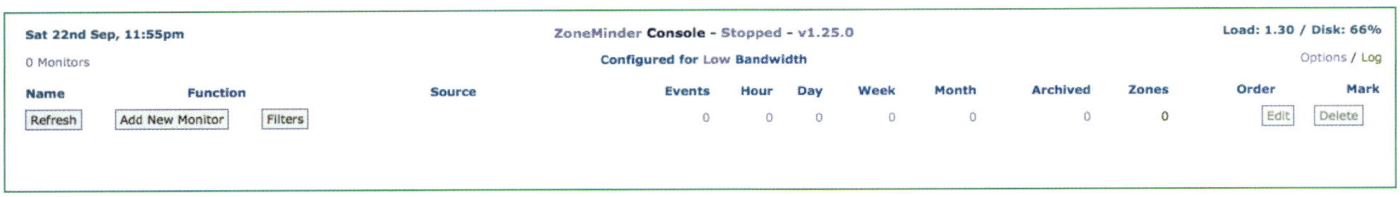

Übersichtlich und aufgeräumt: Erst wenn ein oder mehrere Monitore hinzugefügt und eingerichtet sind, erscheint der Montage-Link, der für die Darstellung der Bild-/Videoaufnahmen zuständig ist.

Hier sind zunächst noch weitere kleinere Arbeiten zu erledigen, bevor Sie erstmalig das Videobild der Webcam zu sehen bekommen. Zunächst fügen Sie einen neuen Monitor (Button *Add New Monitor*) hinzu. In diesem neuen Dialogfenster tragen Sie bei *Name* zunächst einen aussagekräftigen Namen für den Monitor ein.

Im Register *Source/Quelle* tragen Sie zunächst den erstellten Gerätepfad (in diesem Beispiel den symbolischen Link */cam/c1*) ein und wählen bei *Capture Method* den Eintrag *Video For Linux version 2* aus. Für die Kamera (hier: PS3 Eye) werden das Geräteformat *PAL* sowie die Farbpalette *YUYV* eingetragen.

Für die Auflösung werden 320 bzw. 240 Pixel genutzt – hier ist die PS3 Eye-Kamera bereits am Limit. Für die kameraspezifischen Werte in diesem Dialog finden Sie im Zoneminder-Wiki (*http://www.zoneminder.com/wiki/*) für viele Modelle die richtigen Parameter.

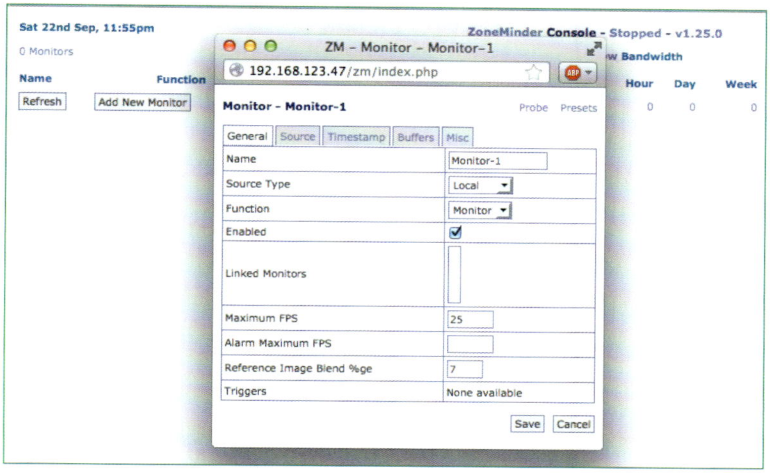

Für *Source Type* wählen Sie beim am Raspberry Pi angeschlossenen Kameramodell *Local* und prüfen, ob das Häkchen bei *Enabled* gesetzt ist.

Wer noch nicht im Besitz einer Webcam ist und für den Raspberry eine passende Kamera benötigt, findet hier auch Informationen darüber, ob das gewünschte Modell mit Zoneminder zusammenarbeitet.

Wer an den Raspberry Pi mehr als eine Webcam anschließen und mit Zoneminder nutzen möchte, fügt wie oben beschrieben die zweite Webcam der Zoneminder-Konfiguration hinzu. Zwar lassen sich mithilfe eines aktiven USB-Hubs auch mehrere USB-Kameras (bis zu vier) an den Raspberry anschließen, die Systemperformance des Raspberry Pi und der Zoneminder-Betrieb leiden dann jedoch merklich. Nach Eintragen und Konfiguration erscheinen die Monitore in der Zoneminder-Übersichtsseite – auch der Link *Montage* ist nun sichtbar.

Ist Zoneminder konfiguriert, muss noch lange nicht der Monitor in Betrieb und ein Bild auf der Montage-Webseite zu sehen sein. Auch wenn auf Anhieb ein Bild übertragen wird und sichtbar ist, ist es ratsam, zunächst die Logdatei zu sichten – allein aus Gründen der begrenzten Systemressourcen des Raspberry Pi.

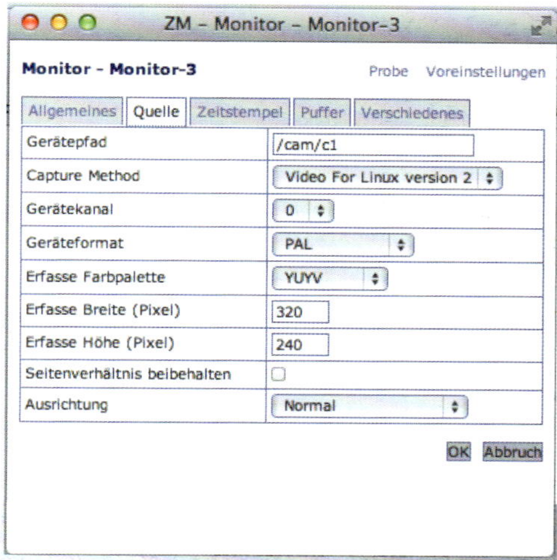

Die übrigen Werte können voreingestellt übernommen werden. Klicken Sie auf die *OK*-Schaltfläche, um den Konfigurationsdialog zu schließen.

Webcam-Bug von Zoneminder fixen

Um die Logdatei bzw. den fortlaufenden Inhalt zu sehen, reicht der simple Klick auf den *Log*-Link im oberen rechten Bereich von Zoneminder, um die Systemmeldungen von Zoneminder zu verfolgen. In diesem Fall fällt sofort die wiederkehrende *Shared data size conflict*-Fehlermeldung auf.

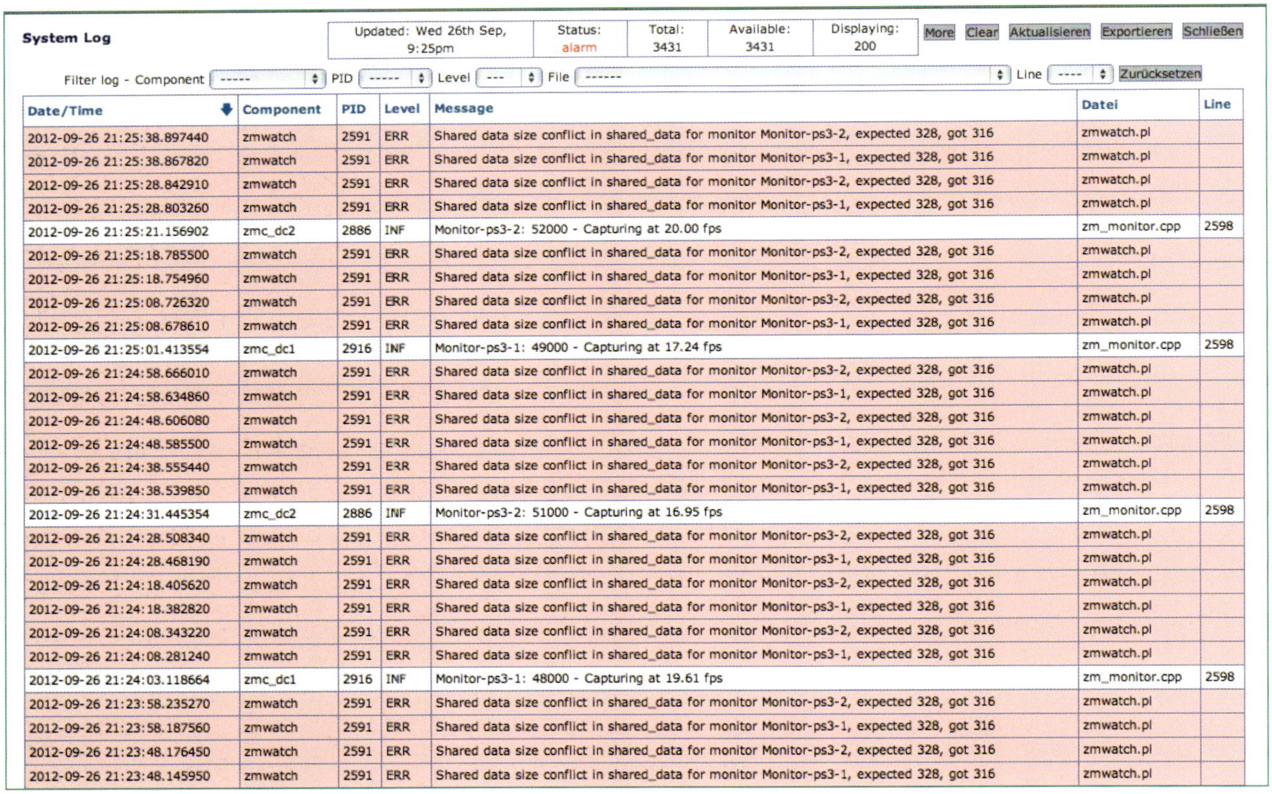

System Log — Updated: Wed 26th Sep, 9:25pm | Status: alarm | Total: 3431 | Available: 3431 | Displaying: 200 | More | Clear | Aktualisieren | Exportieren | Schließen

Filter log - Component ------ | PID ----- | Level --- | File ------ | Line ---- | Zurücksetzen

Date/Time	Component	PID	Level	Message	Datei	Line
2012-09-26 21:25:38.897440	zmwatch	2591	ERR	Shared data size conflict in shared_data for monitor Monitor-ps3-2, expected 328, got 316	zmwatch.pl	
2012-09-26 21:25:38.867820	zmwatch	2591	ERR	Shared data size conflict in shared_data for monitor Monitor-ps3-1, expected 328, got 316	zmwatch.pl	
2012-09-26 21:25:28.842910	zmwatch	2591	ERR	Shared data size conflict in shared_data for monitor Monitor-ps3-2, expected 328, got 316	zmwatch.pl	
2012-09-26 21:25:28.803260	zmwatch	2591	ERR	Shared data size conflict in shared_data for monitor Monitor-ps3-1, expected 328, got 316	zmwatch.pl	
2012-09-26 21:25:21.156902	zmc_dc2	2886	INF	Monitor-ps3-2: 52000 - Capturing at 20.00 fps	zm_monitor.cpp	2598
2012-09-26 21:25:18.785500	zmwatch	2591	ERR	Shared data size conflict in shared_data for monitor Monitor-ps3-2, expected 328, got 316	zmwatch.pl	
2012-09-26 21:25:18.754960	zmwatch	2591	ERR	Shared data size conflict in shared_data for monitor Monitor-ps3-1, expected 328, got 316	zmwatch.pl	
2012-09-26 21:25:08.726320	zmwatch	2591	ERR	Shared data size conflict in shared_data for monitor Monitor-ps3-2, expected 328, got 316	zmwatch.pl	
2012-09-26 21:25:08.678610	zmwatch	2591	ERR	Shared data size conflict in shared_data for monitor Monitor-ps3-1, expected 328, got 316	zmwatch.pl	
2012-09-26 21:25:01.413554	zmc_dc1	2916	INF	Monitor-ps3-1: 49000 - Capturing at 17.24 fps	zm_monitor.cpp	2598
2012-09-26 21:24:58.666010	zmwatch	2591	ERR	Shared data size conflict in shared_data for monitor Monitor-ps3-2, expected 328, got 316	zmwatch.pl	
2012-09-26 21:24:58.634860	zmwatch	2591	ERR	Shared data size conflict in shared_data for monitor Monitor-ps3-1, expected 328, got 316	zmwatch.pl	
2012-09-26 21:24:48.606080	zmwatch	2591	ERR	Shared data size conflict in shared_data for monitor Monitor-ps3-2, expected 328, got 316	zmwatch.pl	
2012-09-26 21:24:48.585500	zmwatch	2591	ERR	Shared data size conflict in shared_data for monitor Monitor-ps3-1, expected 328, got 316	zmwatch.pl	
2012-09-26 21:24:38.555440	zmwatch	2591	ERR	Shared data size conflict in shared_data for monitor Monitor-ps3-2, expected 328, got 316	zmwatch.pl	
2012-09-26 21:24:38.539850	zmwatch	2591	ERR	Shared data size conflict in shared_data for monitor Monitor-ps3-1, expected 328, got 316	zmwatch.pl	
2012-09-26 21:24:31.445354	zmc_dc2	2886	INF	Monitor-ps3-2: 51000 - Capturing at 16.95 fps	zm_monitor.cpp	2598
2012-09-26 21:24:28.508340	zmwatch	2591	ERR	Shared data size conflict in shared_data for monitor Monitor-ps3-2, expected 328, got 316	zmwatch.pl	
2012-09-26 21:24:28.468190	zmwatch	2591	ERR	Shared data size conflict in shared_data for monitor Monitor-ps3-1, expected 328, got 316	zmwatch.pl	
2012-09-26 21:24:18.405620	zmwatch	2591	ERR	Shared data size conflict in shared_data for monitor Monitor-ps3-2, expected 328, got 316	zmwatch.pl	
2012-09-26 21:24:18.382820	zmwatch	2591	ERR	Shared data size conflict in shared_data for monitor Monitor-ps3-1, expected 328, got 316	zmwatch.pl	
2012-09-26 21:24:08.343220	zmwatch	2591	ERR	Shared data size conflict in shared_data for monitor Monitor-ps3-2, expected 328, got 316	zmwatch.pl	
2012-09-26 21:24:08.281240	zmwatch	2591	ERR	Shared data size conflict in shared_data for monitor Monitor-ps3-1, expected 328, got 316	zmwatch.pl	
2012-09-26 21:24:03.118664	zmc_dc1	2916	INF	Monitor-ps3-1: 48000 - Capturing at 19.61 fps	zm_monitor.cpp	2598
2012-09-26 21:23:58.235270	zmwatch	2591	ERR	Shared data size conflict in shared_data for monitor Monitor-ps3-2, expected 328, got 316	zmwatch.pl	
2012-09-26 21:23:58.187560	zmwatch	2591	ERR	Shared data size conflict in shared_data for monitor Monitor-ps3-1, expected 328, got 316	zmwatch.pl	
2012-09-26 21:23:48.176450	zmwatch	2591	ERR	Shared data size conflict in shared_data for monitor Monitor-ps3-2, expected 328, got 316	zmwatch.pl	
2012-09-26 21:23:48.145950	zmwatch	2591	ERR	Shared data size conflict in shared_data for monitor Monitor-ps3-1, expected 328, got 316	zmwatch.pl	

Echt nervig: In der Logdatei werden Fehler der `zmwatch.pl`-Datei mit *Shared data size conflict in shared_ data for monitor [Ihr Monitor-Name], expected 328, got 316* angezeigt.

Um diesen Fehler zu beheben, öffnen Sie mit einem Editor Ihrer Wahl – in diesem Beispiel nano – die Datei `Memory.pm`, die für die Speicherverwaltung von Zoneminder zuständig ist:

```
sudo bash
nano /usr/local/share/perl/5.12.4/ZoneMinder/Memory.pm
```

Ist die Datei geöffnet, suchen Sie nach dem Abschnitt

```
$arch = int(3.2*length(~0));
```

und ersetzen ihn mit

```
$arch = 32;
```

Die bequemste Möglichkeit ist, den (für den Raspberry Pi fehlerhaften) Eintrag einfach per Lattenzaunsymbol # auszukommentieren und auf der darauffolgenden Zeile die `arch`-Variable auf den neuen Wert zu setzen.

```
root@raspberrypi:/# vi /usr/share/perl5/ZoneMinder/Memory.pm
root@raspberrypi:/# nano /usr/share/perl5/ZoneMinder/Memory.pm
root@raspberrypi:/# service zoneminder restart
Stopping ZoneMinder: success

Starting ZoneMinder: success

root@raspberrypi:/#
```

Per `success`-Meldung sollte der Zoneminder-Neustart quittiert werden.

Im nächsten Schritt starten Sie Zoneminder per Befehl

```
service zoneminder restart
```

neu und prüfen anschließend die Zoneminder-Logdatei.

Um sich die Logdatei erneut anzusehen, klicken Sie wieder auf den *Log*-Link von Zoneminder.

System Log — Updated: Wed 26th Sep, 9:37pm | Status: alarm | Total: 3597 | Available: 3597 | Displaying: 102 | More | Clear | Aktualisieren | Exportieren | Schließen

Filter log - Component ----- | PID ----- | Level --- | File ------ | Line ---- | Zurücksetzen

Date/Time	Component	PID	Level	Message	Datei	Line
2012-09-26 21:37:20.202617	zmc_dc2	3277	INF	Monitor-ps3-2: 2000 - Capturing at 21.28 fps	zm_monitor.cpp	2598
2012-09-26 21:37:12.137266	zmc_dc1	3273	INF	Monitor-ps3-1: 2000 - Capturing at 22.22 fps	zm_monitor.cpp	2598
2012-09-26 21:36:33.750356	zmc_dc2	3277	INF	Monitor-ps3-2: 1000 - Capturing at 15.87 fps	zm_monitor.cpp	2598
2012-09-26 21:36:27.317611	zmc_dc1	3273	INF	Monitor-ps3-1: 1000 - Capturing at 15.87 fps	zm_monitor.cpp	2598
2012-09-26 21:36:17.761240	zmwatch	3288	INF	Watchdog pausing for 30 seconds	zmwatch.pl	
2012-09-26 21:36:17.741810	zmwatch	3288	INF	Watchdog starting	zmwatch.pl	
2012-09-26 21:36:07.919670	zmdc	3250	INF	'zmwatch.pl' starting at 12/09/26 21:36:07, pid = 3288	zmdc.pl	
2012-09-26 21:36:07.910810	zmdc	3288	INF	'zmwatch.pl' started at 12/09/26 21:36:07	zmdc.pl	
2012-09-26 21:36:06.342150	zmfilter	3281	INF	Scanning for events	zmfilter.pl	
2012-09-26 21:35:52.370530	zmdc	3285	INF	'zmaudit.pl -c' started at 12/09/26 21:35:52	zmdc.pl	
2012-09-26 21:35:52.321630	zmdc	3250	INF	'zmaudit.pl -c' starting at 12/09/26 21:35:52, pid = 3285	zmdc.pl	
2012-09-26 21:35:39.434450	zmdc	3281	INF	'zmfilter.pl' started at 12/09/26 21:35:39	zmdc.pl	
2012-09-26 21:35:39.430810	zmdc	3250	INF	'zmfilter.pl' starting at 12/09/26 21:35:39, pid = 3281	zmdc.pl	
2012-09-26 21:35:30.766116	zmc_dc2	3277	WAR	Saturation control is not supported	zm_local_camera.cpp	1395
2012-09-26 21:35:30.762815	zmc_dc2	3277	WAR	Hue control is not supported	zm_local_camera.cpp	1337
2012-09-26 21:35:30.733359	zmc_dc2	3277	INF	Starting Capture	zmc.cpp	191
2012-09-26 21:35:29.570300	zmdc	3277	INF	'zmc -d /cam/c2' started at 12/09/26 21:35:29	zmdc.pl	
2012-09-26 21:35:29.562110	zmdc	3250	INF	'zmc -d /cam/c2' starting at 12/09/26 21:35:29, pid = 3277	zmdc.pl	
2012-09-26 21:35:24.281218	zmc_dc1	3273	WAR	Saturation control is not supported	zm_local_camera.cpp	1395
2012-09-26 21:35:24.278029	zmc_dc1	3273	WAR	Hue control is not supported	zm_local_camera.cpp	1337
2012-09-26 21:35:24.272088	zmc_dc1	3273	INF	Starting Capture	zmc.cpp	191
2012-09-26 21:35:23.521890	zmdc	3273	INF	'zmc -d /cam/c1' started at 12/09/26 21:35:23	zmdc.pl	
2012-09-26 21:35:23.515190	zmdc	3250	INF	'zmc -d /cam/c1' starting at 12/09/26 21:35:23, pid = 3273	zmdc.pl	
2012-09-26 21:35:17.737710	zmdc	3250	INF	Server starting at 12/09/26 21:35:17	zmdc.pl	
2012-09-26 21:35:07.729930	zmpkg	3237	INF	Command: start	zmpkg.pl	
2012-09-26 21:34:56.580490	zmdc	2555	INF	Server shutdown at 12/09/26 21:34:56	zmdc.pl	
2012-09-26 21:34:45.523450	zmdc	2555	INF	'zmaudit.pl -c' exited, signal 14	zmdc.pl	
2012-09-26 21:34:45.509650	zmdc	2555	INF	'zmaudit.pl -c' stopping at 12/09/26 21:34:45	zmdc.pl	

Änderung erfolgreich: Nun gehört die lästige *Shared data size conflict*-Fehlermeldung der Vergangenheit an.

Jeder Eintrag in die Logdatei – also das Schreiben der Logdateien mit allem, was dazugehört – zieht Systemressourcen, und die sind auf dem Raspberry Pi bekanntlich rar. Sie sollten alle sichtbaren Fehlermeldungen ausmerzen, um später darüber nachzudenken, das Schreiben der Logdatei in den Optionen von Zoneminder abzuschalten.

Lib-JPEG-Fehlermeldung eliminieren

Wer neben einer lokal am Raspberry Pi angeschlossenen Webcam eine sogenannte IP-Kamera mit dem Raspberry koppelt, kommt in der Logdatei womöglich mit einem weiteren Phänomen in Berührung: Eine wiederkehrende Fehlermeldung im Log deutet auf ein Problem in der JPEG-Library hin, doch in der Praxis – in der Konsole – sind die übertragenen Dateien in Ordnung. Ein weiterer Grund, hier die Fehlermeldung auszumerzen und somit die Logdatei von Zoneminder zu entrümpeln.

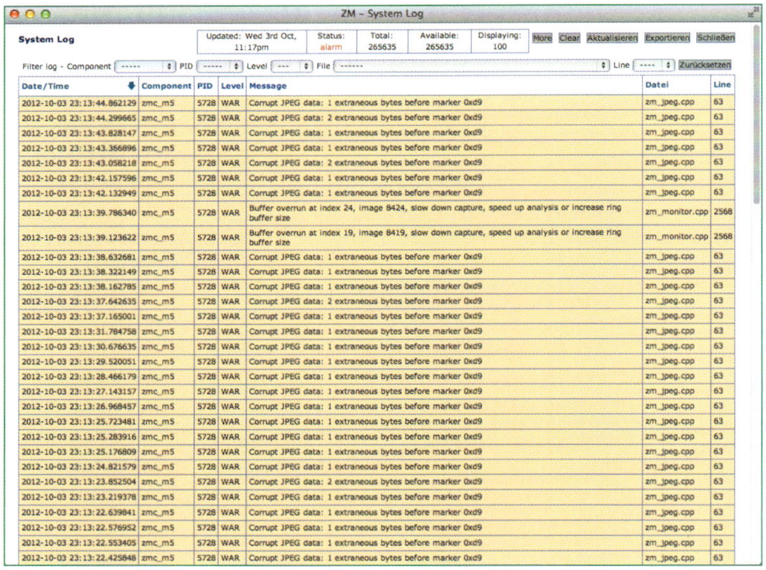

Date/Time	Component	PID	Level	Message	Datei	Line
2012-10-03 23:13:44.862129	zmc_m5	5728	WAR	Corrupt JPEG data: 1 extraneous bytes before marker 0xd9	zm_jpeg.cpp	63
2012-10-03 23:13:44.299665	zmc_m5	5728	WAR	Corrupt JPEG data: 2 extraneous bytes before marker 0xd9	zm_jpeg.cpp	63
2012-10-03 23:13:43.828147	zmc_m5	5728	WAR	Corrupt JPEG data: 1 extraneous bytes before marker 0xd9	zm_jpeg.cpp	63
2012-10-03 23:13:43.366896	zmc_m5	5728	WAR	Corrupt JPEG data: 1 extraneous bytes before marker 0xd9	zm_jpeg.cpp	63
2012-10-03 23:13:43.058218	zmc_m5	5728	WAR	Corrupt JPEG data: 2 extraneous bytes before marker 0xd9	zm_jpeg.cpp	63
2012-10-03 23:13:42.157596	zmc_m5	5728	WAR	Corrupt JPEG data: 1 extraneous bytes before marker 0xd9	zm_jpeg.cpp	63
2012-10-03 23:13:42.132949	zmc_m5	5728	WAR	Corrupt JPEG data: 1 extraneous bytes before marker 0xd9	zm_jpeg.cpp	63
2012-10-03 23:13:39.786340	zmc_m5	5728	WAR	Buffer overrun at index 24, image 8424, slow down capture, speed up analysis or increase ring buffer size	zm_monitor.cpp	2568
2012-10-03 23:13:39.123622	zmc_m5	5728	WAR	Buffer overrun at index 19, image 8419, slow down capture, speed up analysis or increase ring buffer size	zm_monitor.cpp	2568
2012-10-03 23:13:38.632681	zmc_m5	5728	WAR	Corrupt JPEG data: 1 extraneous bytes before marker 0xd9	zm_jpeg.cpp	63
2012-10-03 23:13:38.322149	zmc_m5	5728	WAR	Corrupt JPEG data: 1 extraneous bytes before marker 0xd9	zm_jpeg.cpp	63
2012-10-03 23:13:38.162785	zmc_m5	5728	WAR	Corrupt JPEG data: 1 extraneous bytes before marker 0xd9	zm_jpeg.cpp	63
2012-10-03 23:13:37.642635	zmc_m5	5728	WAR	Corrupt JPEG data: 2 extraneous bytes before marker 0xd9	zm_jpeg.cpp	63
2012-10-03 23:13:37.165001	zmc_m5	5728	WAR	Corrupt JPEG data: 1 extraneous bytes before marker 0xd9	zm_jpeg.cpp	63
2012-10-03 23:13:31.784758	zmc_m5	5728	WAR	Corrupt JPEG data: 1 extraneous bytes before marker 0xd9	zm_jpeg.cpp	63
2012-10-03 23:13:30.676635	zmc_m5	5728	WAR	Corrupt JPEG data: 1 extraneous bytes before marker 0xd9	zm_jpeg.cpp	63
2012-10-03 23:13:29.520051	zmc_m5	5728	WAR	Corrupt JPEG data: 1 extraneous bytes before marker 0xd9	zm_jpeg.cpp	63
2012-10-03 23:13:28.466179	zmc_m5	5728	WAR	Corrupt JPEG data: 1 extraneous bytes before marker 0xd9	zm_jpeg.cpp	63
2012-10-03 23:13:27.143157	zmc_m5	5728	WAR	Corrupt JPEG data: 1 extraneous bytes before marker 0xd9	zm_jpeg.cpp	63
2012-10-03 23:13:26.968457	zmc_m5	5728	WAR	Corrupt JPEG data: 1 extraneous bytes before marker 0xd9	zm_jpeg.cpp	63
2012-10-03 23:13:25.723481	zmc_m5	5728	WAR	Corrupt JPEG data: 1 extraneous bytes before marker 0xd9	zm_jpeg.cpp	63
2012-10-03 23:13:25.283916	zmc_m5	5728	WAR	Corrupt JPEG data: 1 extraneous bytes before marker 0xd9	zm_jpeg.cpp	63
2012-10-03 23:13:25.176809	zmc_m5	5728	WAR	Corrupt JPEG data: 1 extraneous bytes before marker 0xd9	zm_jpeg.cpp	63
2012-10-03 23:13:24.821579	zmc_m5	5728	WAR	Corrupt JPEG data: 1 extraneous bytes before marker 0xd9	zm_jpeg.cpp	63
2012-10-03 23:13:23.852504	zmc_m5	5728	WAR	Corrupt JPEG data: 2 extraneous bytes before marker 0xd9	zm_jpeg.cpp	63
2012-10-03 23:13:23.219378	zmc_m5	5728	WAR	Corrupt JPEG data: 1 extraneous bytes before marker 0xd9	zm_jpeg.cpp	63
2012-10-03 23:13:22.639841	zmc_m5	5728	WAR	Corrupt JPEG data: 1 extraneous bytes before marker 0xd9	zm_jpeg.cpp	63
2012-10-03 23:13:22.576952	zmc_m5	5728	WAR	Corrupt JPEG data: 1 extraneous bytes before marker 0xd9	zm_jpeg.cpp	63
2012-10-03 23:13:22.553405	zmc_m5	5728	WAR	Corrupt JPEG data: 1 extraneous bytes before marker 0xd9	zm_jpeg.cpp	63
2012-10-03 23:13:22.425848	zmc_m5	5728	WAR	Corrupt JPEG data: 1 extraneous bytes before marker 0xd9	zm_jpeg.cpp	63

Corrupt JPEG data: Diese Meldung wird von Zoneminder zwar als Warnung (*WAR*) eingestuft, sie nimmt aber nahezu die komplette Logdatei von Zoneminder in Beschlag.

Im ersten Schritt holen Sie sich den passenden Download-Link, um die JPEG-Quellen per `wget`-Befehl auf den Raspberry Pi herunterladen zu können. Suchen Sie auf Ihrem Computer einfach nach dem Dateinamen `jpegsrc.v8d.tar.gz` oder wechseln Sie mit dem Browser auf die Webseite *www.ijg.org/files*. Dort ist die Datei oder gar eine aktuellere Version zu finden – laden Sie sie nun über die Konsole des Raspberry mit dem Befehl

```
wget http://www.ijg.org/files/ jpegsrc.v8d.tar.gz
tar -xzvf jpegsrc.v8d.tar.gz
```

in das Home-Verzeichnis des Users `Pi`. Nach dem Entpacken per `tar`-Befehl navigieren Sie in das `/home/pi/jpeg-8d`-Verzeichnis und öffnen die Datei `jdmarker.c` mit dem nano-Editor:

```
sudo bash
/home/pi/jpeg-8d
nano jdmarker.c
```

Dort suchen Sie mit der Tastenkombination [Strg]+[W] nach der Zeichenkette `if (cinfo->marker->discarded_bytes)` und kommentieren per Eingabe der Kommentarzeichen `/*` und `*/` den Eintrag

```
WARNMS2(cinfo, JWRN_EXTRANEOUS_DATA, cinfo->marker->discarded_bytes, c);
```

aus.

Nach der Änderung des Quellcodes erstellen Sie eine eigene Version des angepassten JPEG-Pakets. Zunächst bereiten Sie die verfügbaren Quellen per

```
./configure
```

auf, um dann im nächsten Schritt mit

```
make && make install
```

das JPEG-Paket zu kompilieren.

Im nächsten Schritt ersetzen Sie die ursprünglichen durch die eben kompilierten Lib-JPEG-Dateien. Um einen problemlosen Zugriff auf die Dateien zu erhalten, gehen Sie wie folgt vor: Starten Sie eine root-Shell, beenden Sie den Zoneminder-Dienst, erstellen Sie eine Sicherheitskopie, um gegebenenfalls die durchgeführten Änderungen rückgängig machen zu können, und kopieren Sie die beiden Dateien an ihren neuen Ort:

```
sudo bash
service zoneminder stop
mv ./usr/arm-linux-gnueabi/lib/libc.so.8 ./usr/arm-linux-gnueabi/lib/libc.so.8.old
mv ./usr/arm-linux-gnueabi/lib/libc.so.8.4.0 ./usr/arm-linux-gnueabi/lib/libc.
so.8.4.0.old
cp ./home/pi/jpeg-8/libc.so.8 ./usr/arm-linux-gnueabi/lib/libc.so.8
cp ./home/pi/jpeg-8/libc.so.8.4.0 ./usr/arm-linux-gnueabi/lib/libc.so.8.4.0
service zoneminder start
```

Nach dem Neustart von Zoneminder sollten die JPEG-Fehler der Vergangenheit angehören. Wer den Raspberry zu einer Wohnungs-/Hausüberwachungszentrale ausbauen möchte, der hat mit Zoneminder nun alle Möglichkeiten. Auch das Hinzufügen von externen IP-Kameras für den Innen- und Außeneinsatz lässt sich problemlos bewerkstelligen – und diese sind nicht mal teuer: So finden sich in der 50-Euro-Preisklasse durchwegs brauchbare Modelle, die in der vorgestellten Zoneminder-Konfiguration (fast) auf Anhieb in Betrieb genommen werden können.

002
005
006
009
010

KAPITEL 9

IP-KAMERA

Wem die einfache Webcam nicht ausreicht und wer eine professionellere Überwachungslösung bauen möchte, sollte zu einer IP-Kamera in der 50-Euro Klasse greifen. Der Raspberry Pi eignet sich hervorragend als Steuerzentrale.

Dauer: **4 Stunden**
Schwierigkeit: ■■■
Voraussetzung: **Kap. 3, 4, 8**
Zusatzmaterial: **Kapitel_9**

Einkaufsliste:
- IP-Kamera
- Router
- Partitionierte SD-Karte mit mehr als 2GB Speicher

9.1 IP-Kamera mit Raspberry Pi koppeln

Ist das Budget für die Anschaffung einer IP-Kamera in der 50-Euro-Preisklasse angesiedelt, landet man in der Regel bei den Chinamodellen, die im Großen und Ganzen zwar identisch sind, jedoch von unterschiedlichen Herstellern und Händlern wiederum zu unterschiedlichen Preisen auf unterschiedlichen Plattformen wie Amazon, eBay etc. verkauft werden.

So sind die Hersteller EasyN, Foscam und Wansview mit den gleichen Kameramodellen mit nahezu dem gleichen Lieferumfang am Markt vertreten – im Juni 2014 jedoch mit Preisunterschieden von bis zu 20 Euro. In diesem Beispiel war die IP-Kamera NC541/W des Herstellers Wansview für weniger als 43 Euro der Gewinner – der technisch beispielsweise der Foscam-Kamera FI8908W entspricht.

9.1.1 IP-Kamera in Betrieb nehmen

Egal für welche Kamera man sich in dieser Preisklasse entscheidet, allen gemeinsam ist, dass die Ersteinrichtung nach dem Willen des Herstellers über Windows zu erledigen ist. Ein Vorkonfigurieren der Kamera ist unter anderem notwendig, da sie sich ab Werk in einem eigenen Subnetz (192.168.0.X) befindet und die IP-Adresse dort fest eingetragen ist.

Entweder Sie ändern kurzzeitig die IP-Adresse des Computers, um diesen ebenfalls in diesem Subnetz zu betreiben, oder Sie behelfen sich unter Mac OS mit einem Kameratool von Foscam (*http://www.foscam.de/software*), mit dem Sie die IP-Adresse der IP-Kamera anpassen können. Ist die Kamera ausgepackt und aufgestellt, hat sie im Lieferzustand grundsätzlich folgende Einstellungen:

```
IP-Adresse: 192.168.0.178
http-Port 80
Username: admin
Password: 123456
```

Für Windows und Mac OS X nutzen Sie also das Kameratool, um die Netzwerkeinstellungen der Kamera anzupassen. Nach dem Download starten Sie das Werkzeug, das anschließend im heimischen Netzwerk eine Suche nach der Kamera durchführt. Nach einem kurzen Augenblick ist sie bereits gefunden.

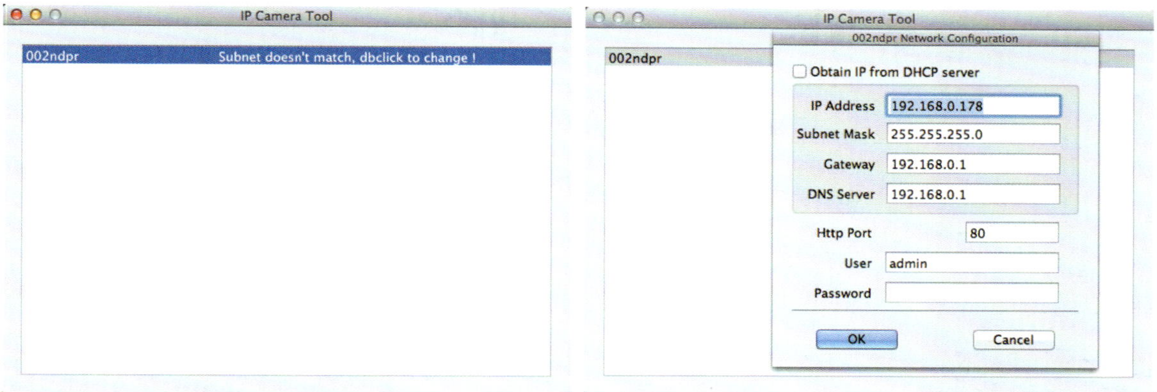

Nach einem Klick auf die im Heimnetz gefundene Kamera erscheint ein Konfigurationsdialog, in dem Sie entweder die IP-Adresse für Ihr Heimnetz statisch anpassen oder das Häkchen bei *Obtain IP from DHCP server* setzen, damit die Kamera die dynamische IP-Adresse automatisch vom heimischen DHCP-Server des Routers bezieht.

Ist die IP-Kamera einmal im »richtigen« Netz, sind Änderungen zukünftig kein Problem mehr, da die Kamera eine eigene Administrationsoberfläche mitbringt. Dort lässt sich dann auch das Standardpasswort *123456* für den *admin*-User auf ein sicheres Kennwort ändern.

Im nächsten Schritt öffnen Sie die Konfigurationsseite der IP-Kamera – hierzu geben Sie einfach die IP-Adresse im Adressfeld des Webbrowsers ein.

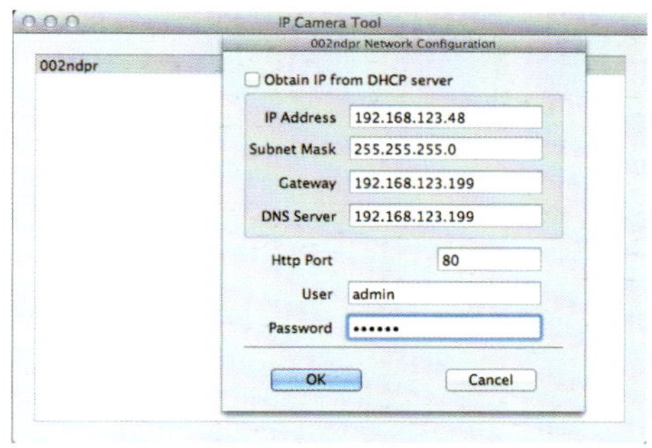

Änderung erfolgreich: Ein erneutes Scannen des Tools zeigt die geänderte IP-Adresse an.

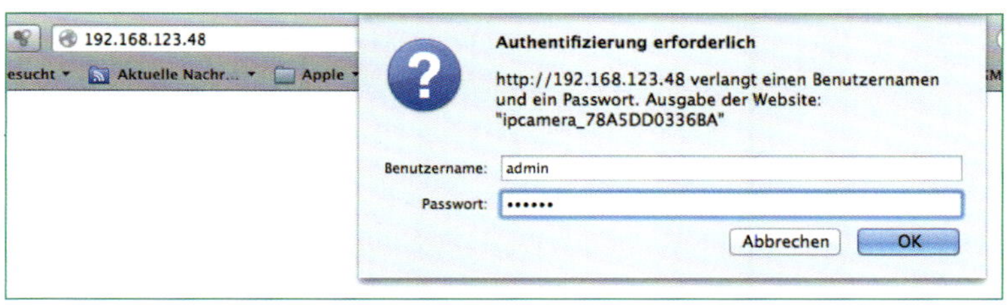

Für die Anmeldung sind der *admin*-Benutzer sowie das dazu passende Kennwort (Standard: *123456*) erforderlich.

Das Wichtigste liegt nun hinter Ihnen. Die IP-Kamera befindet sich jetzt im gleichen Subnetz wie der Raspberry Pi, auf dem Zoneminder läuft. Doch ein Blick hinter die Kulissen kann nicht schaden, vielleicht tun sich ja hier neue Möglichkeiten auf.

IP-Kamera konfigurieren

Grundsätzlich fällt nach der Anmeldung sofort auf, dass die Kamera abhängig vom Webbrowser zwei unterschiedliche Modi anbietet. Mode 1 ist für Computer mit Internet-Explorer-Nutzung, Mode 2 ist für die Firefox-, Chrome- und Safari-Konkurrenz vorgesehen. Die dritte Option ist für Mobilgeräte gedacht – im Folgenden wird ausschließlich Mode 2 (Firefox, Chrome, Safari) verwendet.

Zunächst wird geprüft, ob die IP-Kamera überhaupt auf dem aktuellen Stand in Sachen Firmware und Benutzeroberfläche ist. Dies erfahren Sie im Register *Maintain* unter *Gerätestatus*. Der Sprachenmix von Deutsch und Englisch ist wohl dem Umschalten auf Deutsch auf dem Startbildschirm zuzuschreiben.

Nichtssagende Informationen tauchen unter *Maintain* auf – ob die Firmware aktuell ist oder nicht, dies herauszufinden bleibt dem Anwender überlassen.

In Sachen Firmware und Version der Weboberfläche wäre es zwar schön, wenn man wüsste, ob die eingesetzte Version auch die aktuelle ist – mangels eines entsprechenden Hinweises in der Benutzeroberfläche oder in den Unterlagen im Karton muss dazu aber später das Internet zurate gezogen werden.

Zunächst geht es darum, die Kamera wie auch immer in Betrieb zu nehmen: Grundsätzlich ist an Orten, an denen eine IP-Kamera zum Einsatz kommen soll, auch eine passende RJ45-Netzwerkbuchse vorhanden. Somit ist die Einrichtung bzw. das Funktionieren des WLAN erste Pflicht einer passablen Wireless-LAN-IP-Network-Kamera. Dafür wechseln Sie in den Bereich *Network /Wireless Lan*.

Per Klick auf die *Scan*-Schaltfläche prüfen Sie die nähere Umgebung auf verfügbare WLAN-Netze. Wurde das passende Wireless-Netz mit der passenden SSID gefunden, markieren Sie es und stellen die Verschlüsselung des WLAN-Routers ein.

Die Überraschung folgt sogleich: Hier schlug schon der Verbindungsaufbau zum WLAN-Router fehl – trotz aktuellster Firmwareversion des FRITZ!Box-Routers. Nach mehreren Versuchen und Änderungen war die Ursache dieses ominösen Verhaltens schnell gefunden: Das zugehörige Kennwort, also der Schlüssel der WLAN-Verbindung, darf in diesem Fall kein Sonderzeichen enthalten.

Das sorgt für Verwunderung, da die Nutzung von Sonderzeichen das Sicherheitsniveau solcher Kennwörter doch drastisch erhöht. In diesem Fall heißt es jedoch fürs Erste: in den sauren Apfel beißen oder auf die WLAN-Funktion verzichten. Hat man noch den sauren Geschmack im Mund, könnte beim nächsten relevanten Konfigurationsdialog bei manchen bereits Sodbrennen entstehen: Die Anpassung der dynamischen DNS-Adresse ist alles andere als benutzerfreundlich und vertrauenerweckend.

In diesem Dialog könnten Sie den dynamischen DNS-Namen der Kamera eintragen, falls diese exklusiv aus dem Internet erreichbar sein soll. In der Regel übernimmt diese Aufgabe jedoch bereits der angeschlossene DSL/WLAN-Router im Heimnetz.

Missverständlich ist die Option *Nicht aktivieren, solange der Hostname nicht freigegeben wurde*. Heißt dies, dass Fehler bei der DynDNS-Nutzung von der Kamera zu ignorieren sind, falls die konfigurierte DynDNS-Adresse nicht erreichbar ist? Zudem ist unklar, wann die eigentliche Aktivierung des Hostnamens bzw. die Freigabe erfolgt. Außerdem sticht die Adresse *002ndpr.nwsvr.com* ins Auge. Sucht man im Internet nach den Domainnamen *nwsvr.com*, kommt relativ schnell zum Vorschein, wo sich diese Domain versteckt:

In diesem Beispiel sollten Sie zumindest den Eintrag bei *Manufacture's Domain* entfernen und auch den DynDNS-Service der Kamera zunächst ausgeschaltet lassen. Dieser ist für den Zoneminder-Betrieb unter Raspberry Pi nicht notwendig. Doch grundsätzlich ist der direkte Internetzugriff auf die Kamera für Sicherheitsbewusste unzureichend: Hier bietet die Kamera keinerlei Möglichkeiten – weder über SSL noch über andere Verschlüsselungstechnologien. So ist das Parsen und Mitlesen der Datenpakete inklusive entsprechender Kennwörter für den Kamerazugriff keine große Wissenschaft, da hier das unsichere HTTP-Protokoll verwendet wird.

Grundsätzlich sollte somit der Zugriff auf die Kamera über einen anderen Computer im Heimnetz wie beispielsweise den Raspberry Pi gesteuert werden, oder es sollte eine Sicherheitslösung wie ein VPN-Tunnel o. Ä. »drumherumgebaut« werden, um den öffentlichen Zugriff auf die IP-Kamera zu verhindern.

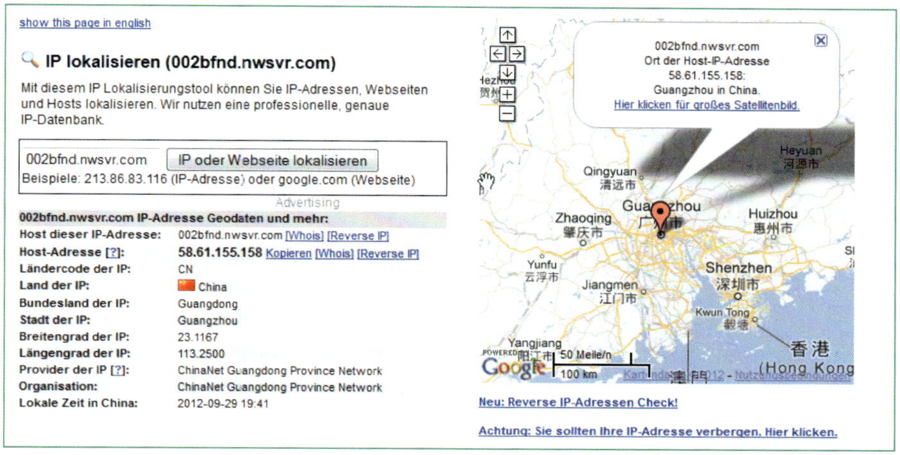

Jeder sollte selbst entscheiden, ob er diese DNS-Adresse nutzen möchte, um den externen Zugriff auf seine IP-Kamera zu Hause zu steuern.

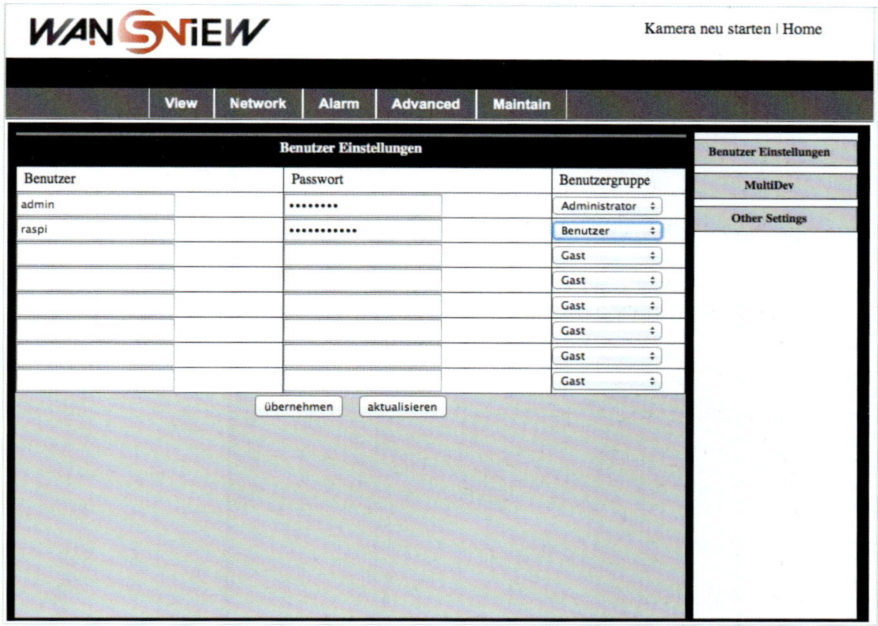

Für den Betrieb mit Zoneminder legen Sie in diesem Dialog einen neuen Benutzer an. In diesem Dialog wird er *raspi* genannt und der Benutzergruppe *Benutzer* zugeordnet. Als Kennwort wird *raspi123456* verwendet.

Für das Zoneminder-Projekt sind nun die wesentlichen Schritte erledigt – Sicherheitsbewusste ändern noch das Standardpasswort für den Kamerauser *admin* von *123456* auf ein beliebiges Kennwort. Im nächsten Schritt fügen Sie die IP-Kamera der Zoneminder-Konfiguration hinzu und integrieren sie in die Monitoransicht.

9.1.2 IP-Kamera mit Zoneminder koppeln

Das Eintragen der IP-Kamera erfolgt bei gestartetem Zoneminder über das Webfrontend per Klick auf den Link *Add New Monitor*. In diesem Konfigurationsfenster tragen Sie dazu zunächst im Register *Allgemeines* bei *Name* eine aussagekräftige Bezeichnung für die Kamera ein. Hier wurde die einfache Bezeichnung *Eingang* gewählt. Für den *Quellentyp* ist *Entfernt/Remote* der richtige Eintrag, und bei *Aktiviert/Enabled* ist das Häkchen zu setzen, um die Kamera für Zoneminder zu aktivieren. Im Register *Quelle/Source* wählen Sie für das Übertragungsprotokoll *HTTP* für die Kommunikation von der IP-Kamera zum Raspberry Pi aus.

Name	Funktion	Quelle	Ereignisse	Stunde	Tag	Woche	Monat	Archivierte	Zonen	Reihenfolge	Markieren
Monitor-ps3-1	Monitor	/cam/c1 (0)	0	0	0	0	0	0	1		
Monitor-ps3-2	Monitor	/cam/c2 (0)	0	0	0	0	0	0	1		
Eingang	Monitor	192.168.123.44	0	0	0	0	0	0	1		
Aktualisieren	Neuer Monitor	Filter	0	0	0	0	0	0	3	Bearbeiten	Löschen

Wenn die in Zoneminder angeschlossenen Geräte sauber konfiguriert sind, wird das durch den farblich hinterlegten Status dargestellt.

Den konfigurierten Port der IP-Kamera (hier: *8088*) tragen Sie bei *Remote Port/Entfernter Hostport* ein – für den entfernten Hostnamen verwenden Sie die Syntax *user:passwort@<-ip-adresse-der-ip-kamera->*. Haben Sie für den Zugriff auf die IP-Kamera wie im obigen Beispiel eigens einen Benutzer (User: *raspi*, Passwort: *raspi123456*) angelegt, nutzen Sie die Syntax *raspi:raspi123456@192.168.123.44* – in diesem Beispiel ist *192.168.123.44* die IP-Adresse der IP-Kamera im Heimnetz.

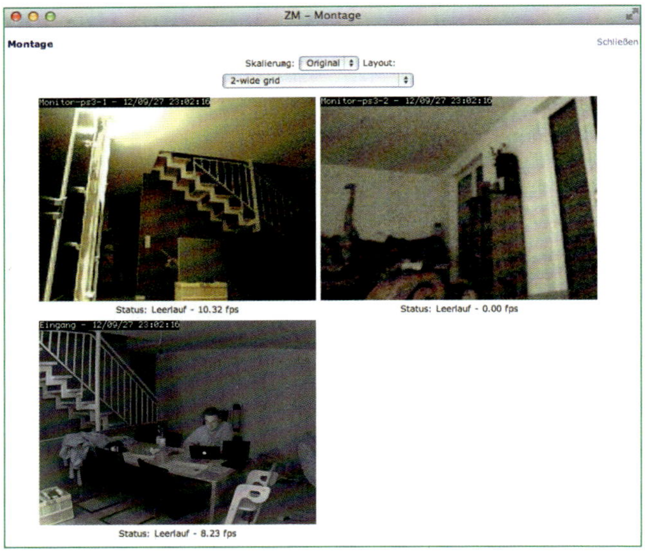

Per Klick auf den *Montage*-Link in der Zoneminder-Übersicht sollten sämtliche Kamerabilder der mit dem Raspberry Pi verbundenen Geräte erscheinen.

Bei *Entfernter Hostpfad/remote path* tragen Sie */videostream.cgi* ein, für die Farbtiefe nutzen Sie *24-Bit* und für das Videoformat zunächst 320 x 240 Pixel.

Nach dem Klick auf die *OK*-Schaltfläche erscheint die IP-Kamera als zusätzliche Kamera in der Zoneminder-Konfiguration. Einen Moment später passt sich der Status der eben konfigurierten Kamera im Zoneminder-Frontend farblich an die bereits konfigurierten Geräte an.

Mehr Pixel, mehr Bildqualität: In diesem Konfigurationsbeispiel hatten wir jedoch den Zustand, dass die beiden am Raspberry Pi angeschlossenen Webcams mit der Auflösung 320 x 240 Pixel konfiguriert waren – erst durch den Wechsel von 640 x 480 auf 320 x 240 Pixel konnte auch die IP-Kamera zur Zusammenarbeit mit den anderen beiden lokalen Kameras überredet werden. Offensichtlich unterstützt Zoneminder keinen Mischbetrieb von Kameras bei unterschiedlicher Bildformatkonfiguration.

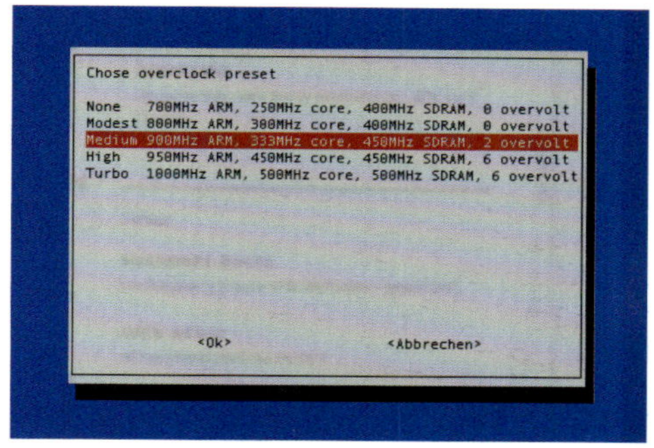

Behutsam und in kleinen Schritten: Über die Konsole starten Sie mit dem Kommando `raspi-config` über den Punkt `Overclocking` den Übertakten-Dialog des Raspberry Pi. Zunächst sollten Sie aus Stabilitäts- und Analysegründen mit kleineren Übertaktungsschritten beginnen.

Zoneminder-Feintuning: mehr Bandbreite, mehr Qualität

Je mehr Kameras mit dem Raspberry Pi und Zoneminder genutzt werden, desto mehr Leistung und Bandbreite sind für die ruckelfreie Wiedergabe notwendig. Hier ist auch die Art der Nutzung entscheidend: Video-/Bildaufnahmen benötigen in diesem Fall mehr I/O-Ressourcen und dafür weniger CPU-Power – eine Bewegungserkennung hingegen ist vergleichsweise sehr CPU-lastig und schreibt dafür weniger auf die SD-Karte.

Planen Sie also ein Überwachungssystem vorwiegend mit Bewegungserkennung (beispielsweise einen Türspion), bringt das dezentere Overclocking des Raspberry Pi einen spürbaren Leistungskick. Umgekehrt lohnt sich die Anschaffung einer größeren und schnelleren SD-Karte, falls es beim Speichern der Dateien hin und wieder zu Wacklern kommt.

Gerade bei längeren Aufnahmen kommt es vor, dass der vorhandene Speicherplatz auf dem Raspberry Pi nicht ausreicht. Hier sollten Sie darauf achten, dass das Verzeichnis `/var/cache/zoneminder` ausreichend dimensioniert ist. Haben Sie im Heimnetz noch einen NAS-Server im Einsatz, können Sie auch dieses Zoneminder-Verzeichnis (und andere) über einen symbolischen Link auf das Netzwerklaufwerk umleiten.

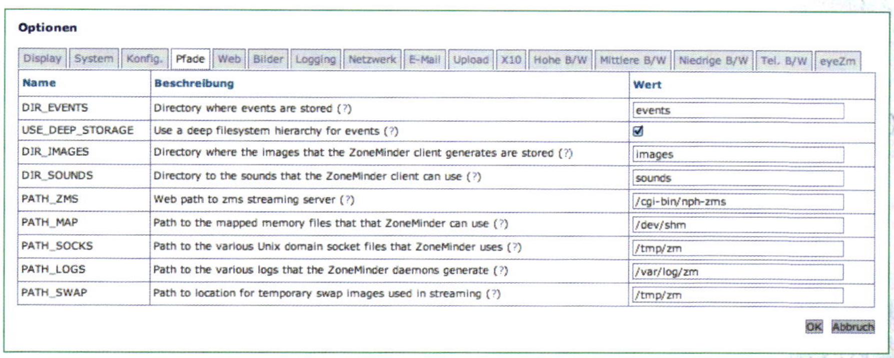

Optionen

Display | System | Konfig. | Pfade | Web | Bilder | Logging | Netzwerk | E-Mail | Upload | X10 | Hohe B/W | Mittlere B/W | Niedrige B/W | Tel. B/W | eyeZm

Name	Beschreibung	Wert
DIR_EVENTS	Directory where events are stored (?)	events
USE_DEEP_STORAGE	Use a deep filesystem hierarchy for events (?)	☑
DIR_IMAGES	Directory where the images that the ZoneMinder client generates are stored (?)	images
DIR_SOUNDS	Directory to the sounds that the ZoneMinder client can use (?)	sounds
PATH_ZMS	Web path to zms streaming server (?)	/cgi-bin/nph-zms
PATH_MAP	Path to the mapped memory files that that ZoneMinder can use (?)	/dev/shm
PATH_SOCKS	Path to the various Unix domain socket files that ZoneMinder uses (?)	/tmp/zm
PATH_LOGS	Path to the various logs that the ZoneMinder daemons generate (?)	/var/log/zm
PATH_SWAP	Path to location for temporary swap images used in streaming (?)	/tmp/zm

OK Abbruch

Zoneminder speichert die Aufnahmen in `/var/cache/zoneminder`.

Hier ist die Umkonfiguration von Zoneminder sinnvoll, um die Ablagepfade des Heimnetzes und die dort verfügbaren Freigaben nutzen zu können. Alternativ können Sie natürlich auch entfernte FTP-Verzeichnisse und Ablagen verwenden – diese müssen jedoch vorher auf dem Raspberry Pi per `mount` bekannt gemacht werden.

9.1.3 Elektronischer Wachhund auf dem Raspberry Pi

Egal ob Sie eine lokal angeschlossene Webcam oder eine IP-Kamera auf dem Raspberry Pi betreiben, beide können Sie via Zoneminder auch als Bewegungsmelder konfigurieren und sie darauf basierend anschließend weitere definierte Dinge tun lassen – beispielsweise bestimmte Personen benachrichtigen oder Beweismaterial sichern. Ist die Bewegungserkennung (*Motion Detection*) bei Zoneminder eingeschaltet, aktiviert Zoneminder dafür grundsätzlich das komplette Kamerabild.

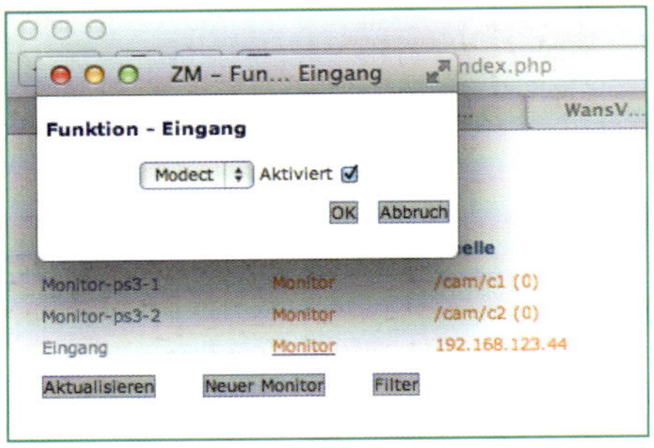

Hier wird die Kamera mit der Bezeichnung *Eingang* auf *Modect* umgestellt und per Häkchen aktiviert.

Überwachen Sie beispielsweise Ihre Haustür, würde auch die Hausdecke mit überwacht, und je nach konfigurierter Sensibilität der Erkennung wird jeder Fliegenschlag im Bild als neues Ereignis gemeldet – unabhängig davon, ob jemand vor der Haustür steht oder nicht. Aus diesem Grund ist es sinnvoll, bei fest installierten Kameras für die Überwachung einen fixen Bildbereich festzulegen, nicht nur um Fehlalarme zu vermeiden, sondern auch um Speicherplatz für die Ereignisse zu sparen.

Grundsätzlich muss jede angeschlossene Kamera, die als Bewegungsmelder fungieren soll, entsprechend umkonfiguriert werden. Im Zoneminder-Hauptfenster wählen Sie einen bereits vorhandenen Monitor aus. Für die Funktion stehen folgende Möglichkeiten zur Verfügung:

Funktion	Bemerkung
`None`	Der Monitor ist abgeschaltet. In diesem Fall werden keine Bilderstreams aufgezeichnet und übertragen. Auch werden keine Aktionen angetriggert.
`Monitor`	Die Standardeinstellung *Monitor* stellt Bilderstreams bereit – es wird jedoch keine Analyse der Aufzeichnung bzw. der Bilder vorgenommen (Bewegungserkennung).
`Modect`	Hiermit wird die Bewegungserkennung eingeschaltet. Die eingefangenen Bilder werden analysiert, und gegebenenfalls werden entsprechend definierte Aktionen ausgelöst.
`Record`	In dieser Einstellung dient der konfigurierte Geräteanschluss als simpler Videorekorder. Es erfolgt eine permanente Aufzeichnung – also für die Ablage auf der Speicherkarte des Raspberry Pi abhängig von der eingesetzten Kapazität nur eine Sache von kurzer Dauer. In diesem Fall ist die Ablage auf einer Netzwerkfreigabe deutlich sinnvoller. Im Aufnahmemodus wird die Bewegungserkennung nicht unterstützt.
`Mocord`	Der Begriff Mocord bezeichnet die gemeinsame Funktion der Bewegungserkennung (Motion Detection) mit der dauerhaft eingeschalteten Aufnahme (Record). Hier erfolgt die Aufnahme auf jeden Fall, auch wenn die Bewegungserkennung nicht anschlägt.
`Nodect`	In diesem Fall ist die eigentliche Bewegungserkennung abgeschaltet, trotzdem ist die Aufnahme und Verarbeitung von Events möglich, falls diese von einem beliebig verbundenen Gerät angetriggert werden. So bieten beispielsweise manche IP-Kameras solche Schnittstellen, die sich für den Anschluss von Sensoren, Türklingeln etc. eignen. Wird das Relais aktiv, startet das Nodect-konfigurierte Gerät die Aufnahme bzw. die Übertragung der Bilder.

Ist die Bewegungserkennung per Wechsel auf *Modect* eingeschaltet, klicken Sie im rechten Bereich der Webseite auf den kleinen, unscheinbaren *Zonen*-Link bei dem entsprechenden Gerät. Damit gelangen Sie zum Konfigurationsdialog, um anschließend im Bildbereich eine oder mehrere Zonen für die Bewegungserkennung festzulegen.

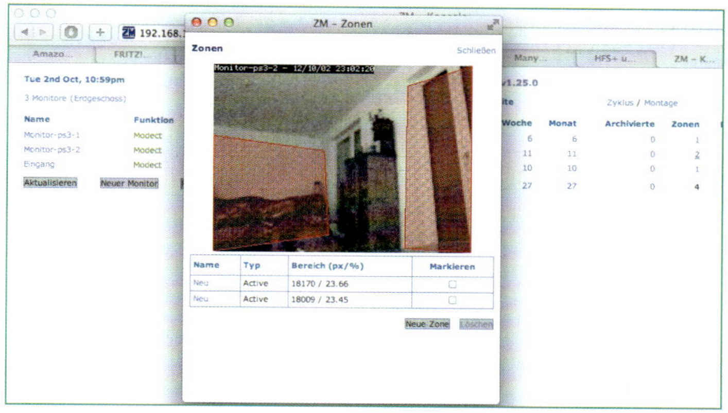

Rechts im Bild in der Spalte *Zonen* verbirgt sich hinter der Zahl ein Link, über den Sie für jedes angeschlossene und mit *Modect* konfigurierte Gerät eine oder mehrere Zonen festlegen können.

Tragen Sie für jeden Bereich, den Sie mit der Bewegungserkennung erfassen wollen, eine aussagekräftige Bezeichnung ein. Übernehmen Sie grundsätzlich die Einstellungen aus dem nachstehenden Dialog – die Konfiguration *Fast, high sensitivity* ist jedoch für manche Anwendungsbereiche über das Ziel hinaus geschossen. Damit wird sogar die Bewegung einer Stubenfliege als Bewegung registriert – genug Grund für Sie, mit den Einstellungen etwas zu experimentieren.

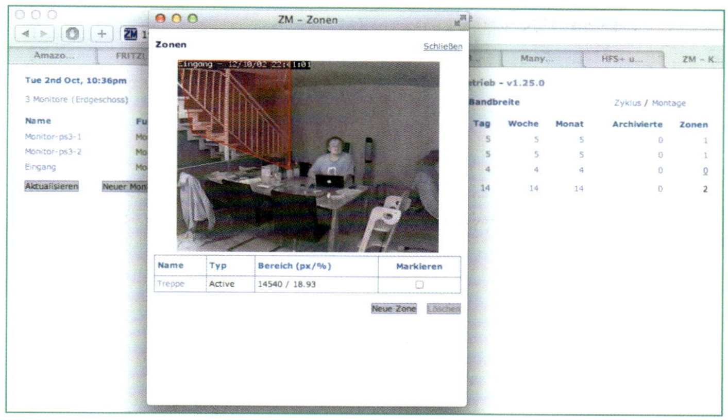

Nach dem Festlegen der Zone können weitere zu überwachende Bereiche per Klick auf die Schaltfläche *Neue Zone* hinzugefügt werden.

Nach dem Ausrichten der Kamera können Sie einfach mit dem Koordinatensystem des Bewegungserkennungsrasters die Ecken festlegen, bis genau der zu überwachende Bildbereich markiert ist.

Nach dem Festlegen einer Zone klicken Sie im obigen Konfigurationsfenster auf die *OK*-Schaltfläche, um zum Ausgangsdialog zurückzukehren. Nach Wunsch können Sie per Klick auf *Neue Zone* weitere Zonen für die Bewegungserkennung konfigurieren.

Weniger ist mehr: Nach dem Einrichten der Zonen im Bild wird die Konfiguration umgehend aktiv. Jede Bewegung in diesem Bereich löst eine Aktion aus und kostet somit Ressourcen in Sachen Speicherplatz, CPU- und Speicherbelastung, die bei einem Raspberry Pi nicht endlos zur Verfügung stehen. Aus diesem Grund sollten Sie – bevor Sie Qualität und Bandbreite nach oben drehen – die Einstellungen optimieren.

Überlegen Sie gegebenenfalls, ob die Kamera wirklich ein 24-Bit-Farbbild erzeugen muss oder ob auch ein Graustufenbild ausreichend ist. In diesem Fall würden der Speicher- und CPU-Bedarf und somit auch die Übertragungsbandbreite auf dem Raspberry Pi spürbar entlastet werden. Auch spielt die Anzahl der genutzten Kameras auf dem Raspberry Pi eine Rolle: Mehr als zwei Geräte sollten in diesem Fall nicht mit aktivierter Bewegungserkennung oder gar mit der Aufnahmefunktion konfiguriert sein.

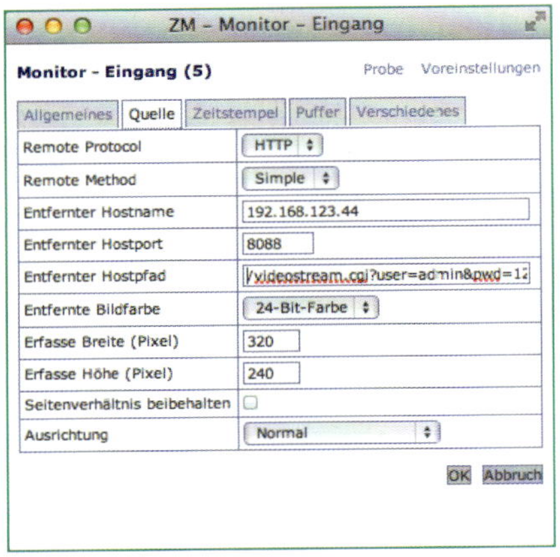

Öffnen Sie die Geräteeinstellungen via Zoneminder, hier ist noch kein Dialog für die Steuerungsfunktionen der Kamera zu finden.

9.1.4 Raspberry Pi als Fernbedienung für die Webcam nutzen

Bessere über das Netzwerk erreichbare IP-Kameras sind die sogenannten PTZ-Kameras, die Funktionen wie Pan, Tilt, Zoom (schwenken, neigen, zoomen) mitbringen. Hier schwankt der Leistungs- und Qualitätsumfang je nach eingesetztem Kapital – die günstigere Preisklasse kommt ohne optischen Zoom aus. Egal ob mit oder ohne Zoom – mit implementierter Pan/Tilt-Unterstützung können Sie mit dem Raspberry Pi auch die Fernsteuerungsfunktionen der Kamera mithilfe des installierten Zoneminder nutzen.

Die Fernsteuerungsfunktionen müssen zunächst bei den Zoneminder-Optionen im *System*-Register mit einem Häkchen bei *OPT_CONTROL* explizit aktiviert werden. Nach dem Zoneminder-Neustart via `service zoneminder restart` steht Zoneminder für die PTZ-Funktion zur Verfügung.

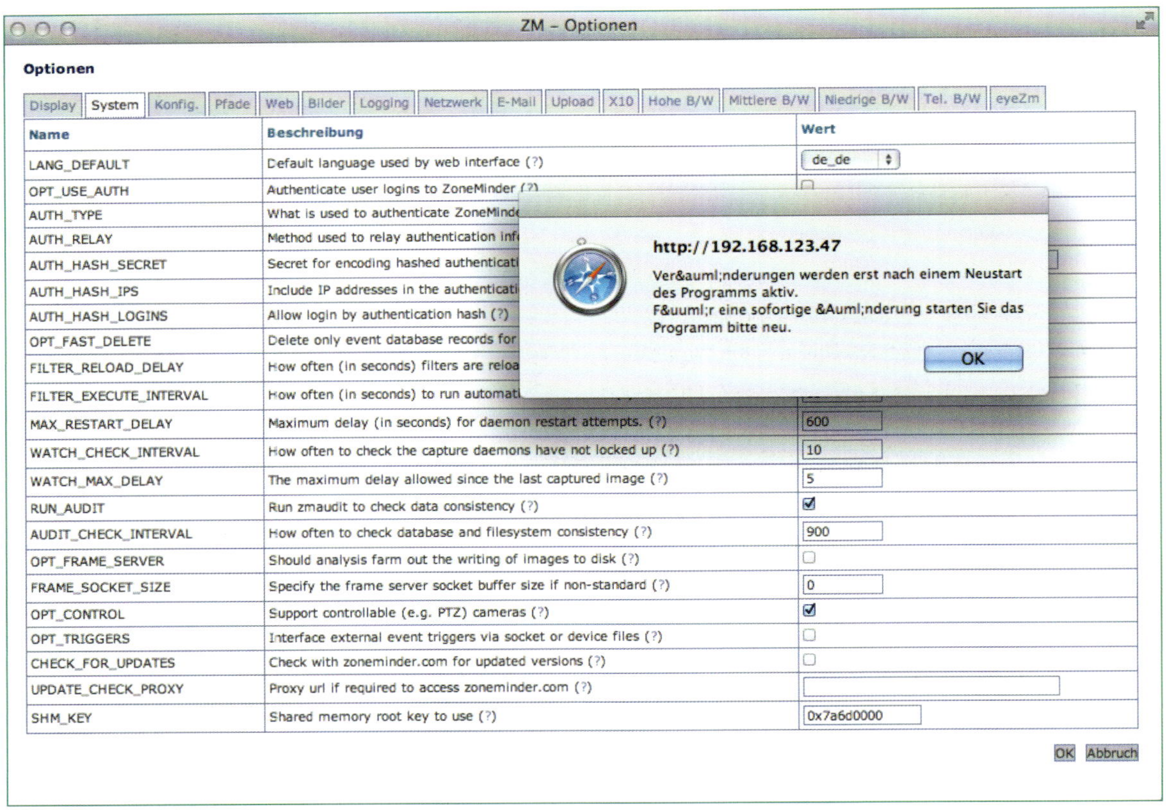

Nach dem Setzen des Häkchens weist Zoneminder darauf hin, dass Änderungen erst nach dem Neustart aktiv werden.

Zoneminder bringt bereits in der Grundinstallation ein kleines Set an vorkonfigurierten steuerbaren PTZ-Kameras mit, die jeweils als Perl-Modul im Verzeichnis `/usr/share/perl5/ZoneMinder/Control/` zu finden sind. Hier ist gegebenenfalls für Ihre Kamera auch ein passendes Control-Modul enthalten – um das herauszufinden, ist zunächst das Zoneminder-Wiki (*www.zoneminder.com/wiki/*) eine gute Anlaufstelle.

Suchen Sie dort einfach nach der Bezeichnung Ihrer eingesetzten Kamera. Manchmal kommt es vor, dass Sie hier nicht fündig werden und selbst aktiv werden müssen. In diesem Fall wählen Sie in der Raspberry Pi-Konsole im Verzeichnis ein bereits bestehendes Kontrollskript aus und passen dieses an Ihre Bedürfnisse an. Wichtig ist, dass Sie mit einer Kopie arbeiten. Geben Sie folgenden Befehl ein:

```
sudo bash
cd /usr/share/perl5/ZoneMinder/Control/
cp AxisV2.pm IhreCAM.pm
nano IhreCAM.pm
```

Es ist wichtig, dass der Dateiname mit dem Package-Namen in der entsprechenden Datei übereinstimmt: In diesem Fall ist per nano-Editor die Package-Bezeichnung

```
ZoneMinder::Control::AxisV2;
```

auf

```
ZoneMinder::Control::IhreCAM;
```

zu ändern. Diese Bezeichnung nutzen Sie später auch bei der Auswahl des Protokolls bei der Zoneminder-Konfiguration der Kamerasteuerung.

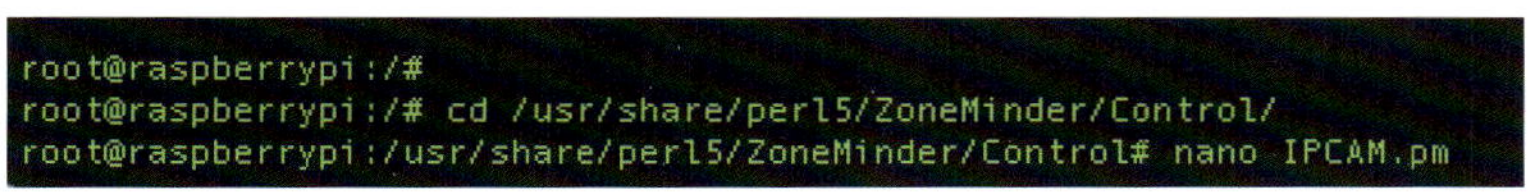

In diesem konkreten Beispiel mit der Kamera NCB541W (Wansview) wird die Datei `IPCAM.pm` erzeugt.

Da die in diesem Beispiel genutzte Kamera nahezu baugleich mit Modellen aus dem Hause Foscam, Hootoo, Trendcam, Apexis etc. ist, kann aus dem Zoneminder-Wiki das IPCAM-Kamera-Control-Modul genutzt und gegebenenfalls an die Kamerafunktionen angepasst werden.

Zunächst suchen Sie im Zoneminder-Wiki (*www.zoneminder.com/wiki/*) das dafür vorhandene Perl-Modul, markieren den Inhalt und kopieren diesen in die Zwischenablage des Computers. Haben Sie eine SSH-Terminalverbindung zum Raspberry Pi geöffnet, starten Sie eine root-Shell mit `sudo bash` und legen mit `nano IPCAM.pm` eine neue Datei an. Über das Kontextmenü der rechten Maustaste fügen Sie den Inhalt der Zwischenablage in das Terminalfenster ein.

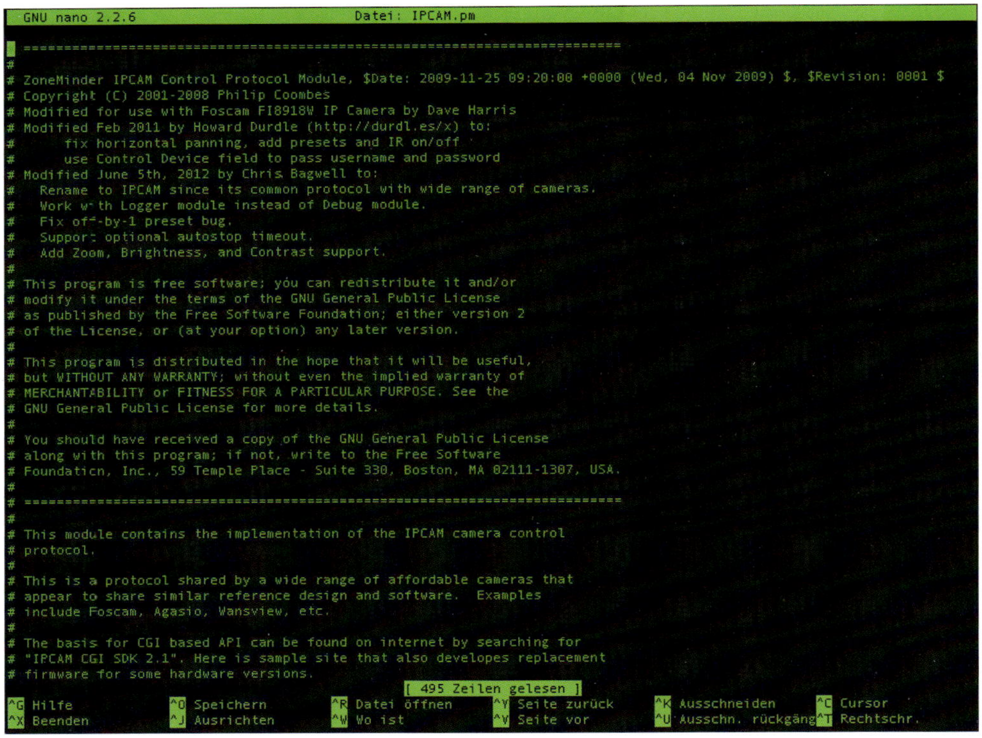

Ist die Datei `IPCAM.pm` mit `nano` geöffnet, kopieren Sie den Inhalt der Zwischenablage in das Fenster. Per Strg + X beenden Sie die Eingabe und speichern die Datei ab.

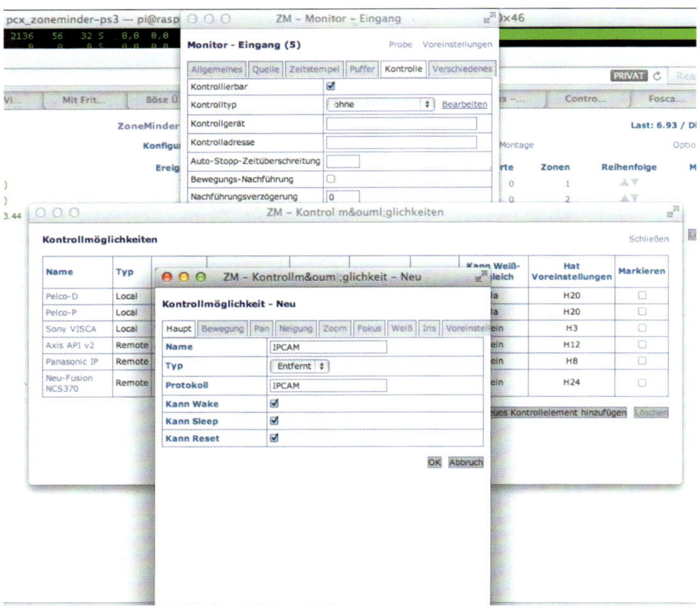

Für das Protokoll tragen Sie die Bezeichnung des Perl-Moduls (in diesem Beispiel ebenfalls *IPCAM*) ein.

Anschließend setzen Sie gegebenenfalls die Dateiberechtigungen der neuen Datei `IPCAM.pm` per `chmod`. Geben Sie in dem Verzeichnis den Befehl `ls -latr` ein, sollten alle `*.pm`-Dateien die gleichen Berechtigungen und Eigentümer besitzen.

Im nächsten Schritt öffnen Sie die Konfiguration des Monitors und setzen im Register *Kontrolle* unter *Kontrollierbar* erst einmal das Häkchen, um die Kontrollfunktionen einzuschalten. Das Feld *Kontrolltyp* beinhaltet das verwendete Perl-Kamerasteuermodul, das Sie bereits per nano-Editor erzeugt haben.

In diesem Schritt machen Sie es Zoneminder bekannt und klicken zunächst im Bereich *Kontrolltyp* auf den *Bearbeiten*-Link. Nun öffnet sich das Dialogfenster *ZM – Kontrollmöglichkeiten*, in dem Sie per Klick auf die Schaltfläche *Neues Kontrollelement hinzufügen* ein neues Kontrollgerät erstellen können. Nun steht Ihnen in den jeweiligen Registern eine Vielzahl von Konfigurationsmöglichkeiten für die Kamera zur Verfügung. Setzen Sie hier die Häkchen gemäß dem Leistungsumfang der angeschlossenen Kamera.

Sind die Register durchkämmt und die entsprechenden Häkchen gesetzt, sichern Sie die Einstellungen per Klick auf die *OK*-Schaltfläche. Anschließend erscheint die konfigurierte Kamerasteuerung im Zoneminder-Übersichtsdialog.

Sind die Eigenschaften der neuen Kontrollmöglichkeiten eingestellt, schließen Sie den Übersichtsdialog per Klick rechts oben auf die *Schließen*-Schaltfläche und wählen anschließend im Feld *Kontrolltyp* den erzeugten *IPCAM*-Eintrag aus.

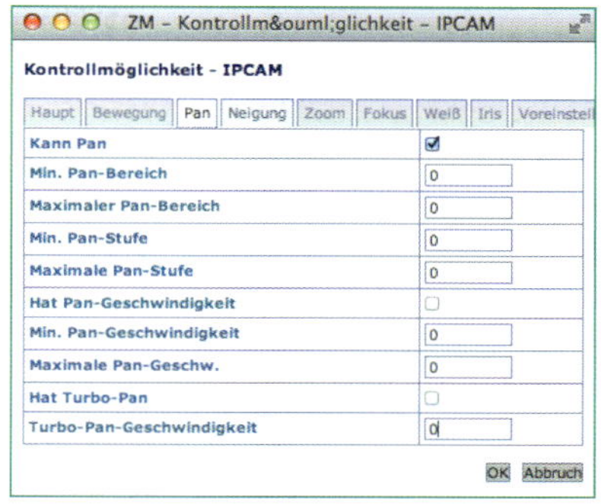

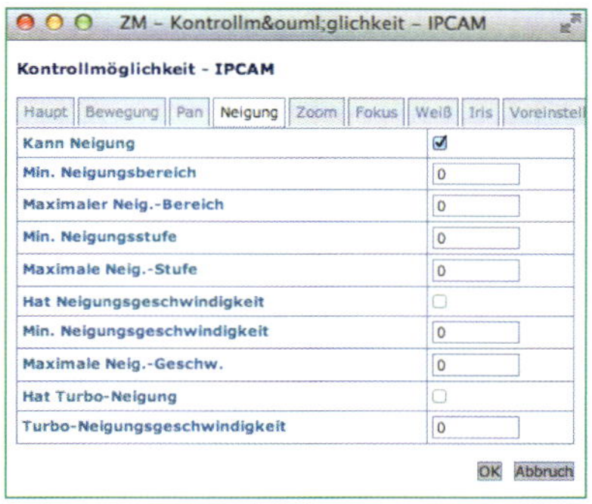

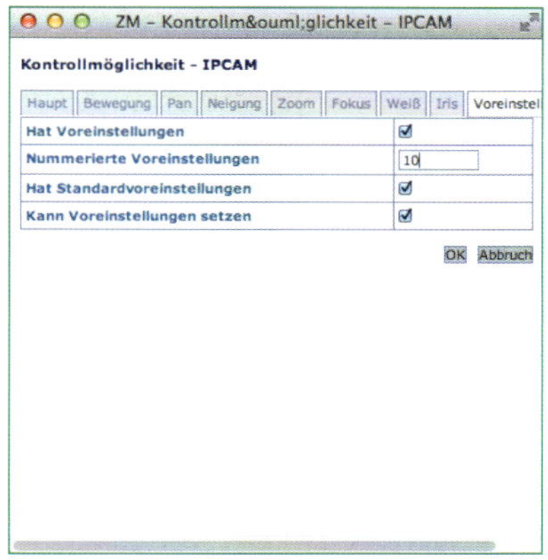

Bewegung, *Pan*, *Neigung* und gegebenenfalls *Voreinstellungen* – diese Standardregister sind bei der Neuanlage einer Kamerakontrollmöglichkeit Pflicht.

Nun sind die Kontrollfunktionen konfiguriert, und der Konfigurationsdialog kann geschlossen werden. Beachten Sie, dass die für die IP-Kamera genutzte Porteinstellung im Feld *Kontrolladresse* im Format X.X.X.X:YY eingetragen werden muss. So geben Sie beispielsweise für die IP-Adresse *192.168.123.44* und Port *8088* den Eintrag *192.168.123.44:8088* ein. Damit sind die Voraussetzungen geschaffen, dass Sie die im Heimnetz befindliche Kamera bequem per Zoneminder über den Raspberry Pi fernbedienen können.

Haben Sie den Standardport 80 für den Kamerazugriff geändert, tragen Sie den geänderten Port (hier: *8088*) nach der IP-Adresse im Feld *Kontrolladresse* im Format X.X.X.X:YY ein.

9.1.5 Alles unter Kontrolle: IP-Kamera aus der Ferne steuern

Um Zugriff auf die Kontrollfunktion zu erhalten, klicken Sie auf den *Montage*-Link im Zoneminder-Hauptdialog. Anschließend öffnet sich die gewohnte Monitoransicht aller angeschlossenen und aktiven Monitore. Hier klicken Sie auf den *Kontrolle*-Link. Damit erscheinen die konfigurierte Ansicht mit den Steuerungs- und Richtungssymbolen sowie die Links *Aufwachen*, *Schlaf*, *Zurücksetzen* und, falls ausgewählt, die konfigurierten Voreinstellungen.

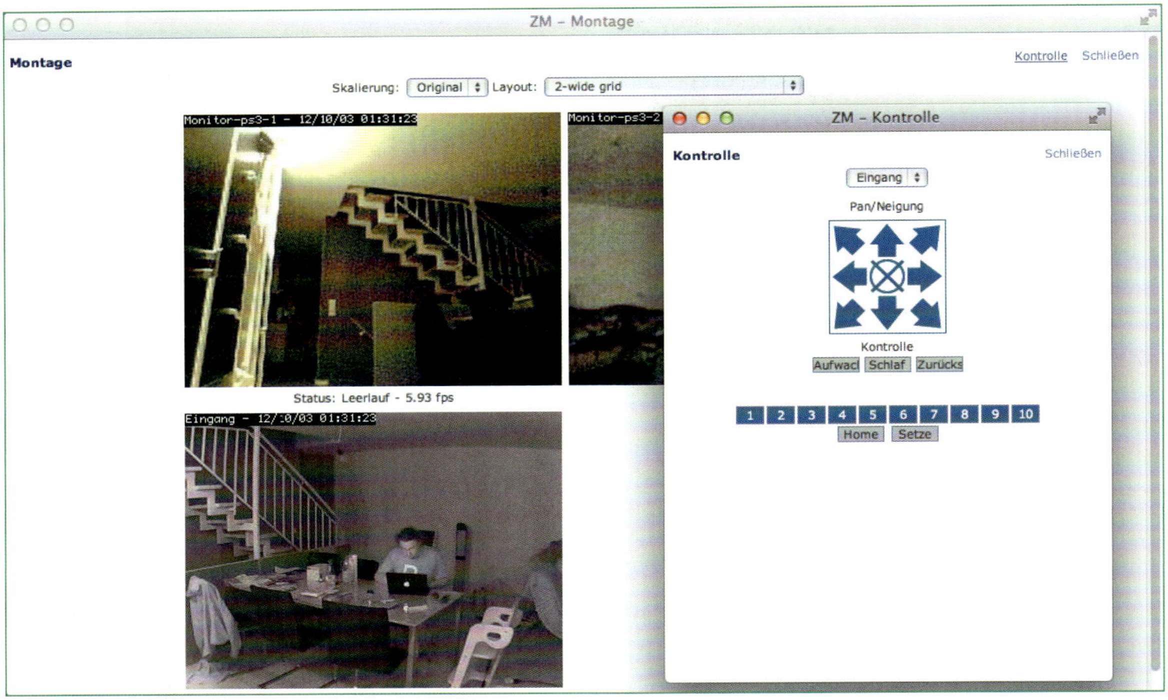

Alles unter Kontrolle: Die Steuerung der IP-Kamera erfolgt einfach per Mausklick über die Richtungspfeile.

Bewegt sich die Kamera und ist die Bewegung im Zoneminder-Fenster sichtbar, dürfte alles in Butter sein. In diesem Beispiel wurde nicht nur der Zugriff auf die Kamera per Passwort eingeschränkt, sondern auch der Standardport 80 auf den alternativen Port 8088 geändert. Dies sorgte anfangs für Fehlermeldungen und Fehlfunktionen.

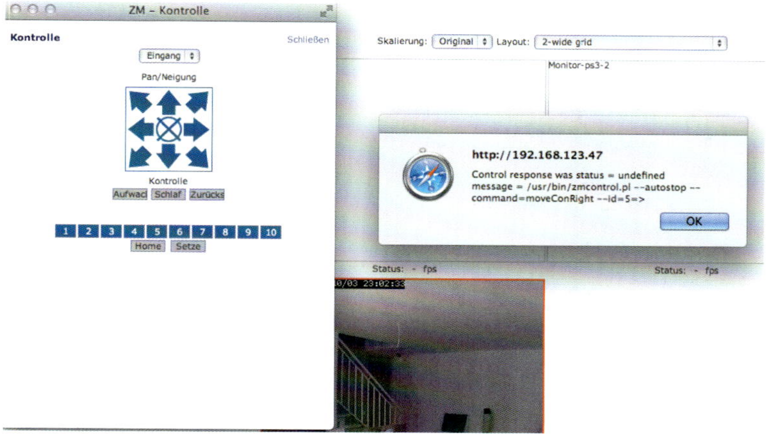

Keine Reaktion und eine Fehlermeldung: Hier scheint der Zugriff auf die Kamera noch nicht zu klappen.

Die erste Anlaufstelle bei Fehlern ist bei Zoneminder natürlich zunächst die Logdatei:

System Log — Updated: Wed 3rd Oct, 9:09pm | Status: alarm | Total: 259091 | Available: 11 | Displaying: 11 | More | Clear | Aktualisieren | Exportieren | Schließen

Filter log - Component ----- | PID ----- | Level --- | File ------ | Line ---- | Zurücksetzen

Date/Time	Component	PID	Level	Message	Datei	Line
2012-10-03 20:42:26.655060	**zmcontrol**	**20317**	**FAT**	**Can't connect: No such file or directory**	**zmcontrol.pl**	
2012-10-03 20:42:16.653490	zmcontrol	20320	INF	Control server 5/IPCAM starting at 12/10/03 20:42:16	zmcontrol.pl	
2012-10-03 20:42:16.387480	zmcontrol	20317	INF	Starting control server 5/IPCAM	zmcontrol.pl	
2012-10-03 02:05:29.217610	zmcontrol	20076	ERR	Error check failed:'500 Can't connect to 192.168.123.44:80 (Connection refused)'	zmcontrol.pl	
2012-10-03 01:41:04.290350	zmcontrol	20076	ERR	Error check failed:'500 Can't connect to 192.168.123.44:80 (Connection refused)'	zmcontrol.pl	
2012-10-03 01:40:12.044750	zmcontrol	20076	ERR	Error check failed:'500 Can't connect to 192.168.123.44:80 (Connection refused)'	zmcontrol.pl	
2012-10-03 01:32:40.128510	zmcontrol	20076	ERR	Error check failed:'500 Can't connect to 192.168.123.44:80 (Connection refused)'	zmcontrol.pl	
2012-10-03 01:31:07.478780	zmcontrol	20076	ERR	Error check failed:'500 Can't connect to 192.168.123.44:80 (Connection refused)'	zmcontrol.pl	
2012-10-03 01:19:13.152800	zmcontrol	20076	ERR	Error check failed:'500 Can't connect to 192.168.123.44:80 (Connection refused)'	zmcontrol.pl	
2012-10-03 01:19:00.047520	zmcontrol	20076	INF	Control server 5/IPCAM starting at 12/10/03 01:19:00	zmcontrol.pl	
2012-10-03 01:18:59.982800	zmcontrol	20055	INF	Starting control server 5/IPCAM	zmcontrol.pl	

Can't connect: In diesem Fall kann Zoneminder die Kontrollfunktionen der IP-Kamera nicht erreichen. Hier liegt in der Regel ein Konfigurationsproblem vor – womöglich ist die Authentifizierung nicht erfolgreich, und die Verbindung wird abgewiesen.

In diesem Beispiel war die Nutzung der Kontrollfunktion nur mit dem *admin*-Benutzerkonto der IP-Kamera, nicht aber mit dem eigens zuvor eingerichteten *raspi*-Benutzer (Hauptbenutzerrechte auf der IP-Kamera) möglich. Dies deutet darauf hin, dass für die Steuerung der Kamera wohl root-/admin-Berechtigungen notwendig sind, die der verwendete Hauptbenutzeraccount der IP-Kamera nicht standardmäßig besitzt.

HIGH
BASS
TURNOVER
500Hz
ON
OFF

KAPITEL 10

DRAHTLOSES AUDIO-STREAMING

Nicht immer steht eine komplette Stereoanlage in dem Raum, in dem man gerne laute Musik hören möchte. Über WLAN kann die Musik aber von iPhone oder iPad drahtlos an den Raspberry Pi übertragen und von dort wiedergegeben werden.

Dauer: **2 Stunden**
Schwierigkeit: ■■
Voraussetzung: **Kap. 3, 4**
Zusatzmaterial: **Kapitel_10**

Einkaufsliste:

- WLAN-Stick für Raspberry Pi
- WLAN-Router
- Lautsprecher mit 3,5-mm-Klinkenanschluss
- Partitionierte SD-Karte mit mehr als 2GB Speicher

10.1 AirPlay selbst gebaut: Musik im Badezimmer

Mit Apples AirPlay-Technik können Inhalte vom iOS, wie iPhone oder iPad, via Raspberry Pi einfach drahtlos an die angeschlossenen Lautsprecher gestreamt werden. Das Einzige, was Sie hierfür benötigen, ist ein WLAN-Funknetzwerk, Lautsprecher sowie einen Raspberry Pi, den Sie in wenigen Minuten als AirPlay-Gerät einrichten. Natürlich können Sie auch von einem Computer im Heimnetz, auf dem sich iTunes befindet, die auf dem Raspberry Pi installierte Lösung nutzen – kommen doch iTunes und das iPhone bzw. das iPad aus demselben Hause.

10.1.1 Klinke als Standardausgabegerät für Audio

Normalerweise ist der Audioausgang des Raspberry Pi standardmäßig aktiv. Wer hier auf Nummer sicher gehen möchte, stellt den 3,5-mm-Klinkenausgang fix als Standardausgabegerät für Audio ein. Dafür nutzen Sie auf der Kommandozeile den Befehl:

```
amixer cset numid=3 1
```

In diesem Fall steht der Wert `1` in dem Befehl für den 3,5-mm-Kopfhörer-Klinkenausgang – grundsätzlich können Sie diesen Wert wie folgt belegen:

Ausgänge	Wert
Automatisch	0
3,5-mm-Kopfhörer-Klinkenausgang	1
Audio über HDMI	2

Falls dabei ein Fehler (*amixer*: `command not found`) auftritt, liegt das daran, dass in diesem Fall die Audiounterstützung (noch) gar nicht installiert ist oder wieder deinstalliert wurde.

```
sudo bash
apt-get install alsa-utils
modprobe snd_bcm2835
```

Wie auch immer – für AirPlay benötigen Sie natürlich den Audioausgang des Raspberry Pi, damit die angeschlossenen Lautsprecher auch mit Musik versorgt werden können.

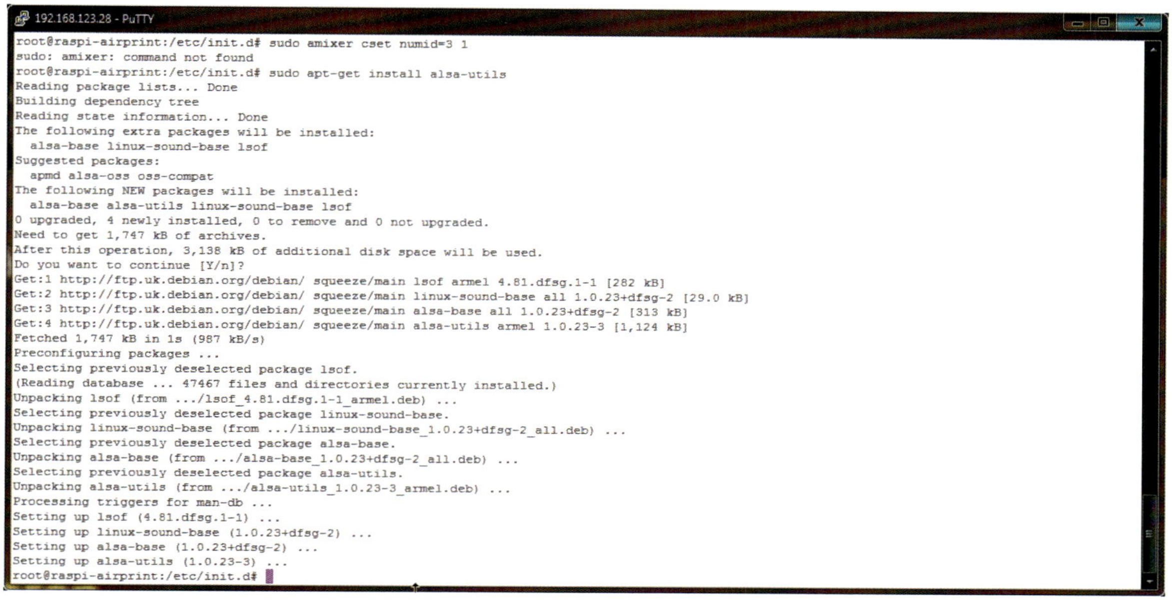

Bitte warten: Zunächst ist die grundlegende Audiounterstützung zu installieren, damit der Audioausgang konfiguriert werden kann.

Anschließend fügen Sie per `modprobe` den Treiber in das System ein und aktivieren ihn. Dann starten Sie die Konfiguration des Standardausgabegeräts für die Audiowiedergabe nochmals:

```
amixer cset numid=3 1
```

```
root@raspi-airprint:/etc/init.d# sudo modprobe snd_bcm2835
root@raspi-airprint:/etc/init.d# amixer cset numid=3 1
numid=3,iface=MIXER,name='PCM Playback Route'
  ; type=INTEGER,access=rw------,values=1,min=0,max=3,step=0
  : values=1
root@raspi-airprint:/etc/init.d#
```

Audioausgang erfolgreich konfiguriert. Wer eine qualitativ höherwertige Audiolösung wünscht, nutzt besser eine USB-Soundkarte, die jedoch extra angeschafft werden muss.

Im nächsten Schritt sind die Raspberry Pi-Vorbereitungen erledigt, nun können Sie das kostenlose Shairport-Paket installieren und in Betrieb nehmen.

10.1.2 Shairport-Paket installieren

Zunächst bringen Sie den Raspberry Pi auf den aktuellen Stand und installieren anschließend verschiedene Pakete, die für die erfolgreiche Durchführung der Installation notwendig sind. Zwar befinden sich `git` und `perl` in der Regel auf dem Raspberry Pi – holen Sie trotzdem sicherheitshalber die Installation nach:

```
sudo apt-get update
sudo apt-get install build-essential libssl-dev libcrypt-openssl-rsa-perl libao-dev libio-socket-inet6-perl libwww-perl avahi-utils pkg-config git chkconfig libssl-dev libavahi-client-dev libasound2-dev pcregrep
```

Sind die Vorbereitungen für die Installation von Shairport erledigt, klonen Sie das Shairport-Repository von `github.com` auf das lokale `/home`-Verzeichnis des `pi`-Benutzers auf dem Raspberry Pi.

```
sudo git clone https://github.com/albertz/shairport.git shairport
cd ~/shairport
git pull
sudo apt-get install pkg-config
sudo make && make install
```

Kommt es hier abermals zu Fehlern, nehmen Sie die Installation mit vollen *root*-Rechten vor.

Nach dem Herunterladen der Quellen wechseln Sie in das `shairport`-Verzeichnis. Führen Sie den `make`- und anschließend den `make install`-Befehl zur Installation aus.

Dazu öffnen Sie mit `sudo bash` eine root-Konsole, räumen nochmals auf und starten das Kompilieren erneut:

```
sudo bash
make clean
make && make install
```

Dieser Vorgang dauert erneut wenige Minuten.

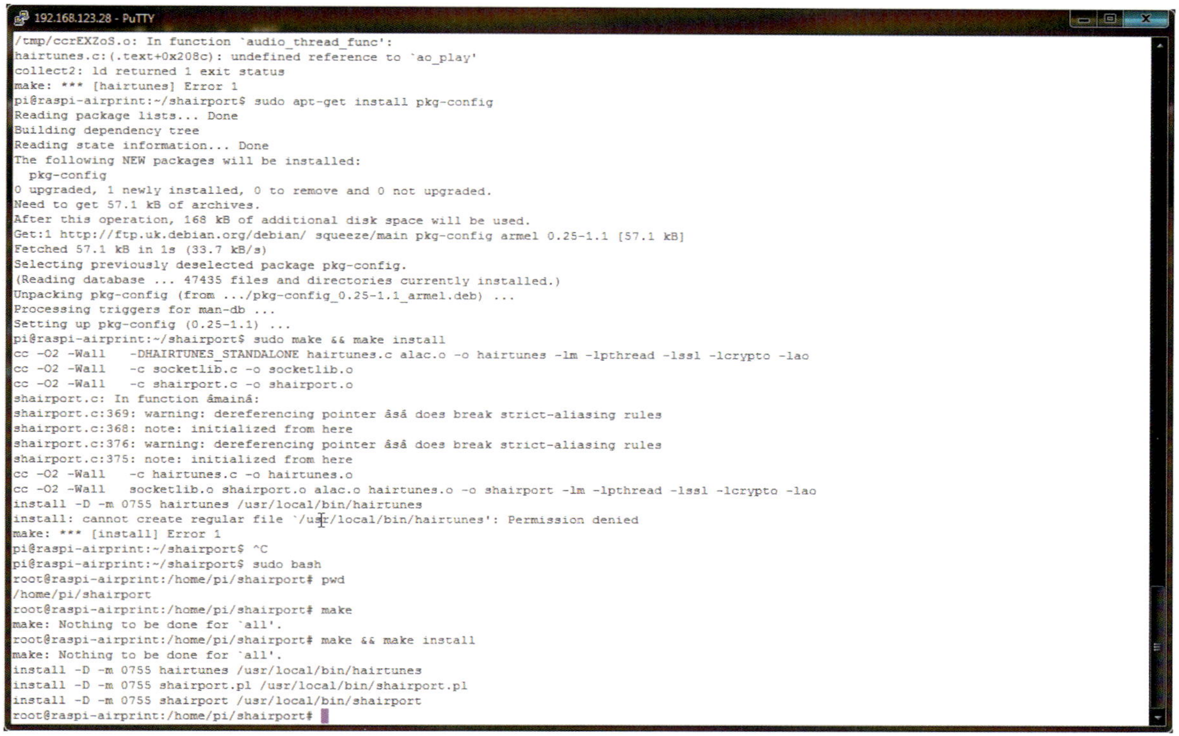

Bitte warten: Das Kompilieren dauert auf einem Raspberry auch bei kleineren Paketen ein paar Minuten.

Bevor Sie Shairport für Ihre Umgebung konfigurieren und nach dem Booten des Raspberry Pi automatisch starten lassen, installieren Sie noch eine Bugfix-Datei für das *Session Description Protocol* (SDP), die für den Betrieb von iOS 6-Geräten für die erfolgreiche Nutzung von Shairport notwendig ist:

```
wget http://www.forum-raspberrypi.de/mydownloads/downloads/libnet-sdp-perl_0.07-1_all.deb
sudo dpkg -i libnet-sdp-perl_0.07-1_all.deb
```

Nach der Installation der `libnet-sdp-perl_0.07-1_all.deb`-Datei per `dpkg -i` ist nun auch das installierte Shairport in Sachen iPad- und iPod-Unterstützung auf den aktuellen Stand gebracht. Nun konfigurieren Sie noch Shairport für den automatischen Start, falls der Raspberry Pi mal neu gestartet wird.

Shairport einrichten

Im erstellten Quellverzeichnis von Shairport befindet sich eine Beispieldatei, die Sie auch als Startdatei mit einer kleinen Anpassung für den Raspberry Pi benötigen. Kopieren Sie sie in das Startverzeichnis `/etc/init.d/` des Raspberry Pi, in dem sämtliche Startskripte liegen, und setzen Sie die entsprechenden Berechtigungen der Datei, damit diese beim Systemstart auch ausgeführt werden kann.

```
sudo bash
cd /etc/init.d
cp ~/shairport/shairport.init.sample /etc/init.d/
shairport
chmod a+x shairport
update-rc.d shairport defaults
insserv shairport
```

```
root@raspi-airprint:/home/pi/shairport# ls /etc/init.d/
avahi-daemon   cups        hostname.sh      killprocs                 mountnfs.sh         rc         samba                 sudo          vchiq
bootlogd       dbus        hwclockfirst.sh  lm-sensors                mountoverflowtmp    rc.local   saned                 udev          x11-common
bootlogs       fancontrol  hwclock.sh       module-init-tools         mtab.sh             rcS        sendsigs              udev-mtab     xinetd
bootmisc.sh    fuse        ifplugd          mountall-bootclean.sh     networking          README     single                umountfs
checkfs.sh     gdm         ifupdown         mountall.sh               nfs-common          reboot     skeleton              umountnfs.sh
checkroot.sh   hal         ifupdown-clean   mountdevsubfs.sh          ntp                 rmnologin  ssh                   umountroot
console-setup  halt        kbd              mountkernfs.sh            portmap             rsync      stop-bootlogd         urandom
cron           hdparm      keyboard-setup   mountnfs-bootclean.sh     procps              rsyslog    stop-bootlogd-single  vcfiled
root@raspi-airprint:/home/pi/shairport# sudo cp shairport.init.sample /etc/init.d/shairport
root@raspi-airprint:/home/pi/shairport# cd /etc/init.d
root@raspi-airprint:/etc/init.d# sudo chmod a+x shairport
root@raspi-airprint:/etc/init.d#
```

Die Startdateien in `/etc/init.d` sind nichts anderes als Startskripte, die allesamt ausführbar sein müssen, damit der entsprechende Dienst nach dem Neustart des Raspberry Pi wieder zur Verfügung steht.

Im nächsten Schritt ändern Sie die zu übergebenden Argumente für den Daemon-Start auf eine Bezeichnung, unter der das iPhone oder das iPad den Raspberry Pi später finden soll.

```
sudo nano shairport
```

Hierzu passen Sie die Startdatei `/etc/init.d/shairport` an und ändern dort den Eintrag `DAEMON_ARGS`. Dieser lautet ursprünglich:

```
DAEMON_ARGS="-w $PIDFILE"
```

Kommentieren Sie den alten Eintrag per Lattenzaunsymbol aus und fügen die neue Zeile ein:

```
DAEMON_ARGS="-w $PIDFILE -a rAirPort"
```

Alternativ können Sie selbstverständlich auch direkt die entsprechende Codezeile im Skript ändern, das bleibt Ihnen überlassen.

Nach dem Ändern bzw. Hinzufügen der Codezeile beenden Sie den nano-Editor wie gewohnt mit [Strg]+[X] und speichern die Datei unter ihrem alten Namen ab.

Nach dem Speichern der Datei und Beenden des Editors starten Sie sicherheitshalber den `shairport`-Dienst auf dem Raspberry Pi neu.

```
sudo /etc/init.d/shairport restart
```

Im nächsten Schritt können Sie die Lautsprecher am Raspberry Pi anschließen und das iPad oder das iPhone, von dem Sie Musik zum Raspberry Pi streamen möchten, zur Hand nehmen.

10.1.3 Shairport auf dem iPhone nutzen

Starten Sie zunächst wie gewohnt die Musik-App auf dem iPhone und navigieren Sie zu Ihrer Lieblingsmusikwiedergabeliste. Starten Sie einen beliebigen Song auf dem iPhone – nun müsste das Lied über die eingebauten Lautsprecher des iPhones zu hören sein. Um die Audioausgabe auf die mit dem Raspberry Pi verbundenen Lautsprecher umzulenken, wählen Sie das AirPlay-Symbol aus.

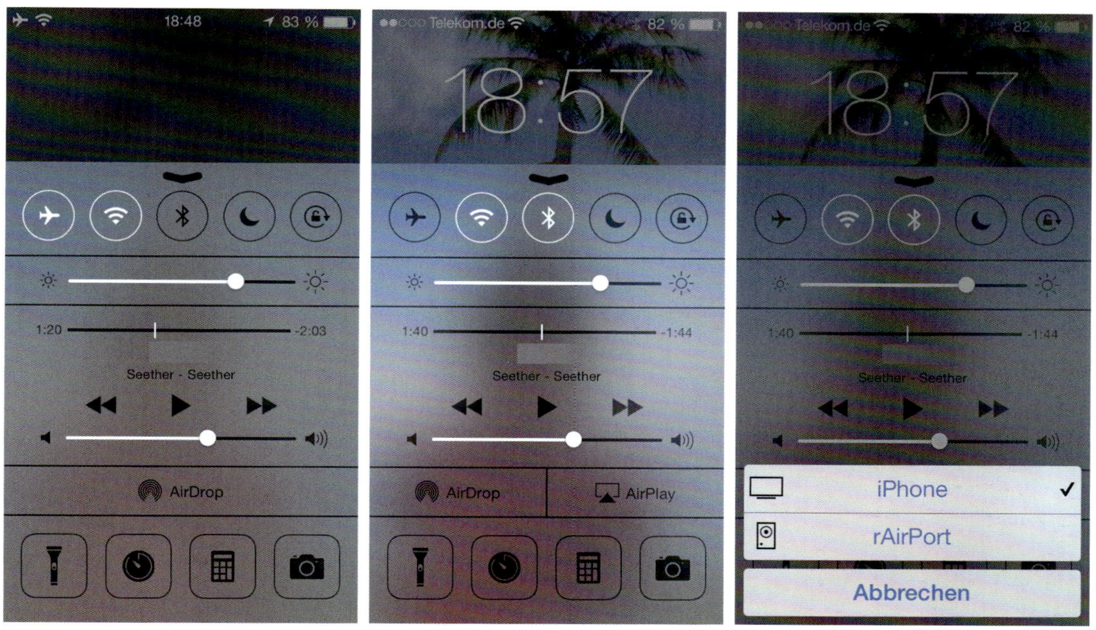

Achtung: Seit der Umstellung auf iOS 7 fehlt in der Musik-App das AirPlay-Symbol. Der Grund: AirPlay ist bei iOS 7 nicht mehr direkt in der Musik-App dabei, sondern nur noch systemweit über das Kontrollzentrum (Wisch von unten) erreichbar. Sobald das iOS-Gerät ein AirPlay-fähiges Gerät im selben Netzwerk erkennt, wird die AirPlay-Option im Kontrollzentrum – hier unter der Bezeichnung rAirPort – angezeigt.

Ist der Raspberry Pi nicht als Lautsprecher sichtbar, starten Sie auf dem iPhone den *Einstellungen*-Dialog und prüfen, ob Sie sich auch im selben Netz befinden wie der Raspberry Pi – gegebenenfalls hilft ein Deaktivieren und Aktivieren der Netzwerkeinstellungen. Wechseln Sie einfach kurz in den Flugmodus und beenden Sie ihn wieder – anschließend steht der Raspberry Pi als AirPlay-Gerät zur Verfügung.

KAPITEL 11

MEDIACENTER

Der Prozessor des Raspberry Pi eignet sich hervorragend für die Wiedergabe von Full-HD. Für das Wohnzimmer zählt aber nicht nur die Technik, sondern auch die Größe und Geräuschentwicklung. Beim Raspberry Pi passt alles, darum ist er wie geschaffen für ein Mediacenter.

Dauer: **Ein Wochenende**
Schwierigkeit: ■ ■
Voraussetzung: **Kap. 3, 4**
Zusatzmaterial: **Kapitel_11**

Einkaufsliste:

- Partitionierte SD-Karte mit mehr als 2GB Speicher
- Bluetooth-Funktastatur
- Fernseher mit HDMI, DVI oder D-SUB
- HDMI-Kabel für Raspberry Pi zum Anschluss an einen Fernseher

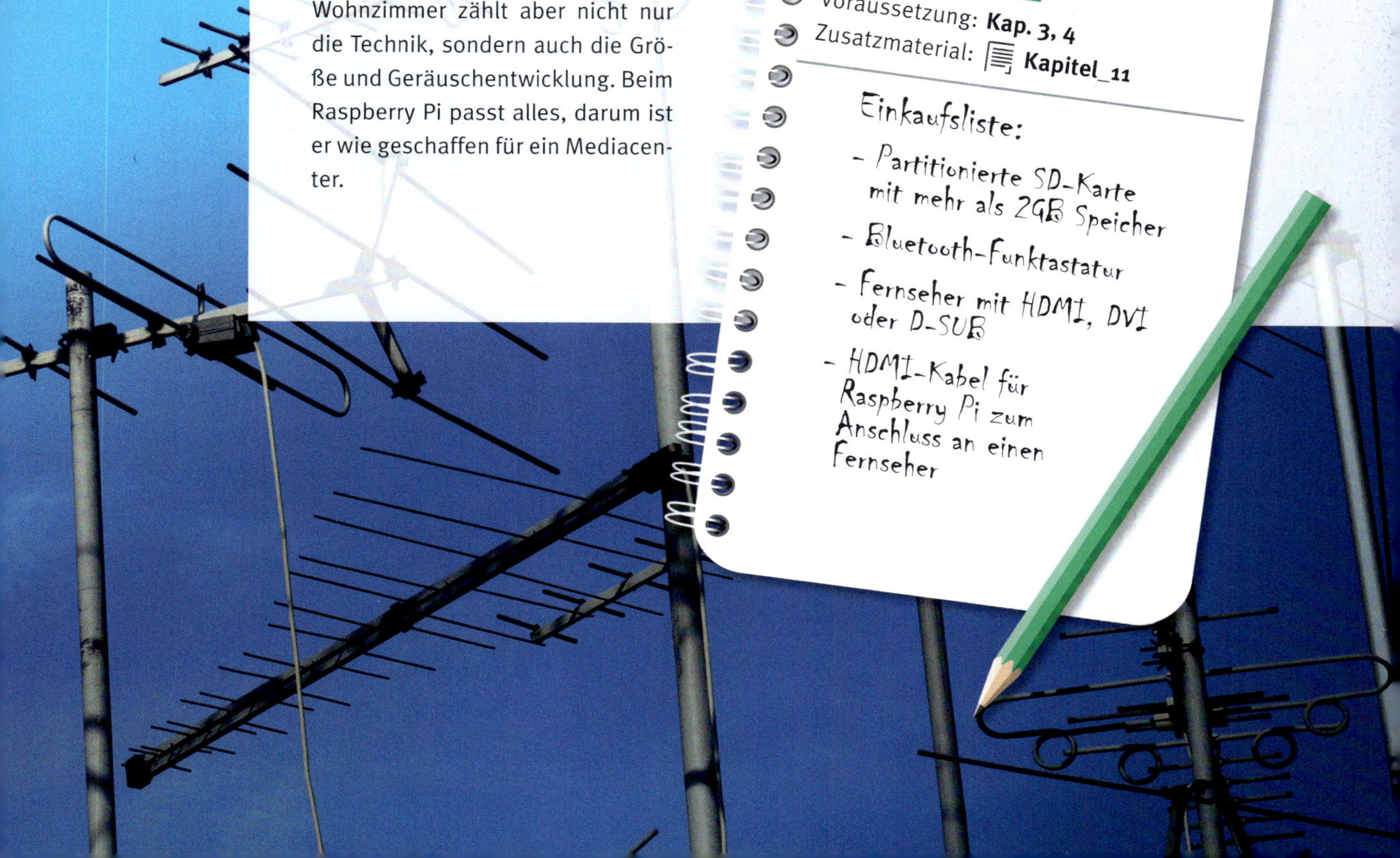

11.1 Wohnzimmer-PC 3.0: Smart-TV-Eigenbau

Ein flexibler, leistungsfähiger und vor allem leiser Computer im Wohnzimmer erfordert besondere Komponenten. Die Zeiten, in denen klobige Computer im Mini- und Midi-Tower-Format für eine flüssige, ruckelfreie Wiedergabe von Videodateien und den Internet-/Heimnetzzugriff eingesetzt wurden, sind vorbei. Nutzen Sie stattdessen den kleinen, lüfterlosen Raspberry Pi mit dem eigens gebauten OpenELEC-System, um nicht nur aus allen verfügbaren Videoquellen in Ihrem Heimnetz sämtliche Video- und Musikdateien abzuspielen, sondern auch einen komfortablen Zugang zu den Internet-TV-Archiven der öffentlich-rechtlichen Sender sowie der anderen, auch ausländischen TV-Kanäle zu haben, die ihre Sendungen ebenfalls im Internet publizieren.

Zu guter Letzt erfahren Sie, wie Sie per Add-ons auch Videoarchive wie Spiegel Online, Süddeutsche.de und andere online komfortabel durchstöbern und werbefrei nutzen können – alles bequem vom Sofa aus. Gerade die Verlagsfernsehsender bieten ein einzigartiges Programm rund um die Uhr: Reportagen, Sport, Dokumentationen, Berichte zum Zeitgeschehen – ein völlig neues Fernseherlebnis per Mausklick und on demand. Wann immer Sie die Sendung sehen wollen, steht sie umgehend zur Verfügung.

Mit dem Raspberry Pi in Verbindung mit dem *Open Embedded Linux Entertainment Center* – kurz OpenELEC – haben Sie einen Alleskönner im Wohnzimmer, der den Überblick über sämtliche Mediendateien im Haushalt behält und für deutlich gesteigerten Komfort und eine bessere Auswahl im TV-Alltag sorgt.

11.2 OpenELEC: laden oder kompilieren?

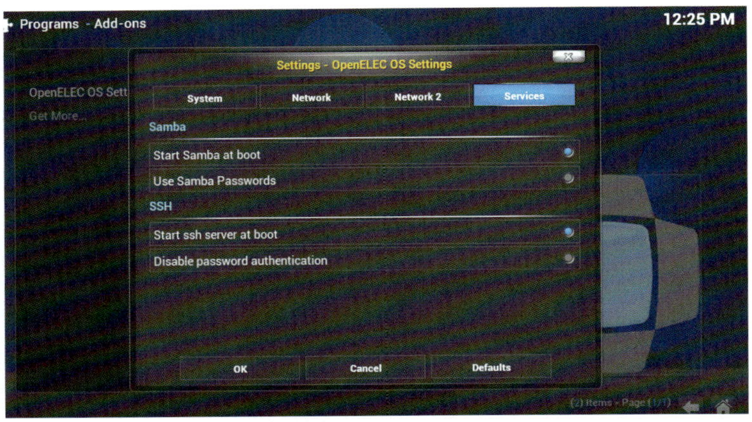

Das Aktivieren des SSH-Servers kann grundsätzlich auch via Kodi erfolgen. Bei der Inbetriebnahme von Kodi ist jedoch schon vorher der SSH-Zugriff notwendig. Alle Änderungen in diesem Add-on werden erst nach einem Neustart übernommen.

Entscheiden Sie sich für den Einsatz von OpenELEC, sollten Sie sich darüber im Klaren sein, dass die Installation und Konfiguration der Multimedia-Funktionen im Raspberry Pi zwar kein Hexenwerk sind, aber doch etwas Zeit und Geduld sowie vor allem den Willen erfordern, auftretende Probleme selbst zu verstehen und zu lösen. Fortgeschrittene haben naturgemäß mehr Möglichkeiten, auf die Konfiguration und die Zusammenstellung von OpenELEC Einfluss zu nehmen, falls das Paket – also das System, das auf die SD-Karte kommt – selbst zusammengestellt und kompiliert wird. Jenen, die mit Linux, Terminal, Shell- und Perl-Skripten wenig oder nichts anfangen können, sei an dieser Stelle empfohlen, besser ein vorkompiliertes OpenELEC-Paket herunterzuladen und zu nutzen.

OpenELEC-Image herunterladen und anpassen

Egal in welcher Größe die Imagedatei kommt, sie hat ein komprimiertes Dateiformat in Form einer `*.tar.gz`- oder `*.tar.bz2`-Datei. Während das Entpacken solcher Dateien unter Mac OS oder Linux mit eingebauten Betriebssystemwerkzeugen möglich ist, benötigen Sie unter Windows Hilfestellung. Laden Sie sich am besten den kostenlosen und für den Heimgebrauch völlig ausreichenden Packer 7-zip (*http://www.7-zip.de/download.html*) herunter. Das OpenELEC-Image laden Sie ebenfalls aus dem Internet – hier die wichtigsten Internetadressen:

OpenELEC.tv	Projektwebseite
Komplett-Images	*http://openelec.thestateofme.com/*
Komplett-Images	*https://www.ghcif.de/~t4c/raspberry/openelec/*
Komplett-Images	*https://www.box.com/s/7d6b62c42bae2cfeea9a*
Komplett-Images	*http://sparky0815.de/openelec-download-images-fat-files/*
Raspberry Pi-Image-Downloader und -Nightly-Builds (zum Ausprobieren)	*http://mrpfister.com/journal/raspberry-pi-os-image-downloader/*

Welches Betriebssystem-Image Sie auswählen, ist zunächst Geschmackssache – grundsätzlich am besten natürlich eine Imagedatei mit einem relativ frischen Build-Datum sowie – falls unterschiedliche Größen für die Ziel-SD-Karte zur Verfügung stehen – das passende zur vorliegenden SD-Karte. In diesem Fall sparen Sie sich das spätere Anpassen der OpenELEC-Installation an die tatsächliche Kapazität der Speicherkarte.

XBMC heißt nun Kodi

Mit Version 14 wurde XBMC in Kodi umbenannt. Damit ist auch die Webseite umgezogen: kodi.tv

Inbetriebnahme eines fertigen OpenELEC-Image

Zumindest bei der Inbetriebnahme und Ersteinrichtung ist der SSH-Zugriff auf das Raspberry Pi-System empfehlenswert, der standardmäßig bei OpenELEC jedoch abgeschaltet ist. SSH kann aber nachträglich bei gestartetem Kodi (wie im Kapitel 11.4.2 »Administration über die Kommandozeile: SSH-Zugriff einschalten« beschrieben) oder durch das Erstellen einer leeren Datei mit der Bezeichnung `ssh_enable` im Verzeichnis `/storage/.config` bequem eingeschaltet werden.

Dafür stecken Sie die Speicherkarte gegebenenfalls nochmals in den Computer, mounten die Speicherkarte in einem Unix-System und verwenden folgende Befehle im Terminalfenster, um die Datei anzulegen:

```
cd /storage/.config
touch ssh_enable
```

Wird die Karte anschließend in einen Raspberry Pi gesteckt, sollte beim Hochfahren von OpenELEC nun der SSH-Server mitgestartet werden.

Tipp

Haben Sie sich erstmalig von einem Computer aus via SSH mit dem OpenELEC verbunden, ändern Sie das Kennwort des administrativen root-Benutzers (Standard: `openelec`) per `passwd`-Kommando. Die weiteren Konfigurationsschritte erfolgen auf der Kodi-Oberfläche, die im Kapitel 11.4.1 »OpenELEC-Einstellungen anpassen und Freigaben einrichten« beschrieben ist.

11.3 OpenELEC besorgen, kompilieren und installieren

Grundsätzlich wird zum Kompilieren – allein schon aus Geschwindigkeits- und Zeitgründen – ein echtes, natives Linux empfohlen. Wer kein vollwertiges natives Linux auf seinem Computer haben möchte, kann auch unter Mac OS oder Windows mithilfe einer virtuellen Maschine die Installation vorbereiten und durchführen. Grundsätzlich benötigen Sie eine halbwegs aktuelle Linux-Distribution, damit Sie das OpenELEC-Paket sauber kompiliert bekommen. Dabei kommen ein paar Besonderheiten ins Spiel. Da die Zielplattform des Raspberry Pi bekanntermaßen eine Arm-Prozessorarchitektur besitzt, muss der Compiler auf der Linux-Maschine das sogenannte Cross-Compiling beherrschen. In diesem Beispiel nutzen wir eine Ubuntu-Installation in einer virtuellen VMware-Maschine.

11.3.1 Vorbereitungen zum Kompilieren

In dem nachfolgend beschriebenen Beispiel nutzten wir eine Ubuntu-Installation (12.04) unter VMware Workstation 8 mit der Konfiguration 1 CPU, 1 GByte RAM, 20 GByte Festplattenplatz. Für die Übersetzung benötigen Sie Festplattenplatz – und das nicht zu knapp: Rund 9 GByte sollten Sie mindestens an freier Kapazität bereitstellen können, um zu verhindern, dass der Compiler nach zig Stunden mit einer Fehlermeldung stehen bleibt.

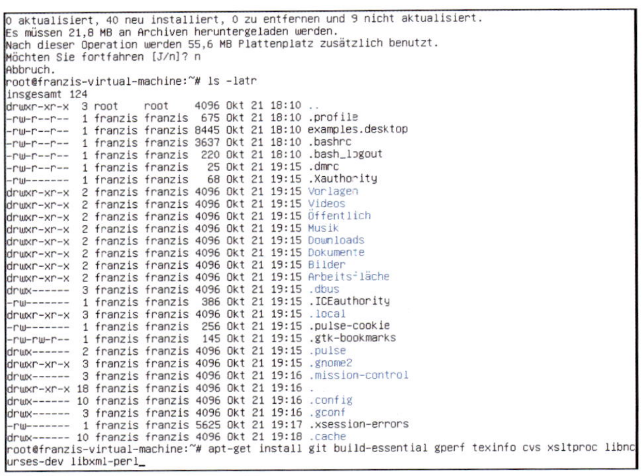

Zahlreiche Pakete müssen auf der Linux-Maschine nachinstalliert werden, damit der Kompiliervorgang überhaupt in die Gänge kommen kann.

Auch das Linux in der virtuellen Maschine muss auf den neuesten Stand gebracht werden – um in diesem Fall überhaupt OpenELEC herunterladen zu können, benötigen Sie beispielsweise das `git`-Paket – konkret wurden zunächst folgende Pakete samt Abhängigkeiten nachinstalliert:

```
apt-get install git gawk build-essential gperf
cvs texinfo libncurses-dev xsltproc libxml-perl
apt-get install openssh-server
```

Falls noch nicht vorhanden, ist auch die Installation eines SSH-Servers sinnvoll, wenn Sie die Unix-Maschine bequem per Konsole aus der Ferne überwachen wollen.

Anschließend bringt der Befehl

```
git clone git://github.com/OpenELEC/OpenELEC.
tv.git
```

die OpenELEC-Quellen in das aktuelle Verzeichnis. Um die heruntergeladenen Quellen analysieren und kompilieren zu können, wechseln Sie zunächst in das `OpenELEC.tv`-Verzeichnis.

```
cd OpenELEC.tv/
```

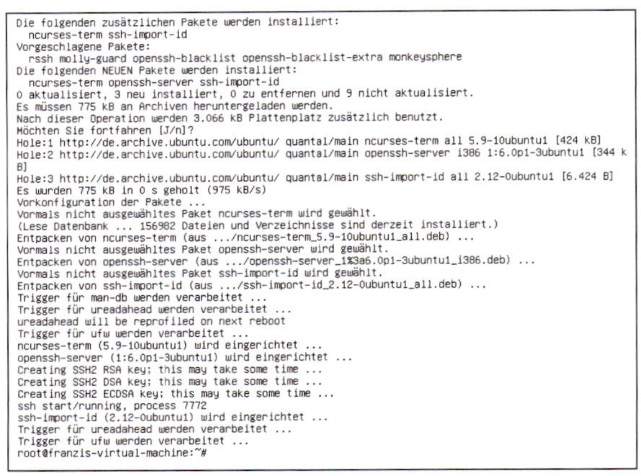

Bei der Auswahl der Pakete stellt der Paketmanager die Abhängigkeiten zusammen und lädt die entsprechend markierten Pakete automatisch nach.

Anschließend starten Sie in dem Unterverzeichnis `OpenELEC.tv` mit dem Befehl

```
PROJECT=RPi ARCH=arm make -j 8
```

das Bauen der persönlichen OpenELEC-Kodi-Distribution.

In unserem Beispiel tauchte nach relativ kurzer Zeit eine Fehlermeldung auf – `git` bemängelte weitere fehlende Pakete auf der Linux-Maschine:

```
apt-get install gawk zip unzip xutils default-jre
```

Alternativ kann bei fehlendem Java statt dem `default-jre` das OpenJDK genutzt werden, wenn Sie auf dem Linux-System entwickeln.

```
apt-get install openjdk-6-jre
```

Wie auch immer – starten Sie nun den Kompiliervorgang per

```
PROJECT=RPi ARCH=arm make -j 8
```

erneut. Nach dem Starten des Kompiliervorgangs können Sie den Bildschirm des Computers abschalten – dieser ist nun einige Stunden damit beschäftigt, die zahlreichen Pakete zu kompilieren, andere Pakete nachzuladen und dies als Gesamtpaket zusammenzustellen.

Bitte warten: OpenELEC wird gebaut

In einer virtuellen Maschine zu kompilieren dauert natürlich etwas länger als auf einer nativen Maschine: Bei einer VMware-Maschine mit Ubuntu 12.04, der konfigurierten Arbeitsspeicherausstattung von 1 GByte, der 20 GByte (mitwachsender) Festplattenkapazität sowie der Zuteilung von einer CPU dauerte das Bauen des OpenELEC-Pakets in Vollausstattung über zwölf Stunden.

Auch der Speicherplatzbedarf bei der Erstellung des Pakets ist immens: Vor dem Start war die Festplatte mit rund 3,3 GByte befüllt – nach dem Kompilieren waren es 8,4 GByte mehr. Aus diesem Grund sollten Sie beim Zusammenstellen der Linux-Maschine auch auf eine ausreichende Festplattenausstattung achten, da sonst der Kompiliervorgang im dümmsten Fall kurz vor Schluss wegen mangelnden Speicherplatzes abbricht.

Nach dem Kompilieren ist das Ergebnis im Verzeichnis `OpenELEC.tv` abgelegt – hier befindet sich eine komplette Linux-Distribution für den Raspberry Pi. Diese kopieren Sie nun auf eine SD-Karte, die anschließend im Raspberry Pi zum Einsatz kommt.

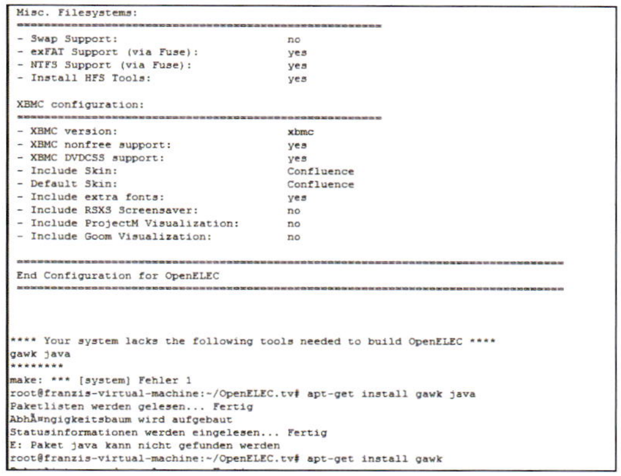

`gawk` und `java` fehlen: Per `apt-get install` laden Sie diese Pakete umgehend aus dem Internet und installieren sie auf der Linux-Maschine.

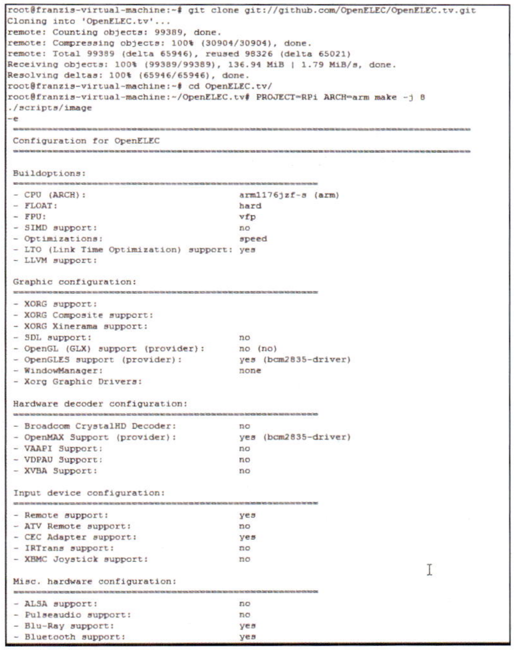

Jetzt geht's los: Das Kompilieren des OpenELEC-Pakets dauert auch auf einem schnellen Linux-PC einige Stunden.

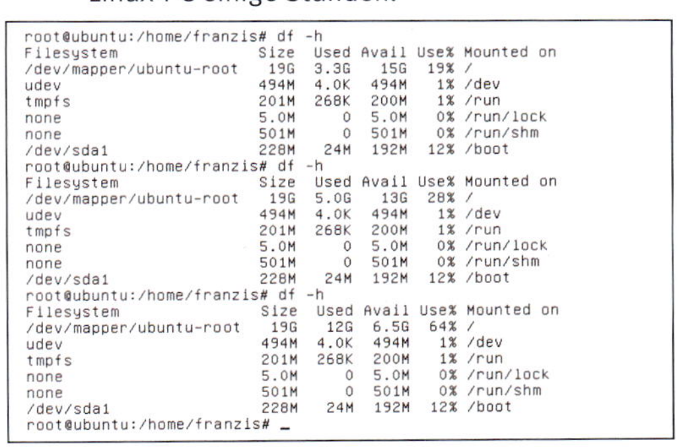

Speicherfresser: Über 8 GByte benötigte das Bauen der OpenELEC-Distribution für den Raspberry Pi auf der Festplatte.

11.3.2 SD-Karte für OpenELEC vorbereiten

Wie das angepasste Debian und Raspian für den Raspberry Pi muss auch das Speicherkarten-Image für OpenELEC mit zwei Partitionen auf der SD-Speicherkarte angelegt werden. Hier trennt OpenELEC jedoch ähnlich wie die FRITZ!Box – nämlich das Betriebssystem vom Datenbereich des Benutzers –, während bei den anderen Derivaten lediglich das `/boot`-Verzeichnis in die FAT32-Partition geschoben wird.

Grundsätzlich ist das OpenELEC-System mit zwei Partitionen folgendermaßen aufgeteilt:

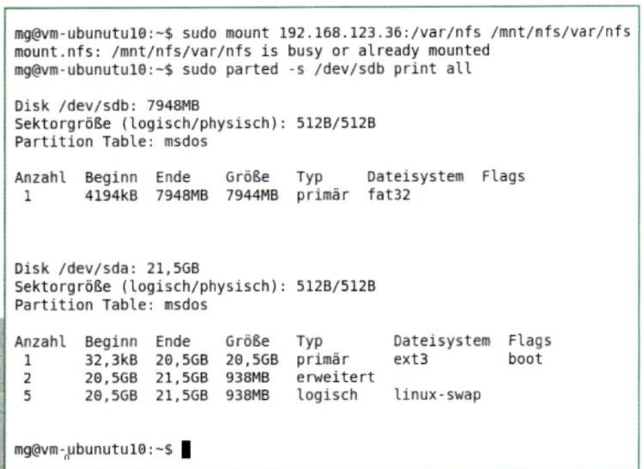

```
mg@vm-ubunutu10:~$ sudo mount 192.168.123.36:/var/nfs /mnt/nfs/var/nfs
mount.nfs: /mnt/nfs/var/nfs is busy or already mounted
mg@vm-ubunutu10:~$ sudo parted -s /dev/sdb print all

Disk /dev/sdb: 7948MB
Sektorgröße (logisch/physisch): 512B/512B
Partition Table: msdos

Anzahl  Beginn  Ende    Größe   Typ     Dateisystem  Flags
 1      4194kB  7948MB  7944MB  primär  fat32


Disk /dev/sda: 21,5GB
Sektorgröße (logisch/physisch): 512B/512B
Partition Table: msdos

Anzahl  Beginn  Ende    Größe   Typ        Dateisystem  Flags
 1      32,3kB  20,5GB  20,5GB  primär     ext3         boot
 2      20,5GB  21,5GB  938MB   erweitert
 5      20,5GB  21,5GB  938MB   logisch    linux-swap

mg@vm-ubunutu10:~$
```

Benutzerdaten der ETX-4-formatierten Partition

1 In der ersten Partition ist der mit FAT32 formatierte `/flash`-Bereich in der Größe von 128 MByte untergebracht, der in der Regel als `SYS` oder `SYSTEM` gekennzeichnet ist. Darin befinden sich neben den zum Bootvorgang notwendigen Dateien wie Bootlader und dergleichen auch die über 80 MByte große `SYSTEM`-Datei sowie die `kernel.img`-Datei.

2 In der zweiten als ETX4 formatierten Partition sind die Benutzerdaten untergebracht. Sie beinhaltet den `/storage`-Bereich, in dem anschließend nicht nur die Nutzdaten, sondern auch Kodi-Mediacenter-Einstellungen, SSH-Einstellungen und vieles mehr gespeichert werden. Diese Partition ist flexibel, d. h., hier ist es egal, ob Sie eine 4 GByte, 8 GByte oder 16 GByte große SD-Karte einsetzen – der Speicherplatz steht Ihnen dann auch im `/storage`-Bereich zur Verfügung.

Ist die SD-Karte am Linux-Computer eingesteckt bzw. der virtuellen Linux-Maschine zugeordnet, prüfen Sie beispielsweise mit dem Befehl

```
sudo blkid
```

oder

```
sudo dmesg
```

über welche Gerätedatei die Karte eingehängt ist. In diesem Beispiel ist es `/dev/sdb`. Achten Sie also bei den nachfolgenden Befehlen darauf, die richtige Adresse zu verwenden, und passen Sie sie eventuell an Ihre Konfiguration an. Zunächst prüfen Sie, ob auf der SD-Karte bereits Partitionen vorhanden sind:

```
sudo parted -s /dev/sdb print all
```

Das soll auch zur letzten Kontrolle dienen – hier ist `/dev/sdb` definitiv die SD-Karte. Anschließend hängen Sie die SD-Karte aus dem System wieder aus – dies geschieht per `umount`-Befehl:

```
sudo umount /dev/sdb
```

Nun wird eine neue Partition erzeugt und der passende MBR (*Master Boot Record*) geschrieben:

```
sudo parted -s /dev/sdb mklabel openelec
```

Im ersten Schritt wird die genannte 128-MByte-FAT32-Systempartition für OpenELEC erzeugt und im zweiten Schritt wird sie als bootfähig markiert.

```
sudo parted -s /dev/sdb unit cyl mkpart primary fat32 -- 0 16
sudo parted -s /dev/sdb set 1 boot on
```

Anschließend wird die zweite (Daten-)Partition erstellt, die sämtlichen verbleibenden Speicherplatz auf der SD-Karte beansprucht.

```
sudo parted -s /dev/sdb unit cyl mkpart primary ext2 -- 16 -2
```

Nach einem kurzen Augenblick sind die Änderungen geschrieben. Nun überprüfen Sie mit dem `parted`-Kommando abermals die (neue) Partitionierung auf der Speicherkarte:

```
sudo parted -s /dev/sdb print all
```

```
mg@vm-ubunutu10:~$ sudo parted -s /dev/sdb print all

Disk /dev/sdb: 7948MB
Sektorgröße (logisch/physisch): 512B/512B
Partition Table: msdos

Anzahl  Beginn  Ende  Größe  Typ  Dateisystem  Flags



Disk /dev/sda: 21,5GB
Sektorgröße (logisch/physisch): 512B/512B
Partition Table: msdos

Anzahl  Beginn  Ende    Größe   Typ        Dateisystem  Flags
 1      32,3kB  20,5GB  20,5GB  primär     ext3         boot
 2      20,5GB  21,5GB  938MB   erweitert
 5      20,5GB  21,5GB  938MB   logisch    linux-swap


mg@vm-ubunutu10:~$ sudo parted -s /dev/sdb mklabel openelec
mg@vm-ubunutu10:~$ sudo parted -s /dev/sdb unit cyl mkpart primary fat32 -- 0 16
mg@vm-ubunutu10:~$ sudo parted -s /dev/sdb set 1 boot on
mg@vm-ubunutu10:~$ sudo parted -s /dev/sdb unit cyl mkpart primary ext2 -- 16 -2
mg@vm-ubunutu10:~$ sudo parted -s /dev/sdb print all

Disk /dev/sdb: 7948MB
Sektorgröße (logisch/physisch): 512B/512B
Partition Table: msdos

Anzahl  Beginn  Ende    Größe   Typ     Dateisystem  Flags
 1      32,3kB  132MB   132MB   primär               boot, lba
 2      132MB   7929MB  7798MB  primär



Disk /dev/sda: 21,5GB
Sektorgröße (logisch/physisch): 512B/512B
Partition Table: msdos

Anzahl  Beginn  Ende    Größe   Typ        Dateisystem  Flags
 1      32,3kB  20,5GB  20,5GB  primär     ext3         boot
 2      20,5GB  21,5GB  938MB   erweitert
 5      20,5GB  21,5GB  938MB   logisch    linux-swap


mg@vm-ubunutu10:~$
```

Nur wenige Schritte sind notwendig, um die kompilierte OpenELEC-Distribution auf die eingelegte SD-Karte zu übertragen.

Sind die Partitionen ordnungsgemäß angelegt, steht im nächsten Schritt das Formatieren der Partitionen an. Die erste, kleinere Partition ist bekanntlich FAT32-(VFAT-)formatiert, während die Datenpartition mit dem Linux-EXT4-Format bestückt wird.

```
mg@vm-ubunutu10:~$ sudo mkfs vfat -n System /dev/sdb1
mke2fs 1.40.8 (13-Mar-2008)
mkfs.ext2: Bad Blocks Anzahl - /dev/sdb1
mg@vm-ubunutu10:~$ sudo mkfs ext4 -L Storage /dev/sdb2
mke2fs 1.40.8 (13-Mar-2008)
Dateisystem-Label=Storage
OS-Typ: Linux
Blockgröße=4096 (log=2)
Fragmentgröße=4096 (log=2)
477664 Inodes, 1903702 Blöcke
95185 Blöcke (5.00%) reserviert für den Superuser
Erster Datenblock=0
Maximale Dateisystem-Blöcke=1950351360
59 Blockgruppen
32768 Blöcke pro Gruppe, 32768 Fragmente pro Gruppe
8096 Inodes pro Gruppe
Superblock-Sicherungskopien gespeichert in den Blöcken:
        32768, 98304, 163840, 229376, 294912, 819200, 884736, 1605632

Schreibe Inode-Tabellen: erledigt
Schreibe Superblöcke und Dateisystem-Accountinginformationen: erledigt

Das Dateisystem wird automatisch alle 22 Mounts bzw. alle 180 Tage überprüft,
je nachdem, was zuerst eintritt. Veränderbar mit tune2fs -c oder -t .
mg@vm-ubunutu10:~$
```

Formatieren per Kommandozeile: Die erste Partition erhält das FAT32-Dateisystem, die zweite das EXT4-Format.

Das Systemlabel ist technisch gesehen irrelevant – manche nennen es `sys` bzw. `system` oder bei der Partition des Datenbereichs auch `storage` oder `data`.

```
sudo mkfs.vfat -n system /dev/sdb1
sudo mkfs.ext4 -L storage /dev/sdb2
```

Um die erfolgreiche Formatierung der beiden frisch erstellten Partitionen nun auch auf dem Linux-System zu sehen, initialisieren Sie die Partitionstabelle neu.

```
sudo partprobe
```

11.3.3 OpenELEC auf die SD-Karte übertragen

Im ersten Schritt wechseln Sie in der Kommandozeile in das OpenELEC.tv-Verzeichnis, das sich in der Regel auch in dem Verzeichnis befindet, in dem Sie OpenELEC kompiliert haben. In diesem Beispiel ist es das /home-Verzeichnis des angemeldeten Benutzers der Linux-Maschine.

```
cd ~/OpenELEC.tv
```

Nun prüfen Sie, ob beide Partitionen auch ordnungsgemäß im Linux eingebunden sind – je nach verwendetem Linux müssen Sie nachhelfen, bei vielen ist es bereits automatisch erledigt:

```
sudo mount /dev/sdb1 /media/system
sudo mount /dev/sdb2 /media/storage
```

Im nächsten Schritt übertragen Sie die Systemdateien für OpenELEC, die sich auf der lokalen Linux-Festplatte im OpenELEC-Verzeichnis befinden. Wer bereits ein vorkompiliertes OpenELEC nutzen möchte, verwendet an dieser Stelle die Bootloader-Dateien von

```
https://github.com/raspberrypi/firmware/tree/master/boot
```

Grundsätzlich steuert die *start.elf-Datei die Aufteilung des Arbeitsspeichers zwischen Betriebssystem- und Grafikspeicher. So sorgt die Nutzung der arm128_start.elf-Datei für die Verwendung des 256 MByte großen Speichers dafür, dass jeweils beide 128 MByte zugeordnet bekommen. Da nur die start.elf-Datei beim Start interpretiert wird, sichern Sie in diesem Fall die Originaldatei mit einer aussagekräftigen Bezeichnung und benennen die arm128_start.elf in start.elf um. Bei der Selbstbaulösung kopieren Sie einfach die beiden Dateien start.elf und bootcode.bin in die /system-Partition der SD-Karte:

```
sudo cp build.OpenELEC-RPi.arm-devel/bcm2835-bootloader-*/start.elf /media/system/start.elf
sudo cp build.OpenELEC-RPi.arm-devel/bcm2835-bootloader-*/bootcode.bin /storage/system/bootcode.bin
```

Im nächsten Schritt kommt noch eine Datei mit der Bezeichnung cmdline.txt auf die Systempartition, in der Parameter für den OpenELEC-Kernel untergebracht sind. Mit dem Befehl

```
echo "boot=/dev/mmcblk0p1 disk=/dev/mmcblk0p2 ssh quiet" | sudo tee /media/system/cmdline.txt
```

schreiben Sie die echo-Ausgabe in die Datei cmdline.txt im /system-Verzeichnis. Durch die Angabe von boot=/dev/mmcblk0p1 wird OpenELEC mitgeteilt, wo sich die Partition mit den beiden wichtigen Dateien kernel.img und SYSTEM befinden.

Die Angabe von disk=/dev/mmcblk0p2 gibt den Datenblock an, die Angabe des ssh-Parameters sorgt dafür, dass umgehend nach dem Start auch der

```
mg@vm-ubunutu10:/mnt/nfs/root-ubuntu12/home/franzis/OpenELEC.tv$ sudo cp target/OpenELEC-RPi.arm-devel-*.system /media/System/SYSTEM
mg@vm-ubunutu10:/mnt/nfs/root-ubuntu12/home/franzis/OpenELEC.tv$ sudo cp target/OpenELEC-RPi.arm-devel-*.kernel /media/System/kernel.img
mg@vm-ubunutu10:/mnt/nfs/root-ubuntu12/home/franzis/OpenELEC.tv$ echo "boot=/dev/mmcblk0p1 disk=/dev/mmcblk0p2 ssh quiet" | sudo tee /media/Sys
tem/cmdline.txt
boot=/dev/mmcblk0p1 disk=/dev/mmcblk0p2 ssh quiet
mg@vm-ubunutu10:/mnt/nfs/root-ubuntu12/home/franzis/OpenELEC.tv$ ls -latr /media/System
insgesamt 94078
drwxr-xr-x 6 root root     4096 2012-10-23 22:27 ..
-rwx------ 1 mg   root  2347220 2012-10-23 22:40 start.elf
-rwx------ 1 mg   root    17764 2012-10-23 22:41 bootcode.bin
-rwx------ 1 mg   root 88608768 2012-10-23 22:48 SYSTEM
-rwx------ 1 mg   root  5337008 2012-10-23 22:48 kernel.img
-rwx------ 1 mg   root       50 2012-10-23 22:49 cmdline.txt
drwx------ 2 mg   root    16384 2012-10-23 22:49 .
mg@vm-ubunutu10:/mnt/nfs/root-ubuntu12/home/franzis/OpenELEC.tv$
```

Im Verzeichnis `OpenELEC.tv/target` finden Sie zwei Dateien, deren Bezeichnungen mit `.system` und `.kernel` enden. Die `OpenELEC*.system` kopieren Sie als `SYSTEM`, die `OpenELEC*.kernel` als `kernel.img` auf die kleine Systempartition.

eingebaute SSH-Server eingeschaltet wird, um den Remote-Zugriff sicherzustellen. Der Standard-SSH-Benutzername ist `root` und das Initialkennwort `openelec`.

Der `quiet`-Parameter blendet die Startmeldungen nach dem Einschalten des Raspberry Pi aus. Für die ersten Versuche können Sie auch zusätzlich den `debugging`-Parameter ergänzen, falls beim Start oder Betrieb unerklärliche Fehler auftreten. Das Bootlogo blenden Sie mit dem `nosplash`-Parameter aus. Nach dem Schreiben der `cmdline.txt` übertragen Sie die eigentlichen OpenELEC-Dateien – den Kernel und das System.

Beim Kopieren der Systemdateien achten Sie tunlichst auf die Groß- und Kleinschreibung: Die `OpenELEC-RPi.arm-devel-*.system`-Datei landet im Systemverzeichnis der SD-Karte mit dem Namen `SYSTEM`, während die `OpenELEC-RPi.arm-devel-*.kernel`-Datei kleingeschrieben als `kernel.img` dorthin kopiert wird. Dies erfolgt mit folgenden Kommandos:

```
sudo cp target/OpenELEC-RPi.arm-devel-*.system /media/system/SYSTEM
sudo cp target/OpenELEC-RPi.arm-devel-*.kernel /media/system/kernel.img
```

Zu guter Letzt prüfen Sie nochmals, ob sämtliche Dateien auf der SD-Karte angekommen sind, dies machen Sie über den Befehl `ls -latr/media/system`.

Sind alle Dateien vorhanden, können Sie die beiden eingehängten Partitionen vom Linux-System aushängen, damit Sie die Speicherkarte entnehmen können.

```
sudo umount /dev/sdb1
sudo umount /dev/sdb2
```

Nun ist die Zeit gekommen, die SD-Karte in den Kartenslot des Raspberry Pi zu stecken und diesen via HDMI am Wohnzimmer-TV in Betrieb zu nehmen. Beachten Sie, dass der erste Bootvorgang naturgemäß etwas länger dauern wird, da beispielsweise erstmalig Dinge wie die automatische Einrichtung der Swapdatei, die Überprüfung der Dateisysteme oder auch die Generierung der SSH-Schlüssel erfolgen müssen. Auch die Erstellung der Datenstruktur für Kodi wird beim ersten Start von OpenELEC auf dem Raspberry Pi vorgenommen.

11.3.4 Größere Speicherkarte? – Image per GParted vergrößern

Die im Kapitel 3.3 »SD-Karte checken und parititionieren« beschriebene `fdisk`-Lösung für das Anpassen der Speicherkartenkapazität funktioniert nur bei der beschriebenen Raspian/Debian-Lösung. Bei OpenELEC und anderen Systemen scheitert dieses Vorgehen daran, dass die zu ändernde Partition in Benutzung ist und nicht on-the-fly bearbeitet werden kann. Aus diesem Grund ist ein Unix-/Linux-System bzw. eine passende virtuelle Maschine mit einem Unix-/Linux-System nötig, damit Sie das Betriebssystem-Image auf der SD-Karte auch auf die tatsächliche Kapazität der SD-Karte ausdehnen können, falls nach dem Übertragen der Systemdateien Unterschiede bestehen sollten.

ext4-Dateiformat

Wird die erzeugte OpenELEC-Speicherkarte vom Linux-System nur teilweise erkannt, muss zunächst Linux auf einen aktuelleren Stand gebracht werden, damit es mit dem ext4-Dateiformat zurechtkommt.

Um mit dem Partitionierungswerkzeug unter Linux die eingelegte SD-Karte nutzen zu können, muss diese nach dem Einlegen zunächst aus dem System ausgehängt, also unmountet werden. Erst dann steht sie für den Vollzugriff zur Verfügung. Ist GParted noch nicht vorhanden, installieren Sie es per `apt-get` nach. Mit dem Befehl

```
sudo apt-get install gparted
sudo gparted
```

starten Sie das Werkzeug mit root-Rechten. Die Nutzung von GParted ist selbsterklärend: Steckt die Speicherkarte noch immer im Kartenslot, ist sie trotzdem noch von Linux les- und beschreibbar, auch wenn sie nicht mehr per Dateisystem im Konqueror-Browser eingehängt ist.

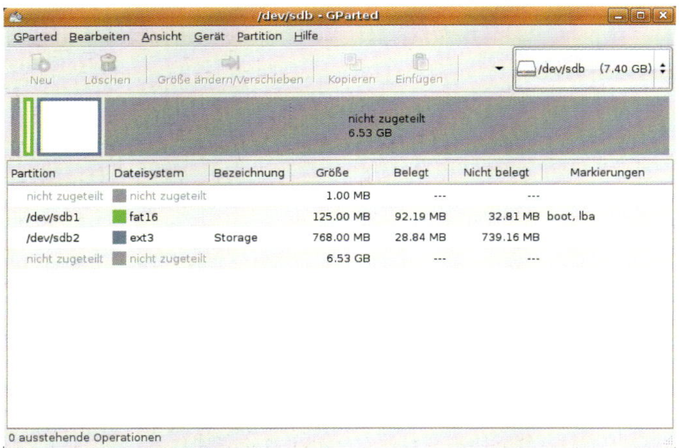

Erst wenn die Speicherkarte aus dem Dateisystem ausgehängt ist, kann ein direkter Zugriff und somit das Bearbeiten der Karte erfolgen.

Wählen Sie die Speicherkarte im Drop-down-Menü von GParted rechts oben aus – ein gutes Unterscheidungsmerkmal zur vorhandenen Festplatte ist natürlich die Kapazität der SD-Karte. Ist die Karte eingelesen, erscheint zunächst ein Überblick über die Partitionierung der eingelegten SD-Karte.

Nun brauchen Sie nur noch die »letzte« Partition vor dem freien Platz – markiert mit »nicht zugeteilt« – mit der Maus zu markieren und im Kontextmenü der rechten Maustaste den Eintrag *Größe ändern/Verschieben* auszuwählen.

Nach dem Anpassen der Speichergröße klicken Sie auf die Schaltfläche *Größe ändern/Verschieben*. GParted legt einen entsprechenden Arbeitsauftrag an, der erst noch zusätzlich angestoßen werden muss. Das erfolgt wie das Abarbeiten einer Stapeldatei – die Verzeichnisoperation starten Sie anschließend über die Menüleiste mit *Bearbeiten/Alle Operationen ausführen*.

Möchten Sie die Änderungen zu einem späteren Zeitpunkt oder gar nicht ausführen, wählen Sie hier stattdessen den Punkt *Alle Operationen löschen*. Das Vergrößern der Partition ist in wenigen Minuten erledigt. Falls das Linux-System die SD-Karte bzw. die beiden Partitionen nicht selbstständig neu in das Betriebssystem integriert, reicht das Kommando

```
sudo partprobe
```

im Terminal, um die neuen Partitionen erneut unter Linux einzuhängen. Nun sollte die vergrößerte Partition den kompletten Speicherplatz zugewiesen bekommen haben. Nach dem erneuten Aushängen und Entfernen vom Linux-System kann die SD-Karte nun endlich im Raspberry Pi mit der gesamten Kapazität genutzt werden.

11.4 Kodi-Mediacenter einrichte

Die Kodi-Oberfläche ist sozusagen das sichtbare Herzstück von OpenELEC. Nach dem Einschalten bootet das System direkt in diese Oberfläche – eine Anmeldung mit Benutzerkennung und Passwort ist nicht notwendig. Sind am Raspberry Pi Tastatur und Maus angeschlossen, können Sie fürs Erste damit auch navigieren. Deutlich komfortabler sind Funktastaturen – hier gibt es eine große Auswahl, angefangen von den kleinen Rii-Funk-Bluetooth-Tastaturen bis hin zu den vollwertigen 105-Tasten-Tastaturen, die beispielsweise auch zusätzlich am Notebook betrieben werden können.

Bei Funktastaturen ist bei OpenELEC das A und O die Bluetooth-Treiberunterstützung des USB-Dongles. Dieser ist bei Rii-Tastaturen im Lieferumfang enthalten, befindet sich innerhalb der Fernbedienung oberhalb des Touchfelds und kann zur Nutzung herausgezogen werden.

Wir hatten in der Computerecke noch eine betagte, schnurlose Logitech-Tastatur diNovo edge herumliegen und sogar den passenden kleinen

Bluetooth-Adapter dazu gefunden. Einstecken, ausprobieren – und siehe da: Die Tastatur wird auf Anhieb von OpenELEC unterstützt, eine weitere zusätzliche Installation ist nicht notwendig.

Nach Anschluss der Tastatur prüfen Sie den SSH-Zugang zum Raspberry Pi – im Gegensatz zum »normalen« Raspberry Pi-Image ist bekanntlich nun ein anderer Benutzer samt Kennwort bei OpenELEC/Kodi zu verwenden. Hier benutzen Sie für den Remote-Zugriff den administrativen Benutzer `root`, als initiales Kennwort ist `openelec` voreingestellt.

Haben Sie per Kernel-Parameter den SSH-Zugriff nicht aktiviert, ist bei OpenELEC die SSH-Verbindung abgeschaltet. Sie kann aber nachträglich über das Kodi oder durch das Erstellen einer leeren Datei mit der Bezeichnung `ssh_enable` im Verzeichnis `/storage/.config` bequem eingeschaltet werden.

Haben Sie die erste Verbindung erfolgreich hergestellt, können Sie entweder weiter mit SSH oder WinSCP arbeiten, oder Sie richten eine komfortable Lösung via Samba ein, mit der Sie bequem von Ihrem Windows-Computer per Explorer oder via Mac OS per Finder auf die entsprechend freigegebenen Verzeichnisse des Raspberry Pi bzw. OpenELEC zugreifen und sie bearbeiten können.

Um beispielsweise die Samba-Unterstützung für den Zugriff auf das OpenELEC-System einzuschalten, muss zunächst der Samba-Daemon auf dem Raspberry Pi aktiviert werden. Dies nehmen Sie bei gestartetem OpenELEC über die Kodi-Oberfläche vor.

11.4.1 OpenELEC-Einstellungen anpassen und Freigaben einrichten

Während früher das Einbinden der Netzwerkfreigaben per `netmount.conf`-Datei notwendig war, besitzt Kodi einen eingebauten Support für den NFS-(Linux-), Samba-(Windows-) und AFP-(Apple-)Zugriff, was den Umgang mit den unterschiedlichen Medien und Speicherorten im Heimnetz deutlich komfortabler macht. Ausgewählte Betriebssystemeinstellungen sowie ihre Kodi-relevanten Services lassen sich bequem über das *Programs*-Menü des mitgelieferten *OpenELEC OS Settings*-Add-ons ändern. Starten Sie per Mausklick oder [Enter]-Taste der Tastatur die entsprechende Option auf dem Kodi.

Ist das Add-on *OpenELEC OS Settings* gestartet, werden vier Register angezeigt, die Sie Schritt für Schritt durchlaufen und deren Optionen Sie an Ihre persönlichen Wünsche anpassen können. Im Register *System* stellen Sie zunächst das Layout für die angeschlossene Tastatur ein. Haben Sie

Über die Kodi-Oberfläche lassen sich auch sogenannte Add-ons einbinden, mit denen das darunterliegende Betriebssystem gesteuert werden kann.

eine QWERTZ-Tastatur samt Umlauten, wählen Sie für das Layout *de* (deutsch) – für das alternative *Keyboard layout* beispielsweise *en* oder eines nach Wahl. Automatische Updates sind in diesem Beispiel abgeschaltet, beim Einsatz eines LCD-Schirms lassen sich noch Treiberanpassungen vornehmen.

Im Register *Network* finden Sie die aktuellen Netzwerkeinstellungen. Hier sind die Parameter der eingebauten, kabelgebundenen etho-Netzwerkschnittstelle untergebracht. Haben Sie ein WLAN-USB-Steckmodul im Einsatz, ist es über das Register *Network 2* zu konfigurieren.

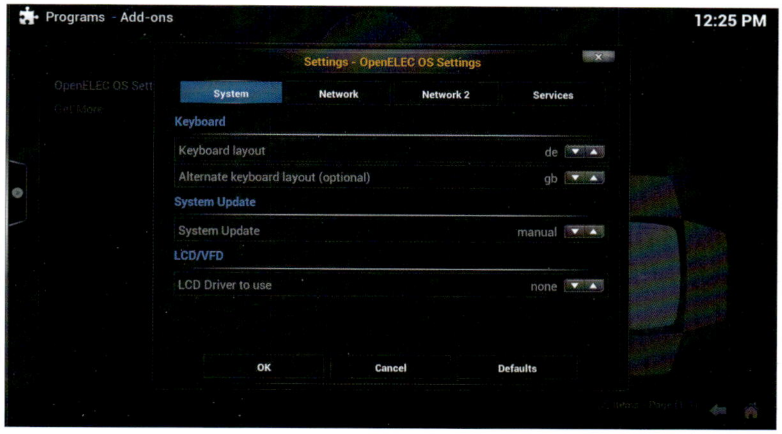

Das Umstellen der Tastatur erleichtert vor allem die Suche und das Navigieren, wenn Umlaute genutzt werden.

Im Feld *Hostname* geben Sie den Namen des Raspberry Pi ein, wie er im IP-Netzwerk bzw. lokal genannt werden soll. Dies hat jedoch nichts mit dem Samba-Servernamen zu tun, den Sie aus dem Windows-Netz vielleicht kennen. Im Feld *Network Adapter* müssen Sie nichts ändern, es sei denn, Sie haben einen guten Grund dazu. Grundsätzlich ist OpenELEC so konfiguriert, dass es sich via DHCP automatisch mit einer IP-Adresse versorgen lässt.

Manchmal kann es sinnvoll sein, dem Raspberry Pi eine statische IP-Adresse zuzuweisen, etwa wenn kein DHCP-Server im Netz zur Verfügung steht. In diesem Fall tragen Sie hier IP-Adresse, Netzmaske (in der Regel Präfix *24* für 255.255.255.0) sowie Gateway und DNS-Server ein.

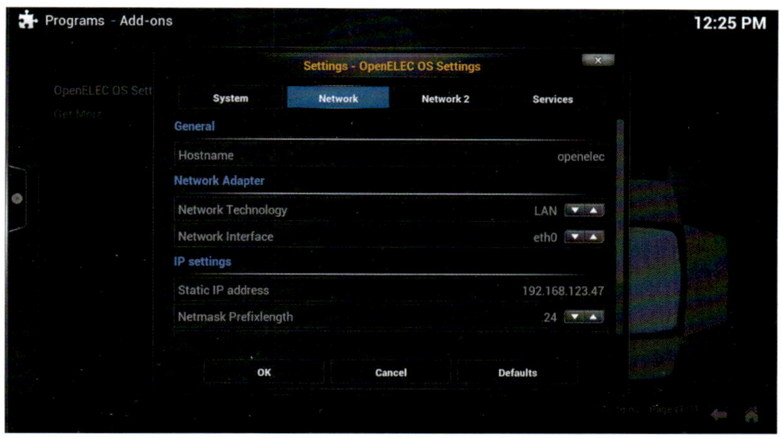

Haben Sie sich »verkonfiguriert«, können Sie per Klick auf *Defaults* alles auf die Standardeinstellungen zurücksetzen.

Im nächsten Schritt schalten Sie die Zugriffsfunktionen auf das OpenELEC-Mediacenter ein. Bevor der Zugriff auf das Raspberry Pi-System via Samba oder SSH möglich ist, muss er zunächst eingeschaltet und anschließend konfiguriert werden.

Im Register *Services* schalten Sie einfach per Mausklick oder Tastatur die Option *Start Samba at boot* ein. Wer den Zugriff auf den Raspberry Pi auf Benutzerebene absichern möchte, aktiviert zusätzlich die Option *Use Samba Passwords* und trägt anschließend einen Samba-Benutzernamen sowie das dazugehörige Kennwort ein. Bei einer späteren Samba-Netzwerkverbindung von Ihrem Computer wird dann genau diese Authentifizierungsmethode genutzt – also notieren Sie sich die Parameter.

11.4.2 Administration über die Kommandozeile: SSH-Zugriff einschalten

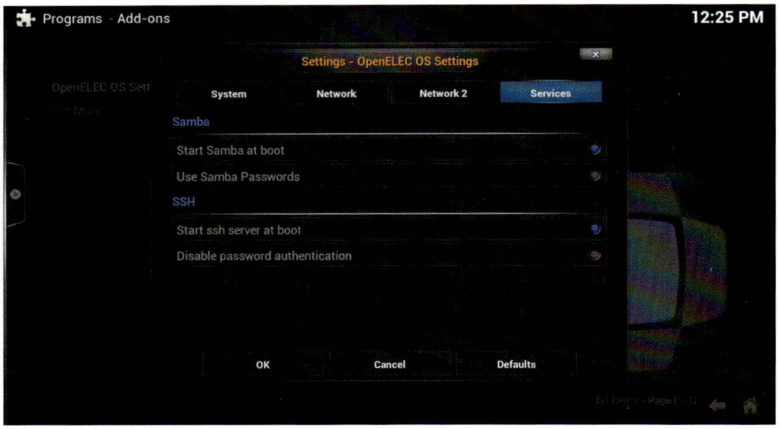

Samba und SSH einschalten: Mehr ist in diesem Dialog nicht zu tun. Schließen Sie die Konfiguration per Klick auf *OK* ab.

Falls noch nicht mithilfe des `cmdline-txt`-Kniffs beim Erstellen des SD-Karten-Images erfolgt, kann auch über die Kodi-Oberfläche nachträglich noch der SSH-Zugang eingeschaltet werden. Zu guter Letzt schalten Sie den SSH-Zugriff mit dem oben genannten OpenELEC-Add-on ein – für administrative Zwecke im Heimnetz geradezu Pflicht.

Beenden Sie jetzt das Plug-in. Möchten Sie auf Nummer sicher gehen, starten Sie den Raspberry nun einfach neu, damit die Änderungen aktiv werden. Anschließend können Sie die mitgelieferte Konfigurationsdatei von Samba an Ihre Bedürfnisse anpassen, oder Sie erstellen sie komplett neu.

11.4.3 Samba einrichten: bequemer Zugriff auf das Mediacenter

Grundsätzlich nehmen Sie die Änderungen an der Samba-Konfiguration im Verzeichnis `/storage/.config/` vor. Ist diese Datei fehlerfrei, wird das entsprechende Original im `/etc/`-Verzeichnis überschrieben und genutzt. Haben Sie also in der Datei

```
/storage/.config/samba.conf
```

eine persönliche, funktionierende Konfiguration für den vorhin aktivierten Samba-Server hinterlegt, wird die Standardkonfiguration von `/etc/samba/samba.conf` beim Start des Samba-Service verworfen und die neue Datei genutzt.

Der erstmalige Zugriff auf die Datei

```
/storage/.config/samba.conf.sample
```

ist anfangs etwas trickreich: Kopieren Sie nach dem Verbindungsaufbau via SSH einfach in der Konsole die `sample`-Datei als `conf`-Datei und öffnen Sie die erstellte Datei mit dem altbekannten vi-Editor:

```
cp /storage/.config/samba.conf.sample /storage/.config/samba.conf
vi /storage/.config/samba.conf
```

Wer mit dem vi-Editor zurechtkommt, passt die Arbeitsgruppe, den NetBIOS-Namen (`netbios name`), unter dem die Freigaben im Windows-Netz sichtbar sein sollen, sowie gegebenenfalls andere Parameter wie beispielsweise zusätzliche Freigaben ein. Beachten Sie auch hier: Weniger ist mehr – Hauptsache, es funktioniert erst einmal eine Freigabe, aber dafür richtig. Nach der Änderung wechseln Sie per [Esc]-Taste in den Befehlsmodus des vi und beenden mit dem Befehl

```
:qw
```

die Bearbeitung der Datei. Möchten Sie keine Änderung vornehmen bzw. diese nicht speichern, nutzen Sie

```
:q!
```

um die Bearbeitung abzubrechen. In diesem Beispiel wurde folgende Samba-Konfiguration verwendet, die Sie als Muster oder zur Kontrolle nutzen können:

```
path = /media
 available = yes
 browseable = yes
 public = yes
 writable = yes
 root preexec = mkdir -p /media

[Logfiles]
 path = /storage/logfiles
 available = yes
 browseable = yes
 public = yes
 writable = yes
 root preexec = mkdir -p /storage/logfiles
 root preexec = createlog
```

Den Samba-Service starten Sie manuell neu mit dem Kommando

```
smbd -s storage/.config/samba.conf
```

Gerade bei den neueren Windows-Versionen wie Windows 7 oder Windows 8 kommt es vor, dass die Freigaben des Raspberry Pi in der Netzwerkumgebung nicht sichtbar sind. In diesem Fall prüfen Sie die im Kapitel 4.4.3 »Windows zickt beim Samba-Zugriff: Freigabeprobleme lösen« beschriebenen Tipps zur Windows-Konfiguration für den Zugriff auf den Raspberry

Pi. In diesem Beispiel reichte die Angabe des NetBIOS-Namens (hier: `RaspiTV`) im Adressfeld des Windows-Explorers mit zwei vorangestellten Backslash-Zeichen aus, um sich die verfügbaren Freigaben anzeigen zu lassen.

Zugriff auf NFS/Samba-Freigaben im Heimnetz

Um entfernte Freigaben von anderen Computern auf dem Raspberry Pi bzw. auf dem Kodi so einbinden zu können, als lägen sie direkt auf dem Raspberry Pi, benötigen Sie auf dem Raspberry einen sogenannten Mountpoint. Dies ist prinzipiell nichts anderes als ein Verzeichnis, das den Inhalt der Netzwerkfreigabe virtuell lokal zur Verfügung stellt – nämlich so lange, wie die Freigabe im Heimnetz auch erreichbar ist.

```
cd /storage
mkdir video2
mkdir video3
mkdir music2
ls -latr
```

Dafür erzeugen Sie im beschreibbaren `/storage`-Bereich das oder die Verzeichnisse, die auch im Kodi genutzt werden sollen. Ist SSH aktiviert, verbinden Sie sich mit dem Kodi-Raspberry Pi und nutzen obige Kommandos, um wie in diesem Beispiel zwei Samba-Freigaben für die Videowiedergabe und eine NFS-Freigabe für zusätzliche Musik in den Raspberry Pi einzubinden.

11.4.4 NFS konfigurieren: Zugriff auf Linux/NAS-Server

Um vom Raspberry Pi aus auf andere Linux-Computer und NAS-Speicher in einem Heimnetz zuzugreifen, muss dieser Zugriff erst einmal eingeschaltet und konfiguriert sein. Während bessere NAS-Systeme mit RAID5 ein eingebautes grafisches Konfigurationsmenü haben, in dem sich die gängigsten Freigabearten wie Samba, AFP (*Apple File Protocol*), FTP und auch NFS einfach per Mausklick einrichten lassen, ist das bei einem selbst gebauten NAS oder einem Linux-System ein klein wenig aufwendiger. Hier tragen Sie das Verzeichnis, das Sie im Netz per NFS freigeben möchten, in eine sogenannte `exports`-Datei ein.

Diese ist im `/etc`-Verzeichnis zu finden – öffnen Sie sie mit einem Editor und tragen Sie das Verzeichnis, das für den Raspberry Pi (oder auch für andere Computer im Heimnetz) freigegeben werden soll, dort ein. Wie bei Unix-Systemen üblich, ist in dieser Konfigurationsdatei eine bestimmte Schreibweise der Freigabe notwendig – hier richten Sie sich am besten nach den selbsterklärenden Beispieleinträgen, die auch in der nachstehenden Abbildung zu sehen sind.

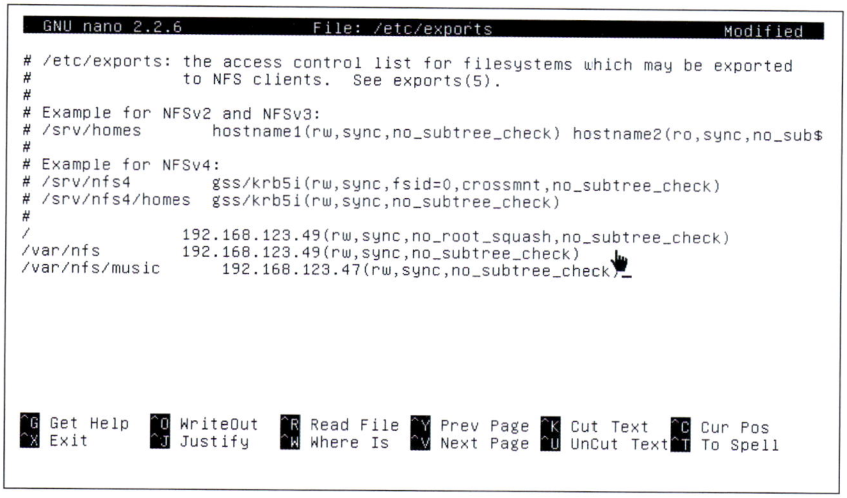

In diesem Beispiel wird das `/`-Verzeichnis und das `/var/nfs`-Verzeichnis für einen Computer mit der IP-Adresse `192.168.123.49` zur Verfügung gestellt.

Das `/var/nfs/music`-Verzeichnis wird ausschließlich für die IP-Adresse `192.168.123.47`, hinter der sich in diesem Beispiel der Raspberry Pi verbirgt, freigegeben. Nach dem Speichern der Datei aktivieren Sie zunächst die Änderungen mit dem Kommando:

```
exportfs -a
```

Anschließend lassen Sie sich mit dem Befehl

```
exportfs
```

die aktiven NFS-Freigaben des Computers anzeigen.

Auf dem Raspberry Pi mit OpenELEC reicht das Konsolenkommando

```
mount 192.168.123.36:/var/nfs/music/ /storage/music2
```

um die auf dem Unix-System mit der IP-Adresse `192.168.123.36` exportierte Freigabe `/var/nfs/music/` zu mounten. Anschließend ist für das Mediacenter der Inhalt dieses Verzeichnisses in der Kodi-Freigabe `/storage/music2` sichtbar.

Bessere NAS-Systeme für den SOHO-Bereich bringen ebenfalls die Windows-Freigabetechnik in Form von Samba mit – der Zugriff von einem Unix-System ist mittels CIFS (*Common Internet File System*) möglich.

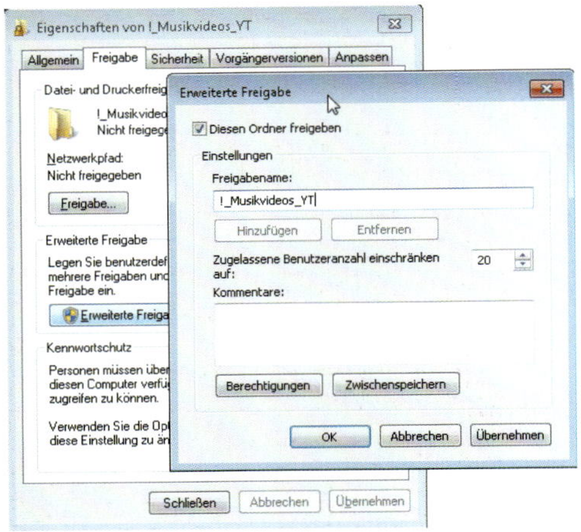

Wer den Zugriff auf die eingerichtete Windows-Freigabe auf ausgewählte Personen beschränken möchte, kann per Klick auf *Berechtigungen* die entsprechenden Benutzerkonten auswählen.

Kapitel_11/autostart.sh

11.4.5 CIFS/Samba konfigurieren: Zugriff auf Windows-Freigaben

Nachfolgend wird davon ausgegangen, dass eine Samba- und/oder Windows-Freigabe im Heimnetz bereits existiert. Das ist auch unter Windows keine große Wissenschaft, hier wählen Sie den entsprechenden Ordner aus, wählen im Kontextmenü der rechten Maustaste *Eigenschaften*, klicken dort auf das Register *Freigabe* und dann auf die Schaltfläche *Erweiterte Freigabe*. Anschließend tragen Sie einen aussagekräftigen Freigabenamen ein und klicken auf die *OK*-Schaltfläche.

Das CIFS-Netzwerkprotokoll baut auf *NetBIOS over TCP/IP* und *SMB* auf und ist Bestandteil des Samba-Pakets. Das Einbinden der Samba-Freigaben erfolgt auf der Kommandozeile indirekt über den Befehl `mount` mit der Option `-t cifs`. Das Aushängen der Freigaben nehmen Sie wie gewohnt auf der Kommandozeile mittels `umount` vor.

Alle Kommandos können nach dem Einschalten des Raspberry Pi auf der Kommandozeile über SSH eingegeben werden. Das wird aber schnell ziemlich lästig, wenn es bei jedem Neustart manuell erfolgen muss. Deshalb ist für den Raspberry Pi-Einsatz und Kodi ein Skript empfehlenswert, das automatisch nach jedem Start ausgeführt wird. Dieses `autostart.sh`-Skript legen Sie im Verzeichnis `/storage/.config/`.

In diesem Fall erfolgt das Einbinden des Netzwerklaufwerks nur dann, wenn es noch nicht gemountet ist. Dazu wird in der Ausgabe des `mount`-Befehls per `grep` nach der lokalen Freigabebezeichnung gesucht. Ist diese dort nicht zu finden, wird per `ping` zunächst geprüft, ob der entfernte Computer überhaupt erreichbar ist. Wenn ja, wird per `mkdir -p` das Mount-Verzeichnis angelegt (falls nicht vorhanden) und zu guter Letzt der `mount`-Befehl angestoßen. In dem Beispiel

```
mount -t cifs //192.168.123.123/USBDisk1 /storage/videos3 -o username=xbmc,password=raspi
```

wird der Benutzer `xbmc` mit dem Passwort `raspi` benötigt. Haben Sie hingegen keinen Zugriffsschutz auf Benutzerebene auf dem Windows- PC festgelegt (Zugriff *jeder*), reicht der folgende Befehl aus:

```
mount -t cifs //192.168.123.125/!_Musikvideos_YT /storage/videos3
```

Tipp

Sollen die neu eingebundenen Verzeichnisse vonseiten des Raspberry Pi auch per Samba in das Heimnetz exportiert werden, ist dafür in der letzten Zeile sichergestellt, dass die »neue«, persönliche `samba.conf` neu initialisiert wird.

Lässt sich nach dem Erstellen der `autostart.sh` das Skript nicht ausführen, sollte es zunächst einmalig per `chmod +x autostart.sh`-Befehl ausführbar gemacht werden.

11.4.6 Praktisch: Kodi-Webserver einschalten

Für den Zugriff auf den Kodi-Webserver bietet das OpenELEC auch einen Webzugriff an, mit dem das System ferngesteuert werden kann. Somit kann jedes Gerät, auf dem ein simpler Webbrowser zur Verfügung steht, auch als Fernbedienung auf dem Sofa fungieren, wenn Sie keine Tastatur in der Nähe haben.

```
vi ~/.xbmc/userdata/guisettings.xml
/Webserver
```

Um auf der Kommandozeile über SSH den Kodi-Webserver einzuschalten, ist ein Eingriff in die `guisettings.xml`-Datei notwendig. Öffnen Sie diese mit einem Editor und suchen Sie nach dem String `Webserver` – bei dem vi-Editor also `/Webserver` im Befehlsmodus.

Wem das zu umständlich ist, der kann diese Anpassung selbstverständlich auch am Fernseher über Kodi vornehmen. Navigieren Sie über *SYSTEM/Settings/Services/Settings* zum *Webserver*-Menü:

```
</scrapers>
<screensaver>
    <mode>screensaver.xbmc.builtin.dim</mode>
    <preview></preview>
    <settings></settings>
    <time>3</time>
    <usedimonpause>true</usedimonpause>
    <usemusicvisinstead>true</usemusicvisinstead>
</screensaver>
<scrobbler>
    <lastfmpass></lastfmpass>
    <lastfmsubmit>false</lastfmsubmit>
    <lastfmsubmitradio>false</lastfmsubmitradio>
    <lastfmusername></lastfmusername>
    <librefmpass></librefmpass>
    <librefmsubmit>false</librefmsubmit>
    <librefmusername></librefmusername>
</scrobbler>
<services>
    <airplay>false</airplay>
    <airplaypassword></airplaypassword>
    <devicename>XBMC-RPI</devicename>
    <esallinterfaces>false</esallinterfaces>
    <escontinuousdelay>25</escontinuousdelay>
    <esenabled>true</esenabled>
    <esinitialdelay>750</esinitialdelay>
    <esmaxclients>20</esmaxclients>
    <esport>9777</esport>
    <esportrange>10</esportrange>
    <upnpannounce>true</upnpannounce>
    <upnprenderer>false</upnprenderer>
    <upnpserver>true</upnpserver>
    <useairplaypassword>false</useairplaypassword>
    <webserver>true</webserver>
    <webserverpassword>[redacted]</webserverpassword>
    <webserverport>8088</webserverport>
    <webserverusername>xbmc</webserverusername>
    <webskin>webinterface.default</webskin>
    <zeroconf>true</zeroconf>
</services>
<slideshow>
    <displayeffects>true</displayeffects>
    <shuffle>false</shuffle>
    <staytime>5</staytime>
</slideshow>
<smb>
    <winsserver></winsserver>
    <workgroup>[redacted]</workgroup>
</smb>
<subtitles>
    <align>0</align>
    <charset>DEFAULT</charset>
    <color>1</color>
    <custompath pathversion="1"></custompath>
    <font>arial.ttf</font>
    <height>28</height>
    <overrideassfonts>false</overrideassfonts>
    <style>1</style>
</subtitles>
<system>
    <playlistspath pathversion="1">special://profile/playlists/</playlist
</system>
```

Die Suche nach der Bezeichnung `Webserver`: Tragen Sie anstelle des Werts `false` hier `true` ein. Wer möchte, kann den Port für den Zugriff anpassen (hier: `8088`). Bei der Gelegenheit können Sie auch bei `smb` die Arbeitsgruppe prüfen, die mit Ihrer Windows-Heimnetzwerkbezeichnung übereinstimmen sollte.

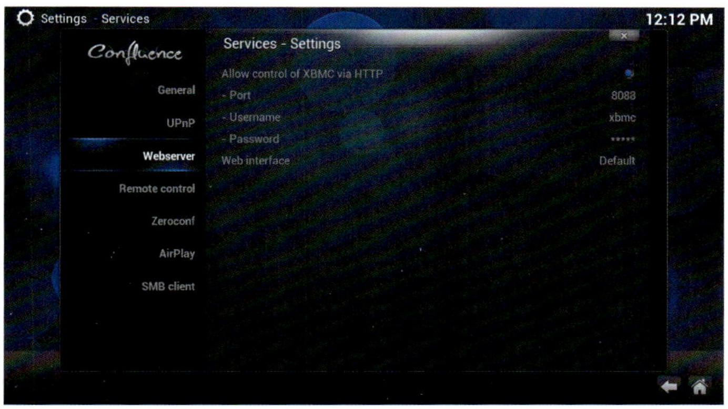

Zunächst schalten Sie den HTTP-Zugriff ein, anschließend passen Sie – falls gewünscht – den Port an. Für den Usernamen *xbmc* wählen Sie dann noch ein Kennwort für den Zugriff aus.

Auch die grundsätzliche Samba-Konfiguration ist unter Kodi hinterlegt. Hier sollten Sie zumindest die Arbeitsgruppenbezeichnung anpassen, damit die Standardfreigaben von Kodi anschließend in Ihrem Heimnetz bereitgestellt werden können.

Nach dem Ändern der Einstellungen sollen diese auch aktiv werden. Hier fordert Kodi in der Regel einen Neustart des Systems an. Per Auswahl von *Yes* wird dieser unmittelbar durchgeführt.

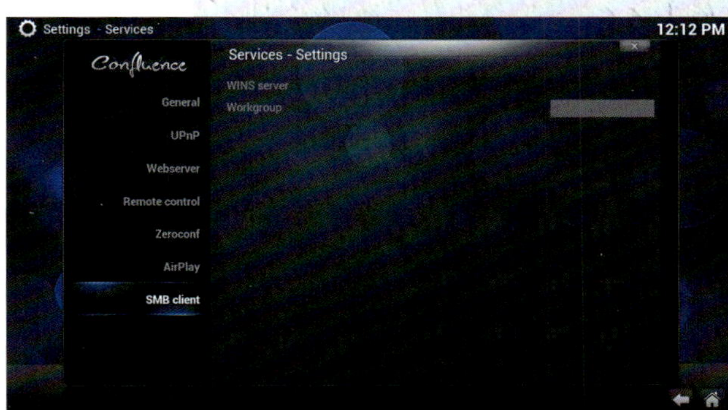

Unter *Workgroup* tragen Sie die Bezeichnung der Arbeitsgruppe Ihrer Windows-Computer ein.

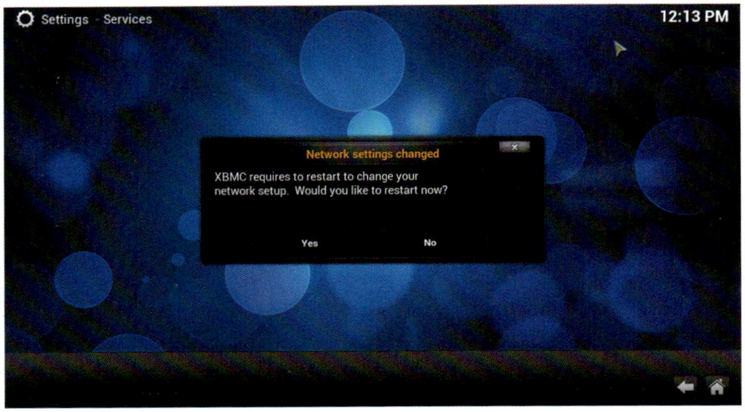

Erst nach dem Neustart werden die Änderungen an den Netzwerkservices aktiv.

Nach dem Neustart des Raspberry Pi prüfen Sie auf einem Computer, ob zum einen der Webserver läuft und zum anderen auch das Log-in in das Kodi-Userinterface möglich ist.

Ein alternativer Browser wie Firefox zeigt dieses Verhalten nicht und präsentiert nach der Eingabe von Nutzername und Passwort das Webfrontend von Kodi.

Beachten Sie, dass Sie den Webserver nur laufen lassen sollten, wenn Sie ihn auch wirklich einsetzen. Aufgrund der beschränkten Ressourcen des Raspberry Pi ist es sinnvoll, zugunsten einer besseren Performance nur die notwendigsten Services zu betreiben.

11.4.7 OpenELEC: hohe CPU-Auslastung reduzieren

Verfolgt man im Internet in den OpenELEC-Foren die Diskussionen darüber, wo am häufigsten Probleme und Nachfragen auftreten, ist die Thematik CPU-Auslastung und Speicherauslastung mit auf den vorderen Plätzen. Die Standardantworten sind immer die gleichen: unnötige Dienste abschalten, Features wie Wetter-Frontend und RSS-Benachrichtungen abschalten – doch die CPU-Belastung scheint unvermindert hoch zu bleiben.

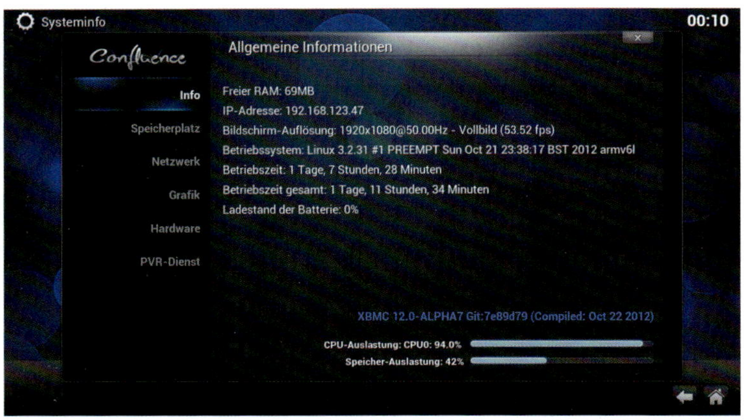

Speicherauslastung in Ordnung, CPU-Auslastung mies: Hier ist etwas Tuning angesagt, um die CPU-Last im Leerlauf zu reduzieren.

Eine Hilfe ist jedoch der Hinweis eines Kodi-Entwicklers, die Aufmerksamkeit in die richtige Richtung zu lenken – wie auf einer Webseite (*http://thepcspy.com/read/how-fix-idle-100-cpu-issue-xbmc/*) zu diesem Thema beschrieben. Das Reaktivieren der sogenannten Dirty Regions soll helfen, die CPU-Last spürbar zu senken. Falls aktiviert, werden nur die geänderten Menübereiche neu berechnet, anstatt das komplette Menü neu auf dem Bildschirm aufzubauen.

Haben Sie die in diesem Buch beschriebene Samba-Konfiguration im Einsatz, können Sie bequem per Windows-Explorer, Mac OS X Finder oder mit anderen Dateimanagern auf die Netzwerkfreigabe `/storage/.config` zugreifen. Dort erstellen Sie eine Datei mit dem Namen `advancedsettings.xml`. Das können Sie allerdings auch per SSH in der Konsole tun:

```
nano /storage/.config/advancedsettings.xml
```

Die Datei müssen Sie natürlich nicht komplett abtippen. Laden Sie sich besser von der OpenELEC-Projektseite die Datei als Schablone herunter und passen Sie die Einträge an (*https://github.com/OpenELEC/OpenELEC.tv/blob/master/projects/RPi/xbmc/advancedsettings.xml*).

```
<?xml version="1.0" encoding="UTF-8"?>
<advancedsettings>
   <!-<loglevel>1</loglevel>->
   <splash>false</splash>
   <showexitbutton>false</showexitbutton>
  <destroywindowcontrols>false</destroywindowcontrols>
  <fanartheight>512</fanartheight>
  <thumbsize>256</thumbsize>
  <bginfoloadermaxthreads>2</bginfoloadermaxthreads>
  <useddsfanart>true</useddsfanart>
<gui>
  <algorithmdirtyregions>3</algorithmdirtyregions>
  <nofliptimeout>0</nofliptimeout>
  <visualizedirtyregions>off</visualizedirtyregions>
</gui>
<network>
  <cachemembuffersize>30242880</cachemembuffersize>
</network>
<samba>
  <clienttimeout>30</clienttimeout>
</samba>
</advancedsettings>
```

Die neue `xml`-Datei sollte die gleichen Berechtigungen besitzen wie die anderen `xml`-Dateien, die sich bereits im `userdata`-Verzeichnis befinden.

```
mv /storage/.config/advancedsettings.xml ~/.xbmc/userdata/
chmod 644 ~/.xbmc/userdata/advancedsettings.xml
ls ~/.xbmc/userdata/ -latr
```

Das war's zunächst. Starten Sie nun Kodi neu und prüfen Sie, ob die erstellte `xml`-Datei verarbeitet und auch genutzt wird. Wir stellten nur einen leichten Rückgang der CPU-Auslastung auf 88 % fest – also nicht ganz der durchschlagende Erfolg. Das war übrigens auch der Tatsache geschuldet, dass die Auflösung unverändert auf 1.920 x 1.080 geblieben war. Das soll auch so bleiben, da im Heimnetz über den Raspberry Pi häufig HD-Streams übertragen und auf den Schirm gebracht werden müssen.

11.4.8 Mehr Funktionen: Add-ons nachrüsten, einrichten und nutzen

Im linken Bereich können Sie einfach das gewünschte Webangebot auswählen und markieren. Anschließend wählen Sie *Install* aus, um das entsprechende Modul auf dem Kodi zu aktivieren.

Als Videoquelle können Sie nahezu jede beliebige Webseite, die Videos bereitstellt, hinzufügen. Voraussetzung ist, dass ein entsprechendes Add-on für den Kodi zur Verfügung steht.

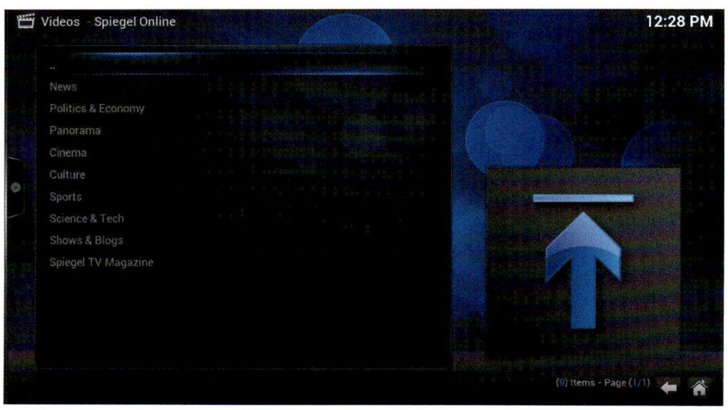

Spiegel Online, N24, Bild.de, YouTube, Süddeutsche.de und viele mehr, die sich groß im Internet präsentieren und dort Videomaterial veröffentlichen, lassen sich auch via Kodi als Video-Add-on einbinden. Damit haben Sie nicht nur eine übersichtliche Aufbereitung der Videos der entsprechenden Angebote, sondern auch eine werbefreie und mittlerweile komfortable Darstellung und Navigation. Die Video-Add-ons lassen sich bequem über die Kodi-Startseite über *Videos/Video Add-ons* installieren.

Nach Download und Installation stellt das Plugin die ausgewählte Webseite als Videoquelle bereit.

Haben Sie beispielsweise das umfangreiche Videoarchiv von Spiegel Online als Videoquelle aktiviert, können Sie zunächst die dort definierten Sparten einsehen und von dort aus weiter in den Tiefen des Archivs wühlen.

In diesem Beispiel wurde die Kategorie *Sport* bei *Spiegel Online* ausgewählt, die großteils in Zusammenarbeit mit dem Fußballmagazin Kicker entstanden ist. Dort werden Sie tagesaktuell über die Geschehnisse der deutschen Bundesliga und deren Vereine informiert.

Derzeit ist das Spiegel-Online-Archiv in neun Kategorien aufgeteilt. Per Maus oder Pfeiltasten bewegen Sie sich hindurch.

Sind auf dem Raspberry Pi verschiedene Laufwerke von anderen Computern gemountet und auch als Freigabe eingebunden, stellt die OpenELEC-Standardinstallation auch die Multimediadaten wie Bilder, Videos und Musik im Heimnetz für UPnP-taugliche Geräte zur Verfügung.

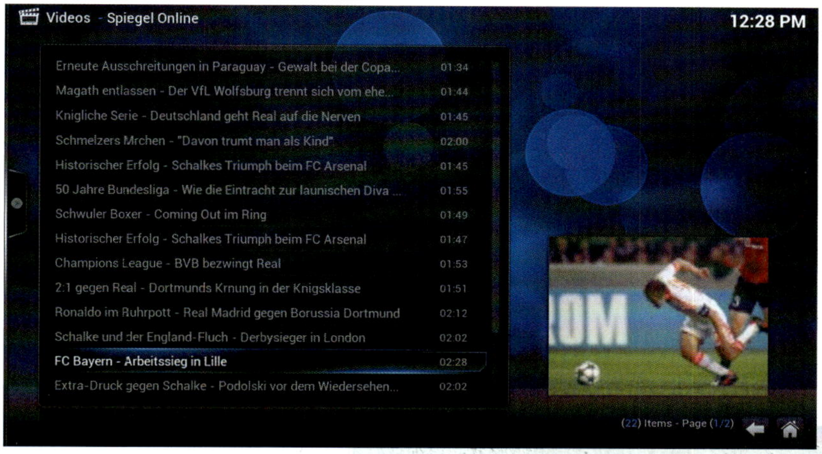

FC Bayern – Arbeitssieg in Lille: Hier navigieren Sie durch das komplette Videoarchiv von Spiegel Online und spielen die ausgewählten Videos bequem auf dem Fernseher ab.

Das Abspielen der Mediendateien über das Netzwerk funktioniert in der Regel reibungslos – bei der Wiedergabe von MPEG-codiertem Material auf dem TV bei der Wiedergabe über den Raspberry bleibt jedoch der Bildschirm schwarz: Leider erscheint kein Hinweis dazu – doch im Raspberry-Umfeld ist allgemein bekannt, dass dem Raspberry Pi einfach die nötigen Lizenzen für die MPEG-Wiedergabe fehlen. Durch den nachträglichen Kauf der Lizenzen machen Sie die Wiedergabe möglich.

11.4.9 Wettervorhersage mit dem Wetter-Plug-in

Wer mit jedem System und jederzeit über das Wetter und die Vorhersage für die nächsten Tage informiert sein will, aktiviert auch auf dem Raspberry Pi das Wetter-Plug-in.

Schön gemacht, aber auf dem Raspberry Pi aus Ressourcengründen ziemlich nutzlos.

Im Ernst: Der Raspberry Pi ist mit dem Kodi mehr als genug beschäftigt, hier haben wir neben dem Wetter-Plug-in auch das RSS-Laufband deaktiviert, um die eingebaute CPU nicht permanent auf 100 % CPU-Auslastung laufen zu lassen.

11.4.10 MPEG-2- und MPEG-1-Codec nachreichen

Nur für die Nutzung von XBMC und omxplayer ist die etwas nervige Option für das Abspielen von Videodateien interessant, die im MPEG-2- oder MPEG-1-Format kommen, die passende Lizenz für den Decoder käuflich zu erwerben. Dies sind offensichtlich Lizenzkosten, die an die MPEG-Organisation zu entrichten sind.

Um die passenden Lizenzen zu kaufen, öffnen Sie die Webseite *www.raspberrypi.com/license-keys/*. Für die Bestellung ist die Seriennummer Ihres Raspberry Pi erforderlich – der Code, den Sie nach Ablauf der Bestellung erhalten haben. Er ist jedoch an den Raspberry Pi gebunden und muss zur Nutzung in der Konfigurationsdatei `config.txt` des Raspberry Pi angegeben werden. Um die Seriennummer des Raspberry Pi herauszufinden, öffnen Sie die Kommandozeile via SSH und geben den Befehl

```
cat /proc/cpuinfo
```

ein. Nach wenigen Stunden oder auch mehreren Tagen erhalten Sie eine E-Mail, in der sich Ihr persönlicher Code für die Decodierung der Videodateien beim Abspielen befindet. Um diesen Code dem Raspberry Pi bzw. dem XBMC bekannt zu machen, ist es erforderlich, dass Sie die Konfigurationsdatei `config.txt` bearbeiten und den entsprechenden Code darin eintragen.

Sie können entweder die SD-Karte aus dem Raspberry holen und über den SD-Kartenslot des Computers die Konfigurationsdatei öffnen, oder Sie bearbeiten die Datei via SSH direkt im laufenden Betrieb. Bei einem normalen Raspberry Pi öffnen Sie via SSH die Datei `/boot/config.txt`:

```
nano /boot/config.txt
```

Bei dem OpenELEC-System ist die Datei im schreibgeschützten /flash-Bereich untergebracht. Öffnen Sie zunächst den /flash-Speicher für Schreibaktionen und ändern Sie anschließend die config.txt-Datei. Nach dem Speichern der Änderungen setzen Sie den Schreibschutz für den Flashspeicher wieder zurück.

```
mount -o remount,rw /flash
vi /flash/config.txt
mount -o remount,r /flash
```

Fügen Sie einfach für jeden Codec eine neue Zeile hinzu und tragen Sie ihn wie die nachstehenden Beispielcodes ein:

```
decode_MPG2=0x56781234,0x00001234
decode_WVC1=0x12345678,0x00005678
```

Sind mehrere Schlüssel im Einsatz, beispielsweise weil Sie die MPEG-2- und MPEG-1-Codierung für mehrere Geräte gekauft haben, tragen Sie alle Schlüssel in eine Datei ein. Der Vorteil ist, dass Sie die Speicherkarte dann auch bequem auf unterschiedlichen Raspberry Pi-Geräten nutzen können. Nach dem Eintragen der Schlüssel sollte das Abspielen von MPEG-2- und MPEG-1-codiertem Videomaterial möglich sein.

Manchmal praktisch: Screenshots erstellen

Für Dokumentationszwecke und dergleichen ist das Anfertigen eines Screenshots des XBMC ein willkommenes Werkzeug, das Sie einfach per angeschlossener Tastatur mit [Strg]+[S] anfertigen. Ist keine Tastatur am Raspberry Pi angeschlossen, sondern lediglich eine spartanische Fernbedienung im Einsatz, benötigen Sie eine Kommandozeilenverbindung via SSH.

Stromversorgung defekt

Sollte der Raspberry Pi nicht starten, sollte zunächst geprüft werden, ob die Stromversorgung auch richtig angeschlossen ist. Praktischerweise unterstützt der Raspberry Pi bei der Fehlersuche mit den zwei LEDs: ACT und PWR. Die PWR-LED hat im aktiven Zustand eine rote Farbe und die ACT-LED eine grüne Farbe. Nachfolgende Tabelle erläutert die unterschiedlichen Situationen:

Status	Bedeutung
PWR-LED leuchtet nicht	Signal, dass die Spannungsversorgung nicht angeschlossen ist. Hier hilft nur zu prüfen, ob das Netzteil wirklich angeschlossen ist oder ob es funktioniert. Am besten das Netzteil mit einem anderen Gerät, z. B. einem Handy, testen.
PWR-LED blinkt	Eine blinkende LED deutet auf ein Problem mit dem Netzteil hin. Wahrscheinlich werden die notwendigen 5 V Versorgungsspannung nicht zuverlässig bereitgestellt. Hier hilft nur ein neues Netzteil.
PWR-LED leuchtet, ACT-LED nicht	Mit dem Netzteil ist alles in Ordnung, aber die SD-Karte scheint Probleme zu machen. Am besten SD-Karte nochmals richtig einstecken. Vorher aber das Netzteil ausstecken. Wenn das nicht hilft, Image nochmals auf die Karte spielen und erneut in den SD-Slot einstecken. Wenn auch das nicht hilft, dann kommen Sie um eine andere SD-Karte nicht herum.

Netzwerk funktioniert nicht

Ein funktionierendes Netzwerk ist das A und O, um viel Spaß mit dem Raspberry zu haben. Wenn das Netzwerk nicht funktioniert, sollten mehrere Dinge geprüft werden. Zuerst die LEDs auf dem Raspberry. Für das Netzwerk müssen die LEDs FDX, LNK, 10 M leuchten, es reicht aber auch, wenn 10 M nicht leuchtet. In dem Fall bedeutet es, dass der Raspberry in einem 10-MBit-Netzwerk ist. Falls aber die anderen beiden LEDs nicht leuchten, sollte das Netzwerkkabel geprüft werden. Ist es angeschlossen, muss es ggf. ausgetauscht werden.

Ist das Netzwerkkabel richtig angeschlossen, muss die Konfiguration des Betriebssystems geprüft werden.

Tipp

Modell A und Modell B haben unterschiedliche Ansprüche an das Netzteil. Model A begnügt sich mit 500 mA, Modell B braucht schon 700 mA. Darum kann es sein, dass ein Netzteil wunderbar mit Model A funktioniert, mit Modell B aber nicht. Um zu prüfen, ob das Netzteil ausreicht, ist eine Messung mit einem Multimeter hilfreich. Der Raspberry Pi stellt die zwei Messpunkte TP1 und TP2 (Masse) zur Verfügung. Die gemessene Spannung sollte auf jeden Fall über 4,8 V liegen, ansonsten ist das Netzteil nicht geeignet.

Über

```
ifconfig
```

kann geprüft werden, ob eine Verbindung besteht. Es muss eine Zeile mit `inet` vorkommen, ansonsten ist kein Netzwerk aktiv. Sollte das der Fall sein, dann muss das Netzwerk eingerichtet werden. Kommt die Zeile mit `inet` vor, geht es als Nächstes daran zu prüfen, ob der Router erreichbar ist. Dies endet in der IP-Adresse meist mit .1 oder .255:

```
ping 192.168.123.255
```

Wenn das Netzwerk gar nicht erreichbar ist, kommt die Meldung:

```
Network is unreachable
```

Ist nur ein einzelnes System im Netzwerk nicht erreichbar, kommt die Meldung:

```
Destination Host unreachable
```

In diesem Fall sollte geprüft werden, ob die Zieladresse richtig ist und ob das Zielsystem auch eingeschaltet ist. Sollte das alles nicht helfen, dann kann die Netzwerkschnittstelle mit folgendem Kommando neu gestartet werden:

```
sudo ifdown eth0
sudo ifup eth0
```

Tastatur will nicht

Es kann passieren, dass die Eingaben zur Tastatur nicht vom Raspberry angenommen werden. Ein Grund kann das Netzteil sein, aber auch die Tastatur. Entweder liefert das Netzteil zu wenig Strom, oder die Tastatur verlangt zu viel. Folgende Möglichkeiten zur Behebung gibt es: andere Tastatur, stärkeres Netzteil (mindestens 1000 mA) oder auch ein aktiver USB-Hub zwischen der USB-Tastatur und der Maus.

Was war nochmals sudo?

Raspberry Pi setzt beim Betriebssystem auf Linux mit seinen vielen Kommandozeilenbefehlen. Da man nicht alle Befehle auswendig kennen kann, stellt das Betriebssystem die hilfreiche `man`-Funktion bereit. Durch Eingabe von

```
man sudo
```

erhält man z.B. die Hilfe zum `sudo`-Befehl. Der Befehl `sudo` ist übrigens dafür da, ein Kommando mit den Rechten des Administrators (`root`) auszuführen.

KAPITEL 12

RASPBERRY STREETVIEW-CAR

Google kartografiert mit den Google-StreetView-Autos die Welt. Mit einem Raspberry Pi, einem Funkauto und etwas handwerklichem Geschick bauen Sie Ihr eigenes Google-StreetView-Car und erforschen auf elektronischem Weg Ihre Umgebung.

Dauer: **6-8 Stunden**
Schwierigkeit: ■■■□
Voraussetzung: **Kap. 3, 4, 5, 6, 8**
Zusatzmaterial: **Kapitel_12**

Einkaufsliste:
- Motortreiber
- WLAN-USB-Stick
- Funkauto (Preisklasse 30 Euro) mit integrierter Spannungsversorgung für Motoren
- Akkupack für Raspberry Pi (5V, idealerweise 700 bis 1000 mA, ca. 30 bis 40 Euro)
- Klebeband, Flachbandkabel Steckverbindung

Werkzeuge:
- Schraubendreherset, Lötkolben (dünne Spitze, nicht mehr als 250 W), besser Lötstation

12.1 Basis für das RaspiRoboCAR-Projekt

Die Steuerung des RaspiRoboCAR erfolgt nicht mehr über die im RC-Auto verbaute Platine, sondern über den Raspberry Pi. Für den Anschluss der beiden Motoren stehen verschiedene Möglichkeiten zur Auswahl – die einfachste Lösung ist der Einsatz eines passenden Motortreibers, die jedoch je nach Modell unterschiedlich hohe zusätzliche Kosten nach sich zieht.

Die günstigste Lösung ist der Einsatz eines ULN2803-IC auf dem Steckboard bzw. auf einer Lochrasterplatine, wer es bequemer und einfacher mag, der nutzt eine Fertiglösung, die auf dem L298N-Controller-IC basiert. Suchen Sie dazu einfach im Internet auf den einschlägigen Verkaufsplattformen nach »L298N Dual H Bridge DC Motor Driver IC« – anschließend bekommen Sie passende Angebote im Bereich um die 5 Euro präsentiert.

Passgenau lässt sich die Platine des Motorcontrollers L298N Dual H-Bridge in die Karosserie des RC-Modellautos einpassen und mit zwei Schrauben fixieren.

Dafür wurde kurzerhand an den Anschlüssen der beiden Motoren jeweils ein Kabel mit einem Jumpersteckpfosten gelötet. Die Kabel des Antriebsmotors werden im mit *MOTORA* bezeichneten Anschluss und die Kabel des Motors für die Lenkung im *MOTORB*-Anschlusspfosten des Motorcontrollers L298N Dual H-Bridge befestigt.

Antrieb – Motor	Bezeichnung	Motorcontroller
1 (rote Markierung)	Spannung	MOTORA
2	Masse	MOTORA

Lenkung – Motor	Bezeichnung	Motorcontroller
1 (rote Markierung)	Spannung	MOTORB
2	Masse	MOTORB

Die anderen Anschlüsse auf dem Motorcontroller L298N Dual H-Bridge sind wie folgt mit dem Raspberry Pi verbunden:

Motorcontroller	Raspberry Pi	Raspberry Pi-Pin	Wiring Pi-Pin
ENA	GPIO25	22	6
IN1/A	GPIO8	24	10
IN2/A	GPIO9	21	21
ENB	GPIO7	26	11
IN3/B	GPIO10	19	12
IN4/B	GPIO11	23	14
GPIO8	5V	2	-
GND	GND	6	-

Zu guter Letzt versorgen Sie den Motorcontroller bzw. den am Motorcontroller angeschlossenen Gleichstrommotor des RC-Car mit der zulässigen Spannung. Da die beiden Gleichstrommotoren bereits mit der bisherigen Stromversorgung des RC-Car klargekommen sind, wird das vorhandene Batteriefach weiter dafür genutzt. Beachten Sie die richtige Polung der Anschlüsse beim Verschrauben auf dem Motorcontroller. Um den Plus- und den Minus-Anschluss herauszufinden, nutzen Sie gegebenenfalls ein Multimeter, um die richtigen Kabel an das Motorboard anzuschließen.

Motorcontroller	Externes Netzteil des RC-Car
VMS	4,5 V
GND	Masse

Nach dem Zusammenbau haben Sie die freie Auswahl für die Steuerung des Motortreibers: Entweder Sie nutzen das Terminal in Form von einfachen Shell-Kommandos und entwickeln mit der Zeit entsprechende Skripte und Bibliotheken dafür, oder Sie entscheiden sich später für eine Raspberry Pi-taugliche Sprache wie Python oder C, mit denen sich umfangreichere Fahrprojekte stemmen lassen.

Der verbaute Kondensator gleicht eventuelle Spannungsspitzen oder Spannungseinbrüche aus. Damit dient er sozusagen als Puffer für den Motorantrieb.

Generell gilt: Haben Sie Funktionsweise und Technik einmal verstanden und funktioniert das Skript oder Programm mit einem Motor, ist die Umsetzung mit zwei oder gar drei Motoren unmerklich schwieriger. In diesem Beispiel werden zwei Motoren gleichzeitig betrieben – ein Motor kümmert sich um den eigentlichen Antrieb, der andere übernimmt die Lenkung. Der eingesetzte Motortreiber besitzt je Motor einen Ein- bzw. Ausgang, sodass mithilfe des Raspberry Pi die beiden Motoren darüber kontrolliert werden können.

12.2 Lenken und steuern über die Tastatur

Auch wenn das Gespann Raspberry Pi, Raspbian und Python nicht gerade als perfekte Echtzeitverarbeitungsplattform taugt, ist das Fahren mit dem RaspiRoboCAR mit der nachstehenden Lösung problemlos möglich. Für die Steuerung des RaspiRoboCAR ist das manuelle Ein- und Ausschalten der Motoren per Kommandozeilenbefehl über das Terminal zwar in der Theorie möglich, doch in der Praxis alles andere als bequem.

In diesem Projekt ist eine bequeme Steuerung per Joystick oder Tastatur das Mittel der Wahl, um die Aktionen beim Lenken, Bremsen und Fahren möglichst unmittelbar auszulösen. Für das Projekt wird die Beispieldatei `RaspiRoboCAR-step1.py` aus dem Verzeichnis `RaspiRoboCAR` verwendet.

```
mkdir -p RaspiRoboCAR
cd RaspiRoboCAR
```

KAPITEL_12/
RaspiRoboCAR-step1.py

Hier behelfen Sie sich mit einem einfachen Python-Skript, das Sie jedoch auf die örtlichen Begebenheiten und verwendeten GPIO-Anschlüsse etc. anpassen.

Das eigentliche Fahren und Lenken erfolgt in einer eigenen Funktion. Die Funktion `motorrichtung` selbst wird automatisch durch das Python-Skript aktiv. Je nachdem, wie die Drehrichtung in der Variablen `dir` eingestellt ist, bestimmt der Gleichstrommotor, ob der RaspiRoboCAR vorwärts oder rückwärts fährt. Für die Steuerung der beiden Gleichstrommotoren reicht eine einfache Steuertabelle aus:

GPIO_ENA_ ANTRIEB	GPIO_IN1A_ ANTRIEB	GPIO_IN2A_ ANTRIEB	Beschreibung Antrieb
0	-	-	Motor A ist abgeschaltet.
1	0	0	Motor A ist abgeschaltet.
1	0	1	Motor A ist eingeschaltet und dreht rückwärts.
1	1	0	Motor A ist eingeschaltet und dreht vorwärts.
1	1	1	Motor A ist eingeschaltet und dreht sich nicht (Bremse).

Analog lässt sich die Lenkung über den zweiten Motor, der mit dem Anschluss *MOTORB* des Motorcontrollers verbunden ist, darstellen.

GPIO_ENB_ LENKUNG	GPIO_IN3B_ LENKUNG	GPIO_IN4B_ LENKUNG	Beschreibung Lenkung
0	-	-	Motor B ist abgeschaltet.
1	0	0	Motor B ist abgeschaltet.
1	0	1	Motor B ist eingeschaltet und dreht rückwärts (Linkslenkung).
1	1	0	Motor B ist eingeschaltet und dreht vorwärts (Rechtslenkung).
1	1	1	Motor B ist eingeschaltet und dreht sich nicht (geradeaus).

Die beiden Motoren lassen sich in einer Wahrheitstabelle zusammenfassen, und daraus lässt sich die Steuerlogik für die Programmierung ableiten (siehe Tabelle auf nachfolgender Seite).

Um die Steuerung bzw. den Python-Code für Sie einfach zu halten, wurden anhand der Wahrheitstabelle somit diese gültigen Zustände definiert:

- Zustand # 0 = vorwärts/geradeaus
- Zustand # 1 = rückwärts/geradeaus
- Zustand # 2 = vorwärts/links
- Zustand # 3 = vorwärts/rechts
- Zustand # 4 = rückwärts/links
- Zustand # 5 = rückwärts/rechts
- Zustand # 6 = Motoren betriebsbereit

Im dargestellten Skript sind die wichtigsten Funktionen zum Fahren (vor-/rückwärts) sowie zum Lenken (links/rechts beim Vorwärtsfahren) jeweils auf eine eigene Taste gelegt. Aufmerksame Leser werden die fehlenden Funktionen beim Rückwärtsfahren (Variable `dir`, 4 = rückwärts/links und 5 = rückwärts/rechts) bemerken. Diese waren in diesem Projekt nicht wichtig, lassen sich aber einfach analog zur Vorwärtsbewegung umsetzen.

Taste	Aktion	Zustand
a	Lenken links	2
d	Lenken rechts	3
w	Antrieb vorwärts	0
y	Antrieb rückwärts	1
q	Alle Motoren aus	6
f	Foto anfertigen	–
s	Geradeausfahrt	0
x	Programmende	6

Hier benötigen Sie also nur jeweils eine definierte Taste, um die Steuerung umzusetzen. Starten Sie das vorliegende Skript mit root-Berechtigung.

```
sudo python RaspiRoboCAR-step1.py
```

Zunächst werden die benötigten GPIO-Pins initialisiert und die Grundeinstellungen wie Festlegung der Drehrichtung der Motoren und dergleichen vorgenommen. Im nächsten Schritt nehmen Sie den Raspberry Pi direkt auf dem RaspiRoboCAR in Betrieb. Zuvor schließen Sie – sofern vorhanden – noch die Raspberry Pi-Kamera am Raspberry Pi an, um später mit

GPIO_IN3B_ LENKUNG	GPIO_IN4B_ LENKUNG	GPIO_ENB_ LENKUNG	GPIO_IN1A_ ANTRIEB	GPIO_IN2A_ ANTRIEB	GPIO_ENA_ ANTRIEB	Dezimalwert	Beschreibung	Zustand
0	0	0	0	0	0	0	Motor A ist abgeschaltet, Motor B ist abgeschaltet.	6
0	0	0	0	0	1	1	Motor A ist eingeschaltet, Motor B ist abgeschaltet.	6
0	0	0	0	1	0	2	Nicht definiert.	6
0	0	0	0	1	1	3	Motor A ist eingeschaltet und dreht rückwärts, Motor B ist abgeschaltet.	1
0	0	0	1	0	0	4	Nicht definiert.	6
0	0	0	1	0	1	5	Motor A ist eingeschaltet und dreht vorwärts, Motor B ist abgeschaltet	0
0	0	0	1	1	0	6	Nicht definiert	6
0	0	0	1	1	1	7	Motor A ist eingeschaltet und dreht sich nicht (Bremse), Motor B ist abgeschaltet.	6
0	0	1	0	0	0	8	Motor A ist abgeschaltet, Motor B ist eingeschaltet	6
0	1	1	0	0	0	24	Motor A ist abgeschaltet, Motor B ist eingeschaltet. Linksdrehung.	6
1	0	1	0	0	0	40	Motor A ist abgeschaltet, Motor B ist eingeschaltet. Rechtsdrehung.	6
0	0	1	0	0	1	9	Motor A ist eingeschaltet, Motor B ist eingeschaltet.	6
0	1	1	0	0	1	25	Motor A ist eingeschaltet, Motor B ist eingeschaltet, Linksdrehung	6
1	0	1	0	0	1	41	Motor A ist eingeschaltet, Motor B ist eingeschaltet, Rechtsdrehung.	6
0	1	1	1	0	1	29	Motor A ist eingeschaltet und dreht vorwärts, Motor B ist eingeschaltet, Linksdrehung.	2
1	0	1	1	0	1	45	Motor A ist eingeschaltet und dreht vorwärts, Motor B ist eingeschaltet, Rechtsdrehung.	3
0	1	1	0	1	1	27	Motor A ist eingeschaltet und dreht rückwärts, Motor B ist eingeschaltet, Linksdrehung.	4
1	0	1	0	1	1	43	Motor A ist eingeschaltet und dreht rückwärts, Motor B ist eingeschaltet, Rechtsdrehung	5

dem RC-Car automatisch oder manuell Schnappschüsse vom Autodach zu schießen.

12.3 Google-Streetview-RC-Car mit der Raspberry Pi-Kamera

Die Grundinstallation des Raspberry Pi-Kameramoduls stellt normalerweise kein großes Problem dar, im Grundlagenkapitel ist alles Notwendige dazu zu finden. Die Integration in ein bestehendes Python-Projekt wie in diesem Beispiel ist ebenfalls mit wenigen Kniffen erledigt, da die notwendigen Fotofunktionen und Dateioperationen in einer eigenen Funktion (hier `foto`) untergebracht sind.

```
def foto(destination=os.getcwd(),fileprefix="RaspiRoboCAR-CAM"):
        import tempfile
        import shutil
        import subprocess
        cam = subprocess.Popen(['/opt/vc/bin/vcgencmd', 'get_
camera'],stdout=subprocess.PIPE)
        checkcam, err = cam.communicate()
        if int(checkcam[21]) == 1:
           photopath=tempfile.gettempdir() + '/' + fileprefix + '-'
+ time.strftime("%Y%m%d-%04d") + '.jpg'
           os.system ( "raspistill -n -t 500 -w 1024 -h 768 -e jpg
-q 75 -o \"%s\"" % photopath )
           shutil.copy(photopath,destination)
        else:
           print "| Keine Kamera angeschlossen! "
        return
```

Der um die Fotofunktionen und weitere Kleinigkeiten ergänzte Quellcode basiert auf obiger Beispieldatei `RaspiRoboCAR-step1.py` und ist im Projektverzeichnis `RaspiRoboCAR` unter der Dateibezeichnung `RaspiRoboCAR-step2.py` gespeichert. Falls noch nicht geschehen, verbinden Sie im nächsten Schritt den für die Steuerung des RaspiRoboCAR nötigen Raspberry Pi mit dem heimischen WLAN, damit der RaspiRoboCAR ohne lästige Kabel gesteuert werden kann, sofern er mit einer mobilen Stromversorgung in Form eines leistungsfähigen Akkus versorgt wird.

Gute Fahrt!

KAPITEL 13

BACKOFEN- UND GRILL-THERMOMETER

Der Raspberry Pi hat außer seiner gleich klingenden Bezeichnung Raspberry Pie – Himbeerkuchen – nichts mit einem Kuchen geschweige denn einem Backofen zu tun. Mit einer Erweiterung lässt sich mit dem Backofen oder dem Garten-Grill allerhand anstellen: Mit einem über eine Schaltung angeschlossenen Grillthermometer lässt sich das Back- und Grillgut überwachen.

Dauer: **1 Tag**
Schwierigkeit: ■■■□
Voraussetzung: **Kap. 3, 5, 6**
Zusatzmaterial: **Kapitel_13**

Einkaufsliste:

- IC MCP3208
- 2 x IKEA-Temperaturfühler FANTAST
- 2 x 47kΩ-Metallschichtwiderstand
- 2 x 2,5mm Klinkenbuchse

13.1 Analog/Digital-Wandler nachrüsten

Im Gegensatz zu anderen Mikrocontroller-Boards, beispielsweise aus der Arduino-Ecke, fehlen dem Raspberry Pi die Analogeingänge. Ist der Einsatz von kostengünstigen, analogen Sensoren gewünscht, ist entweder der Umweg über einen Arduino oder ein Analog/Digital-Wandler-Board notwendig, falls auf dem Raspberry Pi bzw. im zu steuernden Programmcode genauere Messwerte verarbeitet werden sollen. Im Raspberry Pi-Umfeld ist der 10-Bit-Analog/Digital-Wandler MCP3008-IC weit verbreitet, der für kleines Geld im Elektronikhandel erhältlich ist. Eine bessere Messgenauigkeit dank der höheren Auflösung von 12 Bit liefert der Analog/Digital-Wandler MCP3208-IC, der im Vergleich zum MCP3008-IC mit knapp unter 3 Euro etwas teurer in der Anschaffung ist.

Datenblätter

MCP3008:
http://ww1.microchip.com/downloads/en/DeviceDoc/21295d.pdf
MSP3208:
http://ww1.microchip.com/downloads/en/DeviceDoc/21298e.pdf

Datenblatt prüfen, Funktionen verstehen

Um die Funktionsweise sowie das Zusammenspiel der Anschlüsse zu durchschauen, damit Sie den Analog/Digital-Wandler MCP3008-IC oder den MCP3208-IC mit dem Raspberry Pi einsetzen können, benötigen Sie Informationen aus dem Datenblatt darüber, wie die Kommunikation zwischen Mikrocontroller und Analog/Digital-Wandler vonstattengeht.

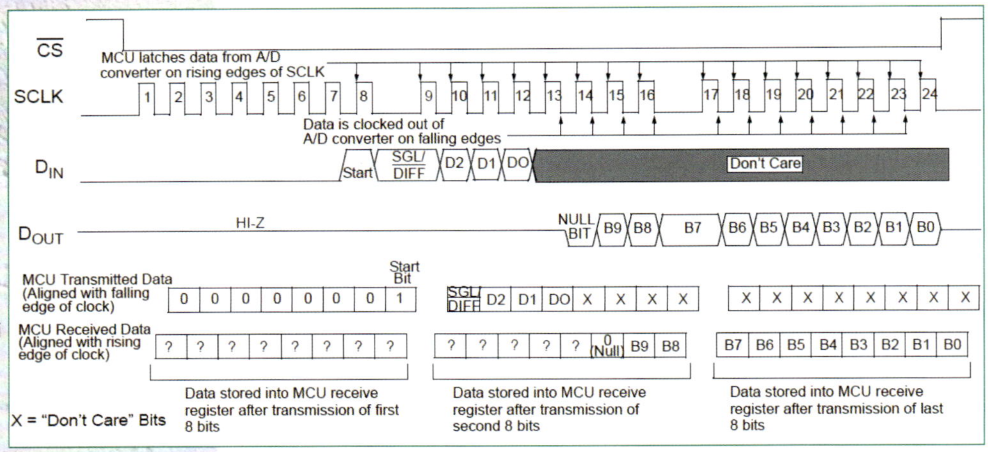

In der obersten Zeile in der Abbildung aus dem Datenblatt sieht man das Chip-Select-Signal, das bei der dargestellten fallenden Flanke von HIGH auf LOW geht.

Um eine Datenübertragung anzutriggern, muss zunächst der Clock-Pin (SCLK) auf LOW-Pegel (GPIO-Pin auf False) gesetzt werden. Im nächsten Schritt benötigt der IC einen Befehl, damit er den Messwert des gewünschten Kanals zurückliefert. Der MCP3008 hat wie der MCP3208 acht analoge Kanäle (CH0–CH7), im Datenblatt wird das Kommando zum Auslesen des Messwerts in der obigen Abbildung bei MCU Transmitted Data (Aligned with falling edge of clock) mit dem *Start Bit 1* grafisch dargestellt. Hier bezeichnen die mit Do, D1 und D2 bezeichneten Bits den Binärwert des verwendeten Kanals. Somit sind neben den drei Bits für den Kanal noch das *Start Bit 1* und das SGL/DIFF-Bit notwendig, um den jeweiligen Kanal anzuschubsen, damit er anschließend den Messwert zum Mikrocontroller zurückschickt. Wie Sie dies in Programmcode umsetzen, lesen Sie, nachdem Sie die dazu passende Schaltung auf dem Steckboard umgesetzt haben.

MCP3008 und MCP3208 auf dem Steckboard nutzen

Um die Grundfunktionen des MCP3008 oder des MCP3208-IC kennenzulernen, bauen Sie im nächsten Schritt eine Beispielschaltung mit einem Drehpotenziometer auf dem Steckboard auf und verbinden den IC mit der SPI-Schnittstelle sowie der Masse und der Spannungsversorgung des Raspberry Pi. Der SPI (Serial Peripheral Interface Bus) lässt sich für die Signalübertragung zwischen dem Single-Master (in diesem Fall dem Raspberry Pi) und einem oder mehreren Slave-Geräten bestens verwenden. Die SPI-Schnittstelle selbst benötigt auf der GPIO-Leiste des Raspberry Pi die fünf Pins SCLK (*Serial Clock*, Taktgeber), MOSI (*Master Out, Slave In*), MISO (*Master In, Slave Out*) und CEo/CE1 (Slave Select). Das MISO/MOSI-Pin-Paar ist für die Full-Duplex-Kommunikation zwischen dem Master und den Slaves zuständig, während über den CLK-Pin die angeschlossenen Geräte mit dem Master synchronisiert bleiben.

Bauteil	Beschreibung	Händler/Bestellnummer	Preis
Drehpotenziometer 10 KΩ	BOURNS – 3310Y-1-103L – POTENZIOMETER, 10K	Farnell/Bestellnummer 9353976	2,88 Euro
MCP3008	MICROCHIP – MCP3008-I/P – 10BIT ADC,2.7V,8CH,SPI,16DIP	Farnell/Bestellnummer 1627174	2,59 Euro
MCP3208	MICROCHIP – MCP3208-BI/P – ADC 12BIT 2.7V,8KANAL,SPI,16DIP	Farnell/Bestellnummer 1863934	3,66 Euro

Durch seine Bauform mit Beinchen lässt sich der Standard-IC bequem in einem Steckboard für Experimentierzwecke und somit später auch in der selbst bestückten Platine einsetzen.

Alle acht analogen Eingangskanäle sind auf Pin 1–8 auf der linken Seite untergebracht, während sich die Stromversorgungs- und Schnittstellenanschlüsse rechts von Pin 9–16 befinden. Die anliegende Spannung an den acht analogen Eingangskanälen (CHo bis CH7) darf laut Datenblatt –0,6 V bis VDD+0,6 V nicht unter-/überschreiten, da sonst der Schaltkreis beschädigt werden könnte. Nach der Messung der Anschlüsse mittels eines Vergleichs mit der am V-REF(VREF)-Pin anliegenden Spannung erfolgt die Berechnung der Differenz bei dem MCP3008-IC in einer Auflösung von 1024 (10 Bit, 210) bzw. beim MCP3208 mit 4096 (12 Bit, 212), die anschließend an die Datenschnittstelle übergeben wird.

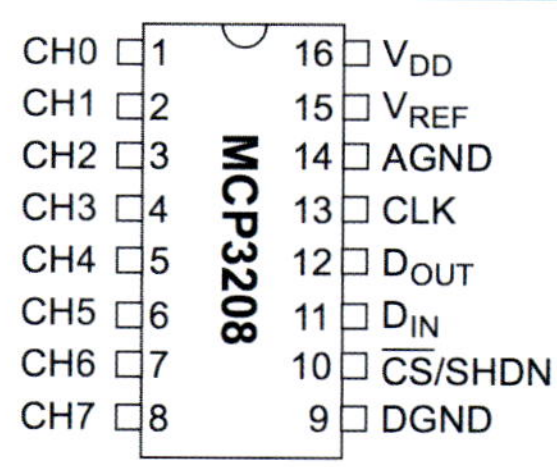

MCP3008/MCP3208: Zeigt die Kerbe des IC nach oben, dann erfolgt die Zählung der Anschlüsse wie beim Schreiben des Buchstabens U von links oben nach unten zum Anschluss-Pin 8, um dann von rechts unten (Pin 9) wieder nach oben zu Pin 16 zu gelangen.

Bemerkung	Bezeichnung	Pin	O	Pin	Bezeichnung	Bemerkung
Kanal 1	CH0	1		16	V_{DD}	Versorgungsspannung liegt zwischen 2,7 V und 5,5 V mit VDD(max) von 7 V.
Kanal 2	CH1	2		15	V_{REF}	Referenzspannung, mit der die jeweils an den analogen Anschlüssen anliegende Spannung verglichen und die Abweichung berechnet werden kann.
Kanal 3	CH2	3		14	A_{GND}	Masse-Signal des analogen Schaltkreises.
Kanal 4	CH3	4		13	C_{LK}	Taktsignal.
Kanal 5	CH4	5		12	D_{OUT}	Digitaler Ausgang SPI-Schnittstelle.
Kanal 6	CH5	6		11	D_{IN}	Digitaler Eingang SPI-Schnittstelle.
Kanal 7	CH6	7		10	CS	Falls Steuereingang (Cable Select, Chip Select, Chip Enable) low, ist der Schaltkreis aktiv.
Kanal 8	CH7	8		9	D_{GND}	Masse-Signal digitaler Schaltkreis.

Durch das Drehpotenziometer haben Sie die Möglichkeit, am Analogeingang die Spannung manuell zu regulieren. Durch die Drehung des Stellrads des Drehpotenziometers ändern sich die Widerstandsparameter und

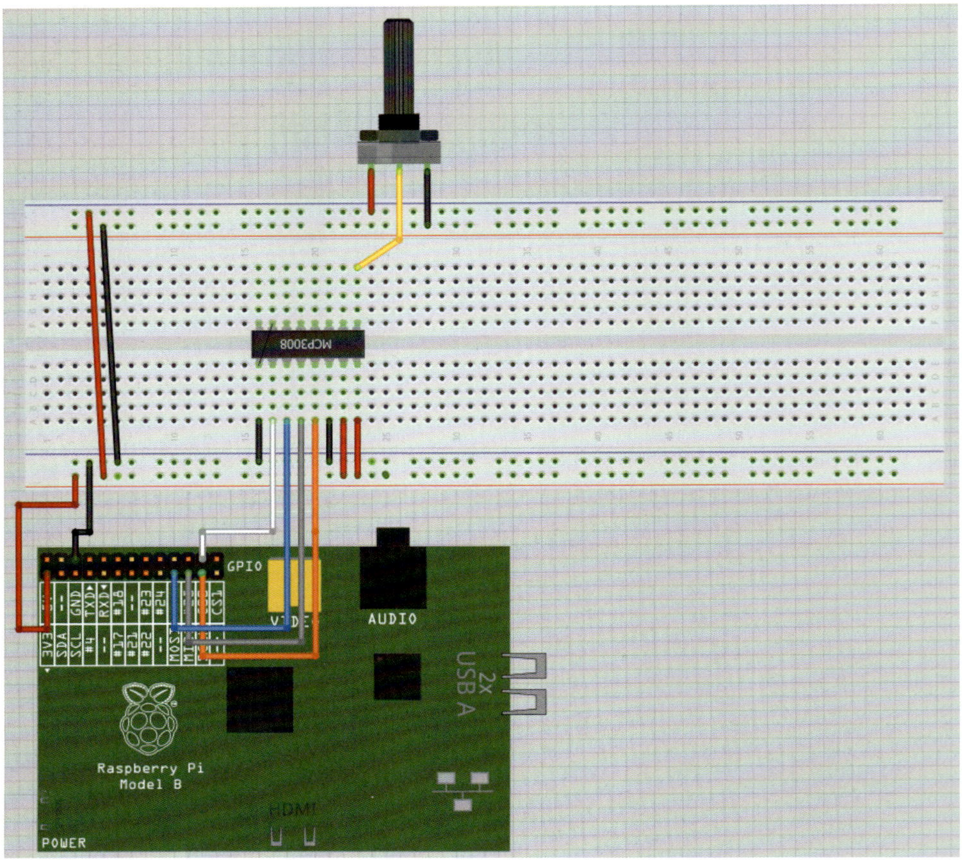

Das notwendige Potenziometer (oben) wird außen an Masse (-) und am 3,3-V-Anschluss des Raspberry Pi (Rev. 2) verbunden. Der Mittelanschluss des Potenziometers wird an Eingang *CH0* – also Pin 1 des IC – angeschlossen.

somit auch die Werte des Spannungsteilers, die sich auf die anliegende Spannung auswirken. Diese wird anschließend mit der Referenzspannung verglichen und kann somit digital als Vergleichswert dargestellt werden. Ist das IC-Modul im Steckboard eingesteckt, nutzen Sie für die Verbindung zum Raspberry Pi am besten die gewohnten Jumperkabel. Die einzelnen Pins auf der rechten Seite des IC sind anhand der obigen Tabelle bzw. dem Datenblatt schnell zugeordnet und an der GPIO-Reihe bestückt.

IC-Pin	Raspberry Pi-Pin
Pin 15 und 16	3,3V
Pin 14 und Pin 9	Masse
Pin 13	GPIO #11 (P1/23)
Pin 12	GPIO #09 (P1/21)
Pin 11	GPIO #10 (P1/19)
Pin 10 des IC	GPIO #08 (P1/24)

Pinbelegung für die Schaltung

Für den ersten Test wird mit dem 10K-Potenziometer ein gewöhnliches Modell für den Steckboard-Einsatz verwendet. Das Potenziometer wird an den beiden äußeren Anschlüssen je an Masse (-) und an den 3.3V-Anschluss verbunden. Der Mittelanschluss des Potenziometers wird am Eingang CH0 – also Pin 1 des MCP3008/MCP3208-IC – angeschlossen.

Ist die Schaltung verkabelt, kann der Raspberry Pi an die Stromversorgung angeschlossen und eingeschaltet werden. Im nächsten Schritt wird die manuelle Ansteuerung des MCP3008/MCP3208-IC exemplarisch an dem MCP3008-IC über Python realisiert.

Raspberry Pi im SPI-Einsatz: Auf dem Steckboard ist zusätzlich noch ein Drehpotenziometer gesteckt, dessen Mittelanschluss mit dem IC-Pin 1 (Kanal *CH0*) verbunden ist.

Programmierung des MCP3008 mit Python

Aus dem Datenblatt bzw. dem vorigen Abschnitt wird ersichtlich, dass der MCP3008-IC eine 10-Bit-Auflösung, also 210 mögliche Bitkombinationen bietet. Im Umkehrschluss bedeutet das, dass bei einer vorliegenden Eingangspannung bzw. Referenzspannung von 3,3 V für jede einzelne Bitänderung im Bereich von 0–1023 ein anderer Messwert im Bereich von 0 bis 3,3 V vorliegt. Für jedes einzelne Bit wäre in diesem Fall die Änderung leicht zu berechnen, indem Sie die Referenzspannung durch die Anzahl der Auflösung teilen (hier 3,3 V/1024), was 0,00322265625 V bzw. 3,22265625 mV entspricht. Da die Stromstärke gleich bleibt, ändert sich bei einer Drehung des Potenziometers der Widerstand und somit auch die anliegende Spannung, die nach dem Vergleich mit der Referenzspannung die jeweilige Differenz an die Datenschnittstelle übergibt.

MCP3008-Pin	MCP3008	Poti-Pin 10 kΩ	Raspberry Pi-Bezeichnung	Raspberry Pi-Pin	Wiring Pi
1	CH0	3	-	-	-
16	V_{DD}	2	3.3V	1	-
15	V_{REF}	-	3.3V	1	-
16	V_{DD}	-	3.3V	1	-
11	D_{IN}	-	GPIO10/SPI MOSI	19	12
12	D_{OUT}	-	GPIO9/SPI MISO	21	13
13	CLK	-	GPIO11/SPI0_SCLK	23	14
10	CS/SHDN	-	GPIO8/SPI0_CE0_N	24	10
9	D_{GND}	-	Masse	6	-
14	A_{GND}	1	Masse	6	-

Ist der Raspberry Pi mit dem Steckboard und auch mit dem MCP3008-IC verbunden, lassen sich natürlich nur dann Messwerte auslesen und verarbeiten, wenn an einem oder mehreren der acht verfügbaren Analogeingänge auch jeweils ein Signal anliegt. Die einfachste Methode ist in diesem Fall der Anschluss eines Drehpotenziometers, mit dem einfach per Drehung die Werte des Spannungsteilers manuell angepasst werden.

```
cd ~
mkdir mcp3008
cd mcp3008
nano mcp3008-step1.py
```

Binärwert	Kanal
000	0
001	1
010	2
011	3
100	4
101	5
110	6
111	7

Ist die Python-GPIO-Library installiert, prüfen Sie mit einem Python-Skript die Schaltung auf dem Steckboard. Die SPI-Library kommt in einem späteren Beispiel zum Einsatz. Die Beispieldatei `mcp3008-step1.py` finden Sie im Quellcodeverzeichnis `MCP3008`. Zunächst legen Sie die genutzten GPIO-Ein- und Ausgänge fest. In diesem Beispiel wird die BCM-Zählung auf einem Raspberry Pi B Rev. 2 verwendet – achten Sie bei der Verwendung einer älteren Revision auf die korrekte Zuordnung der GPIO-Nummern. Für das Auslesen der Werte an den Eingängen des MCP3008-IC wird die Funktion `getAnalogData` genutzt, die mit den entsprechenden GPIO-Nummern der verwendeten Pins aufgerufen wird. Nach der Festlegung des Kanals kann die im Datenblatt beschriebene Syntax für das Auslesen der am jeweiligen Kanal anliegenden Spannung angewendet werden. Mit der Zeile `GPIO.output(CS_Pin, False)` erzeugt das Skript eine steil abfallende Signalflanke (von 3,3 V auf 0 V) und aktiviert per *CableSelect* (CS) den A/D-Wandler des IC.

Die beim `pushcmd`-Kommando festgelegte Bitfolge wird über den MOSI-Kanal ausgegeben und mit der Zeile `pushcmd = poti_channel` mit der Nummer des Analogeingangs, die durch drei Bits dargestellt wird. Durch das bitweise ODER in der Zeile `pushcmd |= 0b00011000` werden die drei Adressbits von rechts eingefügt, und anschließend wird die Bitfolge über die `for`-Schleife gesendet.

Binärfolge	Bemerkung
0b00011000	000 gibt die verwendete Kanaladresse (CH0) in binärer Schreibweise an.
0b00011000	SGL-(Signal-)Bit
0b0001100	Startbit

KAPITEL_13/
mcp3008-step1.py

Das Holen bzw. das Auslesen der Messwerte ist ebenfalls über eine `for`-Schleife realisiert. Hier nehmen Sie einen Pegelwechsel mit den beiden Befehlen `GPIO.output(CLK_Pin, True)` und `GPIO.output(CLK_Pin, False)` vor und lesen die Datenschnittstelle anschließend Bit für Bit aus. Liegt am MISO-Anschluss ein Pegel an, ist das letzte Bit eine 1, sonst bleibt der Wert 0. Auch diese Zuordnung wird mit der bitweisen ODER-Operation durchgeführt. Zu guter Letzt wird der in der Variablen `poti_channel_value` gesicherte Wert von der Funktion zurückgegeben.

Durch die Drehung des Stellrads des Drehpotenziometers ändern sich die Widerstandsparameter und somit auch die Werte des Spannungsteilers, die sich auf die anliegende Spannung auswirken. Diese wird anschließend mit der Referenzspannung verglichen und kann somit digital als Vergleichswert dargestellt werden.

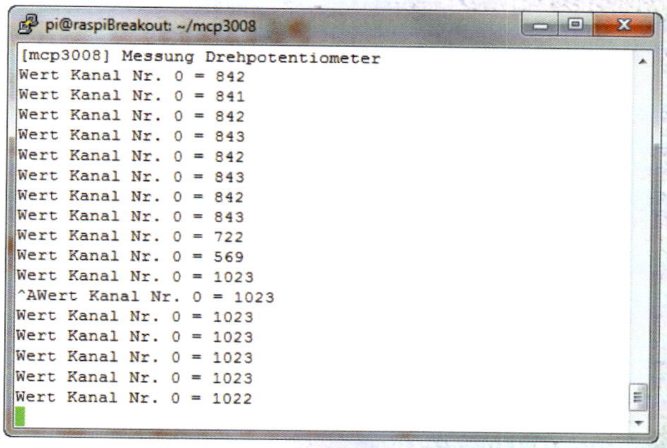

Stellrad am Anschlag: Mit der Ausgabe des Werts 1023 erreicht das Potenziometer den höchsten digitalen Wert. Der Jitter schwankt zwischen den Werten 1022 und 1023

Läuft das Skript in einer Dauerschleife, kann es vorkommen, dass der angezeigte Wert etwas schwankt, obwohl das Drehpotenziometer nicht betätigt wurde. Die Ursache dafür liegt im sogenannten Jittering, bei dem die Übergänge zwischen zwei aufeinanderfolgenden unterschiedlichen Bits für schwankende Ausgaben sorgen. Um die Messung bzw. die Darstellung der Messwerte zu verbessern, nutzen Sie am besten eine Normalisierung im Python-Skript. Hier können Sie beispielsweise die Wartezeit in der `while`-Schleife nutzen, um mehrere Messungen zusammenzufassen, und sich anschließend den errechneten, normalisierten Mittelwert ausgeben lassen. Die angepasste Version mit den normalisierten Messwerten ist in der Datei `mcp3008-step2.py` gespeichert. Im nächsten Schritt aktivieren Sie die SPI-Schnittstelle des Raspberry Pi, um Zugriff auf das angeschlossene MCP3008-IC-Modul zu erhalten.

KAPITEL_13/
mcp3008-step2.py

SPI-Schnittstelle aktivieren

Das Serial Peripheral Interface (kurz SPI) ist ein einfaches, serielles Protokoll, das die Kommunikation zwischen dem Raspberry Pi und dem MCP3008-IC bzw. dem MCP3208-IC übernimmt. Hier steuert der Master (Raspberry Pi) die Kommunikation, und der Slave (MCP3008-/MCP3208-IC) führt Befehle aus. Für die Kommunikation werden einfache Byte-Befehlscodes verwendet, die als Spannungsgröße codiert übertragen werden.

SPI	Name der Signale/Leitungen auf Master	Name der Signale/Leitungen auf Slave
Taktleitung/Clock	CLK, SCLK, SCK	CLK, SCLK, SCK
Daten vom Master zum Slave (Schreiboperation)	MOSI, SIMO	Dateneingang eines Bauteils: SDI, DI, SI, IN
Daten vom Slave zum Master (Leseoperation)	MISO, SOMI	Datenausgang eines Bauteils: SDO, DO, SO, OUT
Slave-Ansprache/Auswahl	SS (Slave Select), CS (Chip Select)	-

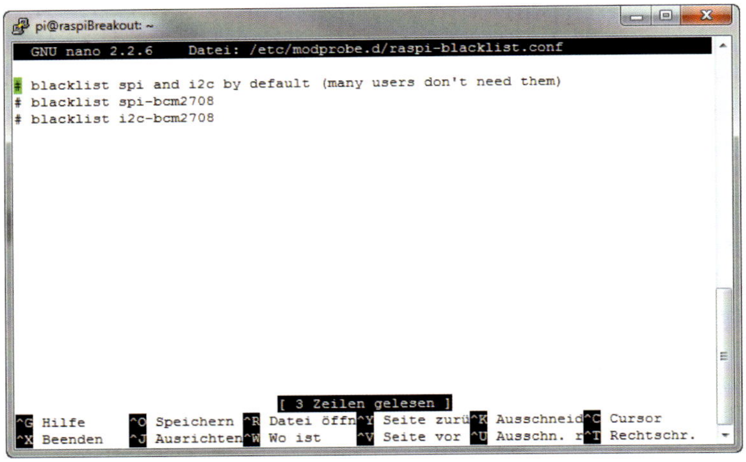

Mit dem Kommando sudo nano /etc/modprobe.d/raspi-blacklist.conf starten Sie den nano-Editor und fügen am Anfang der Zeile, in der sich das spi-bcm2708-Modul befindet, ein #-Symbol ein.

Der Raspberry Pi besitzt zwei Slave-Anschlüsse (*CE0* und *CE1*, Raspberry Pi-Pin 24 und 26), mit denen zwei SPI-Geräte bei einer maximalen Taktrate von 32 MHz gleichzeitig verwendet werden können. Ist der Raspberry Pi gestartet, prüfen Sie in der Datei /etc/modprobe.d/raspi-blacklist.conf die Zeile, die das Modul spi-bcm2708 »blacklistet«. Hier achten Sie darauf, dass sich vor der genannten Zeile das Lattenzaunsymbol # befindet, um die Anweisung auszukommentieren.

Nach der Änderung speichern Sie mit der Tastenfolge [Strg]+[X], dann [Y] und schließlich der [Enter]-Taste die Datei und starten mit dem reboot-Kommando den Raspberry Pi neu, damit die Änderung aktiv wird.

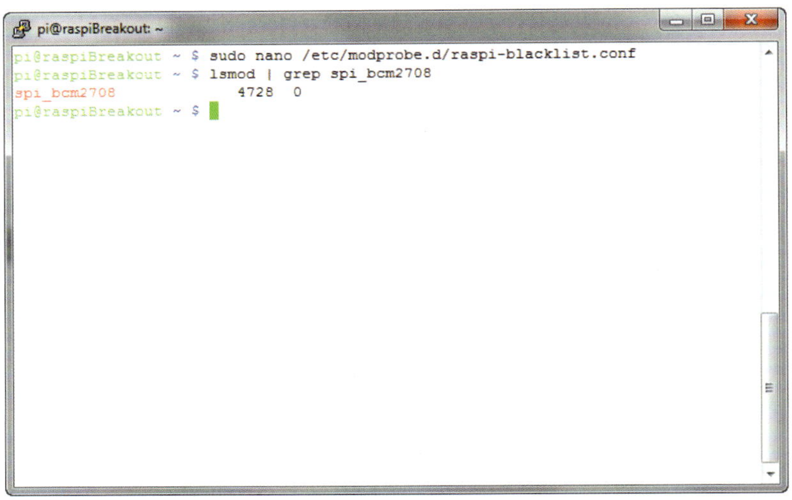

Nach dem Reboot mittels sudo reboot-Kommando prüfen Sie, ob das notwendige Modul automatisch gestartet worden ist.

Um herauszufinden, ob das Modul betriebsbereit zur Verfügung steht, steht der Befehl:

```
lsmod | grep spi_bcm2708
```

bereit. Anschließend sollte der Eintrag `spi_bcm2708` in der Bildschirmausgabe erscheinen. Falls nicht, nutzen Sie den `sudo insmod spi_bcm2708`-Befehl, um das Modul manuell zu starten. Ist das Modul ordnungsgemäß geladen, installieren Sie im nächsten Schritt die SPI-Erweiterung für den bequemen Zugriff auf die SPI-Schnittstelle mit Python.

SPI-Nutzung ohne Umwege: py-spidev-Modul installieren

Warum etwas erfinden, wenn bereits sinnvolle und praktische Alternativen zur Verfügung stehen? Das trifft auch auf die GPIO-Schnittstelle und Erweiterungen zu, hier existieren für Schnittstellen viele verschiedene Module und Bibliotheken, die vor allem eines gemeinsam haben: Sie sind kostenlos über github.com oder sourceforge.net erhältlich und stellen einfach zu nutzende Funktionen zur Verfügung, um die wichtigsten Funktionen und Schnittstellen zu nutzen. So existiert auch für den SPI-Bus (*Serial Peripheral Interface Bus*) eine praktische Erweiterung, die Sie in dem Python-Skript und umgehend auf dem Raspberry Pi einsetzen können.

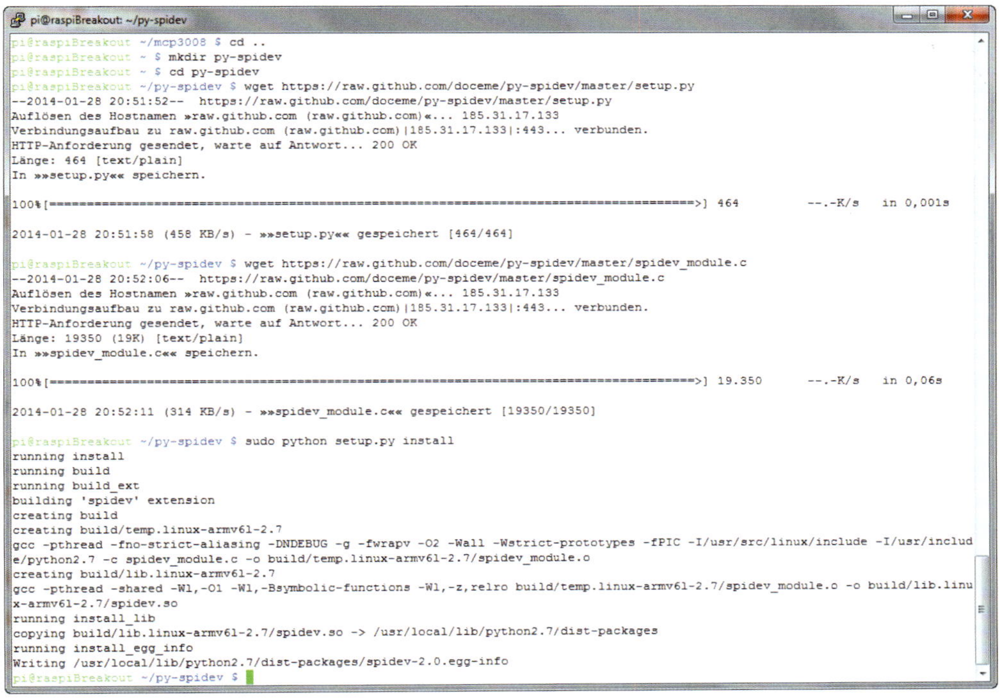

Für Einsteiger deutlich bequemer als eine selbst programmierte Logik für den Zugriff auf die SPI-Schnittstelle ist das `spidev`-Paket.

Für die Einrichtung sind folgende Befehle notwendig – die `py-spidev`-Erweiterung wird zunächst in ein eigenes Verzeichnis (`/home/pi/py-spidev`) herunterladen und anschließend per Python-Installationsskript installiert.

```
cd ~
mkdir py-spidev
cd py-spidev
wget https://raw.github.com/doceme/py-spidev/master/setup.py
wget https://raw.github.com/doceme/py-spidev/master/spidev_
module.c
```

Alternativ klonen Sie mit `git` das komplette Paket in das Home-Verzeichnis des Users `pi`:

```
cd ~
git clone git://github.com/doceme/py-spidev
```

Die Installation erfolgt in beiden Fällen mit dem Kommando:

```
sudo python setup.py install
```

Damit ist die Installation erledigt, und das Modul kann direkt per `import`-Kommando in einem Python-Skript verwendet werden.

Mehrere Analogsensoren über py-spidev verarbeiten

KAPITEL_13/
mcp3008-step3.py

Die Vorteile des `py-spidev`-Moduls ergeben sich gerade beim Einsatz mehrerer analoger Sensoren an einem MCP3008 oder dem MCP3208-IC. Hier müssen Sie sich nicht mehr auf die Bitebene begeben, um an die Messwerte der an den analogen Eingängen anliegenden Spannung heranzukommen. Stattdessen nutzen Sie wie in dem Beispiel `mcp3008-step3.py` eine eigene Funktion (`def getadcChannel(channel):`), die als Übergabeparameter die zu prüfende Kanalnummer (Wert von 0–7) am MCP3008-IC erhält. Dies erfolgt in einer »Dauerschleife«, die mit dem altbekannten [Strg]+[C]-Tastenkürzel abgebrochen werden kann. Der Zugriff selbst erfolgt auf das SPI-Objekt über die beiden Zeilen:

```
spi = spidev.SpiDev()
spi.open(0,0) # open spi port 0, device (CS) 0 - Pin 24
```

Nutzen Sie den zweiten SPI-Kanal (Cable Select 1), ist stattdessen das Kommando

```
spi.open(0,1) # open spi port 0, device (CS) 1 - Pin 26
```

das richtige. Für die Umrechnung des Messwerts in die aktuelle Spannung sorgt die Funktion `convertVolts`, die die Berechnung auf Basis der verwendeten 10-Bit-Einheit vornimmt. In dem nachstehenden Codebeispiel sind an dem MCP3008-IC an Kanal 0 das Potenziometer sowie an Kanal 1, 2 und 3 jeweils ein analoger Lichtsensor angeschlossen.

Auch der tatsächlich vorhandene Helligkeits-/Luxwert lässt sich anhand des gemessenen Spannungsunterschieds bestimmen. Im Datenblatt des Lichtsensors liefert der Hersteller folgende Umrechnungsformel mit:

```
Helligkeit in Lux = (m * Sensorwert) + b
```

Hier geben die Variablen `m` und `b` individuelle Kalibrierwerte für den Sensor an, die auf dem Aufkleber an der Unterseite des Breakout-Boards des Sensors aufgedruckt sind. Sind hier keine Angaben zu finden, starten Sie mit den Mittelwerten m = 1.478777 und b = 33.67076, um ans Ziel zu gelangen. In diesem Beispiel bekommt jeder Sensor seine eigenen Kalibrierwerte in eigenen Variablen (`m1`, `m2`, `m3`, `b1`, `b2`, `b3`) spendiert, bei der späteren Ausgabe der Sensoren werden somit reale Luxwerte ausgegeben. Ebenfalls bei der Messung mit analogen Thermometern lassen sich Kalibrierwerte abhängig vom Widerstandswert definieren, um die Messgenauigkeit zu erhöhen – auch der Einsatz eines alternativen Analog/Digital-Wandlers wie beispielsweise dem MCP3208 mit einer höheren Auflösung führt zum Ziel.

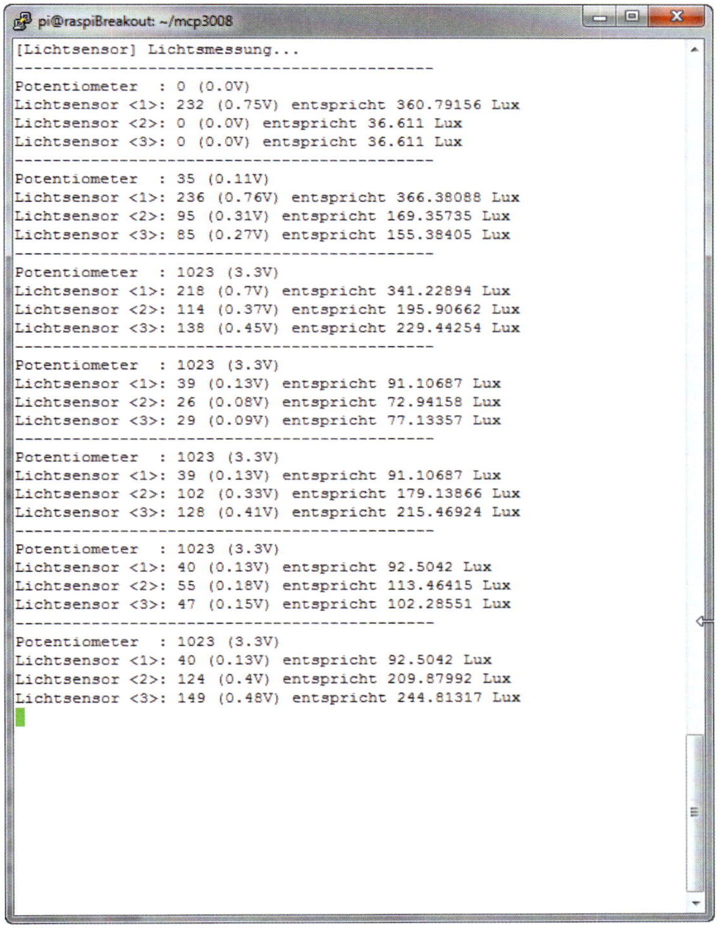
```
pi@raspiBreakout: ~/mcp3008
[Lichtsensor] Lichtsmessung...
----------------------------------------
Potentiometer  : 0 (0.0V)
Lichtsensor <1>: 232 (0.75V) entspricht 360.79156 Lux
Lichtsensor <2>: 0 (0.0V) entspricht 36.611 Lux
Lichtsensor <3>: 0 (0.0V) entspricht 36.611 Lux
----------------------------------------
Potentiometer  : 35 (0.11V)
Lichtsensor <1>: 236 (0.76V) entspricht 366.38088 Lux
Lichtsensor <2>: 95 (0.31V) entspricht 169.35735 Lux
Lichtsensor <3>: 85 (0.27V) entspricht 155.38405 Lux
----------------------------------------
Potentiometer  : 1023 (3.3V)
Lichtsensor <1>: 218 (0.7V) entspricht 341.22894 Lux
Lichtsensor <2>: 114 (0.37V) entspricht 195.90662 Lux
Lichtsensor <3>: 138 (0.45V) entspricht 229.44254 Lux
----------------------------------------
Potentiometer  : 1023 (3.3V)
Lichtsensor <1>: 39 (0.13V) entspricht 91.10687 Lux
Lichtsensor <2>: 26 (0.08V) entspricht 72.94158 Lux
Lichtsensor <3>: 29 (0.09V) entspricht 77.13357 Lux
----------------------------------------
Potentiometer  : 1023 (3.3V)
Lichtsensor <1>: 39 (0.13V) entspricht 91.10687 Lux
Lichtsensor <2>: 102 (0.33V) entspricht 179.13866 Lux
Lichtsensor <3>: 128 (0.41V) entspricht 215.46924 Lux
----------------------------------------
Potentiometer  : 1023 (3.3V)
Lichtsensor <1>: 40 (0.13V) entspricht 92.5042 Lux
Lichtsensor <2>: 55 (0.18V) entspricht 113.46415 Lux
Lichtsensor <3>: 47 (0.15V) entspricht 102.28551 Lux
----------------------------------------
Potentiometer  : 1023 (3.3V)
Lichtsensor <1>: 40 (0.13V) entspricht 92.5042 Lux
Lichtsensor <2>: 124 (0.4V) entspricht 209.87992 Lux
Lichtsensor <3>: 149 (0.48V) entspricht 244.81317 Lux
```

Analoge Lichtsensormessung mit Python: Mit der im Datenblatt angegebenen Formel lässt sich der gemessene Wert in die Einheit Lux umrechnen, um die gemessene Beleuchtungsstärke auszugeben.

Nun sollte auch der Anschluss weiterer analoger Sensoren wie beispielsweise eines analogen Temperatursensors kein Problem mehr darstellen, im nächsten Projekt erfolgt die Temperaturmessung mit einem analogen Temperaturfühler.

Programmierung des MCP3208 mit Python

Grundsätzlich sind die Anschlüsse des MCP3208 identisch mit dem bisher ausgeführten MCP3008-IC. Auch der Zugriff per Python ist quasi identisch, der einzige Unterschied besteht in der Genauigkeit der Messwerte, also der Auflösung: Während der MCP3008-IC mit einer 10-bittigen Auflösung kommt, bietet der MCP3208 eine 12-bittige Auflösung. Dies bedeutet, dass der MCP3208-IC 2^{12}, also 4096 mögliche Bitkombinationen bietet. Bei einer vorliegenden Eingangsspannung bzw. Referenzspannung von 3,3 V lässt sich somit der an einem Kanal anliegende Messwert im Bereich von 0 bis 3,3 V in eine Bitänderung im Bereich von 0–4095 abbilden.

Für jedes einzelne Bit lässt sich die Änderung leicht berechnen, indem die Referenzspannung durch die Anzahl der Auflösung geteilt wird (hier 3,3 V / 4096), was 0,0008056640625 V bzw. 0,8056640625 mV entspricht. Da die Stromstärke gleich bleibt, verändert sich bei einer Drehung des Potenziometers der Widerstand und dadurch auch die anliegende Spannung, deren Wert mit der Referenzspannung verglichen und als Differenz an die Datenschnittstelle übergeben wird. Grundsätzlich lässt sich jeder analoge Temperatursensor wie beispielsweise ein LM35 einsetzen, doch je nach vorgesehenem Anwendungszweck und zu erwartendem Messbereich – sprich Temperatur – erfordern besondere Anwendungen auch besondere Maßnahmen.

13.2 Temperaturmessung mit Fleischthermometer und MCP3208

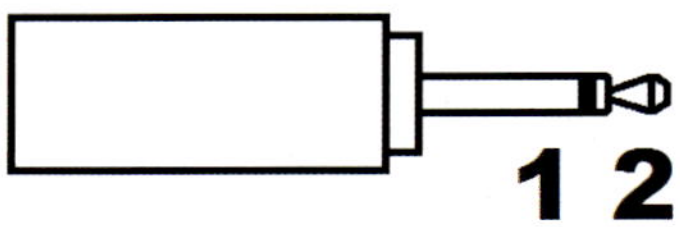

Die beim Monostecker genutzten Anschlüsse für Signal/Spannung (2) und Masse (1, GND, Rückleitung) werden über die Buchse auf die Schaltung des Analog/Digital-Wandlers geführt.

Für besonders »heiße« Praxisanwendungen wie Solaranlage, Herd, Grill, Heizkessel, Backofen und dergleichen ist es empfehlenswert, auf passende Temperatursensoren zurückzugreifen, die bereits von Haus aus für den jeweiligen Anwendungszweck vorgesehen sind. Das spart manchmal nicht nur Aufwand, Geld und Nerven, sondern liefert auch verlässlichere Messwerte. Das Zweckentfremden solcher Temperaturfühler und der folgende Einsatz am Raspberry Pi mithilfe einer passenden Schaltung muss zudem nicht teuer sein: Das Fantast-Fleischthermometer bringt einen Temperaturfühler mit, dessen Messbereich laut Ikea bis zu einer Temperatur von 130 °C spezifiziert ist – das Kabel selbst soll bis zu 220 °C vertragen.

Im Gegensatz zum Ikea-Modell halten die Temperaturfühler des Wireless Maverick ET-732-Grillthermometers, ebenfalls als hitzebeständig klassifiziert, eine Temperatur von bis zu 716 °F, also 380 °C aus, sind im Komplettpaket mit Sende- und Empfangseinheit mit knapp 60 Euro aber auch dreimal teurer als die Ikea-Lösung, die einen einzigen Temperaturfühler mitbringt. Daher ist die Anschaffung des Maverick-Temperaturfühlers als Ersatzteil günstiger: Für einen Maverick ET-732-Ersatzfühler als Thermometerersatz sind im Grillfachhandel um die 14 Euro zzgl. Versand fällig.

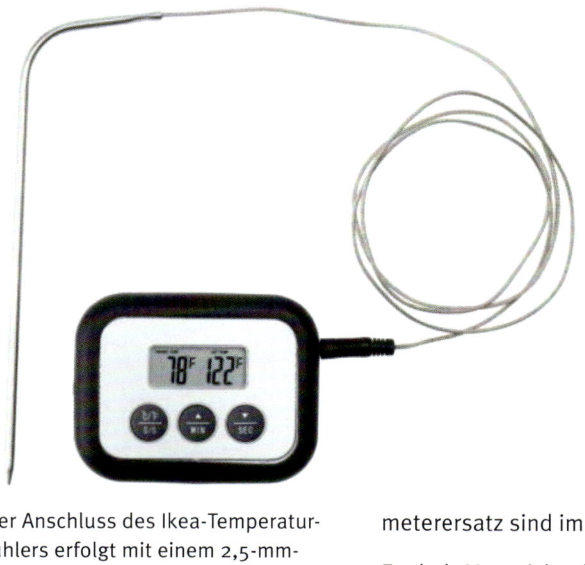

Der Anschluss des Ikea-Temperaturfühlers erfolgt mit einem 2,5-mm-Klinkenstecker an der eigentlichen Thermometerelektronik. (Screenshot: ikea.de)

Egal ob Maverick oder Ikea Fantast – beide Temperaturfühler kommen mit einem 2,5-mm-Klinkenstecker, der eine passende 2,5-mm-Klinkenbuchse auf der Platine bzw. dem Steckboard benötigt. Die bei MP3-Playern und Smartphones verwendeten 3,5-mm-Klinkenstecker sind zu groß.

Grillthermometer vom Möbelhändler

Egal ob Sie das kostengünstige Ikea Fantast-, das Maverick- oder ein alternatives Fleischthermometer verwenden, der eingesetzte Temperatursensor ist mehr oder weniger nichts anderes als ein NTC-Widerstand (Negative Temperature Coefficient Thermistors), an dem ein Spannungs- und Masse-Signal anliegt. Das grundsätzliche Prinzip dahinter ist, dass solche Widerstände bei hohen Temperaturen den Strom besser leiten als bei niedrigen Temperaturen. Die Anschlussbelegung des 2,5-mm-Monoklinkensteckers führt außen das Masse-Signal, am »inneren« Anschluss des Monosteckers wird der 3,3-V-Spannungsanschluss des Raspberry Pi geführt.

Raspberry Pi-Pin	Raspberry Pi-Pin-Bezeichnung	Thermistor-Pin-Bezeichnung
1	3.3V	VS
6	GND	GND

Der NTC verändert über die Temperatur seinen Widerstand, was wiederum einen veränderten Spannungswert zur Folge hat, der über einen der acht verfügbaren Analogkanäle des MCP3208-IC schließlich zum Raspberry Pi geschickt wird. Durch die proportionale Änderung des Widerstands- bzw. Spannungswerts zur Temperatur kann somit auf dem Raspberry Pi anschließend die Temperatur anhand der Spannungsdifferenz errechnet werden. Leider kann das Verhältnis des Widerstands- bzw. Spannungswerts zur Temperatur nicht linear abgebildet werden, sondern es kann nur abhängig vom verwendeten Wertebereich und Thermometer näherungsweise bestimmt werden, was jedoch für den vorgesehenen Zweck völlig ausreicht.

Schaltung für Thermometer und MCP3208

Ist der Raspberry Pi mit dem Steckboard und dem MCP3208-IC verbunden, lassen sich die acht verfügbaren Analogeingänge natürlich nur dann zur Temperaturmessung nutzen, wenn an einem oder mehreren Kanälen auch jeweils ein Signal anliegt. In diesem Beispiel ist der Schaltungsaufbau bereits wie im Abschnitt »MCP3008 und MCP3208 auf dem Steckboard nutzen« (Seite 235) umgesetzt, und es sind an Kanal 0 und 1 des MCP3208-IC je ein Ikea Fantast und ein Maverick-Modell jeweils über eine Klinkenbuchse mit dem Steckboard verbunden. Der Anschluss der Fleischthermometer über die 2,5-mm-Klinkenbuchse erfolgt, wie eingangs beschrieben, prinzipiell wie ein »normaler« Analogsensor am MCP3008-IC. Natürlich lässt sich ein Fleischthermometer nicht direkt mit dem Raspberry Pi oder dem IC auf der Platine/dem Steckboard verbinden, sondern benötigt eine passende Schaltung in Form eines Spannungsteilers. Die Thermistoren erhalten die 3,3-V-Eingangsspannung ebenso wie die Masse über die entsprechenden Pins des Raspberry Pi. Für den Spannungsteiler nutzen Sie pro Analogeingang einen Metallschichtwiderstand mit 47 kΩ, der dem Nennwiderstand des Temperaturfühlers bei einer Normtemperatur von 25 °C entspricht. Die Schaltung selbst ist schnell aufgebaut – zunächst bauen Sie mit dem Metallschichtwiderstand und den Anschlüssen der 2,5-mm-Klinkenbuchse eine Reihenschaltung auf.

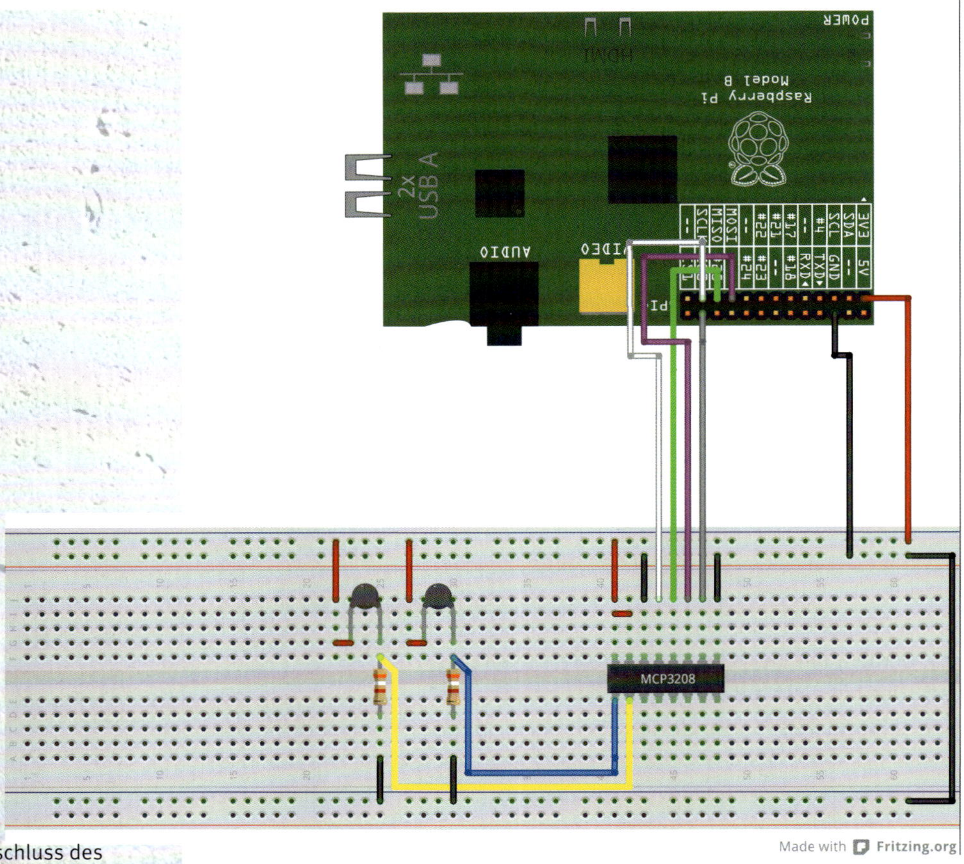

Verkabelung und Anschluss des MCP3208 am Raspberry Pi erfolgen analog zum MCP3008, lediglich der Anschluss der 2,5-mm-Klinkenbuchse (hier symbolisch per Thermistor) an einem Analogeingang des MCP3208-IC macht noch eine kleine Schaltung in Form eines Spannungsteilers notwendig.

Der unbestückte Anschluss des Metallschichtwiderstands wird mit der Masse verbunden, das andere Ende des Klinkenbuchsenanschlusskabels mit der 3,3-V-Spannungsversorgung. In der obigen Fritzing-Abbildung ist in der Steckplatinenansicht der Klinkenbuchsenanschluss als Thermistor dargestellt. Anschließend setzen Sie jeweils zwischen dem 47-kΩ-Metallschichtwiderstand und der Verbindung zur 2,5-mm-Klinkenbuchse parallel den Anschluss für den Analogeingang des MCP3208-Kanals ein. Möchten Sie also mit dem MCP3208 sämtliche Eingänge nutzen und jeweils mit einem Thermometer bestücken, benötigen Sie acht Metallschichtwiderstände samt beschriebenem Spannungsteiler.

MCP3208-Pin	MCP3208	THERMISTOR/2,5-mm-Buchse	THERMISTOR-Bezeichnung	Raspberry Pi-B-Bezeichnung	Raspberry Pi-Pin	Wiring Pi
–	–	2	VS	3.3V	1	–
1	CH0	–	–	–	–	–
2	CH1	–	–	–	–	–
3	CH2	–	–	–	–	–
4	CH3	–	–	–	–	–
9	DGND	–	–	Masse	6	–
10	CS/SHDN	–	–	GPIO8/SPI0_CE0_N	24	10
11	DIN	–	–	GPIO10/SPI MOSI	19	12
12	DOUT	–	–	GPIO9/SPI MISO	21	13
13	CLK	–	–	GPIO11/SPI0_SCLK	23	14
14	AGND	1	GND	Masse	6	–
15	VREF	–	–	3.3V	1	–
16	VDD	–	–	3.3V	1	–

Der Anschluss für die Messung der Spannungsunterschiede über die Eingänge 1 (Kanal 0) und 2 (Kanal 1) des MCP3208-IC erfolgt jeweils über einen Spannungsteiler auf dem Steckboard. Damit sind in diesem Beispiel zwei analoge Eingänge des MCP3208-IC bestückt – wer mehr benötigt, kann insgesamt bis zu acht analoge Sensoren einsetzen. Optional kann auf dem Steckboard wie in diesem Beispiel parallel zum MCP3208-Eingang ein Multimeter angeschlossen werden, um die anliegende Spannung zu messen. Dies hat nicht nur den Vorteil, dass die Funktion des Stromkreises geprüft werden kann, sondern damit haben Sie auch die Möglichkeit, »live« die Messwerte des MCP3208-IC mit der Ausgabe des Python-Codes am Bildschirm zu vergleichen.

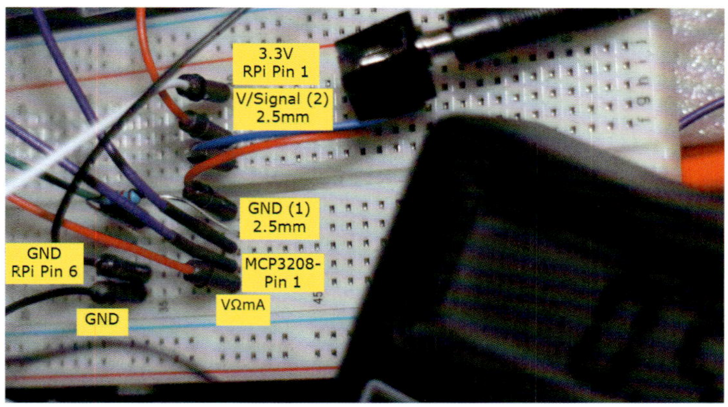

Der Anschluss für den Klinkenbuchsenanschluss des Thermometers wird an die 3,3-V-Spannungsquelle des Raspberry Pi angeschlossen und mit dem 47-kΩ-Vorwiderstand in Reihe geschaltet, an dem die Spannung U vom jeweiligen Kanal des MCP3208 und dem Multimeter abgegriffen wird.

MCP3208-IC über SPI-Schnittstelle abfragen

Im nächsten Schritt erstellen Sie ein Python-Programm, um über die SPI-Schnittstelle und das angeschlossene MCP3208-IC-Modul Zugriff auf die jeweiligen Kanäle zu erhalten und die Spannungswerte bzw. Widerstandswerte abzurufen. Falls noch nicht geschehen, erstellen Sie im Home-Verzeichnis des Benutzers `pi` ein eigenes Projektverzeichnis, in diesem

Beispiel besitzt es die Bezeichnung mcp3208. Die Projektdatei zu diesem Beispiel erhält den Namen mcp3208-step1.py.

```
cd ~
mkdir mcp3208
cd mcp3208
nano mcp3208-step1.py
```

KAPITEL_13/ mcp3208-step1.py

Zunächst werden die benötigten Bibliotheken eingebunden, gegebenenfalls muss zuvor noch die spidev-Bibliothek per wget-Kommando heruntergeladen und anschließend installiert werden, falls sie auf dem Raspberry Pi fehlt. Die einzelnen Operationen sind in eigenen Funktionen untergebracht. Das eigentliche Auslesen aus den Registern erfolgt über die Funktion getadcChannelMCP3208, während die Konvertierung der Spannungswerte über die Funktion convertVoltsMCP3208 erledigt wird. Um aus der anliegenden Spannung den entsprechenden Widerstand abzuleiten, verwendet das Programm die Funktion convertOhmMCP3208. Das eigentliche »Hauptprogramm« für die Darstellung auf dem Bildschirm ist mit sprechenden Bezeichnungen absichtlich einfach gehalten, um Ihnen das grundlegende Verständnis der Funktionen und spätere eventuelle Anpassungen zu erleichtern. Im nächsten Schritt ist der wechselnde Widerstandswert des Thermistors in eine Celsius-Temperatur umzurechnen.

Rechnen und normalisieren: Widerstand nach Temperatur überführen

Dafür stehen verschiedene Möglichkeiten parat, in der Praxis kommt meist die sogenannte Steinhart-Hart-Gleichung zum Einsatz, die mit dem Verhältnis von gemessenem Widerstand (Rt) sowie Widerstand bei Normtemperatur (Rn, hier 25 °C) arbeitet:

```
Temperatur = 1/(a + b[ln(Rt/Rn)] + c[ln(Rt/Rn)]^3)
```

Die Koeffizienten a, b und c sind je nach verwendetem Thermistormodell unterschiedlich und liegen bei NTC-Modellen manchmal im Datenblatt vor. Für Selbstbaulösungen und externe Thermistoren sind Onlinequellen wie beispielsweise *www.thermistor.com/calculators.php* hilfreich, mit denen Sie die Koeffizienten anhand verschiedener Parameter berechnen lassen können.

Dafür wird der gewünschte Temperaturbereich sowie der Widerstandswert (Rn) in Ω bei einer Normtemperatur von 25 °C benötigt. In diesem Fall dient die Zimmertemperatur sozusagen als Normtemperatur, und nach dem Ausführen des obigen Skripts mcp3208-step1.py erhalten Sie den benötigten Widerstandswert in Ω für den verbauten Thermistor. Tragen Sie die Werte für den Temperaturbereich (hier Minimum 25 °C, Maximum 300 °C) und den dazugehörigen Widerstandswert (hier 5383 Ω) in das Onlineformular ein. Für die Thermistorkurve blieb die Standardeinstellung *Z/D (-4.4%/C @ 25C) Mil Ratio B* unverändert. Anschließend klicken Sie auf die Calculate-Schaltfläche, um die Koeffizienten `a`, `b` und `c` für das Thermometer zu berechnen.

Die obige Steinhart-Hart-Gleichung lässt sich mit wenig Aufwand in Python-Code überführen:

```
v = math.log(Rt/Rn)
Temperatur = (1/(a + b*v + c*v*v*v)) - 273.15
```

Um die Temperatur von Kelvin in Grad Celsius umzurechnen, ist vom Ergebnis noch der konstante Wert `273.15` abzuziehen. Auf den Abdruck der kompletten Beispieldatei `mcp3208-step2.py` wird nachstehend aus Platzgründen verzichtet. Neu hinzugekommen ist die Python-Umsetzung der Steinhart-Hart-Gleichung in der eigenen Funktion `showCelsiusMCP3208`. Diese benötigt beim Aufruf neben dem eigentlichen Messwert (`data`) und der Anzahl der Nachkommastellen (`places`) auch in der Variablen `type` die Angabe des Sensortyps, der in diesem Beispiel entweder `'IKEAFANTAST'` oder `'MAVERICK'` lautet. Wird beim Funktionsaufruf kein Sensortyp angegeben, werden standardmäßig die in der Abbildung gezeigten Steinhart-Hart-Konstanten für das `IKEAFANTAST`-Thermometer verwendet.

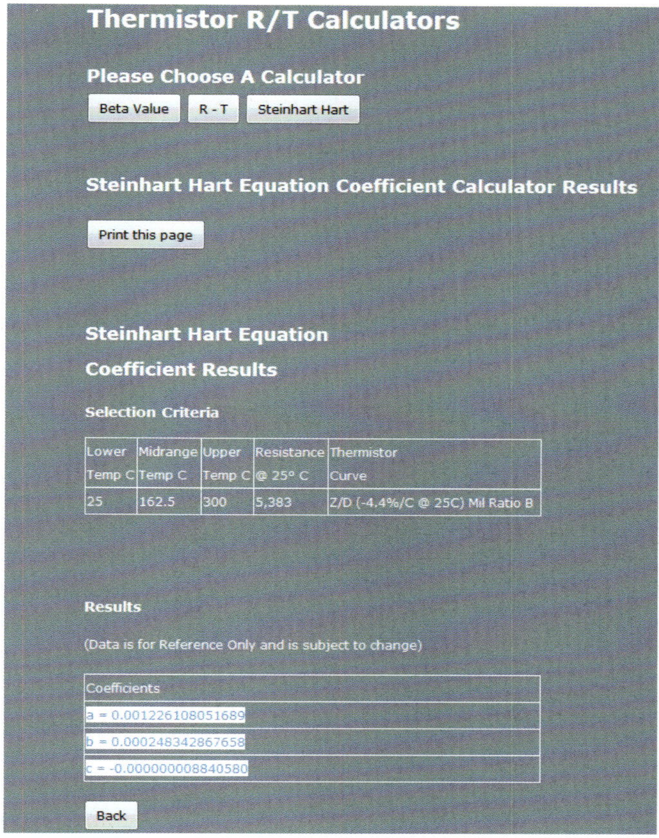

www.thermistor.com/calculators.php: Dort wählen Sie zunächst per Klick auf *Steinhart Hart* den entsprechenden Rechner aus und tragen anschließend die Werte für den Temperaturbereich und den Widerstand ein. Die Werte für `a`, `b` und `c` kopieren Sie in die Zwischenablage, um sie im nächsten Schritt in der Datei `mcp3208-step2.py` als Konstanten zu verwenden.

```
# Ausschnitt aus Datei mcp3208-step2.py
def showCelsiusMCP3208(data,places,type):
  volts = (data * 3.3) / 4096 # 3.3V Referenzspannung!
  volts = round(volts,places) # und runden
  if volts <=0:
    volts = 1
  ohms = ((1/volts)*3300)-1000
  lnohm = math.log1p(ohms) #take ln(ohms)
# Ikea Fantast
# Werte errechnet mittels:
# www.thermistor.com/calculators
# Wertebereich 25 °C bis 300 °C
# Widerstand 5383 Ohm bei Normtemperatur von 25 °C
# ^Ausgabe von Funktion convertOhmMCP3208
  if type=='':
    type = 'IKEAFANTAST' # 'MAVERICK'
  if type=='IKEAFANTAST':
    # Kennlinienkonstanten Sensor IKEAFANTAST
    a = 0.001226108051689
    b = 0.000248342867658
```

```
    c = -0.000000008840580
    minlevel = 500

  if type=='MAVERICK':
    # Kennlinienkonstanten Sensor MAVERICK
    a = 0.000477870872003
    b = 0.000248705162903
    c = -0.000000005518161
    minlevel = 0

  # Berechnung mittels Steinhart-Hart-Gleichung
  # Temp(K) = 1/(a + b[ln(ohm)] + c[ln(ohm)]^3)
  t1 = (b*lnohm) # <-  b[ln(ohm)]
  c2 = c*lnohm   # <-  c[ln(ohm)]
  t2 = math.pow(c2,3) # <- c[ln(ohm)]^3
  tempk = 1/(a + t1 + t2) # Temperaturberechnung Kelvin
  tempc = round(tempk - 273.15,places) # Kelvin nach Celsius
  return tempc
```

Tipp

Je nachdem, welche Programmiersprache und welcher Algorithmus zum Einsatz kommen, kann es gerade bei der Verwendung von Mathematikbibliotheken möglicherweise zu Abweichungen kommen, die beispielsweise auf Rundungsfehlern basieren. Auch je nach verwendetem Temperatursensor wird es notwendig sein, die Messwerte so weit wie möglich zu kalibrieren.

Für die Kalibrierung ist ein gewöhnliches Thermometer geeignet – legen Sie einfach eine Reihe von Messwerten fest und notieren Sie die anliegende Spannung bei den entsprechenden Temperaturen. Lassen sich eine lineare Abhängigkeit und damit ein fester Wert bestimmen, mit dem der Messwert auf die tatsächliche Temperatur abgebildet werden kann, setzen Sie diesen in dem Berechnungsalgorithmus ein.

Tuning für das Raspberry Pi-Thermometer

Grundsätzlich können Sie die Schaltung ausschließlich auf den IC und die Temperatursensoren beschränken, das spart nicht nur Geld, sondern auch Aufwand. Zusätzlich können in der Schaltung verschiedene LEDs verbaut werden, die später für die Anzeige von Statusmeldungen wie beispielsweise »Temperatur erreicht«, »Eingeschaltet« oder Ähnliches verwendet werden können. Auch ein Piezo-Summer, der später etwa als Wecker oder Alarmfunktion dienen kann, kann zusätzlich in der Schaltung Platz finden und wie eine LED verbaut werden.

LED	Bemerkung	Raspberry Pi-Bezeichnung (Rev. 1)	Raspberry Pi-Bezeichnung (Rev. 2)	Raspberry Pi-Pin	Wiring Pi
VDD	3.3V	3.3V	3.3V	1	-
GND	Masse	GND	GND	6	-
GRÜN	220-Ω-Widerstand	GPIO-14	GPIO-14	8	15
ROT	220-Ω-Widerstand	GPIO-15	GPIO-15	10	16
GELB	220-Ω-Widerstand	GPIO-18	GPIO-18	12	1
BLAU	330-Ω-Widerstand	GPIO-4	GPIO-4	7	7

Technisch anspruchsvoller und mit mehr Komfort ausgestattet ist eine Lösung aus dem Grillsportverein-Forum (*http://www.grillsportverein.de/forum/threads/wlan-thermometer-selbst-bauen-mit-raspberry-pi.181768/*), die sämtliche oben genannten Funktionen mitbringt und sich zusätzlich mit einem LCD-Display versenden lässt, das einfach per I²C-Bus in Betrieb genommen werden kann, wie im Abschnitt »LCD-Minibildschirm über I²C-Schnittstelle betreiben« auf Seite 128 beschrieben.

I²C-Gerät YwRobot Arduino LCM1602 IIC V1	Bemerkung	Raspberry Pi-Bezeichnung (Rev. 1)	Raspberry Pi-Bezeichnung (Rev. 2)	Raspberry Pi-Pin	Wiring Pi
VDD	5V	5V	5V	2	-
GND	Masse	GND	GND	6	-
SCL	I2C0_SCL	GPIO-1	GPIO-3	5	9
SDA	I2C0_SDA	GPIO-0	GPIO-2	3	8

Damit sie beim Grillen mit einem Kugelgrill nicht fortwährend unter den Grilldeckel schauen müssen, um zu prüfen, was das Steak oder der Braten macht, und um auf diese Weise nicht unnötig Temperatur und Grillaroma zu verlieren, ist ein Grillthermometer für Grillprofis mitunter das wichtigste Zubehör.

Der Einsatz eines solchen Thermometers ist natürlich nicht auf den Outdoor-Einsatz auf der Terrasse oder im Garten beschränkt. So lässt sich beispielsweise der Temperaturfühler auch in einem gewöhnlichen Backofen in der Küche einsetzen – damit das Kabel nicht wild im Garraum baumelt, kann es mit einem Aluminium-Glasgewebe-Klebeband (hitzebeständig bis 315 °C) sauber fixiert werden, sodass auch die Backofentür richtig geschlossen werden kann. Nach dem ersten Ausprobieren kann der Raspberry Pi auch in der Bodenschublade des Backofens versteckt werden, wenn eine vorhanden ist.

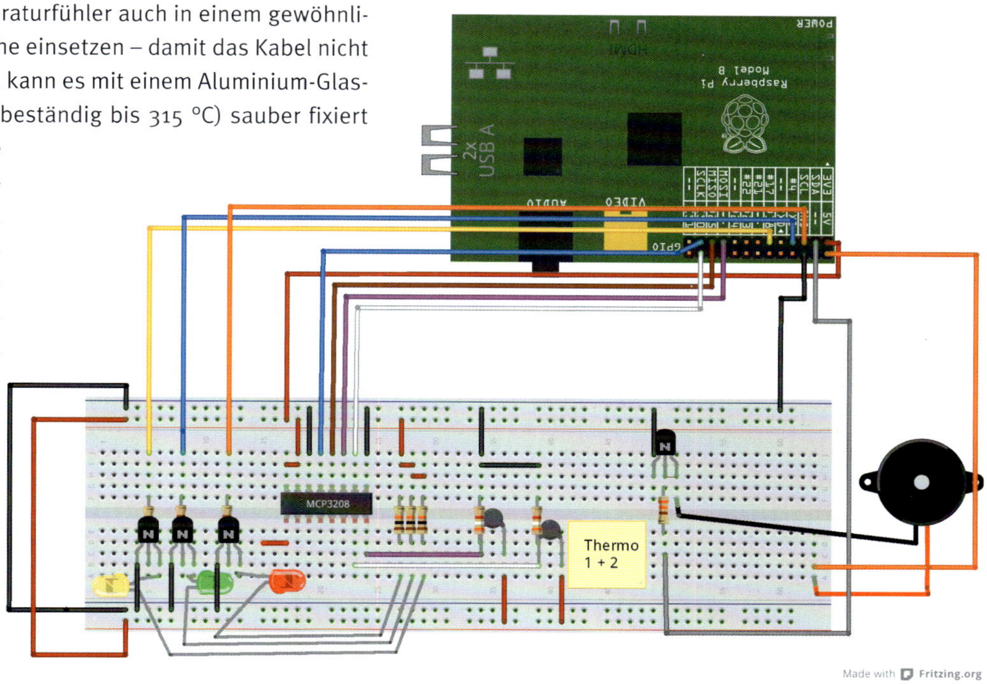

Schaltplan mit Fritzing: Das WLAN-Grillthermometer ist ein etwas anspruchsvolleres Bastelprojekt für Grillfreunde.

BRATEN UND GRILLEN mit dem Raspberry Pi

Wer ein ordentliches Stück Fleisch vom Grill oder aus der Pfanne samt Garvorgang im Ofen nicht verschmäht, bekommt mithilfe des Raspberry Pi das perfekte Steak auf den Teller. Selbstverständlich sind neben der Qualität des Fleischs auch die entsprechenden Vorbereitungen wie das Ruhenlassen, die Temperierung auf Raumtemperatur und das Trockentupfen vor der Zubereitung entscheidend – mithilfe des Raspberry Pi samt der passenden Schaltung und des Thermometers schaffen Sie es garantiert, das Steak genau auf den gewünschten Garpunkt zu bringen.

Kerntemperaturmessung – bessere Steaks mit dem Raspberry Pi

Verschiedene Regionen, die für saftige Steaks genutzt werden – Nacken, Entrecôte, Roastbeef, Filet und Hüfte – haben unterschiedliche Garzeiten bei gleicher Kerntemperatur. Am häufigsten werden Steaks medium rare gegessen. In der Küche werden folgende Garpunkte unterschieden:

Garpunkt	Kerntemperatur	Beschreibung
blau oder bleu	37 bis 40 Grad	Das Steakinnere ist kühl bis kalt, nicht bis kaum gegart und blutig.
english oder rare	50 bis 55 Grad	Das Steakinnere ist warm und gegart, aber noch deutlich blutig.
medium rare	55 bis 60 Grad	Außen durch und scharf angebraten, innen dunkelrosa Streifen.
medium	60 bis 65 Grad	Des Feinschmeckers erste Wahl: Das Fleisch ist hellrosa, und es tritt kein roter Fleischsaft mehr aus.
medium durch oder medium well	65 bis 70 Grad	Für die reifere Generation der Gaumenschmaus und für Feinschmecker oft an der Grenze, hier kommt es auf die Qualität und Herkunft des Fleischs an.
durch oder well done	größer 70 Grad	Für den Fleischenthusiasten ein absolutes No-go – für manchen Gelegenheitsgourmet jedoch ein Muss.

Abhängig vom Fleisch, von der Zubereitungsart sowie der Dicke des Fleischstücks variiert auch die Brat- und Ruhezeit des Fleischs. Die Ruhezeit nach dem Braten sorgt für einen ausgewogenen Geschmack, da sich die Aromen besser verteilen können und das Fleisch eine zartere Konsistenz erhält. Es reicht aus, das Fleisch aus dem Ofen oder dem Grill zu nehmen und es komplett in Alufolie einzuwickeln. Diese Methode wird umgangssprachlich in der Grillgemeinde auch „Jehova“ genannt.

Fleischdicke von 2,5 bis 3 cm	Bratzeit in Min. (je Seite)	Ruhezeit in Minuten	Gesamtzeit in Minuten
Nacken	4	4	12
Entrecôte	4	4	12
Roastbeef	3	4	10
Filet	2–3	3	9
Steak/Hüfte (Braten)	4	3	11

Ein Tabu bei der Zubereitung ist auch das vorherige Salzen bzw. das Würzen mit salzhaltigen Gewürzmischungen. Beides sorgt dafür, dass dem Fleisch beim Braten Feuchtigkeit entzogen wird – die Folge kann ein zu trockenes bis, im ungünstigsten Fall, zähes Steak auf dem Teller sein. Die in der Tabelle angegebenen Richtwerte gelten für Rindersteaks mit einer Fleischdicke von 2,5 bis 3 Zentimetern. Sie grillen bzw. braten das Steak auf jeder Seite vier Minuten scharf an, nehmen es aus dem Grill oder der Pfanne, wickeln es in Alufolie ein und lassen es auf einem angewärmten Teller anschließend noch drei Minuten ruhen, bevor Sie es servieren. Gerade bei größeren Braten wie Roastbeef & Co. sind Sie bei der Zubereitung mit einem Fleischthermometer auf der sicheren Seite – und mithilfe des Raspberry Pi lassen Sie sich über das Erreichen des optimalen Garpunkts beim Braten und Grillen informieren. Guten Appetit!

A

Add-ons nachrüsten 218
AirPlay 190
AirPrint 151
  nachrüsten 146
AirPrint-Drucker 147
  nachrüsten 147
AirPrint-Server 146
ALSA 158
Apache-Webserver 162
APF-Protokoll 88
Arbeitsgruppe 87
Arbeitsspeicher 55
Arch Linux 5, 36
Avahi-Server 148

B

Betriebssystem 5
  auffrischen 61
Betriebssystem-Images 36
Bonjour 148

C

Cambozola 163
Chromium 33
CIFS/Samba konfigurieren 214
Class 4 27
Class 6 27
config.txt 36, 64
CPU-Auslastung 216
CrystalDiskMark 27
CSI-Anschluss 59
CUPS 140
CUPS-Drucker 144
CUPS-Konfiguration 150
Cyberduck 79

D

Dateien optimieren 57
Dateisystem anpassen 45
Debian 5
Debian 7 Wheezy 36
Debian Squeeze 77
Deutsche Tastatur 30
DHCP-Server 77, 78
dir 228
Discovery Browser 148
DNS 91
Drucker 142
  zentraler 82
Dynamic DNS 90
DynDNS 90

E

Elektronik 95
eth0 31

F

FAT32-Partition 43
FBAS-Anschluss 26
FBAS-Buchse 26
fdisk 42
Fedora 5
Fernbedienung 182
FFMpeg 156
  einrichten 159
Firmware auffrischen 61
fstab 56
FTP/HTTP-Server 87

G

github 65
Google Chrome 33
Google-Streetview-RC-Car 231
GParted 206
GPIO 106
GPU 63
GUI-Start unterbinden 53
gutenprint 138

H

H.264 64
HDMI-Anschluss 26
HDMI-Ausgang 26

Heimnetz 82
htop 52

I

Inbetriebnahme 41
iOS 138
IP-Adresse 77, 90
ipconfig 92
iPhone 195
IP-Kamera 174
  fernsteuern 186
  konfigurieren 176

K

Kamerasensor 59
Klingelanlage 26
Kommandozeile 63
Kondensator 102
Konfigurationsparameter 36
Konsolen 53

L

L298N Dual H-Bridge 226
LED abschalten 64
Lenken 228
Linux-Computer 212
LmCompatibilityLevel 87
Log-in-Profile 83
Lokale Webcam 165

M

mDNS-Server 148
Micro-USB-Kabel 26
Midori 33
Mocord 180
Modect 180
Monitor 180
Motorcontroller 227
motorrichtung 228
Mozilla Firefox 33
MPEG-1-Codec 220
MPEG-2-Codec 220

N

NAS-Server 86
NAT-Mode 31
NetBIOS-Name 87
Netzteil 26
Netzwerkeinstellungen 75
Netzwerkfreigaben 89
Netzwerkschnittstelle 72
NFS konfigurieren 212
Nodect 180
None 180
Normtemperatur 248
Notepad++ 81

O

OpenELEC 36, 198, 202, 216
OpenELEC-Image 199
OpenELEC.tv 199
Oracle Virtualbox 30

P

Partitionen 42
Primalscript 81
Printserver 144
PuTTY 76, 78
Python-Referenz 122
Python-Skript 151

R

Raspberry Pi 5
Raspberry Pi-Kamera 58
  Raspberry Pi-KameraProgrammierung 65
Raspberry Streetview-Car 225
Raspbian 36
Raspbian Wheezy 5
Raspbmc 36
raspi-config 40
raspistill 64, 65
raspivid 64, 65
Record 180
Repository-Verwaltung 65

S

Samba einrichten 210
Samba-Konfiguration 83, 84
Samba-Server 86
Samba-Testprogramm 84
Screenshots 221
SDHC-Karten 27
SD-Karten 27
  partitionieren 42
SFTP-Protokoll 80
Shairport 195
  einrichten 194
  installieren 192
SMB 88
smbpasswd-Datei 84
sourceforge 65
Speicherauslastung 216
Speicherkarten-Image 37
Speichersplitting 54
SSH 76
SSH einschalten 77
SSH-Verbindung 42
Steinhart-Hart-Gleichung 248
Steuern 228
Streetview-RC-Car 231
Stromversorgung 26
Swapdatei anlegen 55
Systemauslastung 52

T

Tastatur
  lenken mit der 228
  steuern mit der 228
Tastatureinstellung 30
TCP/IP 90
Terminal 76
testparm 84
Texteditor 81
Thermistor 248
Transistor 100
Troubleshooting 222
Tuning 52
Türspion 64

U

Ubuntu 80
ULN2803-IC 226
UltraEdit 81
uname 63
Update 32, 68
USB Image Tool 38
USB-WLAN-Adapter 73

V

Versionsstand 63
Verzeichnisse optimieren 57
Videoüberwachung 26
Virtuelle Maschine 30
VMware 30

W

Webcam 156
  Fernbedienung 182
  lokale 165
  Startskript 160
Widerstand 98
Windows-Ordner freigeben 85
WINS 87
WLAN 75
WLAN-USB-Anschluss 74
Wohnzimmer-PC 198

X

XBian 36
XBMC-Mediacenter 207
XBMC-Webserver 215
X-Windows 33

Z

Zentraler Drucker 82
Zoneminder 162
  Feintuning 179
  Logdatei 170
Zubehör 26